谨以此书献给山东财经大学七十华诞

儒风和畅

山东财经大学会计学院院史录

王爱国　邵文涛◎主　编
钟毓卓　吴大新◎副主编

1952—2022

立信会计出版社
LIXIN ACCOUNTING PUBLISHING HOUSE

图书在版编目(CIP)数据

儒风和畅：山东财经大学会计学院院史录 / 王爱国，邵文涛主编. —上海：立信会计出版社，2022.5

ISBN 978-7-5429-7075-6

Ⅰ. ①儒… Ⅱ. ①王… ②邵… Ⅲ. ①山东财经大学会计学院—校史 Ⅳ. ①G659.285.2

中国版本图书馆 CIP 数据核字(2022)第 076062 号

策划编辑　　孙　勇
责任编辑　　孙　勇

儒风和畅：山东财经大学会计学院院史录

RUFENG HECHANG SHANDONG CAIJING DAXUE KUAIJI XUEYUAN YUANSHILU

出版发行	立信会计出版社			
地　址	上海市中山西路 2230 号		邮政编码	200235
电　话	(021)64411389		传　真	(021)64411325
网　址	www.lixinaph.com		电子邮箱	lixinaph2019@126.com
网上书店	http://lixin.jd.com		http://lxkjcbs.tmall.com	
经　销	各地新华书店			

印　刷	山东韵杰文化科技有限公司			
开　本	787 毫米×1092 毫米		1/16	
印　张	19		插　页	1
字　数	397 千字			
版　次	2022 年 5 月第 1 版			
印　次	2022 年 5 月第 1 次			
书　号	ISBN 978-7-5429-7075-6/G			
定　价	55.00 元			

序

为迎接山东财经大学建校 70 周年、山东经济学院和山东财政学院两校合并 10 周年，会计学院组织编写了这本《儒风和畅：山东财经大学会计学院院史录》，广泛征集在会计学院工作、学习过的师生追忆与感怀会计学院发展历程中重大事件和难忘生活的文章，展现一代代会计人艰苦奋斗、拼搏进取、追求卓越的历史画卷。

回首过去，会计学院从 1948 年 10 月中共中央华东局华东财经办事处委派顾准、陈先成立的山东省立商业专门学校会计系，到 1952 年 10 月成立的保留着齐鲁大学经济系血脉的山东财政经济学院会计系，再到 1958 年 9 月由 5 所干校合并组建的山东财经学院财务会计系，最终发展到 2012 年由山东经济学院会计学院和山东财政学院会计学院合并而成的山东财经大学会计学院，几经世事变迁，必将走向辉煌。

1978 年 12 月，国务院批准山东财经学院复办并更名为山东经济学院，财务会计系重建。1979 年 9 月，山东经济学院财务会计系招收工业会计和商业会计 2 个班，共 104 名学生，开创了改革开放以后山东省高等会计教育的先河。从 1985 年开始，工业会计和商业会计合并成会计学专业。1986 年，会计学专业设立审计专科班（1989 年改为审计本科）。1990 年，设立经济信息管理专业（1993 年从财务会计系分出单独成立信息管理系）。1992 年，会计学学科被评定为山东省重点学科。1993 年，会计学专业又被国务院学位委员会批准为硕士学位授权点，开创了山东省会计学硕士教育的先河。

山东财政学院会计学系的建设历程从上海财经大学原副校长孙峥教授的回忆中可见一斑："回想 1988 年，当时山东财经大学的前身之一——山东财政学院还在创办初期，财政部动员了 5 所部属院校来支持山东财政学院的筹建。根据财政部的安排，上海财经大学负责会计学系的建设，东北财经大学负责投资系的建设，中央财经大学负责财政系的建设，中南财经政法大学负责税收系的建设，江西财经大学负责统计系的建设……"

回顾历史，会计学院从最初招生几十人，到今天累计培养数十万高级会计专门人才；从最初仅有簿记专科班到今天具备涵盖本科、硕士、博士三个层次学历教育的完整人才培养体系。在发展过程中，会计学院虽几临倾覆，但衰而复兴、蹶而复振。每当读到各位先贤、诸位前辈回忆往昔峥嵘岁月的文字时，那曾经栉风沐雨、筚路蓝缕的艰辛和逐渐声名远扬的声誉，总能让今天生逢盛世的我们激动不止、振奋不已。

岁月不居，时节如流。许多校友在回忆中提及会计学院时，都深情地说："我人生最美好的年华是在这里度过的，她是我的精神港湾，是我精彩人生的出发地。"会计学院长期积淀形成的"内诚于心，外信于人"的办学特色历久弥新，影响着一代又一代山财大会计人，无论他们是求学于此，还是任教于斯。春华灼灼，秋实离离。会计学院往昔的奋斗与艰辛、今天的光荣与梦想，都融在他们的文字中，很值得山财大会计人反复品味。

今天，山东财经大学会计学院继承"南齐北燕"的赫赫声名，承载着"算为管用，经世济民"会计专业人才培养之重任，她不仅是全国会计类专业人才培养的摇篮，而且也是数智时代智能会计人才培养的重镇。在这里，俊彦咸集，英才辈出。

《儒风和畅：山东财经大学会计学院院史录》不仅是一部学院发展史，而且也是一部学院教育史。它让会计学子们拥有一个探寻历史、讲述故事、传承精神的完整视角。每一段文字、每一张图片，都散发着山财大校训"克明峻德，格物致知"的味道。这既是山财大会计人对逝去岁月的一种怀念，也体现出山财大会计人与历史对话的心灵契合。

我想，收集、整理、编纂会计学院院史的价值和意义就在于此。

是为序。

山东财经大学党委书记　王邵军

2022 年 2 月

前　言

　　"求木之长者，必固其根本；欲流之远者，必浚其泉源。"从 1948 年山东省立商业专门学校会计系成立到 2012 年山东财经大学会计学院成立的 60 余年间，一代代会计人披肝沥胆、披荆斩棘，为学院会计事业的全面发展打下了稳固基础。

　　"天行健，君子以自强不息。"山东财经大学会计学院自成立以来，全院上下同心、奋发图强、开创了会计事业的崭新局面。今天，"儒风会院"这面鲜明的旗帜，已高高地飘扬在齐鲁大地上。七十载奋斗不止，七十载初心不改。抚今追昔，鉴往知来，不忘初心，砥砺前行，是我们编纂这本院史录的初衷。

　　本书成稿后，学校党委书记王邵军教授欣然为之作序，并认为，这本书"让会计学子们拥有一个探寻历史、讲述故事、传承精神的完整视角。每一段文字、每一张图片，都散发着山财大校训'克明峻德，格物致知'的味道"。这既是对学院以往成绩的高度肯定，也是对学院今后工作的美好期待。

　　本书内容主要分为五章。第一章"七秩赓续 立德树人"主要记录建校以来会计学院的发展史，回望奋斗历程，彰显会计精神。本章由邵文涛、钟毓卓、吴大新主笔。第二章"烛炬燃情 薪火传承"主要介绍会计学院（系）历任党政负责人及任职时间和各时期教师名录，追忆峥嵘岁月，弘扬儒者风范。本章内容由王爱国、邵文涛、钟毓卓负责整理。第三章"弦歌不辍 砥砺前行"是会计学院班级名录，回想学子风采，重温师生情谊。本章班级名录由钟毓卓负责汇总。第四章"桃李成蹊 四海流芳"主要记录会计学院教师对个人成长及学院发展的回忆和部分校友的突出事迹，访录典型人物，再现往日精彩。本章相关的教师和校友名单由王爱国、邵文涛确定，回忆和访谈的文字材料由钟毓卓等汇总和编辑。第五章"履践致远 再谱华章"主要记录会计学院在校学子求学的心路历程，彰显薪火相传，百代不衰。本章的学子名单由王爱国、邵文涛确定，文字材料由钟毓卓等进行汇总和编辑。此外，朱德胜整理了山东财政学院会计学系建设初期教工名单，并联系 1984 级校友撰写回忆录；孙文刚联系了相关硕士研究生校友；王茂春联系了20 世纪 80 年代部分校友撰写回忆录；陆晓红和韩跃联系了山东财政学院部分老领导和校友撰写回忆录；高山联系了山东经济学院部分老领导撰写回忆录；张慧娟负责校友访谈工作；张沫负责联系在职教师撰写回忆录；孙菁、王美春负责班级名录的整理；王金磊博士负责整理了部分校史资料。参与资料整理及文字校对的还有李梦颖、王小银、王筱涵、孙传菊、颜莹莹、孙亚茹等同学。

在本书编纂过程中，山东财经大学档案馆副馆长王振君和李桂枝老师为山东财经大学会计学院发展史部分的编写提供了很大的便利，特此致谢！

会计学院各项事业的发展是一代代会计人共同努力的结果。同时，会计学院各项事业的发展也离不开社会各界人士的大力支持。借编纂本书的机会，我们向革命前辈致以崇高的敬意，向离退休老领导、老同事、各届校友以及关心、支持会计学院事业发展的社会各界人士表示衷心的感谢！

编　者

2022 年 2 月

目 录

绪论　山东财经大学会计学院简介[①]

山东财经大学会计学院（简称会计学院或学院）成立于 2012 年，由山东经济学院会计学院和山东财政学院会计学院整合而成。

学院设有会计系、财务管理系、审计系、资产评估系、智能会计系，建有会计实验室、行为会计高校实验室、智能会计实验室。2021 年 7 月，学院开始与华为软件技术有限公司共建智能会计现代产业学院。

学院现有专任教师 123 人。自合并建校以来，学院累计招聘（引进）博士 26 人，专任教师平均年龄显著降低，学历结构得到改善，其中 35 岁以下青年教师占比超过 10％，45 岁以下中青年教师占比超过 50％，具有博士学位教师占比达到 70％，具有海外留学背景教师占比达到 37.5％。学院拥有全国优秀教师 3 人、财政部全国会计领军（后备）人才（学术类）1 人、财政部首批国际化高端会计人才 1 人、财政部内部控制标准委员会咨询专家 1 人、山东省有突出贡献的中青年专家 2 人、山东社会科学名家 1 人、山东省新旧动能转换文化创意产业智库专家 1 人、山东省高端会计人才 7 人。

学院历来重视本科人才培养。为了满足新时代会计类专业人才市场需求，学院多次修订、调整人才培养方案，优化课程体系，逐步形成了有新财经特色的会计类专业人才培养体系。自 2012 年以来，学院累计通过高考招生 7 507 人，自 2016 年山财大第一届本科生毕业至 2021 届本科生毕业，学院累计培养本科毕业生 4 724 人，累计授予 4 687 人学士学位。学院 6 届本科毕业生升学率持续攀升，共有 1 257 名毕业生在毕业当年考上硕士研究生，近 3 年（2019—2021 年）累计有 349 名本科毕业生考上"985""211"大学硕士研究生。2016—2021 年应届本科毕业生升学率分别为 12.00％、17.10％、22.30％、24.60％、31.30％和 31.65％，这从侧面反映出学院本科生培养质量的稳步提升。

学院于 2012 年设立会计学（国际会计）实验班，2016 年组建会计学（管理会计）实验班，2019 年组建会计学（智能会计）实验班。2020 年校企合作会计学（注册会计师方向）班开始招生。学院逐步形成了多种专业方向共同发展的人才培养新格局。2019 年，会计学、财务管理专业入选国家级一流本科专业建设点。2020 年，审计学专业入选国家级一流本科专业建设点。2021 年，资产评估专业入选国家级一流本科专业建设点。在 2021 软科中国大学专业排名中，学院会计学、财务管理、审计学和资产评估专业均获得 A 类

[①]　本书中关于会计学院教学、科研等相关信息的统计截止时间为 2022 年 2 月。

评价。学院工商管理学科在 2017 年全国第四轮学科评估中进入 B⁺ 档（前 20%），2018 年被评为山东省一流学科，2020 年被评为山东省高水平建设学科。

自 2012 年以来，学院每年开设的专业课课程稳定在 400 门（次）左右，其中"会计学"课程面向全校非会计专业本科生开设，每年上课学生人数均在 6 000 人以上。经过近 10 年的课程建设，学院获批国家级一流课程 1 门、省级一流课程 7 门。同时，学院累计获批各级课程思政建设项目 11 项，获批教学研究与教学改革项目 20 余项。其中，获批教育部首批新文科研究与改革实践项目 1 项（智能会计专业建设探索与实践）、教育部协同育人项目 6 项、省级本科教学改革研究重点项目 2 项、省级虚拟仿真实验项目 1 项。另外，学院还获得省级优秀教学成果一等奖 1 项、二等奖 2 项。《基础会计》《财务管理学》两部教材获评山东省高等教育优秀教材。

学院于 2014 年开始招生培养会计学专业博士研究生。截至 2021 年年底，已毕业的博士研究生有 6 人，在读博士研究生有 25 人。学院现有学术学位硕士授权点 3 个、专业学位硕士授权点 3 个，在校全日制硕士研究生 445 人。2018 年，山东财经大学 MPAcc 中心成立，负责统筹管理会计专业硕士学位授权点，协调推进全日制、非全日制研究生管理工作。研究生教学质量不断提升。2017 年，"科教融合、产学协同、理实一体，构筑财会专业研究生教育特色资源共享平台"获得国家级教学成果二等奖。

自 2012 年以来，学院累计立项国家社会科学基金重大项目、重点项目和一般项目 22 项，国家自然科学基金面上项目和青年项目 4 项，国家出版基金项目 1 项；累计获得山东省社会科学优秀成果奖、省科技进步奖、省优秀教学成果奖等 20 余项。2017 年，"互联网+会计发展协同创新中心"获批省级协同创新中心。

学院于 2016 年与英国特许公认会计师公会（ACCA）签订合作协议，2017 年与英国皇家特许管理会计师公会（CIMA）签订合作协议，2018 年与美国北伊利诺伊大学签订合作办学协议，2019 年与新西兰梅西大学签订合作办学协议，2021 年与新西兰林肯大学签订合作办学协议。2019 年，学院应邀参加美国会计学会全球召集人会议。2020 年，学院举办了"首届智能会计发展高端研讨会——会计的今天与明天"。

2017 年，学院被财政部会计资格评价中心确定为"全国会计职称考试命题基地"，同年在全国资产评估师考试评卷工作招标中中标。2018 年，学院承担全国高级会计师资格考试首次集中评卷工作。2019 年，学院在全国高级会计师资格考试评卷工作招标中中标。学院 2014—2020 年连续参与财政部会计司和证监会上市部、会计部联合开展的课题"我国上市公司实施内部控制规范体系年度分析报告"，2019 年 1 月，财政部会计司就此项工作向学校发来感谢信。自 2016 年以来，綦好东教授连续承担山东省委全面深化改革委员会办公室政策研究项目，所提出的多项政策获得省委批示并被采纳。2017 年，王爱国教授的研究报告《加紧探索与创新，强化山东省生态文明审计的几点建议》入选"山东省新型智库与社会科学规划项目成果要报"，并获时任山东省委书记刘家义的肯定性批示。

第一章　七秩赓续　立德树人

山东财经大学会计学院发展史

第一单元　九台初垒土

　　本单元主要介绍会计学院会计事业发展的源头——山东省立商业专门学校会计系、山东省立会计专科学校以及山东会计专科学校的发展概况。在创办之初，会计学院的事业发展就烙上了红色会计的鲜明印记。

一、山东省立商业专门学校会计系

　　会计学院的前身可以追溯到 1948 年 10 月 6 日成立的山东省立商业专门学校会计系。山东省立商业专门学校的成立是与中国人民解放事业紧密相连的。1948 年 9 月 8 日至 13 日，中共中央在西柏坡召开政治局扩大会议，史称"九月会议"。会议要求"我党迅速地有计划地训练大批能够管理军事、政治、经济、党务、文化教育等项工作的干部"[1]。同年 10 月 28 日，中共中央在《关于准备五万三千个干部的决议》中指出：为了解决各区干部缺乏的困难，……有计划地大量地培养、训练和提拔干部，便成为各区各级党委当前的重大任务。[2] 根据中央指示精神，中共中央华东局要求"各地各种性质的中等以上的学校和训练班应在新解放区和城市，如济南、徐州、潍县、烟台、淮阴等，吸收大批知识青年、旧职员及技术人才到我们学校或训练班去学习"。[3]

　　1948 年 9 月 24 日，济南解放，华东和华北解放区连成一片，山东解放区责无旁贷地承担起培养干部的重任。1948 年 10 月 6 日，中共中央华东局决定以华东财经办事处会计队为基础，成立山东省立商业专门学校，任命顾准[4]为校长、陈先为副校长。山东省立商

---

　　[1]　中共中央文献研究室，中央档案馆：《建党以来重要文献选编（一九二一——一九四九）》，中央文献出版社 2011 年版，第 599—600 页。

　　[2]　中央档案馆：《中共中央文件选集》（第十七册），中共中央党校出版社 1992 年版，第 429 页。

　　[3]　中共临沂市委党史研究室：《沂蒙根据地历史资料汇编》（第十五卷），内部资料，2017 年，第 9 页。

　　[4]　顾准（1915—1974 年），字哲云，上海人，中共党员，著名思想家、经济学家、会计学家。历任立信会计专科学校、沪江大学、圣约翰大学、之江大学等校教授，山东省财政厅厅长（1948 年 10 月至 1949 年 4 月），青州总队队长，华东军政委员会财政部副部长，上海市财政局局长，税务局局长。他是我国银行会计的早期研究者，"三位一体"立信会计事业的早期参与者。1956 年，他调入中国社会科学院经济研究所。他著有《银行会计》《会计原理》《希腊城邦制度》《从理想主义到经验主义》《社会主义会计的几个理论问题》，提出成本和利润计算是企业会计的根本任务之一。他在 1957 年完成的《试论社会主义制度下的商品生产和价值规律》（《经济研究》1957 年第 3 期），对计划经济进行反思，预见性地提出中国应"以市场价格的自由涨落来调节生产和实现资源的有效配置"。

业专门学校在成立之初就设有会计系，下设成本会计、交通会计和政府会计3科（图1-1），并自编教材教授会计知识（图1-2）。

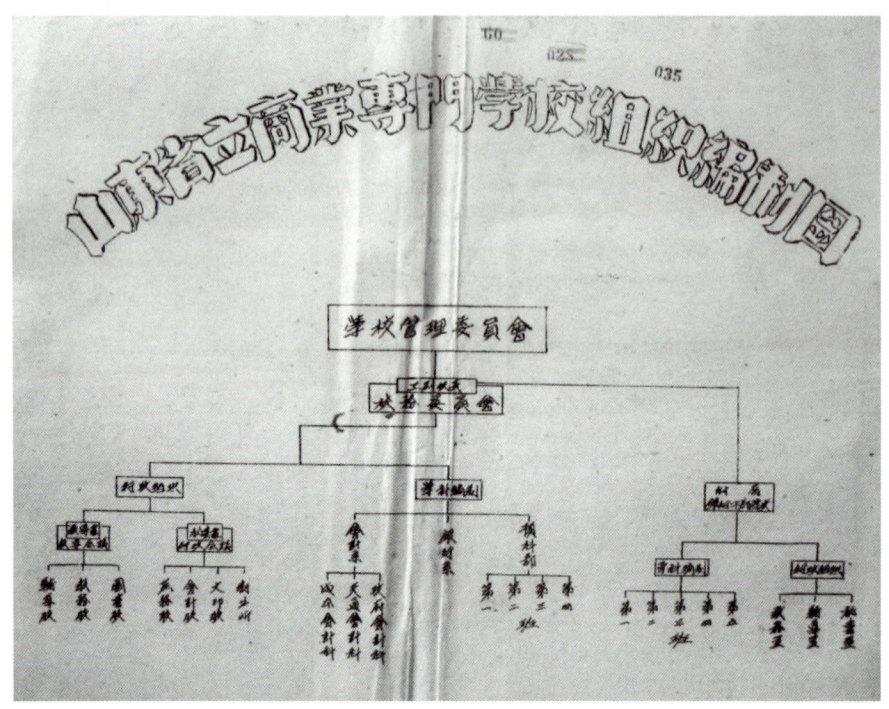

图1-1　山东省立商业专门学校组织编制图（资料来源：山东财经大学档案馆）

图1-2　山东省立商业专门学校自编教材《成本会计实务》（1948年9月油印版）
（资料来源：山东财经大学吴大新教授）

二、山东省立会计专科学校

为迎接全国解放并为建设新中国培养人才，1949年7月，山东省人民政府发布《关于整顿专科学校的几项具体规定》，该规定强调，根据客观条件及"精干正规"的原则，通过整理合并，成立山东省立会计专科学校（图1-3），同时成立山东省立工业专科学校、山东省立医学院和山东省立农学院。

图 1-3　山东省立会计专科学校
（资料来源：山东财经大学档案馆）

1949年10月15日，山东省人民政府文教厅决定，省内所有专科学校会计系合并进入山东省立商业专门学校，并改校名为山东省立会计专科学校（校址位于今天的山东省济南市槐荫区道德北街），下设成本会计、政府会计、贸易会计和银行会计4科。山东省立会计专科学校的成立，改变了之前山东会计人才培养主要通过短期班训练实现的状况，揭开了山东省开展正规会计教育的序幕。

1950年暑期，山东省立会计专科学校划归华东教育部领导，被列为高等学校之一，分本科班和普通班，学制为2年，每年招收300人左右，按照中央人民政府教育部令（图1-4）统一编制课程及教学计划。自此，学校正式迈进新型正规化高等会计教育行列。

三、山东会计专科学校

1951年年初，山东省立会计专科学校根据教育部令更名为山东会计专科学校。学校

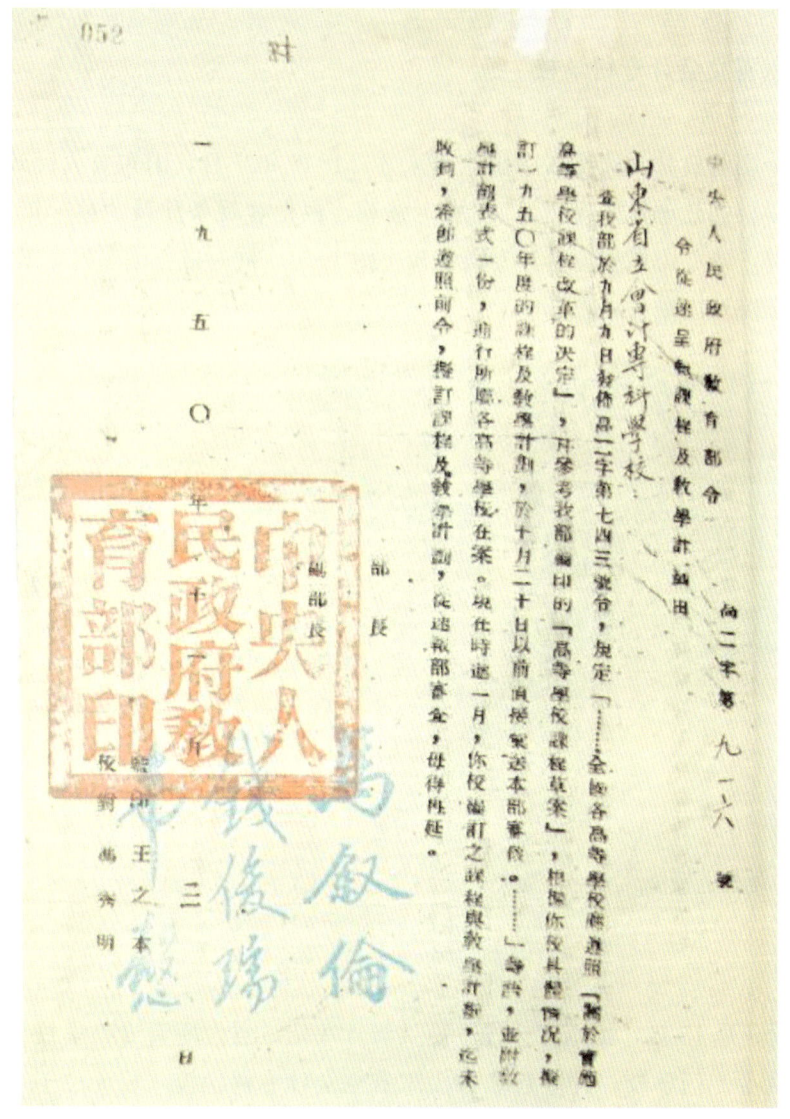

图 1-4　中央人民政府教育部关于编制课程及教学计划的令（高二字第九一六号）
（资料来源：山东财经大学档案馆）

作为全国新型正规化高等学校之一，担负着为国家建设事业培养高、中级会计人才的任务，同时担负着为本省培养专业会计人才的任务。同年 2 月，经中央人民政府教育部批准，学校确定会计本科学制为 2 年，开设 27 门课，采取学分制（必修课 62 学分、选修课 6 学分），毕业基本要求为 65 学分。

1951 年 12 月 26 日，山东省人民政府财经委员会通过了山东会计专科学校更名为山东财政经济学院的计划修正草案。同年 12 月 28 日，学校召开山东财政经济学院筹备委员会第一次会议，推选李国屏为筹备委员会主任委员、宋毅为副主任委员，并决定在山东省济南市千佛山北麓建设新校区。

第二单元　凌云节节高

　　本单元主要介绍从山东财政经济学院到山东财经学院时期学院会计人才培养事业在曲折中发展的历程。尽管几经波折，但这一时期的会计人才培养事业仍然取得了长足进步：除了本科教育，会计速成班、会计函授班、会计夜校等多种人才培养方式也得到迅速发展。

一、山东财政经济学院会计系

　　1952年10月5日，经中央人民政府批准，根据教育部下发的《华东区高等学校院系调整委员会通知》（调委字第204483号），齐鲁大学的经济系和山东会计专科学校合并成立山东财政经济学院（校址为济南市郊六区东舍坊门外，今山东省济南市历下区青年东路西侧区域）。齐鲁大学曾被誉为"华北第一学府"，与燕京大学齐名，两所大学有"南齐北燕"之称。

　　山东财政经济学院设立会计系、经济计划系、统计专修科，附设会计速成科及训练部。学制为本科3年、专修科2年、训练部速成科1年。会计系设有簿记核算、工业簿记、贸易核算等教研组。工业簿记教研组概况如图1-5所示。

　　1953年5月29日，中央人民政府政务院第180次政务会议批准了《中央人民政府高等教育部关于一九五三年全国高等学校院系调整的计划》，全国高等学校开始了大规模院系设置调整。同年8月4日，中

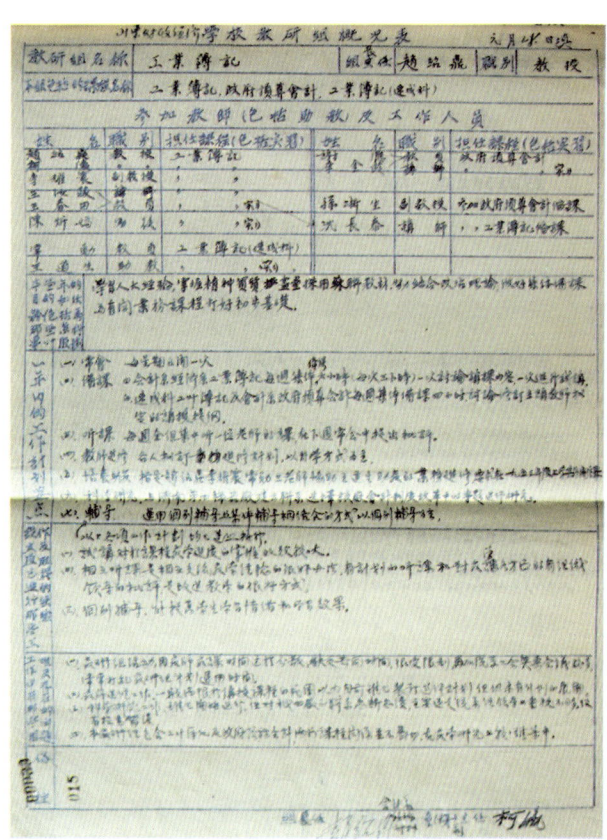

图1-5　山东财政经济学校①（工业簿记）教研组概况表
（资料来源：山东财经大学档案馆）

---

　　①　此处的山东财政经济学校应为山东财政经济学院。

央人民政府高等教育部华东高等教育管理局下发通知（图 1-6），要求山东财政经济学院自 1953 年 9 月起并入上海财政经济学院（今上海财经大学）。

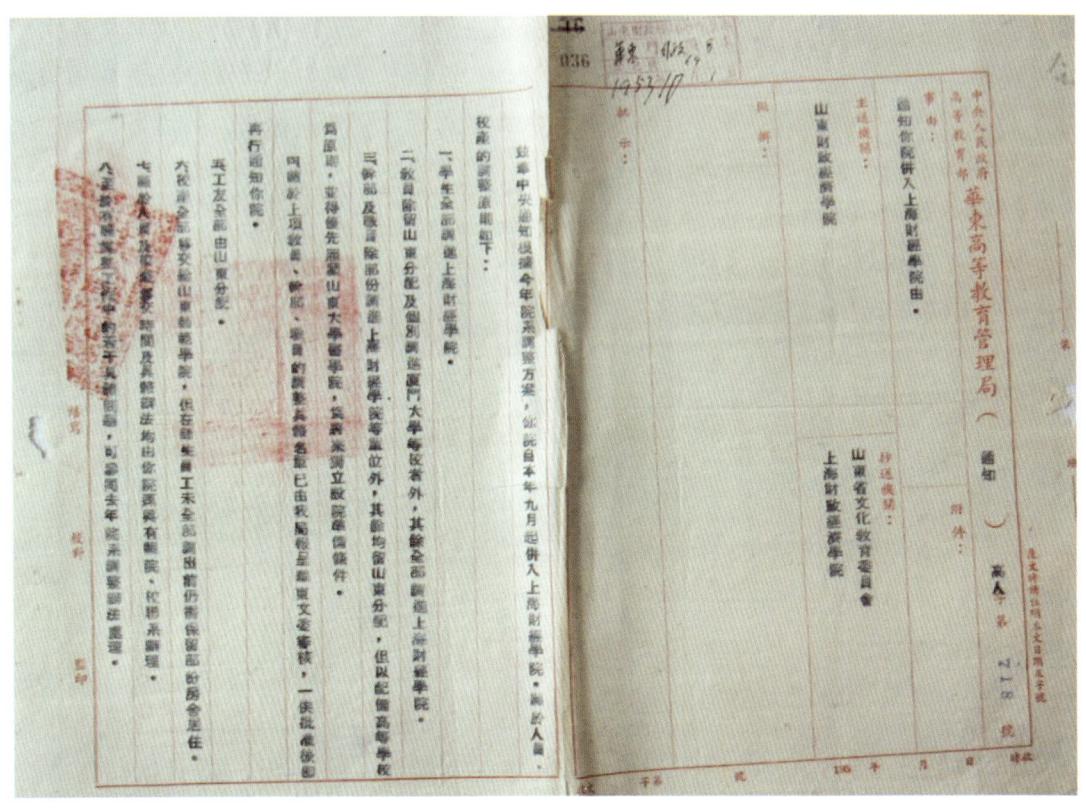

图 1-6 华东高等教育管理局关于山东财政经济学院并入上海财政经济学院的通知
（资料来源：山东财经大学档案馆）

二、5 所干校和山东财经学院会计系

山东财政经济学院并入上海财政经济学院后，未赴上海的教员被分配至山东省财贸系统各干部学校，即山东省合作干部学校（济南合作学校）、山东省商业干部学校、山东省粮食干部学校、山东中国人民银行干部学校以及山东省财政厅干部学校。1958 年 9 月，5 所干校一起被撤销，合并组建山东财经学院（学校校门见图 1-7），山东财经学院主要培养"又红又专"的财经干部。1961 年，山东省委决定将学校改为一所正规高等院校，由山东省委宣传部主管。1962 年，山东省委常委、副省长李予昂兼任山东财经学院院长。学校设工业经济系（1963 年更名为会计系）、贸易经济系、财政金融系，设立财务会计、商业经济、对外贸易、财政、金融等 5 个专业，本科学制为 4 年。

为尽快培养经济社会急需的财经类人才，1962年，山东省委决定从山东工学院、山东师范学院调出部分一年级、二年级和三年级学生到山东财经学院学习财经专业，并将他们的学制延长1年。1963年2月4日，学校任命张鹤皋为财务会计教研室主任、魏治中为副主任。1964年7月，学校发布函授、夜校会计班招生简章，同年11月发布人民公社财务会计专业招生简章，开始从事会计函授教育。

图 1-7　山东财经学院

1966年，"文化大革命"开始，学校正常教学秩序被打乱，招生和培养工作被迫停止，所有毕业学生都延期1年离校。

1970年7月29日，中共山东省革命委员会核心领导小组决定（鲁核发〔1970〕第228号文件）：山东财经学院撤销，支援菏泽、惠民（惠民县，今山东省滨州市）两地区开办师范专科学校。此后，学校教职员工一分为二，分别参加菏泽师范专科学校、北镇师范专科学校的重建工作，除校舍外，家具、图书资料等校产也分别被搬迁到菏泽和惠民。

第三单元　迈步从头越

本单元主要介绍山东经济学院和山东财政学院会计事业的发展历程。山东财经学院于1978年复校并更名为山东经济学院后，从1979年开始招收工业会计和商业会计专业学生；1987年，邓小平同志为山东财政学院题写校名，山东财政学院于1988年开始招收会计专业学生。山东经济学院为两校会计学专业学生共同授予经济学（会计）学士学位。1995年，山东财政学院获得学士学位授予权。两校会计教育为山东乃至全国培养了大量合格的会计人才，成为山东会计教育的中流砥柱。

一、山东经济学院的会计事业

山东经济学院会计事业的发展可分为三个阶段：步入正轨时期（1978—1990年）、稳步发展时期（1991—2002 年）、跨越发展时期（2003—2011 年）。特别是在 1993 年，乘着深化改革的东风，山东经济学院获得硕士学位授予权，会计学专业成为硕士学位授予点，成为山东省内首个会计学硕士学位授予点，这为之后学院会计事业的跨越发展奠定了坚实基础。

（一）步入正轨时期（1978—1990 年）

1976 年 10 月，"四人帮"被粉碎之后，我国现代化建设各项事业进入了新的历史发展时期，教育工作也开始走上正轨。1978 年 12 月，国务院批准山东财经学院复办。同年，山东省人民政府转发国务院文件并决定将山东财经学院更名为山东经济学院。山东经济学院面向山东省招生，学制为 4 年，设立工业会计、商业会计、工业计划统计、商业计划统计等专业，1978 年没有招生。1979 年，学校设立财务会计系等 6 个系，其中财务会计系工业会计和商业会计专业率先招生，分 2 个班，共 104 人，其他专业当年没有招生。1985 年，学校搬迁至济南市燕子山东侧新校区后，办学规模不断扩大，招生数量逐年增加。1979—1984 年财务会计系历年招生情况如表 1-1 所示。

表 1-1　山东经济学院财务会计系历年招生人数（1979—1984 年）

年份	专业	招生人数	会计专业招生总人数
1979	工业会计	52	104
	商业会计	52	
1980	工业会计	41	81
	商业会计	40	
1981	未招生，举办轻工业部财会专业师资进修班，修读人数 62 人		
1982	工业会计	41	82
	商业会计	41	
1983	工业会计	40	40
1984	工业会计	85	127
	商业会计	42	

1981 年，学校向山东省教育厅报送《申请授予学士单位的专业名单表》，申请学校经济学门类财务会计系工业会计专业、商业会计专业为学士学位专业。1983 年 3 月，学校被审定为学士学位授予单位。学校首批录取的工业会计和商业会计专业学生顺利毕业，并获得学士学位，毕业生合影如图 1-8 所示。

为培养既懂会计又懂计算机的复合型会计人才，财务会计系从 1985 年开始将工业会计和商业会计合并为会计学专业，进行复合型人才培养。1990 年 11 月，学校分别与天津财经学院和北京经济学院合作，以"委托代培，联合培养"方式招收会计学硕士研究生。

1985 年 1 月 28 日，学校与荣成县（今荣成市）人民政府签订联合举办财会专修科协议书，学校接受荣成县人民政府的委托，与荣成县联合举办工业财务会计专修科。同年，

图 1-8 山东经济学院八三届毕业生合影（资料来源：山东财经大学档案馆）

学校与江苏省无锡市人民政府签订协议，该协议约定，学校以交换生方式为无锡市培养乡镇企业会计专门人才，每年培养 40—50 人。

1988 年，经山东省教育厅批准，由山东省财政厅和学校联合举办的第一期"会计大专专业证书函授班"于 11 月中旬分别在各地开学。参加该期函授学习的学员多达 1 万人，学成后成为山东省经济战线上的中坚力量。

1979 年 3 月，学校成立干部培训部，财务会计系部分教师参与办学，当时财务会计系任课教师名单如图 1-9 所示。干部培训部举办的干部进修班为国家培养了一大批财经专业高级人才。1987 级干部进修班学生毕业时，时任山东经济学院院长的张文杰教授曾专门题词祝贺，如图 1-10 所示。

课程名称	任课教师	职务与职称		部门
哲 学	杨秋云	讲 师		马列部
企业财务管理	章正源	副 教 授		会计系
审 计 学	靳鹤亭	讲 师		
会 计 学	王爱国	助 教		
电 脑 应 用	李 红	"	"	
经济活动分析	王汉民	"	"	
国际贸易原理	马睿芳	副 教 授		工商系
中国经济地理	曹明晓			
自然科学概要	陈念慈	讲 师		
商业经济学	柯育彦			
工业企业现代化管理	顾天辉			
市 场 学	陆少俐			
价 格 学	宋耀鼎	助 教		
国际贸易实务	马仕鑫			
财政与信贷	张国杰	副主任 副教授		财金系
国民经济计划原理	石 磊	副 教 授		计统系
" "	秦宪文	助 教		
统 计 学	李 杰			
系统信息控制论	李蓉友			经济研究所

图 1-9 财务会计系任课教师名单

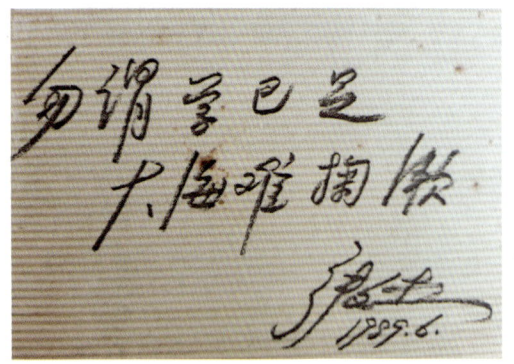

图 1-10　时任山东经济学院院长张文杰教授为
干部进修班 1987 级毕业生题词

在做好教学工作的同时，财务会计系教师也十分重视科研工作，陆续就一些热点会计问题发表自己的看法，参与全国会计学术大讨论。财务会计系教师具有代表性的部分学术论文如表 1-2 所示。

1982 年，财务会计系任辉同志撰写的《珠算指法》在山东省珠算协会与日本社团法人全国珠算教育联盟进行学术交流时传入日本，在日本珠算教育界引起很大反响。文章在强调拇指、食指、中指严格分工的基础上，将珠算的拨珠动作归纳为"托""拨""挑""分""合""进""退""提""冲"等九个方面，反映了手指在算盘上的运动规律，有助于学习者掌握指法要领、提高计算速度，成为各单位珠算教学的必读资料。

表 1-2　山东经济学院财务会计系教师具有代表性的部分学术论文（1981—1990 年）[①]

序号	题名	作者	刊名	发表时间
1	试释"会计"——对会计概念的研究	魏治中 张俊青 刘学颜	会计研究	1981 年 3 月 2 日
2	试论会计在经营管理中的中枢地位	魏治中 张俊青 刘学颜	会计研究	1983 年 12 月 27 日
3	也谈现代管理会计的对象——与青光源同志商榷	侯本领	会计研究	1986 年 12 月 27 日
4	关于企业资金分类问题的探讨	任　辉 许　强	财政研究	1988 年 8 月 28 日
5	会计原则与会计制度初探	孟凡利	上海会计	1988 年 12 月 26 日
6	外向型会计应强化五大观念	钟安石	武汉财会	1989 年 4 月 1 日
7	对若干会计基本理论问题的重新思考	孟凡利 赵常宾 靳佩然	交通财会	1990 年 3 月 2 日
8	论流动资金节约额	任　辉 许　强	会计研究	1990 年 5 月 1 日
9	对资本保持概念与通货膨胀会计的探讨	汪　平	浙江财经学院学报	1990 年 5 月 1 日
10	试谈我国注册会计师的执业性质和职业道德	周树森 赵常宾	注册会计师通讯	1990 年 5 月 31 日

[①]　本书相关学术论文信息选自中国知网。

（续表）

序号	题名	作者	刊名	发表时间
11	工业企业产成品实行保本保利期管理刍议	王汉民 付少祥	会计之友	1990 年 6 月 30 日
12	初探破产企业资产的会计计量	王爱国	交通财会	1990 年 8 月 29 日
13	对资金利税率指标的重新思考	赵常宾	交通财会	1990 年 11 月 27 日
14	无形资产核算的若干理论问题的探讨	王爱国	交通财会	1990 年 12 月 27 日

20 世纪 80 年代，财务会计系教师任辉、谢承基、王汉雄等编写的《会计学原理》《西方企业财务会计》《管理会计的理论和方法》《审计学》等教材被广泛使用，成为我国当时很有影响的会计类教材。财务会计系教师编写的部分教材如图 1-11 所示。

图 1-11　山东经济学院财务会计系教师早期出版的教材（部分）

1989 年 8 月，学校与中国中青年财务成本研究会合办杂志《会计学家》（季刊，任辉主编），并将《会计学家》作为研究会的会刊出版发行。该杂志是改革开放初期能够发表长篇学术论文的期刊之一，在当时产生了广泛的学术影响。图 1-12 是《会计学家》杂志1990 年第 3 期（总第 5 期）目录。

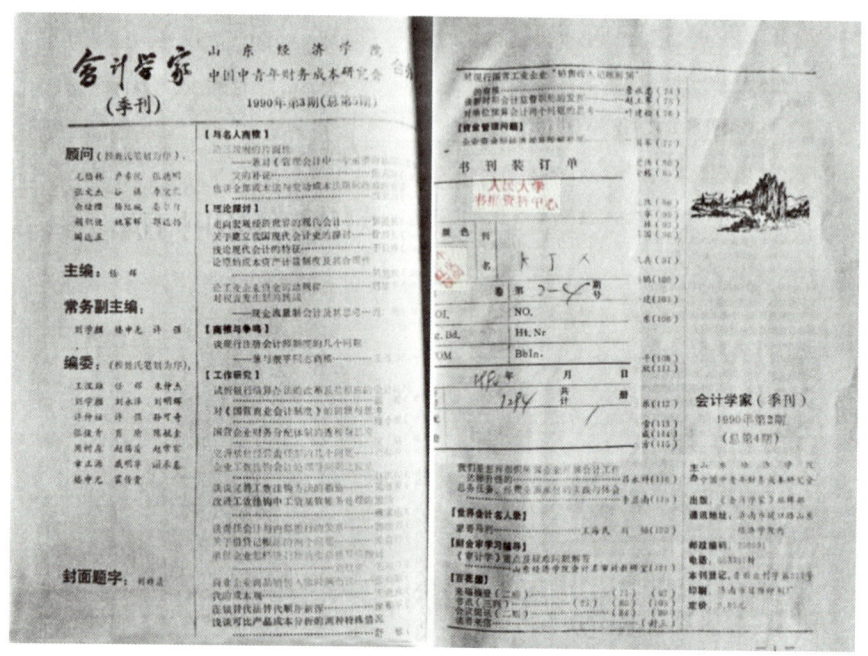

图 1-12　《会计学家》杂志 1990 年第 3 期（总第 5 期）目录

为迎接"信息高速公路"时代的到来，财务会计系于 1982 年设立电子计算机教研室。1985 年，在赵锡清同志带领下，电子计算机教研室为齐鲁石化公司炼油厂研制开发的"计算机财务会计系统"第一期工程获得中国计算机用户协会华东地区协会年会"应用成果奖"。

1986 年暑假期间，学校团委组织王爱国等 7 名在校大学生为济宁市汶上县近百名厂长、经理和财会人员举办了为期 1 个月的"财经管理培训班"，讲授"会计学原理""工业会计学""工业企业财务管理""工业企业管理现代化的理论与方法""经济法"5 门课程，受到了共青团山东省委员会的表彰。

（二）稳步发展时期（1991—2002 年）

1991 年 2 月，学校的教学、办公设施全部搬至新校区（今山东财经大学燕山校区），部分教师和未毕业的学生留守老校区（济南市天桥区堤口路胜利庄 1 号）至 1993 年 7 月。经过多年的努力建设，1992 年，会计学学科被评为山东省重点学科，也是当时山东省会计学学科中唯一的省级重点学科。图 1-13 是山东省重点学科山东经济学院会计学学科授牌仪式。

1993 年 8 月，山东省财政厅下发了《关于〈通用实时会计信息系统〉通过评审的批复》，同意学院赵锡清等人研制的《通用实时会计信息系统》（AIS-93）作为商品化软件（当时学校师生称之为"山经"会计软件）通过评审。自此，"山经"会计软件走出校门，

图 1-13　山东省重点学科山东经济学院会计学学科授牌仪式

（主要参与者：时任山东经济学院党委书记王新波、院长胡积健、副院长任辉，
财务会计系主任刘学颜、副主任胡元木等）

开始服务山东各大公司。

　　1993 年 12 月，山东经济学院经国务院学位委员会批准获得硕士学位授予权，会计学专业也因此成为当时山东省唯一的会计学硕士学位授权点。会计学专业自 1995 年开始招收硕士研究生，有 8 名新生入学。1998 年，首批硕士研究生共 9 人（含从山东大学转入 1 人）全部通过学位论文答辩，获得硕士学位，图 1-14 是他们论文答辩后的合影。

图 1-14　山东经济学院首届会计学专业硕士研究生顺利通过学位论文答辩后合影留念

（资料来源：山东财经大学档案馆）

为提高山东省会计人才队伍的整体素质，1994 年 2 月，山东省教委、省财政厅、省人事厅、省委组织部根据中央、山东省委关于大力培训干部和各类人才的指示精神，经研究，确定在山东经济学院和山东财政学院举办会计学专业业余大专、本科班，招生对象为各级党政机关、企事业单位中从事会计工作的在职人员，学制均为 3 年，学习形式为业余。

2002 年 2 月，山东经济学院经国务院学位委员会批准获得同等学力人员硕士学位授权资格，会计学专业成为山东省各类院校会计学专业中第一个具有此项资质的专业。

这一时期，胡元木、钟安石、王爱国、石贵泉等人完成的《建立"三位一体"会计实习模式研究》（1997 年），孟凡利、宋希亮、王翠春、石贵泉完成的《21 世纪会计面临环境变化及其对会计教育的影响》（2001 年）获得山东省普通高等学校省级教学成果一等奖。胡元木主持的"会计学专业人才素质培养模式研究与改革实践"（1998 年）、孟凡利主持的"会计学"（1999 年）和任辉主持的"会计学原理"（1999 年）等项目或课程获得省级项目教改立项。同时，学院实验室建设成绩斐然，得到省级主要领导的肯定。2002 年 6 月，经山东省教育厅评估，会计模拟实验室被确定为一类实验室。

同期，财务会计系涌现出了一大批高水平科研成果，仅在《会计研究》杂志上发表的学术论文就有 17 篇，如表 1-3 所示。其中，孟凡利撰写的《论环境会计信息披露及其相关的理论问题》一文，迄今（2022 年 2 月）已被引 700 多次。

表 1-3　山东经济学院财务会计系部分代表性学术成果（1991—2002 年）

序号	题名	作者	刊名	发表时间
1	乡镇企业设备借款利息处理之我见	侯本领	中国农业会计	1991 年 1 月 31 日
2	管理会计目标初探	王爱国	财会通讯	1991 年 1 月 31 日
3	小议目标利润的确定	王汉民	会计研究	1991 年 3 月 2 日
4	论社会审计的职能	刘　兵	上海会计	1991 年 5 月 1 日
5	也谈内部审计的职能	刘　兵	上海会计	1991 年 5 月 31 日
6	论影响我国会计信息质量的因素	王汉民	财会月刊	1992 年 3 月 1 日
7	美国资本结构理论与企业价值——兼论我国企业资金结构与经济效益关系的研究方法	汪　平	会计研究	1992 年 12 月 26 日
8	我国会计科学发展目标的制定问题	王汉民	会计研究	1993 年 3 月 2 日
9	论会计与社会经济秩序	王汉民	会计研究	1993 年 10 月 28 日
10	我国会计理论研究的立足点及其他	王汉民	会计研究	1994 年 2 月 15 日
11	也谈"资金结构及其优化"——对"资金结构界定"的一点看法	郭廷友	会计研究	1994 年 2 月 15 日
12	卢卡·帕乔利会计思想研究及其现实意义——纪念《数学大全》出版五百周年	刘兴云 孟凡利	会计研究	1994 年 3 月 15 日

序号	题名	作者	刊名	发表时间
13	现金流转与企业发展	汪　平	会计研究	1995 年 5 月 15 日
14	论企业会计的回归	李孟顺	会计研究	1995 年 6 月 15 日
15	成本管理目标与成本管理	李孟顺	会计研究	1995 年 9 月 15 日
16	对《企业会计准则第 X 号——非货币性交易》（征求意见稿）的几点看法	孟凡利	会计研究	1996 年 8 月 15 日
17	环境会计：亟待开发的现代会计新领域	孟凡利	会计研究	1997 年 1 月 15 日
18	管理会计应用：现状、问题与应有的改进——关于管理会计应用情况的一份问卷调查及其启示	孟凡利 王翠春 王　健 杨公遂	会计研究	1997 年 4 月 15 日
19	环境会计的概念与本质	孟凡利	会计研究	1997 年 12 月 15 日
20	浅议资本经营与企业财务管理	姜洪丽	山东经济	1998 年 6 月 20 日
21	论环境会计信息披露及其相关的理论问题	孟凡利	会计研究	1999 年 4 月 15 日
22	论会计定位	李孟顺	会计研究	1999 年 5 月 15 日
23	谈中国会计的国际化	李孟顺	会计研究	2002 年 1 月 15 日

这一时期，财务会计系教师也撰写了一批有影响力的学术专著，包括王爱国所著的《会计理论研究——构建中国特色的会计理论体系》（南海出版公司，1995 年版）《成本会计理论》（内蒙古大学出版社，1999 年版），孟凡利所著的《财务会计理论》（西南财经大学出版社，1996 年版）以及刘兵所著的《审计理论结构层次论》（南海出版公司，1996 年版）等。这些著作是我国学界较早系统研究财务会计、成本会计和审计基本理论的代表性著作。

（三）跨越发展时期（2003—2011 年）

2003 年 6 月，山东经济学院下发《关于部分单位更名的通知》（鲁经院政人字〔2003〕32 号文），财务会计系更名为会计学院。自此，学院会计教育事业进入跨越式发展新阶段，办学规模越来越大，办学类型越来越丰富，办学实力越来越雄厚，办学特色越来越鲜明。

2003 年，会计学院在教育部本科专业目录外重新申报设立审计学专业。2006 年，会计学院在教育部本科专业目录外申报设立资产评估专业。2010 年，会计学和资产评估两个专业获批招收专业硕士。自此，学院专业结构和类型更加合理优化，更加符合经济社会发展对会计类人才的需要。

2009 年，山东经济学院下发《关于成立山东经济学院实验教学管理中心、山东会计科学研究中心、法与经济管理研究中心三个机构的通知》（鲁经院政人字〔2009〕42 号文），决定成立山东会计科学研究中心。山东会计科学研究中心是学校直属科研机构，挂靠在会计学院。

这一时期，王爱国主持的省级以上教育教学质量工程项目先后获批：2006年，会计学专业被省教育厅评定为省级品牌专业，成为当时山东省内高校中唯一的会计学省级品牌专业；2007年，会计学专业被教育部、财政部批准为国家级高等学校特色专业建设点；2008年，会计学学科经山东省人民政府批准成为"泰山学者"设岗学科；2009年，会计模拟综合实验室被山东省教育厅确立为省级实验教学示范中心；2011年，会计学学科被山东省教育厅和山东省财政厅评为山东省特色重点学科。另外，2006年，王爱国主持的"会计学原理"课程和领导的"会计学专业教学团队"分别被山东省教育厅评定为省级精品课程和省级教学团队；2009年，胡元木、姜洪丽主编的《中级财务管理》教材被评选为普通高等教育"十一五"国家级规划教材。

图1-15展示了会计学院会计学学科获得的部分荣誉称号。

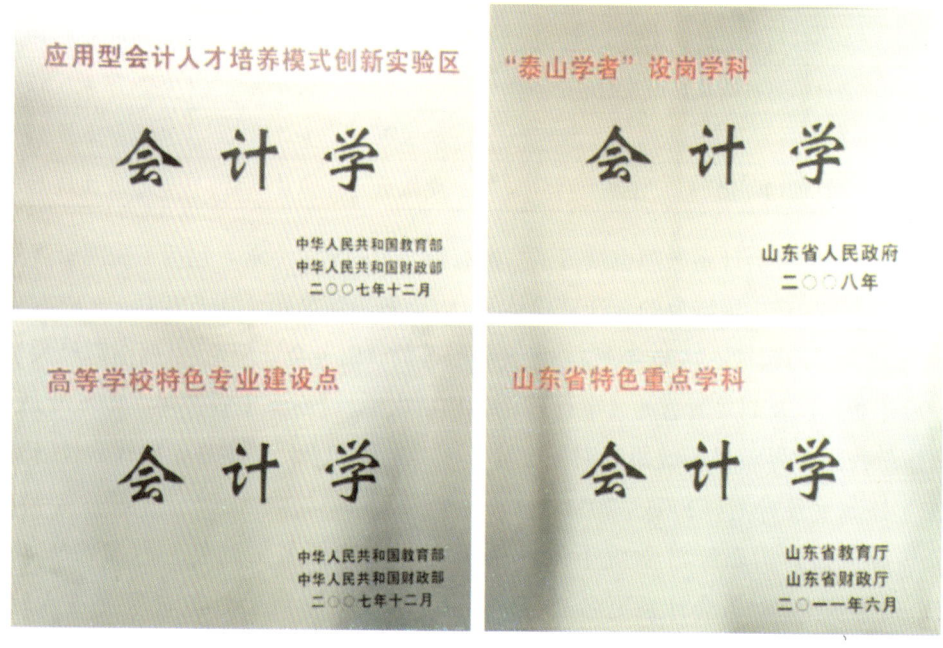

图1-15　会计学院会计学学科获得的部分荣誉称号

学院的科学研究也不断实现新突破。2007年，王爱国主持的"强化企业社会责任问题的会计研究"（07BJY023）获得国家社会科学基金立项资助，实现了学院发展史上国家社会科学基金项目零的突破。2011年，王爱国主持的"碳交易市场、碳会计核算及碳社会责任问题研究"（11BGL025）获得国家社会科学基金立项资助，在全国率先开创了企业社会责任会计、碳会计和碳审计研究的新领域。同一时期，王爱国的成果先后获得山东省社会科学优秀成果二等奖、三等奖和山东省科技进步二等奖，并获得山东省优秀教学成果二等奖；毕秀玲的成果获得山东省社会科学优秀成果三等奖。

同时，学院教师在《管理世界》《中国工业经济》《会计研究》《审计研究》《南开管理评论》《财政研究》《外国经济与管理》《经济学家》等刊物发表一系列高水平论文，部分代表性成果如表1-4所示。

表1-4 山东经济学院会计学院部分代表性成果（2003—2011年）

序号	题名	作者	刊名	发表时间
1	我国上市公司换股并购绩效的实证研究	宋希亮 张秋生 初宜红	中国工业经济	2008年7月17日
2	审计判断信心研究：一项实验的证据	王爱国 杨明增	会计研究	2009年9月15日
3	公允价值会计和金融稳定研究——金融危机分析视角	王守海 孙文刚 李 云	会计研究	2009年10月15日
4	预期损失模型缺陷与会计监管独立性问题研究——基于对IASB《金融工具：摊余成本和减值》征求意见稿的分析	郑 伟	会计研究	2010年5月15日
5	柜台市场效率与会计信息配置模式的优化	崔志娟	会计研究	2010年8月15日
6	基于财务视角的投资者关系管理研究评述与启示	万晓文 李明望 王 秀	会计研究	2010年9月15日
7	农村集体土地资产管理"会计化"研究	李 爽	管理世界	2010年9月15日
8	中国审计文化的反思与重构	王爱国	会计研究	2011年3月15日
9	农村信用社实施管理会计的实证研究——基于实施状况和绩效的分析	汪冬梅 宋辉艳	财政研究	2011年6月5日

学院师资队伍规模进一步扩大、结构进一步优化。学院先后选派21名中青年骨干教师赴海内外名校进修学习，提高了师资教研能力。此外，王爱国入选山东省理论人才"百人工程"（2003），获得"全国优秀教师"（2007）、"山东省先进会计工作者"（2008）、"山东省教学名师"（2009）和"山东省有突出贡献的中青年专家"（2011）等多项省级以上荣誉称号。刘惠萍被授予"山东省民主党派先进个人"称号（2011）。

这一时期，学院党团建设成绩斐然。学院党总支被评为2003—2005年度"山东省高校先进基层党组织"。2007年，会计学院和学校党委宣传部共同撰写的《山东经济学院荣辱观教育"七进"》荣获校"十佳新闻"综合奖。2004年11月，学院开展了以"塑造诚信风尚，创建信用校园"为主题的会计学院首届"诚信宣传月"系列活动。2006年，学院在学习胡锦涛总书记关于"八荣八耻"的重要讲话期间，深入开展了"知荣辱 立诚信"的"七进"活动。2007年，学院举行"青春与诚信同行"新生诚信宣誓仪式。这些活动得到了《中国教育报》等主要媒体的关注和报道，在全社会及各高校中掀起了诚信教育的高潮。同时，学院荣膺"2009—2010年度全省高校思想政治教育工作先进集体"。

2010 年，学院组织撰写的《山东省农业保险机制对农村自然灾害灾后的保障作用——以莱芜及德州为例的农村保险机制的调研》在山东省"调研山东"暑期社会实践项目中获得一等奖。2011 年，学院荣获全国"挑战杯大学生创业大赛"优秀组织奖。

二、山东财政学院的会计事业

山东财政学院会计事业的发展历程可以分为三个阶段：奠基时期（1986—1995 年）、快速发展时期（1996—2001 年）和内涵发展时期（2002—2011 年）。特别是在 1995 年获得学士学位授予权后，山东财政学院会计事业的发展开始步入快车道。

（一）奠基时期（1986—1995 年）

1986 年 4 月，山东省人民政府以（86）鲁政函 30 号文件批复山东省财政厅，批准筹建山东经济学院财政分院，并规定财政分院招生总规模为 2 000 人，设财务与会计等专业，学制 2 年。同年 9 月，财政部与山东省人民政府经过充分酝酿协商，签订《关于对山东经济学院财政分院实行双重领导、联合办学的协议书》，确定了"财政部和山东省政府对山东经济学院财政分院实行双重领导、以部为主、联合办学"的领导管理体制。1987 年，国家教委以（87）教计字 088 号《关于同意财政部与山东省人民政府对山东经济学院财政分院实行联合办学的复函》文件复函财政部、山东省政府。

1987 年 11 月 28 日，邓小平同志为学校亲笔题写校名"山东财政学院"。

1988 年 6 月 9 日，在山东财政学院开工奠基仪式上，中国共产党第十四届、第十五届中央政治局委员，国务院原副总理（时任山东省委副书记、省长）姜春云，山东省政协原主席（时任山东省委副书记）陆懋曾为"山东财政学院"校牌揭幕。

为了早出人才、快出人才，财政部教育司和山东省财政厅领导确定，山东经济学院财政分院自 1987 年开始招生，采取"高位嫁接，承包办学"的模式办学，以解决没有校舍和师资的问题，由财政部所属的上海财经大学等 5 所普通高校对财政分院 5 个系和专业进行承包办学，并确定了承包办学方案。其中，会计学系由上海财经大学的会计系对口支援，援建教师包括石成岳（承包系主任）、周勤业（承包副系主任）、储一昀（教学秘书）、孙铮、王松年、朱荣恩、吴云飞等。上海财经大学会计系在师资培训、课程设置、教材编写等诸多方面为财政分院的建设付出了艰辛的努力，也为学校会计事业的发展打下了良好的基础。

1988 年，会计学系成立，设立会计学本科和专科专业，并于当年开始正式招生。图 1-16 是山东财政学院会计学系[①] 1988 级会计本科班和专科班毕业合影。1993 年，在改革开放政策的引导下，山东财政学院增设会计电算化、涉外财会等 2 个专科专业。1994 年，又增设了理财学专门化和财务会计专科专业。

[①]　虽然照片上显示为会计系，但当时学校官方叫法为会计学系。

山东财政学院的会计成人教育采取多种类、多层次办学形式，起步虽晚（1989 年 5 月），但发展较快。除了非学历教育，学院还大力发展了学历教育，招收专科和专科起点本科函授生，分专科层次和专科起点本科层次两类进行招生。

图 1-16　山东财政学院会计学系 1988 级会计本科班和专科班毕业合影

在接受兄弟院校援助的同时，会计学系一直注重师资的培育，为教学、科研等各项工作储备了大量优秀人才。1988 年 3 月，会计学系聘任郭惠云、王士刚为会计专业副教授；同年 11 月，会计学系成立会计中级职务评审委员会。1993 年，郭惠云被国务院批准为享受政府特殊津贴的专家。1994 年，刘兴云被评为"全国优秀教师"，受到国家教委和人事部的表彰。

这一时期，除教学工作外，部分教师也投身学术研究，开始发表学术论文，相关成果如表 1-5 所示。

表 1-5　山东财政学院会计学系部分教师发表的学术论文（1992—1995 年）

序号	题名	作者	刊名	发表时间
1	对实现财政收支平衡的思考	左　敏 朱德云	中央财政金融学院学报	1992 年 4 月 30 日
2	多库模糊查询的设计与实现	曲吉林	微型机与应用	1992 年 12 月 26 日
3	中西文汉字系统下使用 2.13H 打印功能	曲吉林	中文信息	1994 年 7 月 20 日
4	对国家资本金实施审计监督之我见	郭惠云	山东审计	1994 年 12 月 20 日
5	席位费及保证金处理之我见	吕玉芹	上海会计	1995 年 1 月 23 日
6	流动资金紧缺：问题与对策	孟凡利 刘兴云	会计研究	1995 年 2 月 15 日
7	预算会计应尽快采用借贷记帐法	于维素	预算会计	1995 年 4 月 15 日
8	谈建立现代企业制度对企业理财的基本影响	张世兴 王维虎	中国煤炭经济学院学报	1995 年 5 月 15 日
9	中西方民间审计制度的比较	刘长翠	山东审计	1995 年 6 月 20 日
10	中西方会计方法的主要区别及其评析	王维虎 张世兴	中国煤炭经济学院学报	1995 年 11 月 15 日

1992 年 6 月，国家教委正式批准建立山东财政学院。1995 年 6 月，经国务院学位委员会和国家教委批准，山东财政学院会计学专业获得学士学位授予权，会计事业进入快速发展期。

（二）快速发展时期（1996—2001 年）

山东财政学院会计学专业获得学士学位授予权后，各项工作不断取得新突破。

1996 年，学校评出并重点投入建设了会计学等 4 个本科专业。同年，会计学学科被批准为山东省重点学科。1996 年，经财政部批准，理财学专门化正式调整为本科专业理财学（1998 年更名为财务管理专业）。

1998 年 7 月，经国务院学位委员会第 16 次会议批准，山东财政学院成为硕士学位授予单位，会计学专业成为学校首批硕士学位授权点。这是学校会计教育历史上具有里程碑意义的一件大事，标志着学校会计教育在办学层次及综合办学实力上了一个新台阶。图 1-17 是山东财政学院首届硕士研究生毕业留影。

在课程建设方面，学校于 1996 年启动《山东财政学院课程建设实施方案》，评选出"基础会计"等 10 门校级精品课程。之后，"基础会计"课程被评为省级教学改革试点课程、山东省精品课程。

会计学系始终注重教研相长，鼓励教师积极投身学术研究。这一时期，会计学系教师在《会计研究》等核心期刊发表了相当数量的学术论文，如表 1-6 所示。2001 年 7 月，綦好东获国家社会科学基金一般项目资助，首开学校国家社会科学基金立项的先河。

图 1-17　山东财政学院首届硕士研究生毕业留影

表 1-6　山东财政学院会计学系教师发表的部分学术论文（1997—2001 年）

序号	题名	作者	刊名	发表时间
1	谈注册会计师的审计责任	朱德胜 贾 琦	山东审计	1997 年 2 月 20 日
2	纵邻非补 10 阶拉丁方在珠算上的应用	苑玉敏	珠算	1998 年 8 月 15 日
3	我国国债市场的发展特征及战略	李玉平	江苏农村金融	1998 年 9 月 15 日
4	21 世纪会计学专业方向课程体系建设展望	刘长翠	会计研究	1998 年 12 月 30 日
5	会计教育：素质教育与会计技术教育的整合	郭惠云 赵 利	教育财会研究	1999 年 8 月 15 日
6	对市场经济下成本的重新思考与认识	赵英林	会计研究	2000 年 4 月 30 日
7	论环境会计	蔡 昌	广西会计	2000 年 5 月 15 日
8	关于目标企业价值评估的拉巴波特模型	张 涛	广西会计	2000 年 6 月 15 日
9	多媒体基础会计 CAI 课件设计与创作环境探讨	赵冠华	中国会计电算化	2000 年 7 月 15 日
10	论企业盈余管理行为	张建刚	江西财经大学学报	2000 年 7 月 25 日
11	我国会计信息披露存在的问题及对策	王冠忠	商业研究	2000 年 12 月 10 日
12	会计系统在现代公司治理结构中的作用和局限性分析	綦好东	中国软科学	2001 年 2 月 21 日

这一时期，多名教师获得省部级以上级别的优秀教师荣誉称号。1997年，朱德胜被评为"财政部部属院校优秀教师"，1998年又被评为"山东财政学院教学名师"。

会计学系高度重视实践教学环节，不断加强校内实践教学基地的建设。会计学系建设会计模拟实验室的先进经验曾先后被《光明日报》《大众日报》等多家媒体报道，产生了较大影响，相关教学研究课题被确定为山东省教学研究重点培养项目。在首批省级重点学科会计学建设中的"会计手工模拟实验室"建设的示范作用下，会计学系还建设了"会计电算化实验室"，为校内实践教学基地建设打下了良好的基础。

会计学系党团建设也有了进一步发展。2001年，会计学系党总支荣获"山东高校先进基层党组织"称号。

（三）内涵发展时期（2002—2011年）

2002年3月，学校下发《山东财政学院关于实施学院制的决定》，正式实施学院制，会计学系更名为会计学院，山东财政学院会计事业进入内涵发展时期。

专业建设不断跃上新台阶。2007年，会计学专业被评为山东省特色专业。2008年，会计学专业被教育部批准为国家级高等学校特色专业建设点。2010年会计学专业获得会计学硕士专业学位（MPAcc）授予权。

会计学院教学和人才培养不断取得新成果。2003年9月，綦好东主讲的"基础会计"课程被评为省级精品课程。2004年12月，李连燕等完成的"会计模拟试验建设与应用"项目获得山东省普通高等学校实验教学与实验技术成果三等奖。经过努力建设，会计学院"会计学教学团队"于2007年入选"山东省省级教学团队"。2008年1月，会计学院"应用型会计人才培养模式创新实验区"被教育部评为2007年度人才培养模式创新实验区。2009年5月，由綦好东、曲吉林、朱德胜、李连燕、赵冠华共同完成的"应用型会计人才培养的教学模式改革与创新"获山东省高等教育优秀教学成果二等奖。在2010年山东省教育厅主办的第二届山东省高等学校优秀教材评选中，张涛主编的《财务管理学》、綦好东和吕玉芹主编的《基础会计》均获一等奖。

同时，会计学院科学研究不断实现新突破。2002年10月，綦好东获得国家自然科学基金赞助，开学校国家自然科学基金项目立项之先河，成为学校科学研究的重大突破。2006年4月，张涛撰写的学术专著《企业绩效评价研究》荣获2005年度山东省科学技术进步二等奖，是学校教师首次以第一作者身份（学校为第一承担单位身份）取得的省级科学技术进步奖励。表1-7列示了山东财政学院会计学系教师发表的部分论文。

表1-7　山东财政学院会计学系教师发表的部分学术论文（2002—2011年）

序号	题名	作者	刊名	发表时间
1	会计舞弊的经济解释	綦好东	会计研究	2002年8月15日
2	我国农业会计准则制定的几个基本问题	綦好东	会计研究	2004年6月15日

（续表）

序号	题名	作者	刊名	发表时间
3	资金成本与资本成本的区别	宋 琳	会计研究	2004 年 12 月 15 日
4	中小高科技企业 R&D 融资问题探讨	吕玉芹	会计研究	2005 年 4 月 15 日
5	社会责任会计信息披露的实证研究——来自沪市 2002 年—2004 年度的经验数据	刘长翠 孔晓婷	会计研究	2006 年 10 月 15 日
6	生物资产增值信息披露的逻辑：会计信息质量视角	王乐锦 綦好东	会计研究	2008 年 3 月 15 日
7	非油气矿产资源会计问题研究	李恩柱	会计研究	2008 年 4 月 15 日

2004 年 12 月，綦好东荣获"全国优秀教师"荣誉称号。2007 年，张涛被山东省教育厅评为山东省第三届"教学名师"，2009 年被山东省人民政府授予"山东省有突出贡献的中青年专家"称号。

会计学院党团活动不断取得新成绩。2007 年 5 月，会计学院党总支获得"全省高校思想政治教育工作先进集体"称号。2009 年 10 月，会计学院团总支被评为"全省高校思想政治工作先进集体"，团总支书记吕晓燕获"全省高校思想政治工作先进个人"荣誉称号。2011 年 4 月，共青团山东省委下发文件，授予会计学院 2008 级会计专业本科三班团支部"山东省五四红旗团支部（总支）"称号并颁发了奖牌。2011 年，会计学院党总支荣获"山东高校先进基层党组织"称号。

第四单元　风正一帆悬

本单元主要介绍山东财经大学成立以来会计学院会计事业的发展概况。山东财经大学成立后，山东经济学院会计学院和山东财政学院会计学院整合组建成山东财经大学会计学院，会计学院自此踏上了新的历史征程。全院师生员工团结奋斗，各项事业不断实现新突破，取得了令人可喜的新成就。

一、招生情况

会计学院成立以来，本科、硕士、博士三个层次学科建设不断取得新突破。2013 年 7 月，国务院学位委员会授予我校博士学位招生资格（学位〔2013〕15 号文件），工商管理一级学科获批博士学位授权点，会计学院会计学专业于 2014 年开始招收博士研究生，这标志着会计学院会计教育跃上新平台。同时，会计学院硕士学位点建设也不断取得新进展：2012 年，自主设置的财务管理、审计学二级学科硕士学位授权点开始招生；2014 年，会计学院审计专业硕士学位（MAud）授权点获批设立，并于次年招生。

（一）本科生招生

会计学院目前有 4 个国家一流本科专业建设点，各专业均是高考考生关注的热门专业。会计学院本科生历年招生人数如表 1-8 所示。

表 1-8　会计学院本科生历年招生人数

年份	2011	2012	2013	2014	2015	2016	2017	2018	2019	2020	2021
招生计划	812	780	750	771	790	795	692	679	757	755	738

注：2016—2020 年数据为实际招生人数，2021 年数据为计划招生人数。

数据来源：国家高等教育质量常态监测平台、山东财经大学官网。

（二）研究生招生

自 2014 年首次招收博士研究生以来，至 2021 年年底，会计学院已毕业的博士研究生有 6 人，在读博士研究生有 25 人。会计学院博士研究生历年招生人数如表 1-9 所示。

表 1-9　会计学院博士研究生历年招生人数

年份	2014	2015	2016	2017	2018	2019	2020	2021
人数	2	2	3	3	3	5	6	6

数据来源：山东财经大学官网。

截至 2021 年年底，会计学院共有学术学位硕士授权点 3 个（会计学、审计学、财务管理专业），专业学位硕士授权点 3 个（会计学、审计学、资产评估专业）。全日制在校硕士研究生 445 人。另外，学院还招收非全日制会计硕士。会计学院硕士研究生历年招生人数如表 1-10 所示。

表 1-10　会计学院硕士研究生历年招生人数

专业名称	年份									
	2012	2013	2014	2015	2016	2017	2018	2019	2020	2021
会计学（学术型）	89	60	50	47	52	41	35	36	44	48
会计学（专业型）	58	53	87	50	64	63	73	78	86	96
会计学（非全日制专业型）						35	36	44	81	45
财务管理（学术型）	1	2	1	5	1	7	9	12	10	15
审计学（学术型）		15	11	11	7	10	7	5	5	4
审计学（专业型）		13	10	11	4	10	4	4	5	5
资产评估（专业型）				20	21	20	26	25	32	33

数据来源：山东财经大学官网。

二、师资队伍建设

截至 2022 年 2 月，会计学院有专任教师 123 人。合并建校以来学院累计招聘或引进博士 26 人，专任教师平均年龄显著降低，专任教师学历结构得到改善。其中，35 岁以下年轻教师占比超过 10％，45 岁以下中青年教师占比超过 50％，具有博士学位的专任教师占比达到 70％，具有海外留学背景的专任教师占比达到 37.5％。同时，学院教师学缘结构明显优化，新增专任教师主要毕业于中国人民大学、厦门大学、中央财经大学、东北财经大学、南开大学、暨南大学、中山大学和天津财经大学等国内知名高校。

2013 年，王爱国入选山东省高层次人才库和济南专业技术拔尖人才。2014 年，孙文刚入选财政部内部控制标准委员会咨询专家，于 2019 年再次入选。2017 年，武恒光入选全国会计领军（后备）人才（学术类）培养工程。2018 年，綦好东当选山东省会计学会第八届理事会会长；王莉入选首批财政部国际化高端会计人才培养工程；王爱国当选山东省会计教育专业委员会主任委员、山东省社会科学名家、山东省新旧动能转换文化创意产业智库专家，并兼任教育部高等学校会计学专业教学指导委员会委员和山东省工商管理类专业教学指导委员会主任委员（含农林经济管理专业）；綦好东、张志红入选山东省智库高端人才专家库；石贵泉入选中国企业财务管理协会风险管控专家；吴大新受聘为山东会计博物馆学术顾问。

三、专业建设

会计学院大力推动专业建设，取得了丰硕成果。2012—2016 年，会计学院设有基础会计教研室、财务会计教研室、财务管理教研室、管理会计教研室、审计学教研室、资产评估教研室和会计信息化教研室等基层教学组织。2016 年，学院对教研室进行调整优化，设财务会计系、财务管理系（含资产评估）、管理会计系、审计系和会计信息化系等5 个系，并于 2018 年进一步调整为会计系、财务管理系、审计学系、资产评估系和会计信息化教学部（2021 年更名为智能会计系）等 5 个系部。5 个系部分别负责会计学、财务管理、审计学、资产评估和会计学（智能会计）等 5 个专业（方向）的建设，逐步形成了系部与专业的对应关系，建成了以系部为主体的基层教学组织。

会计学院于 2012 年设立会计学（国际会计）实验班，2016 年组建会计学（管理会计）实验班，2019 年组建会计学（智能会计）实验班。2020 年，会计学（注册会计师方向）班开始面向全国统招。会计学院逐步形成了多种专业方向共同发展的人才培养模式。2013 年，会计学入选国家级高等学校特色专业建设点。2019 年，会计学、财务管理专业入选国家级一流本科专业建设点。2020 年，审计学专业入选国家级一流本科专业建设点。2021 年，资产评估专业入选国家级一流本科专业建设点。会计学院以会计学学科为主要组成部分的工商管理学科在 2017 年全国第四轮学科评估中进入 B⁺（前 20%），2018 年被评为山东省一流学科，2021 年被评为山东省高水平学科。

自 2012 年以来，会计学院每年开设的专业课课程稳定在 400 门（次）左右，主要是适合 31—60 人规模的课程（数据来自高等教育质量常态监测国家数据平台），其中，"会计学"课程面向全校非会计专业本科生开设，每年上课学生人数均在 6 000 以上。经过近 10 年的课程建设，会计学院有 1 门课程入选国家级一流课程，7 门课程入选省级一流课程。会计学院累计获批各级课程思政建设项目 11 项、教学研究与教学改革项目 20 余项。其中，获批教育部首批新文科研究与改革实践项目 1 项（智能会计专业建设探索与实践）、山东省本科教学改革研究重点项目 2 项、教育部协同育人项目 6 项、省级虚拟仿真实验项目 1 项。2012 年至今，会计学院教师已出版、修订《基础会计》《中级财务会计》《财务管理学》《审计学》《政府及非营利组织会计》《财经法规与会计职业道德》《智能会计概论》《智能会计信息系统》《智能财务共享》《智能财务决策》和《智能财务分析可视化》等专业教材，其中《基础会计》《财务管理学》两本教材获评山东省高等教育优秀教材。

会计学院研究生教学质量不断提升。2017 年，"科教融合、产学协同、理实一体，构筑财会专业研究生教育特色资源共享平台"获得国家级教学成果二等奖。

2018 年 10 月 21 日，会计学院邀请财政部、审计署、北京大学、中国人民大学、中央财经大学、北京理工大学、杭州电子科技大学、广东金融学院、中石化集团、鲁信集团、用友新道、普联软件、深圳融智等单位的 20 余位专家就山东财经大学智能会计专业人才培养方案进行了系统论证。经过多年的开拓及奋斗，目前，"智能会计教育的山东财大模式"已经被学界高度认可。图 1-18 是 2018 年 10 月 21 日参加山东财经大学会计学（智能会计方向）专业人才培养方案论证会的专家合影。

图 1-18　山东财经大学会计学（智能会计方向）专业人才培养方案专家论证会合影

2020 年 11 月 5 日，会计学院倡导并主办了"首届智能会计发展高端研讨会——会计的今天与明天"，来自美国、澳大利亚、新西兰、韩国和我国港澳台地区的专家学者齐聚一堂，共同商讨如何推动智能会计的发展。会议期间，会计学院还举行了高等学校智能会计系列教材（图 1-19）首发仪式。

图 1-19　高等学校智能会计系列教材

近年来，已有百余家国内高校专家学者到访会计学院考察交流，学习智能会计的人才培养模式，王爱国院长也多次为来访嘉宾做题为"智能会计：会计转型发展的方向"的学术报告（图 1-20）。

图 1-20　王爱国院长做题为"智能会计：会计转型发展的方向"的学术报告

四、人才培养与学位授予

会计学院历来重视本科人才培养，于 2012 年、2013 年、2015 年、2017 年和 2019 年多次修订、调整了各本科专业人才培养方案。会计学院对接新时代会计类专业人才市场需求，优化课程体系，逐步形成了有山东财经大学特色的会计类人才培养体系。自 2012 年以来，会计学院累计通过高考招生 7 507 人，截至 2021 届毕业生毕业时，会计学院累计培养本科毕业生 4 724 人，累计授予 4 687 人学士学位。自 2012 年山东经济学院和山东财政学院合并组建山东财经大学以来，会计学院培养的 6 届本科毕业生升学率持续攀升，共有 1 257 名毕业生在毕业当年考上研究生，近 3 年累计有 349 名毕业生考上"985""211"大学，如表 1-11 所示。2016—2021 年应届本科毕业生升学率分别为 12.00％、17.10％、22.30％、24.60％、31.30％和 31.65％，本科生培养质量稳步提升。

表 1-11　会计学院本科生历年考研情况（2016—2021 年）

年份	考上研究生人数	升学率	考上"985""211"大学人数	出国（境）留学人数
2016	133	12.00％	—	—
2017	154	17.10％	—	—
2018	206	22.30％	—	22
2019	226	24.60％	95	19
2020	293	31.30％	135	29
2021	245	31.65％	119	19

数据来源：山东财经大学会计学院就业办公室。

五、科学研究

会计学院教师主持的科研课题层次和成果质量不断取得新突破。2015 年，王爱国申请的国家社会科学基金重点项目获准立项，实现了会计学院国家级课题重点项目立项的新突破；2018 年和 2020 年，王爱国、綦好东分别获得国家社会科学基金重点项目立项；2021 年，綦好东申请的国家社会科学基金重大项目获准立项，再次实现学院在国家社会科学基金领域的新突破。图 1-21 和图 1-22 展示了两位教授申请的课题的立项通知书。2012 年、2018 年、2019 年，王爱国、朱炜、綦好东分获山东省社会科学优秀成果一等奖。自 2012 年以来，会计学院共立项国家社会科学基金项目 22 项、国家自然科学基金项目 4 项、国家出版基金项目 1 项，在全国财经院校会计学学科中名列前茅。

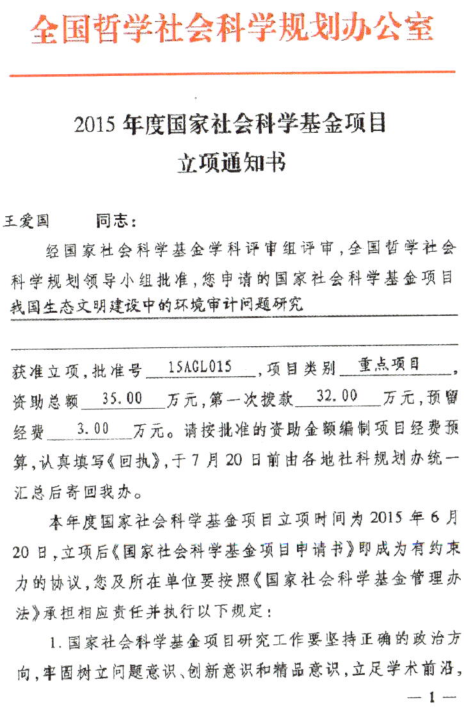

全国哲学社会科学规划办公室

2015 年度国家社会科学基金项目
立项通知书

王爱国　　同志：

经国家社会科学基金学科评审组评审，全国哲学社会科学规划领导小组批准，您申请的国家社会科学基金项目<u>我国生态文明建设中的环境审计问题研究</u>

获准立项，批准号<u>15AGL015</u>，项目类别<u>重点项目</u>，资助总额<u>35.00</u>万元，第一次拨款<u>32.00</u>万元，预留经费<u>3.00</u>万元。请按批准的资助金额编制项目经费预算，认真填写《回执》，于 7 月 20 日前由各地社科规划办统一汇总后寄回我办。

本年度国家社会科学基金项目立项时间为 2015 年 6 月 20 日，立项后《国家社会科学基金项目申请书》即成为有约束力的协议，您及所在单位要按照《国家社会科学基金管理办法》承担相应责任并执行以下规定：

1. 国家社会科学基金项目研究工作要坚持正确的政治方向，牢固树立问题意识、创新意识和精品意识，立足学术前沿，

—1—

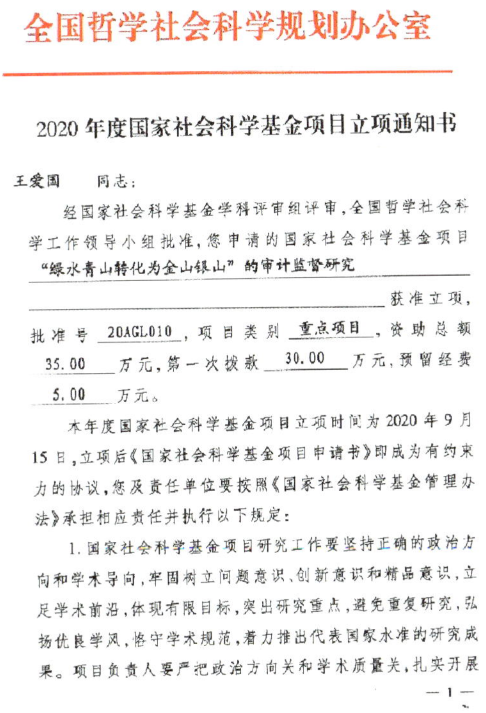

全国哲学社会科学规划办公室

2020 年度国家社会科学基金项目立项通知书

王爱国　　同志：

经国家社会科学基金学科评审组评审，全国哲学社会科学工作领导小组批准，您申请的国家社会科学基金项目<u>"绿水青山转化为金山银山"的审计监督研究</u>

获准立项，

批准号<u>20AGL010</u>，项目类别<u>重点项目</u>，资助总额<u>35.00</u>万元，第一次拨款<u>30.00</u>万元，预留经费<u>5.00</u>万元。

本年度国家社会科学基金项目立项时间为 2020 年 9 月 15 日，立项后《国家社会科学基金项目申请书》即成为有约束力的协议，您及责任单位要按照《国家社会科学基金管理办法》承担相应责任并执行以下规定：

1. 国家社会科学基金项目研究工作要坚持正确的政治方向和学术导向，牢固树立问题意识、创新意识和精品意识，立足学术前沿，体现有限目标，突出研究重点，避免重复研究，弘扬优良学风，恪守学术规范，着力推出代表国家水准的研究成果。项目负责人要严把政治方向关和学术质量关，扎实开展

—1—

图 1-21　王爱国教授申请的两个国家社会科学基金重点项目的立项书

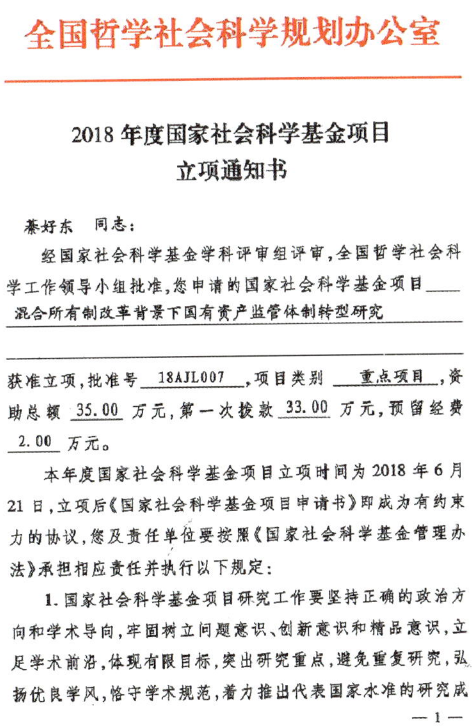

全国哲学社会科学规划办公室

2018 年度国家社会科学基金项目
立项通知书

綦好东　　同志：

经国家社会科学基金学科评审组评审，全国哲学社会科学工作领导小组批准，您申请的国家社会科学基金项目<u>混合所有制改革背景下国有资产监管体制转型研究</u>

获准立项，批准号<u>18AJL007</u>，项目类别<u>重点项目</u>，资助总额<u>35.00</u>万元，第一次拨款<u>33.00</u>万元，预留经费<u>2.00</u>万元。

本年度国家社会科学基金项目立项时间为 2018 年 6 月 21 日，立项后《国家社会科学基金项目申请书》即成为有约束力的协议，您及责任单位要按照《国家社会科学基金管理办法》承担相应责任并执行以下规定：

1. 国家社会科学基金项目研究工作要坚持正确的政治方向和学术导向，牢固树立问题意识、创新意识和精品意识，立足学术前沿，体现有限目标，突出研究重点，避免重复研究，弘扬优良学风，恪守学术规范，着力推出代表国家水准的研究成

—1—

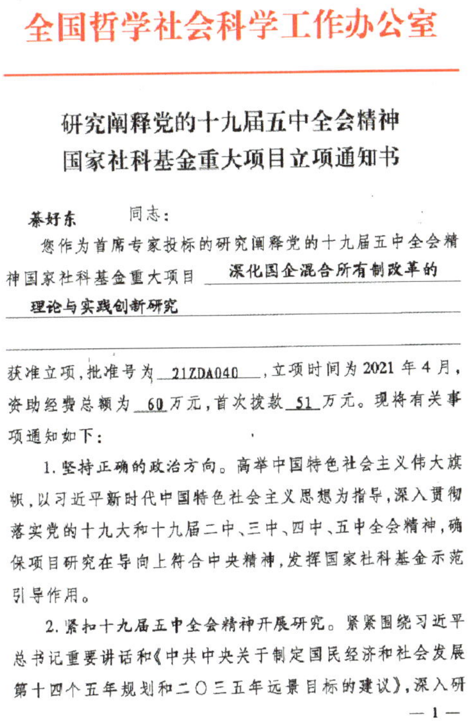

全国哲学社会科学工作办公室

研究阐释党的十九届五中全会精神
国家社科基金重大项目立项通知书

綦好东　　同志：

您作为首席专家投标的研究阐释党的十九届五中全会精神国家社科基金重大项目<u>深化国企混合所有制改革的理论与实践创新研究</u>

获准立项，批准号为<u>21ZDA040</u>，立项时间为 2021 年 4 月，资助经费总额为<u>60</u>万元，首次拨款<u>51</u>万元。现将有关事项通知如下：

1. 坚持正确的政治方向。高举中国特色社会主义伟大旗帜，以习近平新时代中国特色社会主义思想为指导，深入贯彻落实党的十九大和十九届二中、三中、四中、五中全会精神，确保项目研究在导向上符合中央精神，发挥国家社科基金示范引导作用。

2. 紧扣十九届五中全会精神开展研究。紧紧围绕习近平总书记重要讲话和《中共中央关于制定国民经济和社会发展第十四个五年规划和二〇三五年远景目标的建议》，深入研

—1—

图 1-22　綦好东教授申请的国家社会科学基金重点、重大项目的立项书

合校以来，会计学院教师在《会计研究》《管理世界》《南开管理评论》《经济学动态》等核心期刊发表了一系列高水平学术论文。表1-12展示了部分教师发表的论文。王爱国教授2012年发表在《会计研究》上的《我的碳会计观》一文被引几百次，成为碳达峰、碳中和背景下研究碳会计与碳审计的经典文献。同时，学院教师开辟智能会计、红色会计和生态文明审计等全新的研究领域，目前已成为学院在学术界的闪亮名片。图1-23展示了王爱国教授发表的部分智能会计系列文章。

表1-12 合校以来会计学院教师发表的部分高水平学术论文

序号	题名	作者	来源	发表时间
1	我的碳会计观	王爱国	会计研究	2012年5月15日
2	管理层干预、审计委员会独立性与盈余管理	王守海 李 云	审计研究	2012年7月28日
3	《萨班斯法案》对美国公司董事会影响的分析	王伟红	管理评论	2012年8月25日
4	国外的碳审计及其对我国的启示	王爱国	审计研究	2012年9月28日
5	股权控制、债务容量与支付方式——来自我国企业并购的证据	孙世攀 赵 息 李胜楠	会计研究	2013年4月15日
6	我国碳审计的推进研究	刘惠萍 王爱国	宏观经济研究	2013年6月18日
7	市场边界、国家治理能力与社会秩序——对亚当·斯密经济自由思想的再解读	吴大新	经济学动态	2013年12月18日
8	碳鉴证业务是审计的一个自然领域	王爱国 王一川	审计研究	2014年7月28日
9	内部审计帮助企业增加价值——一个框架	刘德运	审计研究	2014年9月28日
10	内部审计质量与控制活动有效性研究——基于内部审计与内部控制的耦合关系及沪市上市公司经验证据	郑 伟 徐萌萌 戚广武	审计研究	2014年11月28日
11	评估师经验、收益信息透明度对估值判断影响的实验研究	张志红 田昆儒 李香梅	会计研究	2015年4月15日
12	终极控制股东对企业内部控制缺陷影响的研究——基于2009—2013年中国制造业上市公司的经验数据	邵春燕 王配配 周愈博	审计研究	2015年7月28日
13	现金股利迎合、再融资需求与企业投资——投资效率视角下的半强制分红政策有效性研究	陈 艳 李 鑫 李孟顺	会计研究	2015年11月15日

（续图）

序号	题名	作者	来源	发表时间
14	国家审计职业化的内涵、障碍和途径	王爱国	审计研究	2016 年 1 月 28 日
15	独立董事主动辞职、内部控制重大缺陷及非标审计意见——来自中国上市公司的经验证据	尚兆燕 扈唤	审计研究	2016 年 1 月 28 日
16	纵向一体化、行业异质性与企业盈利能力——基于中加澳林工上市公司的比较分析	王斌 王乐锦	会计研究	2016 年 4 月 15 日
17	股权制衡、高管持股与企业创新效率	朱德胜 周晓珮	南开管理评论	2016 年 6 月 8 日
18	绿色发展、碳信息披露质量与财务绩效	李秀玉 史亚雅	经济管理	2016 年 7 月 15 日
19	债券市场参与者关注公司环境信息吗?——来自中国重污染上市公司的经验证据	武恒光 王守海	会计研究	2016 年 9 月 15 日
20	环境资产价值计量:理论基础、国际实践与中国选择——基于自然资源资产负债表编制视角	王乐锦 朱炜 王斌	会计研究	2016 年 12 月 15 日
21	公司治理与内部控制缺陷修复的相关性研究——来自于国有上市公司 2010—2014 年的经验数据	朱彩婕 刘长翠	审计研究	2017 年 7 月 28 日
22	大数据价值链视角下的审计工作创新与实践	牛艳芳 冯占国 孟祥宇	审计研究	2017 年 9 月 28 日
23	国有企业混合所有制改革:动力、阻力与实现路径	綦好东 郭骏超 朱炜	管理世界	2017 年 10 月 15 日
24	混合所有制改革、国有资本与治理效率——基于我国工业企业数据的经验研究	张涛 徐婷 邵群	宏观经济研究	2017 年 10 月 18 日
25	CEO 权力、审计委员会专业性与审计费用	李云 王菲菲 尹天祥	审计研究	2017 年 11 月 28 日
26	卖空真的会促进企业的创新投资吗?——基于双重差分模型的检验	王春燕 张玉明 朱磊	证券市场导报	2018 年 5 月 10 日
27	关键审计事项披露与审计人员感知的审计责任	韩冬梅 张继勋	审计研究	2018 年 7 月 28 日

（续图）

序号	题名	作者	来源	发表时间
28	审计报告新准则实施对审计质量的影响研究——基于2016年A＋H股上市公司审计的准自然实验证据	杨明增 张钦成 王子涵	审计研究	2018年9月28日
29	环境审计服务生态文明建设的理论探讨	王爱国 张　志	审计研究	2019年3月28日
30	国家治理框架下善治导向的会计监督体系重构	武　辉 王竹泉	会计研究	2019年4月15日
31	政府规制、股权结构与资本成本——兼谈我国公用事业企业的"混改"进路	王爱国 张　志 王守海	会计研究	2019年5月15日
32	内部控制能扎紧董监高的机会主义减持藩篱吗	陈作华 方红星	会计研究	2019年7月15日
33	国有企业混合所有制改革对企业创新的影响	朱　磊 陈　曦 王春燕	经济管理	2019年10月30日
34	关系租金分配的实现方法及其优化	史文雷 阮平南 魏云凤 刘晓燕	中国管理科学	2020年3月13日
35	关系型交易对审计费用的影响——基于经营风险理论视角	宋希亮 吴紫祺	审计研究	2020年3月28日
36	审计师更换影响管理层报告信息增量了吗？——来自纵向文本相似度的证据	葛　锐 刘晓颖 孙筱蔚	审计研究	2020年7月28日
37	数字经济时代商业模式创新与盈余管理	史亚雅 杨德明	科研管理	2021年4月20日
38	双元创新协同性与企业可持续发展：竞争优势的中介作用	李瑞雪 彭　灿 吕潮林	科研管理	2021年9月22日
39	技术创新与企业环境成本——"环境导向"抑或"效率至上"？	亚　琨 罗福凯 王　京	科研管理	2021年10月22日
40	宏观审慎政策如何影响企业创新行为？——基于信贷融资中介效应的实证分析	王爱国 陈　艳 刘晓慧	南开管理评论	2022年1月13日

图 1-23　王爱国教授发表的智能会计系列文章掠影

2021 年 6 月 28 日，在庆祝中国共产党成立 100 周年之际，为进一步丰富"四史"学习内容，推进党史学习教育，探索"实践思政"与课程思政深度融合，会计学院举行"岁月回响——庆祝中国共产党建党 100 周年'红色会计'主题展览"。学校党委书记王邵军，党委副书记赵友春、韩作生以及学校各部门领导和会计学院师生参观了展览（图 1-24）。该展览引起了广泛的社会关注，学习强国、大众网等主流媒体都进行了报道。

图 1-24　学校党委书记王邵军（左二），党委副书记赵友春（右二）、
韩作生（右四）及学校各部门领导参观"红色会计"主题展览

同时，会计学院依托学校，不断加强科技"创新"平台建设，取得了诸多成果。2012 年，"山东省政府绩效评价研究中心"被省科技厅评为省软科学研究基地。2017 年，"互联网＋会计发展协同创新中心"获批省级协同创新中心；同年，行为会计高校实验室建设项目获得省教育厅立项。

六、实验室建设

学校的会计实验室早在 2009 年就被评为"省级实验教学示范中心"，同时也是学校 2014 年获批的"国家级实验教学示范中心"的核心实验室。依托会计实验室，会计学院的行为会计高校实验室建设项目 2017 年获得省教育厅立项。会计学院于 2019 年建成了智能会计实验室，于 2020 年和 2021 年进一步扩建了智能会计实验室。会计实验室现有网中网财务决策系统（高级版）、网中网会计实验教学平台、浪潮财务共享系统与沙盘模拟、用友 ERP 及考试系统、ACL 审计软件、DBE 财务共享服务实践教学平台和 VBSE 跨专业综合实训教学平台等实验平台。自 2014 年以来，实验软硬件总投资超过 600 万元，学院逐步建设并完善了适应会计类专业人才培养需求的实验平台和实验环境。

七、国际交流与合作

会计学院于 2016 年与英国特许公认会计师公会（ACCA）签订合作协议，2017 年与英国皇家特许管理会计师公会（CIMA）签订合作协议，2018 年与美国北伊利诺伊大学签订合作协议，2021 年与新西兰林肯大学签订合作协议。2019 年，会计学院应邀参加美国会计学会全球召集人会议。

2020 年，会计学院举办"首届智能会计发展高端研讨会"。美国会计学会理事长 Elaine Mauldin、澳大利亚-新西兰会计学会理事长 Jacqueline Birt、韩国区块链研究院院长 Myung-HwanRim、美国会计学会中西部地区主席王大维、中国台湾大学会计学系主任刘顺仁、香港中文大学会计学院原院长顾朝阳应邀出席。

八、社会服务

2013 年，会计学院承担了财政部会计资格评价中心会计职称考试命审题工作。2017 年，财政部会计资格评价中心确定会计学院为"全国会计职称考试命题基地"；同年，会计学院在全国资产评估师考试评卷工作招标中中标。2018 年，会计学院承担了全国高级会计师资格考试首次集中评卷工作。2019 年，会计学院在全国高级会计师资格考试评卷工作招标中中标。会计学院承担两项评卷工作至今，评卷质量受到财政部会计资格评价中心、中国资产评估协会高度评价。

2014—2020 年，会计学院连续参与财政部会计司和证监会上市部、会计部联合开展的课题"我国上市公司实施内部控制规范体系年度分析报告"。2019 年 1 月，财政部会计司就此项工作向学校发来感谢信。

2016 以来，綦好东教授连续承担山东省委全面深化改革委员会办公室政策研究项目，所提的多项政策获得省委批示并被采纳。2017 年，王爱国教授的研究报告《加紧探索与创新，强化山东省生态文明审计的几点建议》入选"山东省新型智库与社会科学规划项目成果要报"，并获时任山东省委书记刘家义的肯定性批示。

2019 年，吴大新主持完成山东会计博物馆的布展大纲设计，博物馆于当年年底落成并对外开放；2020 年，山东会计博物馆入选由中共山东省委宣传部、山东省社科界联合会共同组织评选的"第十三批山东省社会科学普及教育基地"，并成为包括山东财经大学在内的多家高校的实践基地。

九、党团建设

学院党委发挥团结凝聚、模范带头作用，带领师生扎实工作、开拓进取、努力创新，成绩斐然。学院目前设有 18 个党支部，自合校起至 2021 年年底累计发展 2 079 名党员。2012 年，学院党委被评为山东高校科教兴鲁"先锋基层党组织"（图 1-25）。1 人荣获全省高校思想政治教育工作先进个人、山东省教育系统优秀党务工作者，22 人次获评山东财经大学优秀共产党员，3 人次获评山东财经大学优秀党务工作者。学生第一党支部和教工第三党支部被评为"山东财经大学过硬党支部"。学院的党建创优工作室入选学校首批基层党建创优工作室，组织员工作室入选学校首批组织员工作室。2020 年，学院申报的"不忘来时路，方知向何行——学习'四史'精神，争做'知史思政'会计人"，获批山东财经大学研究生"四史"学习教育重点项目立项。

会计学院的共青团工作扎实推进，交出了完美的成绩单。会计学院团总支蝉联山东财经大学成立以来学校设立的"红旗团总支"荣誉称号。自 2012 年以来，会计学院先后有百余位本科生荣获国家奖学金、省政府奖学金、校长奖学金，有上百位学生获"山东省优秀学生""山东省优秀学生干部"荣誉称号，

图 1-25 会计学院党委获得的"先锋基层党组织"荣誉称号

有数百位学生荣获"山东省优秀毕业生"荣誉称号，有多个团支部获"山东省红旗团支部""山东财经大学红旗团支部"荣誉称号，有 2 个团支部获得共青团中央表彰，有多个班级荣获"山东财经大学三优班集体""山东省优秀班集体"等荣誉称号。

会计学院着力营造浓厚的读书氛围，以"阅读吧·青春"读书角、"鸟巢图书馆""博士读书班"为依托，举全院师生之力，精心打造"书香会院"。会计学院先后推出"百部经典"育人活动、"经典重现"话剧活动、"书香四溢满校园"读书报告活动、"墨韵入声"朗诵活动、师生同读一本书、"书香大讲堂"、书香朗读者等精彩读书活动。系列书香活动的举办，全面营造了良好的学风、班风。2021 年，"书香育人"学风提升辅导员工作室经学校党委批准成立并落户会计学院。"书香会院"的打造，取得了很好的育人效果。

第二章　烛炬燃情　薪火传承

会计学院（系）历任党政负责人及任职时间

（截至 2022 年 2 月）

山东经济学院

曹俊田　主　任（1962—1970.10，1978.09—1984.01）兼党总支书记（1962—
　　　　1965.08，1978.09—1984.01）

陈立成　副主任（1962—1970.10）

汪国华　副主任（1962—1970.10）

张岫峰　副主任（1965.08—1970.10）

张俊青　副主任（1960.12—1963.04）
　　　　副主任兼党总支副书记（1978.12—1984.01）
　　　　党总支书记兼副主任（1984.01—1990.12）

孙敏先　副主任兼党总支副书记（1978.09—1984.11）

任　辉　主　任（1984.01—1988.06）

徐德礼　副主任（1984.11—1986.05）

刘学颜　副主任（1984.11—1992.05）
　　　　主　任（1992.05—1998.09）

张红旗　党总支副书记（1986.05—1990.09）
　　　　党总支书记（2003.07—2011.07）

周树森　副主任（1987.01—1988.07）
　　　　主　任（1988.07—1990.12）

杨广厚　党总支书记（1990.12—1994.06）

赵锡清　副主任（1991.01—1993.04）

靳鹤亭　副主任（1991.01—1994.02）

侯本领　副主任（1992.02—1994.06）

任运河　党总支副书记（1990.09—1994.06）
　　　　党总支书记（1994.06—1996.05）

胡元木　副主任（1994.06—1998.12）
　　　　主　任（1998.09—1999.09，2001.06—2003.07）

姜玉珠　党总支书记（1996.11—2001.05）

王有志　党总支副书记（1996.07—2003.07）

孟凡利　副主任（1998.12—2000.01）

　　　　主　任（2000.01—2000.06）

王爱国　副主任（2000.01—2001.11）

　　　　常务副院长（正处级）（2003.07—2004.11）

　　　　院　长（2004.11—2011.11）

李孟顺　副院长（2003.08—2005.06）

毕秀玲　副院长（2003.08—2007.09）

刘　洪　党总支副书记（2003.07—2007.09）

王翠春　副院长（2004.11—2010.12）

　　　　会计发展研究中心主任兼副院长（2010.12—2011.07）

翟　琳　副处级组织员兼教学秘书（2007.09—2011.07）

杨　扬　党总支副书记（2007.09—2011.07）

孙文刚　副院长（2007.09—2011.07）

山东财政学院

郭惠云　副主任（主持工作）（1988.04—1990.05）

　　　　主　任（1990.06—2001.02）

　　　　党总支副书记（主持工作）（1989.10—1991.02）

綦好东　副主任（2000.06—2002.07）

　　　　副主任（主持工作）（2001.02—2002.07）

　　　　院　长（2002.07—2004.07）

　　　　副校长（2004.07—2011.11）

　　　　兼会计学院院长（2004.07—2005.01）

刘长翠　副院长（2000.06—2006.12）

张　涛　副院长（2000.06—2007.06）

曲吉林　常务副院长（2005.01—2007.06）

　　　　院　长（2007.06—2011.07）

姚维曦　党总支副书记（1992.11—2007.08）

罗荣炎　党总支副书记（主持工作）（1991.02—1992.11）

刘兴云　副主任（1992.11—1996.02）

　　　　党总支书记（1996.02—1998.03）

赵道明　党总支书记（2000.06—2011.07）

付　亚　党总支副书记（2007.07—2011.11）

朱德胜　副院长（2007.06—2011.11）

丁鸿雁　副院长（2009.08—2011.11）

张　慧　副处级组织员（2010.04—2011.11）

山东财经大学

王爱国　院　长（2011.11—2014.07，2017.06至今）

曲吉林　党委书记（2011.11—2014.07）

汪　平　院　长（2014.07—2017.06）

张　涛　党委书记（2014.07—2020.10）

邵文涛　党委书记（2020.10至今）

朱德胜　副院长（2011.11—2014.07）常务副院长（2014.07—2018.04）

　　　　MPAcc中心主任、副院长（2018.04至今）

付　亚　党委副书记（2011.11至今）

杨　扬　党委副书记（2011.11—2014.7）

崔东峰　党委副书记（2014.07—2020.10）

翟　琳　副院长（2011.11—2014.07）

孙文刚　副院长（2011.11至今）

丁鸿雁　副院长（2011.11—2014.07）

王守海　副院长（2016.11至今）

钟毓卓　党委副书记（2020.11至今）

孙栋梁　副处级组织员（2011.11—2014.07）

各时期教师名录

山东财经学院会计系教师名录（1962—1970 年）

王汝俊	王效君	王黎明	冯惠珍	巩力泽	毕耜友	朱庄勤	刘志君	刘学颜
孙宗绪	李作德	李 俊	杨予彦	汪国华	迟永芳	迟和斋	张志民	张岫峰
张 映	张 森	张鹤皋	陈立成	范正文	周谭绂	袁魁九	曹俊田	常 健
蒋 俊	蔡德茹	谭学开	霍传贵	魏治中				

山东经济学院财务会计系教师名录（1980 年）

王汉雄	王治宇	王煜慧	龙增瑞	吕秀美	任 辉	刘学颜	孙玉香	孙继成
孙敏先	杨桃红	吴 真	何宇琦	张正文	张俊青	张素华	周树森	赵同起
赵纯梓	赵锡清	郝新华	姜宗俊	聂振海	徐德礼	曹 华	章正源	程振渭
谢承基	霍传贵	魏治中						

山东财政学院会计学系教师名录（1990 年）

丁晓东	于丽荣	王 迅	王贯忠	王 涛	王维祝	石成岳	丛爱萍	曲吉林
吕延菊	朱德胜	刘长翠	刘百芳	刘兴云	孙 刚	孙继瑞	李崇西	李鸿雁
杨晓光	何新国	宋香茹	张建刚	张 涛	赵卫东	赵英林	赵联东	胡春萍
徐夫田	郭惠云	曹淑晶	蒋 侠	曾安立				

山东财经大学会计学院教师名录（2012 年和 2022 年）

2012 年

丁晓东	丁鸿雁	于 苗	万晓文	马 君	王乐锦	王伟红	王守海	王 迅
王志定	王 芳	王 兵	王佃冰	王茂春	王 珂	王俊韡	王美春	王冠忠
王 勇	王 莉	王爱国	王 敏	王维虎	王维祝	王 琳	王 雅	王翠春
王 璇	牛艳芳	牛晓燕	尹长叶	孔丽花	石贵泉	叶 飞	田彩英	田翠香

史 岩	付 亚	白晓峰	冯秋芬	邢楠楠	曲吉林	吕玉芹	吕晓燕	朱传宝
朱 炜	朱海妮	朱彩婕	朱 磊	朱德胜	刘 芳	刘 兵	刘希成	刘 国
刘宗生	刘惠萍	刘 源	刘德运	江 东	安 杰	孙文刚	孙世攀	孙建民
孙栋梁	牟韶红	杜 宁	李 云	李玉平	李进中	李连燕	李秀玉	李昌宇
李香梅	李 莉	李 晋	李恩柱	李 爽	李康昊	李鸿雁	杨公遂	杨 扬
杨 青	杨明增	杨晓光	吴大新	吴有英	汪冬梅	沙林斌	宋 涛	宋理升
宋琰纹	初宜红	张志红	张建刚	张彦国	张 敏	张 锦	张 旗	陆晓红
陈 艳	邵春燕	武恒光	苑玉敏	林丰岩	林 芳	林 娜	尚兆燕	国 赟
岳 勇	郑大伟	郑 伟	孟广娟	赵英林	赵冠华	赵鸿雁	赵道明	郝向荣
柯 明	姜洪丽	姜 涛	贺 丽	贾英忠	贾 琦	夏 宁	钱春杰	高 山
郭秀娟	黄 彤	黄 凌	曹庆华	曹淑晶	崔志娟	崔国平	崔金勋	隋 辉
葛 锐	蒋雪梅	韩林林	韩明圆	韩晓翠	韩倩倩	韩 跃	雍 洁	翟 琳
熊 艳	滕晓东	潘秀芹						

2022 年

丁晓东	于 军	于 苗	万晓文	马天艺	马 君	王文伟	王乐锦	王伟红
王守海	王 迅	王 芳	王 兵	王茂春	王金磊	王贯忠	王春燕	王俊韡
王美春	王 勇	王 莉	王爱国	王维虎	王 琳	王 斌	王 璇	牛艳芳
牛晓燕	尹长叶	石贵泉	叶 飞	田彩英	田粟源	史文雷	史亚雅	史 岩
付 亚	亚 琨	朱传宝	朱 炜	朱海妮	朱彩婕	朱 磊	朱德胜	刘玉玉
刘 芳	刘 兵	刘 国	刘明辉	刘宗生	刘 洁	刘惠萍	刘 源	刘德运
孙文刚	孙世攀	孙建民	孙 菁	牟韶红	纪 端	杜 宁	李 云	李玉平
李进中	李秀玉	李香梅	李 莉	李 晋	李恩柱	李 爽	李 敏	李康昊
李瑞雪	杨公随	杨 青	杨明增	杨 侠	杨晓光	吴大新	吴有英	汪冬梅
宋希亮	宋 涛	宋理升	宋琰纹	宋蕾蕾	初宜红	张志红	张 沫	张建刚
张钦成	张彦国	张 晓	张 涛	张 敏	张 锦	张慧娟	张瀛之	陆晓红
陈邑早	陈作华	陈娇娇	陈 艳	邵文涛	邵春燕	武恒光	武 辉	林丰岩
尚兆燕	国 赟	岳 勇	郑大伟	郑 伟	赵冠华	赵鸿雁	柯 明	钟毓卓
姜 涛	贺 丽	高 山	郭秀娟	郭晓日	黄 凌	曹庆华	曹 婧	崔国平
隋 辉	葛 锐	韩冬梅	韩林林	韩明圆	韩晓翠	韩 跃	景辛辛	熊 艳
滕晓东	潘秀芹							

第三章　弦歌不辍　砥砺前行

会计学院班级名录

一、本（专）科生

山东经济学院

年级	班级	年级	班级
1960 级	会计 1 班（53 人）	1987 级	会计（51 人）
1960 级	会计 2 班（44 人）	1987 级	审计（50 人）
1960 级	会计 3 班（39 人）	1988 级	会计（47 人）
1961 级	会计（45 人）	1988 级	审计专科（59 人）
1962 级	会计（38 人）	1989 级	会计（50 人）
1963 级	会计（39 人）	1989 级	审计（45 人）
1964 级	会计 1 班（45 人）	1989 级	审计专科（59 人）
1964 级	会计 2 班（44 人）	1989 级	经济信息专科（40 人）
1965 级	会计 1 班（44 人）	1990 级	会计（50 人）
1965 级	会计 2 班（44 人）	1990 级	会计专科（52 人）
1979 级	工业会计（52 人）	1990 级	审计专科（51 人）
1979 级	商业会计（52 人）	1990 级	经济信息（52 人）
1980 级	工业会计（41 人）	1991 级	会计（45 人）
1980 级	商业会计（40 人）	1991 级	审计（45 人）
1982 级	工业会计（41 人）	1991 级	会计专科 1 班（46 人）
1982 级	商业会计（41 人）	1991 级	会计专科 2 班（46 人）
1983 级	工业会计（40 人）	1991 级	经济信息（30 人）
1984 级	工业会计 1 班（42 人）	1992 级	国际会计 1 班（42 人）
1984 级	工业会计 2 班（43 人）	1992 级	会计电算化 2 班（30 人）
1984 级	商业会计（42 人）	1992 级	审计（41 人）
1985 级	会计 1 班（52 人）	1992 级	会计专科（57 人）
1985 级	会计 2 班（52 人）	1992 级	国际会计专科 1 班（54 人）
1986 级	会计（48 人）	1992 级	国际会计专科 2 班（52 人）
1986 级	审计（49 人）	1992 级	国际会计专科 3 班（44 人）

（续表）

年级	班级	年级	班级
1992 级	专科实践班（27 人）	1999 级	会计学本科 2 班（46 人）
1993 级	国际会计 1 班（50 人）	1999 级	会计学本科 3 班（44 人）
1993 级	国际会计 2 班（49 人）	1999 级	会计学本科 4 班（43 人）
1993 级	审计（50 人）	1999 级	会计学本科 5 班（47 人）
1993 级	会计实践班（36 人）	1999 级	会计学本科 6 班（48 人）
1993 级	会计学（成人）专科（44 人）	1999 级	会计学本科 7 班（48 人）
1994 级	会计学本科 1 班（40 人）	1999 级	会计学本科 8 班（45 人）
1994 级	会计学本科 2 班（43 人）	2000 级	会计学本科 1 班（49 人）
1994 级	会计学本科 3 班（33 人）	2000 级	会计学本科 2 班（44 人）
1994 级	国际会计专科（49 人）	2000 级	会计学本科 3 班（50 人）
1994 级	会计统计电算化（与 1995 级合计 26 人）	2000 级	会计学本科 4 班（48 人）
1995 级	会计学（会计师专门化）本科（51 人）	2000 级	会计学本科 5 班（47 人）
1995 级	会计学本科 1 班（52 人）	2000 级	会计学本科 6 班（49 人）
1995 级	会计学（审计）本科（41 人）	2000 级	会计学本科 7 班（46 人）
1995 级	会计学（理财专门化）本科（39 人）	2000 级	会计学本科 8 班（49 人）
1995 级	国际会计专科（55 人）	2000 级	财务管理本科 1 班（40 人）
1995 级	会计统计电算化（与 1994 级合计 26 人）	2000 级	财务管理本科 2 班（42 人）
1996 级	会计学 1 班本科（46 人）	2000 级	财务管理本科 3 班（34 人）
1996 级	会计学（会计师专门化）2 班本科（40 人）	2000 级	会计学高职 1 班（52 人）
		2000 级	会计学高职 2 班（50 人）
1996 级	会计学（审计）3 班本科（42 人）	2000 级	会计学高职 3 班（56 人）
1996 级	会计学（理财）4 班本科（42 人）	2000 级	会计学高职 4 班（44 人）
1996 级	国际会计专科（50 人）	2001 级	会计学本科 1 班（47 人）
1997 级	（会计师专门化）本科（48 人）	2001 级	会计学本科 2 班（50 人）
1997 级	会计学（47 人）	2001 级	会计学本科 3 班（51 人）
1997 级	理财学（49 人）	2001 级	会计学本科 4 班（49 人）
1997 级	会计学（审计）本科（47 人）	2001 级	会计学本科 5 班（50 人）
1998 级	会计学本科 1 班（47 人）	2001 级	会计学本科 6 班（50 人）
1998 级	会计学本科 2 班（47 人）	2001 级	会计学本科 7 班（50 人）
1998 级	会计学本科 3 班（46 人）	2001 级	财务管理本科 1 班（43 人）
1998 级	会计学本科 4 班（52 人）	2001 级	财务管理本科 2 班（42 人）
1999 级	会计学本科 1 班（40 人）	2001 级	会计专科 1 班（42 人）

（续表）

年级	班级	年级	班级
2001 级	会计专科 2 班（43 人）	2003 级	会计学本科 3 班（43 人）
2001 级	会计专科 3 班（45 人）	2003 级	会计学本科 4 班（44 人）
2001 级	会计专科 4 班（42 人）	2003 级	会计学本科 5 班（44 人）
2001 级	会计专科 5 班（40 人）	2003 级	会计学本科 6 班（44 人）
2002 级	会计学 1 班（45 人）	2003 级	会计学本科 7 班（45 人）
2002 级	会计学 2 班（48 人）	2003 级	会计学本科 8 班（44 人）
2002 级	会计学 3 班（47 人）	2003 级	会计学本科 9 班（44 人）
2002 级	会计学 4 班（47 人）	2003 级	会计学本科 10 班（44 人）
2002 级	会计学 5 班（44 人）	2003 级	会计学本科 11 班（44 人）
2002 级	会计学 6 班（48 人）	2003 级	财务管理 1 班（46 人）
2002 级	会计学 7 班（44 人）	2003 级	财务管理 2 班（48 人）
2002 级	会计学 8 班（45 人）	2003 级	会计电算化 1 班（41 人）
2002 级	会计学 9 班（47 人）	2003 级	会计电算化 2 班（40 人）
2002 级	会计学 10 班（46 人）	2003 级	会计电算化 3 班（39 人）
2002 级	会计学 11 班（48 人）	2003 级	会计专科 1 班（41 人）
2002 级	会计学 12 班（47 人）	2003 级	会计专科 2 班（40 人）
2002 级	会计学 13 班（40 人）	2003 级	会计专科 3 班（43 人）
2002 级	会计学 14 班（42 人）	2003 级	会计专科 4 班（42 人）
2002 级	会计学 15 班（42 人）	2003 级	会计专科 5 班（42 人）
2002 级	财务管理本科 1 班（42 人）	2004 级	会计学本科 1 班（51 人）
2002 级	财务管理本科 2 班（44 人）	2004 级	会计学本科 2 班（52 人）
2002 级	财务管理本科 3 班（46 人）	2004 级	会计学本科 3 班（52 人）
2002 级	会计学专科 1 班（45 人）	2004 级	会计学本科 4 班（52 人）
2002 级	会计学专科 2 班（45 人）	2004 级	审计学 1 班（52 人）
2002 级	会计学专科 3 班（47 人）	2004 级	审计学 2 班（52 人）
2002 级	会计学专科 4 班（44 人）	2004 级	会计学高职 1 班（52 人）
2002 级	会计学专科 5 班（47 人）	2004 级	会计学高职 2 班（50 人）
2002 级	会计学专科 6 班（45 人）	2004 级	会计学高职 3 班（50 人）
2002 级	电会本科 1 班（58 人）	2004 级	会计学高职 4 班（51 人）
2002 级	电会本科 2 班（59 人）	2005 级	会计学本科 1 班（51 人）
2003 级	会计学本科 1 班（43 人）	2005 级	会计学本科 2 班（50 人）
2003 级	会计学本科 2 班（43 人）	2005 级	会计学本科 3 班（51 人）

（续表）

年级	班级	年级	班级
2005 级	会计专科 4 班（52 人）	2007 级	审计学 1 班（52 人）
2005 级	财务管理 1 班（49 人）	2007 级	审计学 2 班（51 人）
2005 级	财务管理 2 班（52 人）	2007 级	资产评估 1 班（51 人）
2005 级	审计学 1 班（55 人）	2007 级	资产评估 2 班（50 人）
2005 级	中澳会计 0521 班（60 人）	2007 级	会计（中新合作）0721（46 人）
2005 级	会计专升本 1 班（55 人）	2007 级	会计（中新合作）0722（45 人）
2005 级	会计专升本 2 班（55 人）	2007 级	会计学高职 1 班（43 人）
2005 级	会计学高职 1 班（45 人）	2008 级	财务管理 1 班（57 人）
2005 级	会计学高职 2 班（49 人）	2008 级	财务管理 2 班（56 人）
2005 级	会计学高职 3 班（48 人）	2008 级	会计学 1 班（66 人）
2005 级	会计学高职 4 班（49 人）	2008 级	会计学 2 班（63 人）
2006 级	财务管理 1 班（53 人）	2008 级	会计学 3 班（64 人）
2006 级	财务管理 2 班（52 人）	2008 级	会计学 4 班（67 人）
2006 级	会计学 1 班（60 人）	2008 级	会计学 5 班（65 人）
2006 级	会计学 2 班（58 人）	2008 级	审计学 1 班（61 人）
2006 级	会计学 3 班（55 人）	2008 级	审计学 2 班（59 人）
2006 级	会计学 4 班（55 人）	2008 级	会计（中新合作）1 班（54 人）
2006 级	会计学 5 班（53 人）	2008 级	会计（中新合作）2 班（54 人）
2006 级	会计学 6 班（57 人）	2008 级	会计（中新合作）3 班（54 人）
2006 级	审计学 1 班（53 人）	2008 级	资产评估 1 班（49 人）
2006 级	审计学 2 班（51 人）	2008 级	资产评估 2 班（47 人）
2006 级	资产评估 1 班（50 人）	2008 级	管理创新 1 班（29 人）
2006 级	资产评估 2 班（46 人）	2009 级	财务管理 1 班（54 人）
2006 级	会计（中新①合作）0621（60 人）	2009 级	财务管理 2 班（56 人）
2006 级	会计（中新合作）0622（57 人）	2009 级	财务管理 3 班（56 人）
2007 级	财务管理 1 班（53 人）	2009 级	管理创新（43 人）
2007 级	财务管理 2 班（53 人）	2009 级	会计学高职 11 班（53 人）
2007 级	会计学 1 班（62 人）	2009 级	会计学高职 12 班（53 人）
2007 级	会计学 2 班（58 人）	2009 级	会计学高职 13 班（55 人）
2007 级	会计学 3 班（57 人）	2009 级	会计学 1 班（69 人）
2007 级	会计学 4 班（56 人）	2009 级	会计学 2 班（67 人）
2007 级	会计学 5 班（56 人）	2009 级	会计学 3 班（66 人）

① 新西兰。

（续表）

年级	班级	年级	班级
2009 级	会计学 4 班（66 人）	2010 级	会计学 6 班（57 人）
2009 级	会计学 5 班（66 人）	2010 级	审计学 1 班（55 人）
2009 级	审计学 1 班（58 人）	2010 级	审计学 2 班（58 人）
2009 级	审计学 2 班（52 人）	2010 级	资产评估 1 班（57 人）
2009 级	资产评估 1 班（51 人）	2010 级	资产评估 2 班（55 人）
2009 级	资产评估 2 班（54 人）	2011 级	财务管理 1 班（48 人）
2009 级	会计学 0921（46 人）	2011 级	财务管理 2 班（48 人）
2009 级	会计学 0922（47 人）	2011 级	财务管理 3 班（46 人）
2010 级	财务管理 1 班（52 人）	2011 级	管理学（创新）1 班（32 人）
2010 级	财务管理 2 班（51 人）	2011 级	会计学 1 班（60 人）
2010 级	财务管理 3 班（52 人）	2011 级	会计学 2 班（63 人）
2010 级	财务管理 4 班（50 人）	2011 级	会计学 3 班（60 人）
2010 级	管理创新（31 人）	2011 级	会计学 4 班（60 人）
2010 级	会计学 1 班（58 人）	2011 级	会计学 5 班（60 人）
2010 级	会计学 2 班（54 人）	2011 级	审计学 1 班（60 人）
2010 级	会计学 3 班（54 人）	2011 级	审计学 2 班（52 人）
2010 级	会计学 4 班（56 人）	2011 级	资产评估 1 班（39 人）
2010 级	会计学 5 班（56 人）	2011 级	资产评估 2 班（40 人）

山东财政学院

年级	班级	年级	班级
1988 级	会计专科（44 人）	1992 级	涉外 1 班（51 人）
1988 级	会计本科（52 人）	1992 级	涉外 2 班（48 人）
1989 级	会计专科（47 人）	1992 级	涉外 3 班（49 人）
1989 级	会计本科（35 人）	1992 级	涉外 4 班（52 人）
1990 级	会计专科（52 人）	1992 级	会计专科 1 班（50 人）
1990 级	会计本科（39 人）	1992 级	会计专科 2 班（48 人）
1991 级	会计专科 1 班（44 人）	1992 级	会计本科（47 人）
1991 级	会计专科 2 班（51 人）	1993 级	会计电算化（2 年）（53 人）
1991 级	会计本科（47 人）	1993 级	财会 5 班（47 人）

（续表）

年级	班级	年级	班级
1993 级	财会 6 班（50 人）	1998 级	会计电算化（45 人）
1993 级	财会 7 班（54 人）	1998 级	会计学本科 1 班（45 人）
1993 级	会计专科 1 班（46 人）	1998 级	会计学本科 2 班（41 人）
1993 级	会计专科 2 班（51 人）	1998 级	财务管理 1 班（40 人）
1993 级	会计电算化（3 年）（56 人）	1998 级	财务管理 2 班（40 人）
1993 级	会计本科 1 班（46 人）	1999 级	会计电算化（79 人）
1993 级	会计本科 2 班（43 人）	1999 级	会计学本科 1 班（46 人）
1994 级	财会 1 班（39 人）	1999 级	会计学本科 2 班（46 人）
1994 级	财会 2 班（37 人）	1999 级	财务管理 1 班（39 人）
1994 级	会计电算化（39 人）	1999 级	财务管理 2 班（34 人）
1994 级	会计专科 1 班（45 人）	1999 级	财务管理 3 班（39 人）
1994 级	会计专科 2 班（39 人）	2000 级	会计电算化 1 班（40 人）
1994 级	会计学本科（46 人）	2000 级	会计电算化 2 班（48 人）
1994 级	理财（35 人）	2000 级	会计学本科 1 班（48 人）
1995 级	会计学专科（40 人）	2000 级	会计学本科 2 班（47 人）
1995 级	会计电算化（45 人）	2000 级	会计学本科 3 班（46 人）
1995 级	财会（45 人）	2000 级	会计学本科 4 班（47 人）
1995 级	会计学本科 1 班（38 人）	2000 级	财务管理 1 班（50 人）
1995 级	会计学本科 2 班（39 人）	2000 级	财务管理 2 班（49 人）
1995 级	理财（40 人）	2001 级	专升本 1 班（48 人）
1996 级	会计电算化（42 人）	2001 级	专升本 2 班（50 人）
1996 级	财会（41 人）	2001 级	专升本 3 班（43 人）
1996 级	会计学本科 1 班（42 人）	2001 级	专升本 4 班（33 人）
1996 级	会计学本科 2 班（39 人）	2001 级	会计学本科 1 班（46 人）
1996 级	财务管理（28 人）	2001 级	会计学本科 2 班（49 人）
1997 级	会计电算化（43 人）	2001 级	财务管理 1 班（45 人）
1997 级	财会（48 人）	2001 级	财务管理 2 班（49 人）
1997 级	会计学本科 1 班（45 人）	2002 级	专升本 1 班（46 人）
1997 级	会计学本科 2 班（46 人）	2002 级	专升本 2 班（41 人）
1997 级	会计学本科 3 班（42 人）	2002 级	专升本 3 班（45 人）
1997 级	财务管理（45 人）	2002 级	会计学专科 1 班（47 人）
1998 级	会计学专科（45 人）	2002 级	会计学专科 2 班（40 人）

（续表）

年级	班级	年级	班级
2002 级	会计学专科 3 班（42 人）	2005 级	会计学本科 2 班（52 人）
2002 级	会计学专科 4 班（18 人）	2005 级	会计学本科 3 班（73 人）
2002 级	会计学本科 1 班（49 人）	2005 级	会计学本科 4 班（16 人）
2002 级	会计学本科 2 班（48 人）	2005 级	财务管理 1 班（46 人）
2002 级	会计学本科 3 班（49 人）	2005 级	财务管理 2 班（43 人）
2002 级	会计学本科 4 班（47 人）	2005 级	审计（45 人）
2002 级	财务管理 1 班（49 人）	2006 级	专升本（42 人）
2002 级	财务管理 2 班（47 人）	2006 级	会计学专科（33 人）
2003 级	专升本 1 班（48 人）	2006 级	会计学本科 1 班（52 人）
2003 级	专升本 2 班（49 人）	2006 级	会计学本科 2 班（51 人）
2003 级	专升本 3 班（50 人）	2006 级	会计学本科 3 班（51 人）
2003 级	专升本 4 班（47 人）	2006 级	会计学本科 4 班（50 人）
2003 级	会计学本科 1 班（49 人）	2006 级	会计学本科 5 班（39 人）
2003 级	会计学本科 2 班（48 人）	2006 级	财务管理 1 班（49 人）
2003 级	会计学本科 3 班（49 人）	2006 级	财务管理 2 班（37 人）
2003 级	会计学本科 4 班（30 人）	2006 级	审计学（38 人）
2003 级	会计学本科 5 班（34 人）	2007 级	会计学专科 1 班（与 2 班合计 40 人）
2003 级	会计学本科 6 班（32 人）	2007 级	会计学专科 2 班（与 1 班合计 40 人）
2003 级	财务管理 1 班（45 人）	2007 级	财务管理 1 班（49 人）
2003 级	财务管理 2 班（46 人）	2007 级	财务管理 2 班（51 人）
2004 级	专升本（66 人）	2007 级	审计学 1 班（44 人）
2004 级	会计学专科（22 人）	2007 级	审计学 2 班（42 人）
2004 级	会计学本科 1 班（50 人）	2007 级	会计学 1 班（53 人）
2004 级	会计学本科 2 班（52 人）	2007 级	会计学 2 班（51 人）
2004 级	会计学本科 3 班（63 人）	2007 级	会计学 3 班（53 人）
2004 级	财务管理 1 班（43 人）	2007 级	会计学 4 班（53 人）
2004 级	财务管理 2 班（43 人）	2007 级	会计学 5 班（学分互认）（33 人）
2005 级	专升本 1 班（50 人）	2008 级	财务管理 1 班（48 人）
2005 级	专升本 2 班（46 人）	2008 级	财务管理 2 班（51 人）
2005 级	专升本 3 班（51 人）	2008 级	会计学 1 班（54 人）
2005 级	会计学专科（25 人）	2008 级	会计学 2 班（53 人）
2005 级	会计学本科 1 班（53 人）	2008 级	会计学 3 班（54 人）

（续表）

年级	班级	年级	班级
2008 级	会计学 4 班（52 人）	2010 级	会计学 2 班（57 人）
2008 级	会计学 5 班（51 人）	2010 级	会计学 3 班（56 人）
2008 级	会计学 6 班（51 人）	2010 级	会计学 4 班（55 人）
2008 级	会计学 7 班（50 人）	2010 级	会计学 5 班（57 人）
2008 级	会计学专科 1 班（20 人）	2010 级	会计学 6 班（55 人）
2008 级	会计学专科 2 班（28 人）	2010 级	财务管理 1 班（55 人）
2008 级	会计学专科 3 班（17 人）	2010 级	财务管理 2 班（53 人）
2008 级	审计学 1 班（50 人）	2010 级	审计学 1 班（50 人）
2008 级	审计学 2 班（48 人）	2010 级	审计学 2 班（49 人）
2009 级	财务管理 1 班（62 人）	2010 级	会计专升本 1 班（62 人）
2009 级	财务管理 2 班（61 人）	2010 级	会计专升本 2 班（60 人）
2009 级	会计学 1 班（60 人）	2010 级	会计专科 1 班（41 人）
2009 级	会计学 2 班（58 人）	2010 级	会计专科 2 班（44 人）
2009 级	会计学 3 班（59 人）	2011 级	财务管理 1 班（59 人）
2009 级	会计学 4 班（59 人）	2011 级	财务管理 2 班（57 人）
2009 级	会计学实验班（57 人）	2011 级	会计学 1 班（57 人）
2009 级	审计学 1 班（51 人）	2011 级	会计学 2 班（59 人）
2009 级	审计学 2 班（52 人）	2011 级	会计学 3 班（60 人）
2009 级	会计专升本 1 班（54 人）	2011 级	会计学 4 班（60 人）
2009 级	会计专升本 2 班（50 人）	2011 级	会计学 5 班（58 人）
2009 级	会计专升本 3 班（51 人）	2011 级	审计学 1 班（50 人）
2010 级	会计学 1 班（56 人）		

山东财经大学

年级	班级	年级	班级
2012 级	财务管理 1 班（57 人）	2012 级	会计学 1 班（63 人）
2012 级	财务管理 2 班（59 人）	2012 级	会计学 2 班（59 人）
2012 级	财务管理 3 班（60 人）	2012 级	会计学 3 班（60 人）
2012 级	财务管理 4 班（59 人）	2012 级	会计学 4 班（57 人）
2012 级	财务管理 5 班（60 人）	2012 级	会计学 5 班（58 人）

年级	班级	年级	班级
2012 级	会计学 6 班（57 人）	2014 级	财务管理 4 班（47 人）
2012 级	会计学 7 班（58 人）	2014 级	财务管理 5 班（51 人）
2012 级	会计学 8 班（58 人）	2014 级	会计学 1 班（46 人）
2012 级	会计学实验班（42 人）	2014 级	会计学 2 班（44 人）
2012 级	审计学 1 班（45 人）	2014 级	会计学 3 班（46 人）
2012 级	审计学 2 班（47 人）	2014 级	会计学 4 班（45 人）
2012 级	审计学 3 班（47 人）	2014 级	会计学 5 班（46 人）
2012 级	审计学 4 班（44 人）	2014 级	会计学 6 班（44 人）
2012 级	资产评估 1 班（49 人）	2014 级	会计学 7 班（50 人）
2012 级	资产评估 2 班（46 人）	2014 级	会计学 8 班（50 人）
2012 级	资产评估 3 班（46 人）	2014 级	会计学实验班（36 人）
2013 级	财务管理 1 班（56 人）	2014 级	审计学 1 班（45 人）
2013 级	财务管理 2 班（56 人）	2014 级	审计学 2 班（45 人）
2013 级	财务管理 3 班（56 人）	2014 级	审计学 3 班（49 人）
2013 级	财务管理 4 班（56 人）	2014 级	资产评估 1 班（44 人）
2013 级	会计学 1 班（55 人）	2014 级	资产评估 2 班（51 人）
2013 级	会计学 2 班（46 人）	2014 级	资产评估 3 班（48 人）
2013 级	会计学 3 班（50 人）	2015 级	财务管理 1 班（41 人）
2013 级	会计学 4 班（50 人）	2015 级	财务管理 2 班（45 人）
2013 级	会计学 5 班（50 人）	2015 级	财务管理 3 班（42 人）
2013 级	会计学 6 班（48 人）	2015 级	财务管理 4 班（47 人）
2013 级	会计学 7 班（50 人）	2015 级	财务管理 5 班（50 人）
2013 级	会计学实验班（39 人）	2015 级	会计学 1 班（49 人）
2013 级	审计学 1 班（53 人）	2015 级	会计学 2 班（49 人）
2013 级	审计学 2 班（54 人）	2015 级	会计学 3 班（45 人）
2013 级	审计学 3 班（53 人）	2015 级	会计学 4 班（45 人）
2013 级	资产评估 1 班（47 人）	2015 级	会计学 5 班（45 人）
2013 级	资产评估 2 班（48 人）	2015 级	会计学 6 班（41 人）
2013 级	资产评估 3 班（45 人）	2015 级	会计学 7 班（50 人）
2014 级	财务管理 1 班（50 人）	2015 级	会计学 8 班（52 人）
2014 级	财务管理 2 班（48 人）	2015 级	会计学实验班（37 人）
2014 级	财务管理 3 班（48 人）	2015 级	审计学 1 班（48 人）

（续表）

年级	班级	年级	班级
2015 级	审计学 2 班（47 人）	2016 级	审计学 4 班（47 人）
2015 级	审计学 3 班（47 人）	2016 级	资产评估 1 班（44 人）
2015 级	审计学 4 班（48 人）	2016 级	资产评估 2 班（46 人）
2015 级	资产评估 1 班（46 人）	2017 级	财务管理 1 班（47 人）
2015 级	资产评估 2 班（43 人）	2017 级	财务管理 2 班（48 人）
2016 级	财务管理 1 班（49 人）	2017 级	财务管理 3 班（48 人）
2016 级	财务管理 2 班（45 人）	2017 级	财务管理 4 班（46 人）
2016 级	财务管理 3 班（43 人）	2017 级	财务管理 5 班（51 人）
2016 级	财务管理 4 班（49 人）	2017 级	会计学 1 班（49 人）
2016 级	财务管理 5 班（50 人）	2017 级	会计学 2 班（46 人）
2016 级	会计学 1 班（49 人）	2017 级	会计学 3 班（44 人）
2016 级	会计学 2 班（49 人）	2017 级	会计学 4 班（44 人）
2016 级	会计学 3 班（44 人）	2017 级	会计学 5 班（45 人）
2016 级	会计学 4 班（44 人）	2017 级	会计学 6 班（50 人）
2016 级	会计学 5 班（48 人）	2017 级	会计学 7 班（50 人）
2016 级	会计学 6 班（46 人）	2017 级	会计学实验班（40 人）
2016 级	会计学实验班（37 人）	2017 级	审计学 1 班（50 人）
2016 级	会计学（管理会计实验班）1 班（50 人）	2017 级	审计学 2 班（48 人）
2016 级	会计学（管理会计实验班）2 班（50 人）	2017 级	审计学 3 班（48 人）
2016 级	审计学 1 班（49 人）	2017 级	资产评估 1 班（40 人）
2016 级	审计学 2 班（50 人）	2017 级	资产评估 2 班（46 人）
2016 级	审计学 3 班（48 人）		

二、硕士研究生

	1995 级硕士班	2001 级硕士班
	1996 级硕士班	2002 级硕士班
	1997 级硕士班	2003 级硕士班
山东经济学院	1998 级硕士班	2004 级硕士班
	1999 级硕士班	2005 级硕士班
	2000 级硕士班	2006 级硕士班

山东经济学院	2007 级硕士班	2010 级硕士班
	2008 级硕士班	2011 级硕士班
	2009 级硕士班	
山东财政学院	1999 级会研班①	2006 级会研班
	2000 级会研班	2007 级会研班
	2001 级会研班	2008 级会研班
	2002 级会研班	2009 级会研班
	2003 级会研班	2010 级会研班
	2004 级会研班	2011 级会研班
	2005 级会研班	
山东财经大学	2013 级会计学硕班	2017 级专硕 1 班
	2013 级财务管理学硕班	2017 级专硕 2 班
	2013 级审计学硕班	2018 级学硕班
	2013 级专硕班	2018 级专硕 1 班
	2014 级学硕 1 班	2018 级专硕 2 班
	2014 级学硕 2 班	2018 级专硕 3 班
	2014 级专硕 3 班	2019 级学硕班
	2014 级专硕 4 班	2019 级专硕 1 班
	2015 级学硕 1 班	2019 级专硕 2 班
	2015 级学硕 2 班	2019 级专硕 3 班
	2015 级专硕 1 班	2020 级学硕班
	2015 级专硕 2 班	2020 级专硕 1 班
	2016 级学硕 1 班	2020 级专硕 2 班
	2016 级学硕 2 班	2020 级专硕 3 班
	2016 级专硕 1 班	2021 级学硕班
	2016 级专硕 2 班	2021 级专硕 1 班
	2017 级学硕 1 班	2021 级专硕 2 班
	2017 级学硕 2 班	2021 级专硕 3 班

① 会计硕士研究生班。

三、博士研究生

山东财经大学	
2015 级博士班	2019 级博士班
2016 级博士班	2020 级博士班
2017 级博士班	2021 级博士班
2018 级博士班	

第四章　桃李成蹊　四海流芳

第一部分 回　忆

常勋个人自述
——半世图圈　一生跋涉

厦门大学会计系　常勋

求学圣约翰大学

圣约翰大学是一所教会学校。在日本占领上海期间，很多人怀着一种爱国主义的思想，不愿意读日伪大学。当时的交通大学等也都是汪伪政府的"国立"大学，所以那时圣约翰大学还有法国人办的震旦大学等几所教会大学的申请人数增加了很多。我是在那样一个背景下去报考圣约翰大学的。

晚年常勋

圣约翰大学当时的经济系主任叫赵绍鼎，他是有名的会计专家。受其影响，我进入圣约翰大学学会计。后来，我同赵绍鼎的师生感情非常深厚，所以毕业之后我就选择留校担任助教，担任讲课的教员了。

常勋简介：常勋（1924—2017 年），男，汉族，江苏宜兴人，中国著名会计学家、教育家，是中国开拓国际会计教学和研究工作的先驱者之一。他毕业于圣约翰大学，曾任厦门大学经济学院教授、厦门大学会计系教授、厦门华厦职业学院院长。他参与创办了厦门大学会计师事务所。曾任中国独立审计准则中方专家咨询组成员、国际会计准则中文翻译审核专家组成员。20 世纪 50 年代初期，常勋大学毕业后被分配至山东财政经济学院，曾在山东财政经济学院教授会计课程。

我的英语功底是在圣约翰大学就读时培养出来的，当时教材全是用英文编写的，老师讲课也是用英语。

太平洋事件（珍珠港事件）爆发后，日本军队就进入了上海租界。我当时便回到家乡常州。常州的地位很特殊，常州的下面有个宜兴县，宜兴有三分之二是沦陷区，另外三分之一是没有沦陷的游击区。我到的那个地方叫作张渚，张渚是当时没有沦陷的地区，在那里，我从事了抗日活动，我在游击区和沦陷区进进出出也像家常便饭一样，无人区我也来来往往很多次。

其实无人区也没什么可怕的，日本人会出来扫荡，有十多里路（可能是平方公里）的无人区，我们摸清楚了扫荡规律，日本人在前面扫荡，我们就跟在他们的屁股后面走，那是很安全的。因为他们不会出来两队，如果出来两队，要是我们被他们"包了饺子"，包在中间那就麻烦了。他们一般都是出来一队，所以也就没有事情。当时那里也是新四军的活动地区，我们同新四军也有不定期的来往。新四军在那里出没，对老百姓很爱护，我们也有碰头，碰头后彼此知道了，他们也就让我们走了。

我也给新四军送情报。当然，所谓情报也就是国统区的一些情况，主要通过两位地下党传递过去。其中一位叫郭思勉，后来他还成为圣约翰大学地下党的负责人；还有一位地位更高，真名叫陶家静（音），现在改名叫胡因（音），在中央统战部工作。

因为抗日，我进过日本人的监狱。

从山东到厦门大学教书

后来上海解放了，当时人民政府办了一个华东军政大学。赵绍鼎与我，我们师徒两个都是第二期的华东军政大学的毕业生，毕业之后我们也一起被分配到山东。当时为了支援老区，政府就从像上海这样的城市调配一部分师资去支援老区。在那样的情况之下，我们师徒二人一起到了济南，到山东财经学院①去教书，讲的当然都是会计了。

那个时候政局的变化也比较大，山东财经学院②办了又调整。之后，我又被调到哪里呢？当时的厦门是海防前线，很缺师资，我被分配到厦门大学，就这样来到厦门大学。

---

① 此处说的应该是山东财政经济学院。1952 年 10 月 14 日，山东会计专科学校和齐鲁大学经济系合并成立山东财政经济学院（山东经济学院的前身），山东财政经济学院是山东省建校最早的财经类普通本科高校，也是全国最早成立的财经类普通本科高校之一。1953 年暑期，全国高等院校院系调整，财政经济相关院系分别并入上海财政经济学院和山东师范学院，部分教育资源留在山东。

② 一方面，本书内容覆盖 70 年校史，涉及山东经济学院和山东财政学院两所学校合并前山东经济学院和山东财政学院的历史；另一方面，本书收录了不同时期多位校友、教师的访谈录及回忆文章。所以，关于学校简称、院系名称、专业名称和学科名称，等等，比如山经、山财、山财大、山东财大、会计系、财务会计系、会计学系、审计、审计学，等等，由于每个人的记忆不同或者所经历的时期不同，名称也可能有所不同，在编写时，我们为了尊重个人习惯和保持回忆和访谈原貌，并未刻意统一。（编者注）

选自：《常勋：半世图圄 一生跋涉》，
原文收录于《会计口述历史（第一辑）》，立信会计出版社 2019 年版，编辑时个别文字有改动。

回忆谢承基老师

北京师范大学经济与工商管理学院　　张海燕

2021 年冬季，母校山东财经大学姜洪丽老师邀请我们一起在校庆活动上为谢承基老师写一份纪念书。讲真的，为自己的老师码字是一件非常有挑战的事情，不是纸短，不止情长，而是千头万绪，从何落笔真是一片茫然。接到这个任务时我满口答应，自己心头也多出一份沉甸甸的责任。

谢老师是我 20 世纪 90 年代就读山东经济学院时的专业课程教师之一。后来，我毕业留校任教后一直担任他所教课程"西方会计"的助教，直至 1997 年他退休。谢老师是我人生路上的良师益友，更是让我笃志会计学专业教学、执业深耕的引路人与师长。回忆在母校的时光，许多老师与学长于我的成长多有助力，如今想来是在那方水土上生活的福报。并不是每个学生都能如此幸运，人生路上遇循循善诱的良师因此得谆谆教诲，职场领域里得智慧箴言犹如醍醐灌顶，能够得到老师与学长无条件地护佑与扶助实属三生有幸。

谢老师在他 58 岁时进入我的母校工作，73 岁时退休。他潜心学术，主讲西方会计和管理会计，开山东管理会计与国际会计教育之先河。在当时不似当下活跃的会计教育江湖里，谢老师的著述随着我的一些学长辗转求学，曾流布到北京、天津、上海、厦门等地，为业内前辈注意并认可。在我于母校读书与工作的日子里，也亲历过不少厦大、南开、天财等会计业内前辈名流慕名登门造访之事实，于今看来也算那个时代"酒香不怕巷子深"的传奇……

我在念大三的时候第一次遇见谢老师，他为我们开讲西方会计学的课程，这个课程为我们打开了一扇重新解读会计学的窗口。缘于耳濡目染，我在专业认知中渐入入迷之境，这门课程的学习帮助我形成了朴素的会计观。至今，我还难忘谢老师波澜不惊的课堂讲解给我们带来的听觉冲击力与思想感染力。课堂上，他向我们传递着他的批判性思维，闪耀着大爱无疆、润物无声的师者光芒。

好的老师可以影响学生一辈子，并且这种影响可以渗透进骨子里。谢老师在给我们讲固定资产会计时曾经打的比方，也成为我在课堂上涉及这一议题时脑海中挥之不去的一部分："你们预付着自己宝贵的青春年华来这里学习，将来一定要捞回点什么……"谢老师不仅专业学术造诣深厚，而且爱护学生的真挚情感让作为他学生的我受益颇深。大学毕业后，留校任教的我成为他的助教，在他的课堂上一坐又是 3 年。每回老师上完课，

晚年谢承基

陪他回家并共享黄老师（师母）的美食亦是助教工作的组成部分之一。那时年轻的自己陪着绅士一样的老师走在校园里，当是燕子山下一道靓丽的风景吧。到老师家后，在厨房飘来的美味里聆听学贯古今的谢老师指点江山，亦是我在青春岁月里行走人世间所感受到的最销魂的一抹烟火……

谢老师是一位治学严谨、专业功底扎实且学识渊博的老师，他很好地诠释了何为一名真正的学者。凝聚他心血的著作被我们当时的系主任刘学颜老师誉为"秉烛浴晨之作"，而谢老师的著作确实文如其人：干净、清晰、简约、真切。刘老师（刘学颜）作为当时我们的系主任，自然也是谢老师的领导，他由衷钦佩谢老师的品格，他高度凝练并落笔总结出的"辛勤耕耘而不求闻达，教书育人之外不计其他"也成为我们这些后学们孜孜追求的人生目标。在我的认知里，只要没有外出活动，每天雷打不动伏案工作是谢老师的自然状态。每回去他家里见他，他都是在伏案工作，即便退休后他也一直保持着这种习惯。谢老师的学术兴趣远超作为一名会计学者的专业视野，当年我也是在老师家里养成了读《参考消息》《南方周末》等报刊的习惯，更是在老师的引领与鼓励下开始关注经济分析议题。

退休后的谢老师有了更多的博览时间，但他尤其聚焦中美社会的文化、制度、民主对比等议题。我想这与他担任山东省人民政府参事时养成的职业习惯有关，也与他有儿女生活在大洋彼岸因而有真实关切相关，当然也与他的一位在上海译文出版社工作的好朋友的友情赠阅有关。让后知后觉的我深深动容的是，谢老师作为一名正统知识分子，具有基于所受传统教育而刻进骨子里的那份"先天下之忧而忧"的士子情怀：他关心着他生活着的社会，他关注着他存在的星球，他以知识分子的良知与社会责任感践行着朴素的兼济天下的行为。他对我们生活的这个社会里的民生、制度与未来走向的关切表明他作为知识分子永葆"退而不休"的士子之心与职业习惯，这未尝不是另外一种意义上的"天下为公"。

更让我动容的是谢老师的仁爱之心。他让我在求学的最后一站醍醐灌顶，遇见并真切懂得"爱是教育的灵魂，没有爱就没有教育"。记得我初登讲台，既自信满满也踌躇满志，然而准备了好长时间的90分钟的课堂讲授内容，却在1个小时的慌里慌张中吐露完毕，剩下的近30分钟只好让学生自习……这份困窘与挫败给了我一记耳光，我带着深深的内疚、无助与沮丧找到谢老师，向他倾诉了我关于自己严重缺乏做教师的能力的判断。谢老师笑而不语，他耐心听完我的倾诉，然而他开口第一句话却是"下一节课你准备讲什么"，后来老师坐回自己的书桌，把我准备给学生讲课的内容认真看了看。第二天当我再去见老师的时候，老师给了我一份完整的教学文案，接过文案的我被深深震撼到了。老师说："好好看看，有什么问题直接说给我。"于是我生命里的第二次授课就定格在老师手写教案的加持里，那一天老师安然地坐在教室的最后一排，什么都没说，可他眼里的鼓励与关切让我感受到一名师者与前辈对后学无私而又神圣的加持。正是第二次的授课经历让我站定了讲台，自此不再慌张，老师的亲力亲为与言传身教让我见贤思齐，自此也养成了写授课讲稿的习惯。虽然那一定不是我这一生中最完美的一次授课，但老师无条件的爱与鼓励，让我内心萌生出今生一定要做一名好老师的渴望与决心。我深深记住了那一天下课后老师陪我走出课堂后的室外暖阳，多年以来它常常于我内心涌动，成为我这一生温暖他人的内心能量源泉。

谢老师的仁爱不只体现为对我的格外关照。在我的理解里，老师的仁爱之心是广博的，那是一种中国知识分子骨子里的格物致知、知行合一与温良至善外化出的不经意间让他人格外动容的举止。谢老师的夫人黄老师不仅学识超人，而且烧得一手好菜，也自幼喜爱猫咪。我第一回去老师家就知道黄老师的两只白色猫宠，雌猫叫黑黑，雄猫称作格里。后来我们得知，因为尊重"猫权"，黄老师没有给猫咪们做绝育手术，因此，猫咪们子嗣昌盛也给老师带来了一些额外烦恼。在猫咪家族的分离经历中，黑黑曾养育的一只"妈宝雄猫"无论如何不愿离开家里，黄老师心急之下难免有些过激行为，这小雄猫因此落下心理阴影，躲在家里暗处，再不见人，成为"抑郁小白"。黄老师的两猫就此升格三猫族群。那只小白行为怪异，见了黄老师就躲，在很多年里从不轻易现身。谢老师是小白唯一信任的人，小白只有在自认为极安全的情况下才现身谢老师的书桌旁。我见过小白的次数非常有限，但回回都很震撼。它不是在谢老师的书桌上和老师温情地四目对视，就是任性地躺在谢老师的书稿上自以为是。长时间的独处让它不能享受猫宠的一般待遇，白猫几近成了"黑猫"。因此，小白的名字难免有些名不副实，只有它那双眼睛流露出的对谢老师的无条件信任在我与它有限的几次相遇中让我动容。

谢老师离开我们快10年了，他的驾鹤远行让我们阴阳两隔。在他生命最后的日子里，我离开他北上求学就业，移居已有多个年头。没被及时通知，加之自己俗务缠身，我错过了与他老人家做最后告别的机会，这让我一生感到于师有愧，也成为我内心永远的缺憾。

在老师离开的这些年，老师的音容笑貌时常浮现在我的眼前，似乎他老人家从未走远。我常常回想起在母校工作时在老师家里与他们一起共度新年的光景：我们一起坐在沙发上，喝着红茶，感受冬日暖阳一点点走过客厅，也看着茶水的颜色一点点变浅，师母时不时递给我茶点小食，我们在讨论报纸新闻抑或电视节目中定格了岁月，在夜幕降临时一起观看维也纳新年音乐会。那段陪老师与师母坐着，聊聊天、喝喝茶、看看电视的时光，成了我生命里一份温暖的回望，也成了我面对今后岁月的永远的咏叹。

境由心生，在老师离去的日子里，也许因为遗憾与想念，有时老师会入我梦境，尽管模糊而迷离。我看见战火纷飞的年代，那个驻足黄浦江边的十几岁男孩，在国土被践踏，看着自己的长辈把机器设备扔进黄浦江，背起行囊，负笈前行，沿江西上，在湘江之畔岳麓书院继续自己的中学学业；我看见在激情燃烧的岁月里，那个在复旦大学念会计的青年才俊，在学校话剧舞台上指点江山，激扬文字；我看见那个怀揣志士仁人之心的热血青年在毕业时响应建设祖国的号召，在政府部门奉献着自己的才华与学识；我看见在"文化大革命"时，老师蹲牛棚的岁月，一部《资本论》陪伴了他 10 年，一本《共产党宣言》让一位精通商学的知识分子深味商业逻辑；我看见在改革开放开启的岁月里，老师辗转齐鲁大地，相约山东父老，带着对传播知识的渴望与盛情，凸显知识分子的爱国赤诚与师者本色，乘愿而来，如约而至，临泉而居，深耕燕山，承基建业，为齐鲁大地商学教育"再添新丁""再造光明"……

那个在书桌边笃定奋笔，坐冷板凳不止 10 年，所写著作历经实践与时间的检验而成为经典，让人动容、令人肃然起敬的是我的老师；那个嗜烟多年，因戒烟心定，面对香烟时意志力强大到一念不生、一丝不乱的是我的老师；那个说出"真实是会计的灵魂"，立定在商言商，提出关于商学教育直指人心的终极之问的是我的老师；那个相信万物齐同、众生平等，温暖猫的灵魂，也引领学生看见更宽阔的世界、感受更高认知格局的是我的老师；那个在山东政协会议上建言献策，心系民生，为国担当的是我的老师；那个教会学生诚实、正直、善良、温暖，更以随遇而安的身教让学生学会担当、习得坦然、懂得从容的是我的老师。

每当我仰望星空，我相信夜空里最亮的那颗星是我们的谢老师。他曾经教会我们笃定从容，如今依然注视着我们，使我们一路走来，即便遭遇前行困境，也能正视命运不公，获得直面困难的勇气与力量，为我们加持应对困境的智慧与光明，让我们一直可以向阳而生。这也许是一位老师于学生更深层的意义与护佑：因为遇见，所以温暖，除了无条件的爱，还有引领，活成学生生命里的一座丰碑，也成为学生人生路上关键时刻作出抉择的定盘星。

谨以此文与姜洪丽老师、我的同学们以及其他学长，共同感念谢老师对我们的化育之恩，也与母校的师长、同仁与后学们共勉。

会计系的老领导曹俊田主任

山东财经大学会计学院退休教师　李作德　刘学颜

　　曹俊田，1926 年 11 月生，山东招远人，1944 年参加革命工作，1945 年 12 月加入中国共产党。他先后在胶东地矿、供销社和山东省供销社的财会部门工作，先后担任过出纳、会计主管、会计科科长和财务处副处长等职。1957 年 11 月，曹俊田任省商业厅财务处副处长，1958 年调入山东财经学院，先后在院秘书处、生产管理处和财会教研室任副处长、副主任、主任等职，分管过师生生产劳动、财会专修班和全省财贸干部培训工作。他干一行爱一行，认真负责，圆满完成了负责的各项任务。

　　曹俊田自 1962 年担任山东财经学院工业经济系（1963 年更名为会计系）党总支书记兼系主任，1962 年至 1970 年 10 月学院被撤销的 8 年期间，他大部分时间都潜心工作，忙于会计系的建设和教学。他认真贯彻执行党的教育方针，在院领导的支持下，带领全系师生不断开创会计系建设新局面。其间，会计系在学科设置、师资队伍建设和教学质量等方面，从弱到强，从不完善到臻于完善，上了多个新台阶。在学生培养方面，自

工作中的曹俊田

1964 届到 1969 届，会计系共为国家培养了 400 多名财会专业人才。这批人才参加工作后，特别是在改革开放以后，大多数成了当地党政军部门、财经部门或企业的领导及业务骨干，为社会主义现代化建设做出了应有贡献，得到了社会的广泛认可和好评。

1970 年 10 月，山东财经学院被撤销，曹主任与山东财经学院的一批教职工被调到惠民地区参与组建北镇师专（北镇师范专科学校）。他在担任师专党委副书记和副校长期间，除了努力做好本职工作，还心系山东财经学院会计系，为山东财经学院复办不辞劳苦，付出了不少心血，做出了积极贡献。

1978 年 6 月，曹主任由北镇师专调回山东经济学院后，担任财务会计系主任兼党总支书记，开始筹建财务会计系。在院领导的安排下，财务会计系初步建成系领导班子后，先把原山东财经学院的霍传贵、章正源、杨光厚、赵锡清、赵同起、刘学颜、王效君等多位老师及任辉调到财务会计系任教，同时又从外地聘请了谢承基、王汉雄和周树森等教师，并特聘了已退休的山东财经学院老教师魏治中，很快便建立起一支教学水平较高的教师队伍。接着，财务会计系便从北京、天津等地的财经院校筹备了教材，并于第二年开始招生。从财务会计系 1979 年招收工业会计和商业会计两个专业的新生，到 1984 年 1 月曹主任离开财务会计系为止，财务会计系两个专业在 5 年中共招收了 7 个班 300 余名学生，为财务会计系以后的发展奠定了良好基础。

曹主任在财务会计系任职期间，从 1980 年 4 月便开始负责筹建工商经济系，并兼任系主任及党总支书记。该系从 1980 年招生开始，至 1984 年 1 月曹主任离开的 5 年时间里，共招收外贸和物资两个专业的新生 260 余名。曹主任为工商经济系的建设也花费了很大心血，付出了艰辛劳动，做出了卓越贡献。

1982 年，山东经济学院新校址（现在的燕山校区）开始征地筹建。当年 10 月，他又兼任基建处处长，负责征地和第一期工程建设。当时工地环境很差，四周是荒地野坡，他身先士卒，带领职工吃住在潮湿的工棚里，生活很艰苦，工作很劳累，他积劳成疾，不久便身染类风湿病，但他仍坚持工作，任劳任怨。1983 年他去泰安联系工作时，途中不幸出了车祸，腰椎被撞裂，但他仍继续坚持工作到 1985 年 4 月才按副厅级职位离职休养。他一病十余年，长期住院，与疾病做顽强斗争，忍受了常人难以忍受的巨大痛苦。随着年龄增长，病情越来越严重，经多方医治无效，他于 1996 年 7 月 4 日永远地离开了这个世界。来自全省各地的数百人参加了他的追悼会，挥泪向他的遗体告别。

学校党组织在曹主任的生平介绍中，给予了他极高评价，充分肯定了他的一生"是革命的一生，是全心全意为人民服务的一生，是为党的教育事业的发展努力奋斗的一生"。

财务会计系 1966 届毕业生、时任山东省人大常委会委员的于仁伯，特赋诗一首致哀："重建杏坛见苦辛，病灾从此染君身。骤闻噩耗惊遽世，再看讣文哭断魂。回首校园风雨日，追踪社教师朋心。如烟往事已成梦，泣吟哀诗寄鹤云。"

曹主任生前虽在多个部门和岗位上工作过，但他主要从事会计工作和财会教育事业，并为此奉献了一生。他无论在哪个岗位上都能理论联系实际，敢于坚持真理，善于开创新局面，以饱满的政治热情献身于党的事业，表现出了共产党员的优良品德和无私无畏的胸怀。他政治坚定，顾全大局，勇挑重担，吃苦耐劳，治学严谨，敢于担当，高度负责；他为人正直，宽人律己，团结同志，谦虚谨慎，关心下属，乐于助人，密切联系群众，诲人不倦；他清正廉洁，生活简朴，一身正气，两袖清风。他在系里工作期间，对师生中的一些不良现象和问题，总是实事求是地妥善处理，大有长者风范，因此，受到了广大师生的拥护和爱戴。即使在两次社教运动和"文化大革命"时，他处理问题也坚持实事求是，十分稳重，从不草率，给群众留下了良好的印象。

总之，曹主任一生遵守社会公德，坚守职业道德，具备良好的家庭美德和个人品德，忠于党，忠于人民，忠于社会主义教育事业，是党的好干部，群众的好领导，我们的大恩师。

精于治学　勤勉从教

——记呕心沥血培育会计人才的霍传贵教授

山东财经大学会计学院　高　山

我和霍传贵教授一起工作有六七年的时间，作为他的学生和助手，我是幸运的，这些年来从他那里学到了太多宝贵的东西，同时对他也有了更深刻的了解。

宽厚长者　精于治学

初识霍传贵教授，是在 1991 年 9 月初，当时我刚上大学二年级。新学年伊始，学院为我们开设了非常重要的专业课程——"工业会计学"，是由霍教授讲授的。我仍然清楚地记得上第一堂课时的情景：上课铃声响过，大家面对眼前厚厚的《工业会计学》正感到新奇和一丝紧张时，一位神采奕奕的老教授像一位慈祥的长者，更像一位多年未见的老朋友，和我们聊起了学校的历史和现状、会计专业的优势，还有他多年教学和实践的感受，同学们完全被这些鲜活的内容吸引住了。不知不觉一堂课过去了，而我们也接受了一次意义非凡的专业教育。

由于"工业会计学"是学年课，所以霍老师就成了我们任课时间最长的专业课老师。他治学态度严谨，在课堂上讲的内容生动有趣，理论和实践并重，把枯燥繁琐的会计学变得通俗易懂。大二下学期，霍教授组织我们全班同学外出见习。他带领我们用 3 天的时间先后参观了济南的国棉一厂、轻工化学总厂和柴油机厂。每到一家企业，霍教授都带领大家下车间观看生产工艺流程，观摩企业的账簿核算体系，耐心解答同学们提出的各种问题，使我们这些从未走出校门的学生，获得了一次全新的感受，进一步缩短了理论和实践的距离。那段时期，大家都对霍教授有了更深的了解。

霍传贵老师是山东省著名的会计学专家，在理论界和实务界都享有很高的声誉。他从 20 世纪 50 年代初期就从事会计教学工作，为国家培养了大批优秀人才，如今早已是桃李满天下，我们都为能成为霍教授的学生而感到自豪。

良师益友　和蔼可亲

1994 年，我大学毕业后留校工作，有了更多与霍教授接触的机会。1997 年 4 月，我调回财务会计系任教，当时系里正在筹建会计模拟实验室，由霍教授牵头，系领导安排我当霍教授的助手。这样，在成为霍老师的学生 5 年多之后，我有幸再度聆听他的教诲。和 5 年多前不同的是，由于工作的关系，我对霍教授有了更加深入的了解，能够切身感受他的一言一行。

为了解决会计学科理论和实践严重脱节的问题，霍教授很早就提出了建立会计模拟实验室的设想，只是条件一直不成熟。1997 年年初，70 岁高龄的霍教授从教学一线退下来，不再从事专业课的教学工作，他把全部精力用于会计模拟实验室的建设。他深知，这是会计专业发展的大势所趋，只有经过系统的会计模拟实习，学生的动手操作能力才能提高，才能在今后的工作中尽快进入角色，从而把理论和实践有机地结合起来，也只有这样，会计学院会计这一重点学科才能始终立于不败之地。那段时间，霍教授做了大量的工作，终于使会计模拟实验室如期建成。1997 年 4 月下旬，实验室正式投入使用。从那以后，财务会计系的毕业生在最后一学期都要进入实验室接受霍教授的指导。

几年实验室的工作使我受益匪浅。由于我以前没有做过复杂的会计实务工作，刚带学生实习的时候，我感到十分吃力。霍教授就耐心指导，手把手地教我处理具体业务的细节，要求我也把实习作业完整地做一遍，而且还定期检查进度。在霍教授的严格要求下，我终于完成了一整套的会计实习业务。这可称得上是我专业学习中的一次重要飞跃，使我对会计核算体系有了全面也是全新的认识，在面对很多平常自己感到模糊的问题时豁然开朗，此时我才明白了霍教授建立会计模拟实验室的良苦用心。

课余时间，霍教授经常谈起他所经历的沧桑岁月，感慨我们这一代赶上了大好时机，鼓励我不要放松对自己的要求，努力提高自身的素质。霍教授的言传身教，使我进一步提高了专业能力，懂得了更多的人生道理，对工作和生活有了更深的认识。他既是良师，又是益友。

辛勤耕耘　严格把关

会计模拟实习是一个庞大的系统工程，全部完成大概需要两个多月的时间，由于实验室空间有限，各班只能轮流进入实验室，因此，学生每天都有大量的问题，我一开始就感觉难以适应。但霍教授从来都是不厌其烦地解答各种问题，直到学生们弄懂为止。其间，霍教授还为学生们穿插讲授了许多新的会计专题，把最新的知识及时传授给大家。此外，霍教授还经常和同学们谈人生，讲做人的道理，分析就业的形势，探讨国家的经济状况……参加过模拟实习的同学，都感到终身受益。每年年末，往届毕业的同学都会给霍教授寄来很多的贺卡。有的同学这样写道：实习期间您对我的指导我终生难忘，这是我一生的财富。

直到会计模拟实习即将结束的时候，霍教授都严把质量关，认真批阅实习作业。记得有一年会计模拟实习结束比较晚，已经快到6月底，我们才刚刚收齐作业。而7月初毕业班的同学就要离校，我们要在学生离校前看完200份作业，时间非常紧张。于是，我向霍教授建议干脆每个班抽查一部分就算了。霍教授说："我们要对每个同学负责，不能让他们把现在的问题带到今后的工作中去，就算晚上加班也要看完作业。"于是我们连续几个晚上加班到10点多，认真记录每一份作业中出现的问题，终于在同学们离校前批阅完了全部实习作业。每次学生来领作业时，霍教授都会逐一耐心地讲解出现的问题，如有同学的作业不合格，便会要求他们必须返工，直到达标为止，毫不含糊。记得1999年6月，有一些同学没有按要求返工，想蒙混过关，拖到7月初一走了之。霍教授非常生气，他给系里打电话，要求暂扣这部分同学的毕业证书，他们的实习作业何时达到要求何时才能领到毕业证。这些同学只好老老实实按要求完成作业。事后霍教授感慨地说："我不是要为难他们，因为他们今后代表的是经济学院会计专业毕业生的水平，可不能砸了咱们的牌子。"

霍教授就是这样一个人，和蔼可亲，平易近人，始终保持平和的心态，从不计较个人的名利得失。他是每位学生的导师，也是广大师生的学习榜样。

霍教授（二排右二）与同事和学生在办公室

鹤发银丝映日月 丹心热血沃新花

——记我校退休教授周树森

山东财经大学会计学院学生记者 邵大林 宋芳溥

"八零后"老教授，每一位都有故事。故事的背后有历史，也孕育着一种发人深思、催人奋进的力量。

为了深入了解校史、院史，我们拜访了曾任山东省会计学会副秘书长、原山东经济学院财务会计系主任、周树森教授。

一心报国 奉献教育

"我出生于1930年7月，1948年考入上海立信会计专科学校天津分校，在那学习了3年。1954年投身到革命事业，服从国家分配进入中国专卖实业公司。随后响应国家支援华北局的号召，辗转太原。"周树森回忆道。

彼时新中国百废待兴，计划经济体制刚刚建立起来，国家急需会计人才。1958年，周树森考入山西财经学院，毕业后服从安排留校任教；其间，出于对自己的严格要求，又考入中国人民大学进修；1979年10月，调到山东经济学院财务会计系。

在那样一个信息无比匮乏的年代，凭着老知识分子特有的韧劲和钻劲，周树森一心扑在为新中国培养会计人才的事业上，在教书育人的同时不断丰富与提高自己。在山东经济学院，他继续从事会计教学工作，先后担任教研室主任、系主任等党政职务。

周树森对新中国会计人才的培养不囿于象牙塔，还承担了多项社会会计培训工作。他先后受聘于全国高教自学考试委员会，为"会计学原理""商业会计学"的命题工作做出了不

周树森在讲课

可磨灭的贡献；他受聘为山东省财政厅、团省委、济南军区"全国全军会计知识培训"选拔代表队；受聘于山东经济管理干部学院、山东英才学院，担任兼职教授，为山东省会计职业教育付出了辛勤的汗水。

周树森向我们谈起毕生服从国家号召、投身于会计教育事业的感受："一个人来到这个世界，有思想就有信仰，有了信仰才有力量。我的人生格言是'人生的宗旨是对人类事业的开拓进取，无私奉献；人生的品格是为人作风正派，处事公道；人生的价值就是在人们的心中有为有位'。"

周树森当年服从国家号召前往山西，直到 1979 年调回济南，与爱人分居长达 19 年。当提到这段往事时，他动情地说："我是在党和国家的教育下成长的，就要服从组织的安排。"他还特意向我们展示了他与夫人的金婚纪念照。采访中我们被周树森这种为大家舍小家的精神感动良久。

献身科研　硕果累累

在半个多世纪的教育生涯中，周树森在做好教学工作的同时，潜心学问，针对会计教学中的热点问题，提出自己的见解主张，先后出版（发表）了专著、论文、教材等近 50 部（篇）。他因参编《政治经济学辞典》（一卷、二卷、三卷）获得中国社会科学院编写成员个人纪念奖；他编写的《商业会计辞典》获全国社会科学优秀成果一等奖，《商业会计学》获全国高等财经院校商业财会研究会优秀成果奖。

采访中，周树森不断说道："学校要坚持专家治校、民主治校、依法治校、从严治校的办学方针。坚持质量立校、科研立校的教学观念。作为一个大学老师，要保证教学质量，不断提高教学水平，把课讲深讲透，深入浅出。教学要理论联系实际，应该教研结合，两条腿走路，结合从教学中获得的反馈，做好科学研究工作。"

为了更好地鼓励年轻学生取得更多的科研成果，周树森在学士、硕士论文答辩与学位评定方面提出双轨评价、多元分档、量化计分的评分原则。这种模式使客观性取代了主观性，百分制取代了五级分制，也促使青年学子摒弃顾虑，把更多的精力投入科研中。

当我们对老教授的科研成果表示赞叹和钦佩时，他谦虚地摇摇头："这些奖励都是在党和国家的教育培养下取得的，是微不足道的。"

天道酬勤，周树森先后获得了全国首届会计知识大赛组委会颁发的"优秀组织工作者"荣誉称号、省政府颁发的"优秀共产党员"荣誉称号、山东高等教育自学考试指导委员会颁发的"先进工作者"荣誉称号、山东省会计学会的颁发"突出工作贡献奖"以及山东经济学院颁发的"优秀教师奖"等奖项。

因材施教　桃李满天下

"干一行就要爱一行、专一行。我热爱教书这一行，十年浩劫中我被批为'臭老九'我不理睬，不后悔，不退缩！"老人回忆道。"当后来被称为灵魂工程师时，我首先想到的不是自豪，而是压力。我主张先当学生，后当先生，育人先育己，爱岗敬业，不断约束自己的职业行为，从不动摇。"

恒心搭起通天路，勤学冲开智慧天。周树森在边教边学、学用结合的教学实践中，针对不同的学生因材施教，摸索出一套独立而又完整的教学体系，在教学过程中让学生受益匪浅。

对于刚刚步入大学的大一学生，周老在第一堂课上就提出"情况明、决心大、方法对、效果好"的十二字要求，借以引导学生转换思想观念，让学生积极参与到教学活动中来。为了让学生更加明了教育的真谛，结合自身的经历，他又提出"富国靠经济，经济靠科技，科技靠人才，人才靠教育，教育靠质量，质量靠勤奋"。启发教育学生学习不仅仅是个人的事，更与国家和社会的富强相关，需要每一个青年为此付出不懈的努力。

在专业课授课中，周树森创造性地提出"启发式教学"与"五步五勤法"结合的教学方式。"启发式教学"要求老师更多地启发学生，引导学生自主解决问题。"只有让学生自己思考，他才能真正获得提高，我们的教育才是成功的。""五步五勤法"则是"预、听、记、议、练"。"预"指的是课前预习，要求眼动；"听"指的是认真听课，要求耳动；"记"是指要有完备的课堂笔记，要求手动；"议"是指课后的交流讨论，要求嘴动；"练"是课后作业要自主独立高质量地完成，要求脑动。

周树森一直坚持工作到 80 岁高龄，为会计事业做出了巨大贡献。他鼓励青年一代"抓住机遇，寻找发展，迎接挑战；适应变化的制胜法宝就是学习，一定要抓住机会，好好努力，在学识上更上一层楼"。

鹤发银丝映日月，丹心热血沃新花。这是周树森一生教书育人的写照。我们祝福他健康长寿，也祝愿年轻学子秉承着老一代的希望和嘱托，大步向前，为建设全国一流财经特色名校而努力！

我记忆中的"会计大事件"①

任　辉

　　我是在山东经济学院财务会计系恢复时由原山东省财贸干校业务政策教研室转来的。1984 年，我担任财务会计系主任，1988 年离开财务会计系到学校其他部门工作。由于我对财务会计系特殊的感情，离开之后我也时刻关注它的每一步发展。经过 40 多年的变迁，从财务会计系到现在的会计学院，会计专业的办学层次、教学质量、学生规模、专业范围、科研水平都已今非昔比。一大批青年教师都成长为教学、科研的骨干力量。张新在信息管理与信息系统以及计算机应用等领域独树一帜，成为这一领域的学术带头人和山东省高等学校重点学科首席专家；王爱国经过不懈努力，成长为国内很有影响的会计学科带头人，如今已是全国知名的会计学专家。我因离开财务会计系多年，对老师们在教学、科研、学科建设、教材建设等诸多方面的成绩了解甚少，所说到的只是沧海之一粟。

　　我记忆中财务会计系的发展经过了以下几个阶段。

　　（1）山东经济学院财务会计系是山东财经学院 1978 年复校后即恢复的系。会计学专业是山东省设立最早的会计学本科专业，设有工业会计、商业会计两个专业。当时的系主任是曹俊田，系党总支副书记是张俊青、孙敏先。1979 年第一届招生共 104 名，1983 年毕业 100 人。

　　（2）1984 年，学校对财务会计系领导班子进行了调整。我任财务会计系系主任，周树森、刘学颜任系副主任，张俊青任系党总支书记，徐德礼为系党总支副书记。1986 年系党总支副书记由张红旗接任（当时的体制下系一级是系主任负责制）。

　　系领导班子调整后财务会计系做的第一件事就是将工业会计、商业会计两个专业合

　　任辉简介：任辉，1945 年 8 月生，山东莱州人、中共党员、会计学教授、博士生导师。曾任山东经济学院党委副书记、院长、中国共产党山东省第八次代表大会代表。教育部高等学校公共管理类专业教学指导委员会委员、山东省省级会计学科带头人，享受国务院政府特殊津贴专家。曾任《山东经济》杂志主编、全国高等教育自学考试"会计学原理"课程命题组组长、山东省自学考试指导委员会委员等职。先后在省级以上刊物发表论文 80 余篇。出版著作 30 部，约 800 万字。曾获山东省哲学社会科学优秀成果二等奖 1 项、三等奖 3 项。主持的"会计学原理"课程被评为省级试点课程，获省级教学成果一等奖。

　　①　本文记录的这几件事情是我根据记忆而写的，所述难免挂一漏万，也许还存在一些错误。财务会计系（现在的会计学院）的发展成就是几代人通过艰苦卓绝的努力得来的，是共同奋斗的结果，不是哪一个个人所能做到的。因此，我们每一个会计人都应倍加珍惜。

并，定名为"会计学专业"，以扩大学生的专业知识面，解决课程设置重复等方面的问题。后来教育部统一专业目录时各类会计也被统一定名为"会计学专业"。

（3）1985 年，在当时各行各业急需会计专业人才的情况下，根据教育部的部署，财务会计系与山东省财政厅会计处在全省联合举办了 10 000 名会计人员参加的为期 1 年的"专业证书"培训班，即所谓的"万人专业证书班"。对这些会计人员的培训，提高了全省会计人员的学历层次，大大改善了全省会计人员紧缺的情况。他们在各行各业的会计工作中发挥了重要作用。专业证书班的举办，扩大了山东经济学院，尤其是财务会计系的社会影响力和知名度。

任辉在办公室

（4）1985 年以前，山东省没有审计教育。各级政府组建审计部门后，根据需要把人才要送到南开大学、天津财经学院等高校培养。当时财务会计系与山东省审计局（当时审计厅被称为审计局）局长方向、副局长翟喜贵（后翟喜贵出任审计署副审计长）商定在财务会计系设审计专业。同时，为了快出人才，财务会计系当年即招收专科层次的审计专业学生 50 名。当时审计署还给财务会计系拨付了 30 万元的开办费，学校院长张文杰批给财务会计系 1 万元，用于购买计算机等教学器材。

审计专业的建设是从零开始的。由于没有专业的审计教师，审计学教师由财务会计系老师（如王汉雄、毕秀玲、唐庆斌、宋希亮等）充任；由于没有教材，我们组织教师自己动手编写，编写的教材有《审计学原理》《部门审计学》等。正是大家的共同努力，才使审计学专业培养了一批又一批的专业人才。

审计学专业的建设拓展了财务会计系的专业领域，填补了山东省审计教育的空白，逐步改善了山东省审计人才奇缺的状况。现在山东省审计厅的骨干力量大多是财务会计系培养的会计和审计专业的学生。

（5）自改革开放以来，社会对各方面人才的需求凸显出来。1985 年自学考试在全国全面展开，社会对会计人员的需求也需要全社会通过多个途径加以满足。财务会计系部分教师参与了自学考试的辅导、命题、阅卷等工作。有了师资的保证，山东省自学考试工作得以顺利进行。

当时国家自学考试办公室聘请我编写《会计学原理自学考试大纲》与《财务会计自

学考试大纲》。最终大纲由国家自学考试办公室组织中国人民大学、北京经济学院等高校的知名会计学专家阎达五、贺南轩、王又庄等教授审定，由出版社出版，用以指导这两门课程的全国自学考试。

1986年中央电视台聘请我在电视上讲授"会计学原理"课程，收视观众遍及全国。同时，国家自学考试办公室聘请我为"会计学原理"课程国家命题组组长，负责组织人员建立题库、考试命题等工作。当时我还被山东省自考办聘请为山东省自学考试指导委员会委员。

1988年，国家自学考试办公室授予我"全国自学考试先进个人"荣誉称号。

（6）财务会计系一直重视教材建设工作。1983年由我、宋香茹、巩立泽主编的《会计学原理》由山东大学出版社出版，成为山东大学、山东经济学院等院校财经类专业的统编教材。《中级财务会计》《高级财务会计》《管理会计》《审计学》《会计电算化》《现代财务管理》《成本会计》《会计职业道德》等一大批高质量的教材相继编写完成并用于教学。这些教材的应用对于保证会计学科的教学质量起到了至关重要的作用。

（7）自建系以来，会计学学科得以长足发展。在教学内容上，在传统手工会计的基础上增设了计算机会计；将原部门会计（按部门分类的会计）改为会计学原理（即初级会计）、中级财务会计、高级财务会计、成本会计等；改进了财务管理课程的教学方式；增设了管理会计、审计学、金融、税收等教学内容，更新、深化了学科内涵。由此，会计专业的教学质量不断提升，得到社会的广泛关注，会计专业的毕业生也受到社会用人单位的欢迎。

1991年，会计学学科被评为山东省重点学科；1999年，被山东省教育厅确认为首批省级教学改革试点专业；2002年，被山东省教育厅确认为首批强化建设的省级重点学科。

（8）为了有力地促进教学质量的提高，财务会计系的科研工作如火如荼地发展。1983年，魏治中、张俊青、刘学颜撰写的论文《试论会计在经营管理中的中枢地》在会计学最高学术刊物《会计研究》上发表，在学术界引起轰动；1988年，《财政研究》发表《关于企业资金分类问题的探讨》（任辉、许强）；1988年，《经济与管理评论》发表《试论企业破产会计核算》（任辉、孟凡利、钟安石）以及《试论公司财务控制》（任辉、胡元木）；1990年《会计研究》发表《论流动资金节约额》（任辉、许强）；等等。这些文章的发表对学术界都产生了一定的影响，在一定程度上提升了财务会计系的影响力。

财务会计系赵锡清、王治宇等在齐鲁石化公司实地研发会计电算化软件；何于琦、姜宗俊也都为开发会计电算化软件进行深入研究；《信息化与会计教育》（任辉、胡元木）一文在《经济与管理评论》（原《山东经济》）刊物上发表。这些研究都推动了计算机会计的发展。

审计如何与市场经济相适应，审计工作如何促进市场经济的发展，成为一个新的研究课题。《市场经济条件下审计发展问题》（任辉）一文在《经济与管理评论》发表，这篇文章对审计工作如何适应市场经济的发展进行了深入探讨。

当时，一大批研究成果获得省社科联和省教育厅奖励。

（9）随着学科建设和专业建设的发展，师资队伍的水平得到快速提升。截至 1990 年 7 月，财务会计系教职员工达到 66 人。除周树森、刘学颜、谢承基、霍传贵、王汉雄、章正源、吴真、赵锡庆、何于琦、姜宗俊、郝新华等老教师外，一大批青年教师茁壮成长起来，张新、胡元木、王爱国、孟凡利、李孟顺、毕秀玲、王汉民、钟安石、许强、宋希亮、汪平、郭廷友、郭守贵、罗耀川、刘建农、王月永、王健、杨公遂、盛希泰、郭守贵、刘兵、赵常斌（排列不分先后）等青年教师走上讲台，成为教学的骨干力量，为财务会计系学生的培养、教学质量的提高发挥了重要作用。

（10）自 1992 年年初，经各方面艰苦努力，国务院学位委员会办公室于 1993 年批准山东经济学院为硕士学位授权单位，会计学专业是学校唯一的硕士学位授权点。硕士点的培养方向有：会计理论研究、成本会计、财务会计、财务管理和审计。1993 年，山东经济学院招收会计硕士研究生 8 名，是山东省最早获得这一资格的院校。

以上是我对财务会计系发展的大体回忆，也许有些细节与现实稍有偏差，还望大家理解。

重游山东财大

——2021 年 10 月 13 日采访上海财经大学原副校长孙铮教授

张沫：教授您好，再次来到济南，来到山东财经大学，来到会计学院，您能先谈谈最直观的感受吗？

孙铮教授：我这次来是故地重游，我们的山东财经大学变化非常之大，变化大的不仅仅是规模，更重要的是在教书育人、学术研究、社会服务方面都做出了卓越的成绩，这是最令我高兴的。今天踏进这个校园，感觉气象万千，老师和同学的精神面貌焕然一新，与众不同，可以看出这个学校正在追求卓越。

张沫：从您的语言中能够听出您对于现在学校的变化，对于会计学院发展的欣喜之情。

孙铮教授：回想 1988 年，当时山东财经大学的前身之一——山东财政学院还在创办初期，财政部动员 5 所部属院校来支持山东财政学院的筹建。根据部里的安排，上海财经大学负责山东财政学院会计学系的建设，东北财经大学负责投资系的建设，中央财经大学负责财政系的建设，中南财经政法大学负责税收系的建设，江西财经大学负责统计系的建设。我作为上海财经大学会计系派出的对口支援青年教师来到这边任教，一同来的还有我们上海财经大学的储一昀老师，他担任会计学系的教学秘书，那时候也是个 20 多岁的小伙子，现在已经是储一昀教授了。

从 1988 年的 9 月 13 日开始，我整整上了一学期的课，到 1989 年的 1 月 13 日结束。我记得当时咱们山东财政学院建校后的第一届会计专业有 4 个班，我教授 4 个班的会计学原理课程。当时各个院校都派出了一些身强力壮的小伙子，我们都非常年轻，也没有太多顾忌，都能够在当时条件比较艰苦的条件下参与创办这个学校。所以我一直说，创业体现在各行各业，创办一些企业是创业，创办一所大学也要经历一个创业的过程，这种

孙铮简介：孙铮，教授，1957 年生于上海市，毕业于上海财经大学，经济学（会计学）博士、上海财经大学博士生导师，曾任上海财经大学副校长。兼任中国会计学会副会长、财政部会计准则委员会委员、中国注册会计师协会（CICPA）理事、全国博士后管理委员会专家委员、教育部工商管理类学科专业教学指导委员会副主任委员、全国会计硕士专业学位（MPAcc）教育指导委员会副主任委员。他是"新世纪百千万人才工程"国家级人选，财政部跨世纪学科带头人，澳大利亚注册会计师公会（CPA Australia）资深注册会计师、荣誉会员。曾获教育部第二届"高校青年教师奖"。

创业由我们老师和同学共同完成。当时我们的条件那么艰苦，教学设施、学生宿舍、后勤供应等方面都没法跟今天比，但是在那种环境下，老师们和同学们都能够积极努力地创办省里边最好的财经大学，共同朝这个方向努力，这是一种很好的体验。所以我今天来觉得特别高兴，就像回到30多年前，不说返老还童，至少这种回忆让我又焕发了一番青春活力。

张沫：跟随您的讲述，我仿佛感觉到了专属于那个年代的青春与热血。那么当时上海财经大学是如何选拔支援山东财政学院会计学系的老师的呢？

孙铮教授：我们系主任石成岳教授当时跟我说，他要把系里边最好的老师派到山东财政学院会计学系。我说，我肯定不是最好的。他接着说，组织上考虑了很多，希望我能够接受第一份任务，担任第一门课程的教学工作，而且要开一个好头。那个时候我们青年教师当中有一种潮流——公派留学、自费留学，也就是出国的比较多，所以学校流失了不少青年教师。我受学校委托到山东财政学院来担任这门课程的教学工作，最初压力很大，也确实有过犹豫，但同时我也觉得这是一种很好的体验。

一个人在他年轻的时候，应该在不同的环境、不同的岗位上用不同的经历去丰富自己的人生。当时我也没有更多的远大理想，想到学校确实需要我们去完成这些工作，这也是蛮光荣的一件事情，再一想到自己是年轻人，在各种体验中、各种场合下，在山东财政学院也可以交很多的朋友，这也是生活的内容之一，所以我当时就来了。

后来我回到上海财大，我一直说山东人好客、讲义气，山东财政学院还真不错，大家是真正想把这所学校办好。咱们去的时间不长，每一个人负责一学期的课程，后来审计、会计等很多课程的老师都陆陆续续来了。而且上海财经大学的老师也有一个特点，就是在身高上并不输山东大汉，对当时咱们山东财政学院的师资队伍来说，我们也能够为这支队伍增加新的光彩，而且是一道亮丽的风景线。那段时间虽然不长，但是我们真的很愉快。

我在当时的会计学系系主任郭惠云教授的指导下，顺利地把会计学原理这门课程完成，既向组织有个交代，也完成了我这一生当中一个完美的阶段。我

孙铮（右一）和石成岳在山东财政学院

这辈子参与筹建过好几个单位，比如说山东财政学院的会计学系、上海国家会计学院。在参与筹建的过程中，我也确实积累了不少工作经验，这对我个人来说也是一种尝试、一种进步。

张沫：您一直讲到创业，这也正是创新的重要体现，当时您教授的会计学原理也为会计学院的发展打下了非常坚实的基础。咱们中国人讲求缘分，您提到山东是好客大省，我觉得学校当时能够邀请到您来任教，可能也是您命中注定的事情。那是您第一次来济南吗？

孙铮教授：我在 1988 年之前没有来过，但在书中或者电影里面都可以看到不少济南的故事，以及我们济南的历史名胜，如趵突泉、大明湖等。当时的济南不像现在这么大，我们山东财政学院坐落的地区就是舜耕路这一块，感觉那时已经是接近郊区的地方了。我在济南的 4 个月中，骑着一辆很破的自行车到处跑，甚至都骑到过黄河边上。我还跟我们这边的老师学做饭，南方人除了炒菜，不会做面食，最初我包饺子、烙饼都不会，只会做米饭。我跟着老师们掌握了不少以前不懂的技术要领，现在都忘掉了，不过当时确实解决了我在山东的吃饭问题。

我记得 11 月底的时候，老师们、特别是我们会计学系的老师都关照我说，孙老师你要开始储存蔬菜了。我们南方没有储存蔬菜的概念，南方的气候相对湿润温暖，一年四季都有不断的蔬菜供应，你只要拎着菜篮子到菜场转一圈就能买到菜。咱们北方不一样，到了 10 月、11 月就要把大白菜、萝卜、大葱都给准备好。于是，我也借了一辆大平板车跑到大街上的摊位上去买了点大白菜、大葱、萝卜储存起来。买章丘大葱的时候很搞笑，我们南方人吃葱都吃绿的，章丘大葱绿的那一段绿色部分很小，我也去挑绿的。卖葱的大爷说，你好像不是本地人。我说我是上海的，他说哪有像你这样挑葱的，山东的葱是吃白的，吃下面一段（白的）不吃上面一段（绿的），绿的是把葱捆起来时候打结的部分，他就教我怎么打结。

我把买回去的一捆大葱靠在阳台墙上晾晒，一个冬天基本上就没问题了。我还真是学了不少，买了几十斤大白菜、几十斤大葱和一些萝卜就存在家里，一直到第二年 1 月份回上海，也基本都吃完了。

这一套功夫我是跟咱们山东人学的，在南方肯定没有，现在回想起来，这是年轻人的一种生活经历，我们不用讨论这是不是艰苦的，这本身就是生活的意义。这种生活方式，不管你是工人、农民、教师还是学生，都可能经历这个过程。去选择适合的生活方式，努力地生活，我觉得这才是最重要的。所以在山东财政学院的那段经历对我来说是浓墨重彩的一笔，我记忆犹新。

张沫：通过您的分享，我觉得您充满正能量，现在也能感受到您像年轻人一样有理想与抱负。当时您正值青年，在确定要来山东任教后，有怎样的愿景或者期待？在任教结束之后，想要能够达到一个什么样的状态？

孙铮（左一）、石成岳（中）和储一昀（右一）

孙铮教授：当时我想通过到各个学校讲课的经历去学习各位师长的教学经验，每一个老师都有他自己独特的教学方式，都有他自己教书育人的看家本领，否则他没办法一辈子站好这个讲台。我们青年教师有热情、精力，也学习了专业知识和其他的知识，但是我们最缺乏的就是这种能够使我们一辈子胜任工作岗位的工作经验，而这个工作经验对我们的知识库来说恰恰是最缺乏的。怎么办？只有一个办法：走遍课堂，去听、去学。

其实回顾一下，在我的一生当中，我有一个特点，就是我能够掌握、把握住各个老师的长处，比如在教学上的长处，就是站稳讲台的这种长处和优点。这些长处我不仅要学到而且要综合起来，我感到自己学会之后走到今天我还是与众不同的，我有了我自己特殊的一面。回过头来想，我之所以能够走到今天，离不开我过去的师长对我的指导，他们讲课的那种语言、那种风格对我的影响，哪怕只是一句幽默的话、对一个经典的引用都会影响我。所以我的讲课风格受我的多位导师（石成岳教授、石人瑾教授等）影响太多了，很难说清楚哪个部分是受到哪一个导师的影响，但可以说他们对我一生的影响太大了。

你刚才说我现在还那么年轻，那是表面现象，毕竟年纪大了，说话的语速也好，动口、动手和动脑的三个方面协调性也好，都不如当年。其实，我在山东财政学院讲课的时候正值我工作状态最好的几年，那时的愉悦度就比我现在年纪大的愉悦度要高，更能够进入角色。

张沫： 刚刚您在讲课的一个半小时中，始终慷慨激昂，风采一定不减当年，我觉得，对于学科的热爱，让您不知疲倦，您作为学者也永远保持优雅。

孙铮教授： 其实很多人都跟我说，我这个性格做各方面的岗位都能胜任。我说不对，为什么呢？其实我现在想，我们做教师的，可以把这个职业的境界拔到很高，比如说人类灵魂的工程师。对我个人来说，我就是选择了一份适合我的、我可以努力工作的生活方式。我觉得教师从某种意义上讲就是一种生活方式，这种生活方式可能对我来说是我能够适应的。但是你说让我去做一个公务员或者做一个企业的负责人，我可能就不一定合适了，那种生活方式我不适应。现在一辈子要过去了，我发现这个生活方式我能够适应并且对我来说非常合适。

张沫： 您在山东财政学院会计学系任教的时候肯定非常受学生欢迎吧？

孙铮教授： 应该还可以的。后来我每一次到山东财政学院来，山东财政学院的本科生都会跟我讨论要读研，特别是到我们上海财经大学读研。我带过的研究生有一些是山东财政学院毕业的本科生，我知道来上海财大读硕士的山东财政学院（山东财经大学）的学生什么专业的都有，也感觉到我们山东财经大学的教学质量，特别是我们本科的教学质量是不差的。生源好是一个很关键的发展因素，而在本科教学过程当中，只有整体师资队伍尽职、尽力、尽心，才能够培养出这么好的一批学生，给其他的院校提供好的硕士研究生生源，甚至博士研究生的生源。我刚才讲的那些本科生到我们上海财大读了硕士以后，有的后来继续读了博士，现在有的留在上海财经大学或者到其他学校任教。从这个角度来说，回忆起我当时在山东财政学院从事教学及培养学生，我觉得是值得的。

张沫： 当时的山东财政学院处于筹建之初，你们的到来对于会计学系的筹建做出了较大的贡献，那么您印象中财政学院会计学系的学生跟上海财大的学生有什么明显的不同吗？

孙铮教授： 山东财政学院当时来自本省的同学比较多，但当时上海财大50%以上的生源都是外地学生，上海本地的学生占比不到50%，现在上海本地的学生占比都不到30%，大部分都是外地的学生。所以我感觉最大的特点就是从口音上讲，上海学生当中普通话比较普及。有时候下课跟山东的学生聊聊天，会发现讲咱们山东各个地方方言的都有，我都能够学到。我记得那时候还专门去研究胶东话和鲁西南话有什么差别，后来我想大概古代齐国和鲁国之间有很多差异。

另外，我感觉这边的同学更加朴实一点，现在我们财经类大学能够招全国各地的学生，刚才路过咱们教学楼，我发现你们的学生真用功，走道里面的学生都在背书。过去我们说琅琅读书声是在指课堂里面听到的读书声，现在我看校园的每个角落里都有读书的同学。咱们学校的学风相当好，风气相当好。学校的学风文化是校园文化的重要组成部分，有着这么好的学生，我对这所学校的未来很期待。

张沫： 替同学们感谢教授的肯定，说不定里面就有不少想努力考到咱们上海财大的同学。在您4个月的任教过程中，教学成绩、学科建设方面有没有达到您来时的预期？

孙铮教授：当然。我记得是 2011—2013 年的几年当中，山东财经大学当时正在积极申报博士点。当时山东财经大学申报了 3 个博士点，一个是应用经济学，一个是工商管理，还有一个是管理科学与工程。当时咱们山东财经大学是刘兴云校长在主持这项工作，我是当时工商管理一级学科点的论证组成员之一。这次论证给我的印象就是：山东财经大学已经准备申报博士点了，它的发展是一种飞跃，是一种跨越式的发展，这种跨越式发展跟一般的传统财经院校相比，体现的进步速度是非常惊人的。这也证明了从 1988 年到 2010 年这 20 多年来，山东财经大学师资队伍的建设、学术成果的积累和人才培养的境界，都已经达到了一个比较高的水平、一个崭新的水平。这在当时给我一种震撼，也带给我一种影响，我觉得我们山东财政学院（山东财经大学）的发展水到渠成。

尽管就历史来讲，山东财经大学是由山东财政学院与山东经济学院合并而来的，两校合并后我们可以把历史追溯到 70 年之前，但是不管怎么说，这个学校跟其他老财经院校相比，还是一个比较新的学校，还有很长的路要走。在我的期待中，财经院校将来可能朝着"一个具有一定财经特色传统，能海纳百川、包容万象的一个微型社会科学类的综合性大学"迈进，而不再是只有纯粹的财经专业的院校。

以我的经验判断，学校负责为学生搭建台阶，学校的学生能够有一个综合竞争力或者一种发展能力的提升，跟学校学科的综合性有一定的关系。狭隘的专业性的学校培养的人才存在很多的局限性，从国际上看，高等院校中综合性发展的学校是非常好的，这是一种趋势。这种发展对人才的问题分析的综合能力的培养是有一定影响的。我们培养学生不能仅仅关注眼前的问题，还要看学生的后劲，看他为社会做贡献的一种后劲，这种后劲的培养又在于我们学科的不断完善。

张沫：我看过一个机构对您的一个访谈，您在访谈中表达了一个观点——"集中相对优势，做精学科"，那么，在山东财经大学会计学院之后的整个发展过程，您有什么样的建议和期许？

孙铮教授：我们总希望我们的学生在本科阶段就能够把会计知识全部学完，接着走上社会。其实，我觉得人的精力就这些，会计学的边界现在又在不断扩展，想在短短 4 年中把所谓的专业领域知识全部学到手是很困难的，即便学到手也不一定能学得精，对学生将来的发展是有很大问题的。

处在本科阶段的学生如果一进大学就进入一个专业学习是可以的，但是专业学到一定程度后还要学与专业没有关系的知识。我记得我曾经在我们上海财经大学听过一门课程，那门课程是请复旦大学化学系的著名教授来讲的，叫"蜜蜂采蜜跟经济发展之间的关系"。那个教授讲得非常好，而这种课程恰恰是我们财经类大学无法开设的，因为财经类大学没有化学专业。那位教授怎么讲？他说蜜蜂授粉的产量和品质比人工授粉要好。从化学的角度来看，原因是蜜蜂的腿上有很多类似于我们人的那种汗毛，毛孔分泌出一种汗液，汗液中的一些物质会在蜜蜂授粉过程中传到花粉上面，能够提高产量和果实质量，所以蜜蜂授粉的品质跟人工授粉是完全不一样的。可能我记得不太准确，大概是这样，他就是为了告诉我们一个道理，他把所涉及的化学方程式写了出来。那个课他讲了两个小时，他用一种很幽默的演讲方式讲出了一个公式。我们现在通过化学公式还没有办法把蜜蜂在授粉中汗腺分泌出的物质"解答"出来，这就从侧面告诉我们，我们学财经的讲求经济效益最大化，但有很多的问题永远解不出答案来，数学公式永远求不到最大值，我们要敬畏自然。

今天，我们研究的一类问题叫 ESG，全称是"environment，society，governance"，也就是环境、社会、治理。很多问题我们从数学的角度讲是很简单的求最大值或者把费用控制在最小值的问题，其实不是那么简单，有很多我们人类无法破解的那些元素和要素在影响着一些事情。在探索问题的过程当中，我们要怀着一种敬畏去学习、去了解世界。从这个角度来看，财经院校更要想方设法给学生开很多课，比如说可以鼓励学生在好的平台听课，学完后可以认定学分。上海财大就做了一件事情，如果学生对在"得到"App 听过的课有很好的体会，并写出很好的评论文章，学校就会给他认定学分；上海财经大学、复旦大学、同济大学都在一个区域范围内，3 个学校的学生可以在 3 个学校选课，只要参加所选学校相关课程的考试并通过，学分可以互认。因为有教无类，教学的目的永远是把窗和门打开，让学生去接受各种各样的知识，像我刚才做的报告里面讲的很多都不是会计问题，财经院校要想办法利用各种资源。我希望我们的学生，特别是我们财经类大学的学生在这方面有所突破。

张沫：也就是财经类高校的学生在学好专业课的基础上要不断"向外生长"，尽量丰富和扩展自己的知识架构。我想替刚刚听您上课的会计学院学生提一个问题，您现在还带博士生吗？

孙铮教授：我现在还在带博士生，但是带的已经不多了。在上海财大有很多比我水平更高的老师，特别是一些从海外回来的老师，在学术上绝对是一流的，同学们要多去向更好的年轻学者学习。

张沫：感谢教授的分享，我们的访谈接近尾声，开始您提到来山东财政学院任教最初算是组织任务，4 个月的时间过得很快，如果当初任教时间远远长于 4 个月，您还会选择来到这儿吗？

孙铮教授：会的。第一，我们当时年轻人的想法就是承担组织任务光荣，如果组织一定要这么安排，哪怕再延长一个学期我也会来的，必须代表集体去完成这个任务。这不是我自己可以进行选择的个人行为，这是组织行为，组织一旦安排你，你代表的就不是自己，这是财政部的要求，我不仅是应财政部要求为我们山东财政学院筹建会计学系才来做好这份工作，还肩负上海财经大学对兄弟院校的责任。第二，这 4 个月也确实让我觉得有成就感，我看到一个学期教下来，这批同学会计的入门知识已经掌握了，考试成绩也是很不错的。而且助教都是咱们山东财政学院配的青年教师，我们经常集体备课，他们还要反馈很多建议和意见给我，他们通过阅卷、批作业就能够掂量出"你是哪个老师，你讲课的水平怎么样"。

我记得山东财政学院那时候的院长、书记都到教室来听我讲课。最有意思的是讲固定资产折旧，虽然我们一般在会计学院跟学生讲得很浅，但是我考虑到那批学生已经开始学政治经济学了，而马克思在《资本论》中讨论的折旧和我们会计学上讲的折旧是两个概念，我就在讲课中把这两个概念拿出来比较。我记得当时山东财政学院的院长是政治经济学专业的，他一看我讲会计能够把政治经济学、会计学对于同样一个问题的不同解释结合起来，他觉得这就是我们财经院校的优势。财经院校对经济学、管理学分得很细，同样一个问题可以从不同的角度去讲，他就觉得像这样讲课才有意义。我当时还得到了你们会计学院院长的鼓励，我觉得很有成就感，更觉得这好像也是一种对教学方式的探讨。

教学相长，学生学得好，对老师来说是一种自己水平进步的表现，更是一种成就。这种荣誉最后归结为愉悦，我从来没想过讲完课给我多少钱，这种生活方式蛮好的。加上我们财经院校都有一个特点，财经院校习惯相互支援，抱团取暖，共同进步，这是我们中国各所财经院校相互之间共同的精神。我希望以后我们能够继续把这种精神发扬光大，我们之间可以竞争，但是我们更需要团队合作。

张沫：我能够很明显地感受到您身上的那股热血，您的分享让我的心中汹涌澎湃。**2022 年是我们建校 70 周年，提前邀请您到时候再回山东财经大学，回会计学院看看。**

孙铮教授：必须的！

我的山财回忆录

李作德

  我是在 1958 年转入山东财经学院学习的，1960 年毕业并留校工作，1963 年 9 月任会计系团支总书记。1970 年以后，我在本院办的北镇师专（北镇师范专科学校）工作，1979 年 9 月回山东经济学院工作。由于我在山财学习工作多年，对山财的发展和历史比较熟悉，和老山财的教职员工及老毕业生联系也比较多，我对现在的学校，特别是对其中的会计系是有很深厚的感情的。

  1952 年，我读的是当时的山东省合作干校，我是通过考试考进来的。当时招生时学制是 3 年，我们入学以后国家就急需用人，上了 1 年就把我们提前分配了，所以我 1953 年就参加工作了。我参加工作以后被分配到山东省费县供销社，那个时候分配工作没有考虑家庭情况，我家就一个老母亲自己在家里。我是潍坊的，在外面待了 4 年，到 1957 年的时候，全省的供销系统内部（全国供销合作总社济南合作学校）招生，我就考到了省里，当时有 4 个班，每个班 40 个人。到 1958 年 3 月份出现了调整，我们原来 160 个人里有 108 个干部，留下继续学习，不是干部的那些人基本上去学习制冷了，学校组织了一个临时制冷班。1958 年 9 月，干校合并成了山东财政经济学院，合并的基础就是 5 所干校。5 所干校原先的校址就成了分校，比如银行学校、粮食学校、财政学校，这些都是学校的分校。

  山东财经学院成立后，我们 108 个人转到财经学院去继续学习（预科班），校址在现在东郊饭店那个地方，我们在那里活动。在那上了一年之后，我们又被转到财会专修班来学习，我们这 108 人组成了 1 个班，学校另外又招了 4 个班，一共 5 个班。这 5 个班被分成不同专业班，101 是商业，102 是工业会计，103 是粮食，104 是财政，105 是金融。这 5 个班有 400 多人，一年以后，学校给我们发了个毕业证。就这样上了一年大学我就毕

李作德简介： 李作德，1937 年出生，山东潍坊寿光人，大专学历。1953 年参加工作，1957 年加入中国共产党。1952 年考入山东省合作干校，一年后分配到山东省费县供销社干会计工作。1957 年考入全国供销合作总社济南合作学校。1958 年 3 月转入山东省合作干校，9 月转入山东财经学院。1960 年毕业后留校，担任会计系团总支书记。1970 年去北镇师专担任政治副主任。1979 年 9 月回山东经济学院工作，历任人事科副科长、宣传兼外事科长、总务处副处长兼开发公司副总经理、基建处处长、总务处处长、后勤党总支书记、校办产业管理处主任等职务。1993 年 9 月调至山东艺术学院任副院长，1998 年 11 月退休。

业了，并留校了。1960 年 6 月份学校把我调到团委去工作，我留校后在学校里干的事情很多，在团委待过，在马列主义教室待过。生活困难的时候，学校又叫我出来管了 2 年食堂，我又干了 2 年的管理员。1960 年冬天，学校新开了一家商店，叫我去负责，我又干了 3 个月商店经营；后来又叫我去当后勤管理员，还不到 2 年，又把我叫到会计系干团总支书记。

由于 1963 年调了一部分青年干部到基层开展工作，所以团总支书记的职位空着，我便进去了，一直在那里干团总支书记，直到学校被撤销（实际上"文化大革命"时期教学就不存在了），所以学校撤销的时候，我又到了北镇师专。1979 年学校恢复了，9 月份回来后，我没回会计系。回来以后，我在政治处干的事情也很多，开始叫我干人事，所以我负责了人事接收工作，第一次学校教师评职称都是我经手办的。后来又叫我干宣传工作。到 1984 年，学校干部调整，我到了总务处。到了 1986 年，学校说是要搞经营，成立公司，叫我去干经理，还给我保留着总务处副处长的职务。

学校的会计系成立以后（那时候山东财经学院已经成立了），主要是搞培训，大量的培训人员加在一起有几百人。比如，我入校上的预科，以后又上了财会专修班。1960 年开始时又招了一个外贸班，可惜时间不长，学校便要并到上海的高校。20 世纪 60 年代初，李予昂是山东省副省长，他分管财务，他说还是选择留下山东财经学院，在这样的情况下，教师们没有到上海去。这个学校既然不撤销了，要扩大，就从山师（山东师范学院）和山工（山东工学院）调一部分学生组建了 1964 级的学生，刘主任（刘学颜）就是从山师过来的。我那个班的一些学生是山工过来的，二班、三班的学生是山师过来的。

那个时候以王书记（王力夫）为首的学校领导到处去找教师。在北京，一些有点历史问题的老师各大机关都不要。在这样的情况下，王书记领着人到贵州、北京、吉林、青岛去找了好多有名望的教授到济南来教书。1963 年刘学颜他们这些山师、山工的学生过来以后，专业转成会计专业了。学校的 3 个系都有转来的学生，刘学颜就是转到这里的，胡积健院长是从山东工学院过来的。

我还想讲一下山东财经学院的性质，这是我们学校和别的学校的不同点。我们学校 1958 年成立以后，强调以党校性质办学，强调要加强品德和思想教育，这一点是我们和其他学校不一样的。所以说在办学期间，学校教师不评职称，学校的领导和一部分教师特别是讲马列的教师，行政级别都比较高，3 个系主任，也就是 3 个系的一把手中两个是 13 级，一个是 14 级。马列主义教师中 14 级到 17 级的有 9 个人，我们系的秘书都是行政 17 级。

当时的干部配备标准是比较高的。学校成立以后，前一段时期主要是给财贸系统的干部开展培训，1960 年开始招了外贸一个班，后来说想并到上海高校，但李予昂副省长不同意撤销财经学院，这样 1960 年又成立了 3 个系，会计系是其中一个。在会计系，曹主任（曹俊田）一直担主任兼党总支书记，到 1965 年他就不兼职了。

从 1964 年开始，全国强调加强政治思想工作。当时会计系在校的有 6 个班，学校为我们会计系配备了 3 个专职、1 个兼职的政治辅导员，政治辅导员都能和学生打成一片，经常和学生同吃同住同活动。那个时候活动特别多，老师常带着学生下乡去劳动，下乡去开展运动。老师和学生同吃同住同活动的情况比比皆是，师生之间培养了深厚的情谊。在培养革命事业接班人和学雷锋活动中，学生们的政治热情很高，大家学习积极认真，以参加社会活动为豪，好人好事层出不穷。同学们在参加各项社会活动中积极认真，因此，受到社会和国家领导人的好评和高度重视。1964 年以后，省里建议，省学联主席由山东财经学院的学生担任。财经学院的学生素质都比较好，所以换届的时候，财经学院的学生当选了省学联主席。另外，由于我们的学生素质比较高，在"文化大革命"前，财政部的一个负责同志还说，今后在接收毕业生的时候，要多接收山东财经学院的学生。这就说明我们的学生素质是比较好的，我们的毕业生普遍道德高尚，思想进步。

1978 年改革开放以后，大部分毕业生都陆陆续续地成了各个单位的各级领导或者业务骨干。1964 届至 1969 届会计系的毕业生是 443 名，其中担任厅局长职务的就有 41 位，比例很高。1978 年复校以后，学校培养的毕业生也在自己的岗位上发挥着重要的作用。1979 年学校共招收了工业会计和商业会计 2 个班，当时这 2 个班毕业的一共有 100 个人。这些人中有 3 人是第十三届全国人大代表，厅局级干部有十几位，拥有高级职称的几十位，出现了相当多的骨干。

现在学校招生规模已经扩大了若干倍，我真心为母校的快速发展感到无比高兴和自豪。衷心祝愿母校，祝愿会计学院在习近平新时代中国特色社会主义思想的指导下，不断加强党的建设，稳步提升人才培养、学科建设、科学研究、师资队伍水平，为国家培养更多高水平、高质量的人才。

回忆山东财大的发展历程

郭惠云

　　20 世纪 60 年代，为培养经济发展急需的财经人才，我所就读的山东工学院计算数学专业二年级班整建制地转入山东财经学院会计系会计专业，有的专业转入山东财经学院财政金融专业。山东师范学院地理、生物专业也分别整建制地转入山东财经学院会计、贸易经济专业，组建了山东省第一所财经本科院校。当年全国财经本科院校很少，大部分是各地财会干部培训学校，高层次财经人才欠缺。

　　我于 1962 年转入山东财经学院会计系会计专业 60 级一班学习，当时全班有 53 人。因基础课和数学类课程我都已经学过，入学后立即进入会计专业基础课和专业课学习，刚转入新专业时有些陌生不适应，但经过一段时间调整渐渐进入状态。让我记忆尤其深刻的是霍传贵老师，他给我们讲授了一学年的工业会计课，认真负责，循循善诱，并带我们去青岛实习，指导我们毕业论文。他使我们学到扎实的会计理论基

学生时期的郭惠云

础，我们之间建立了深厚的师生情谊，毕业后的几十年我一直与霍老师保持联系。

　　1964 年 7 月我毕业时，正是国家急需财经人才之际，作为山东省自己培养的第一届会计专业毕业生，我们立即奔赴全国各地经济战线，尤其是大三线和军工企业，很快成为各个财经战线骨干力量。

　　1986 年，国家批准组建山东经济学院财政分院，确定了财政部和山东省政府双重领

　　郭惠云简介：郭惠云，1964 年 7 月毕业于山东财经学院财务会计专业。同年分配到山东财政学校担任教师。从 1965 年至 1984 为中专学生讲授会计专业课程。从 1985 年开始为山东财政职工大学二年制专科班授课。1987 年调入山东财政学院教务处任副处长，1988 年参与组建山东财政学院会计学系，先后任副主任、主任、党总支副书记。1982 年被聘任为讲师，1987 年被聘任高级讲师，1988 年转为副教授，1992 年被聘任为经济学教授。1992 年获"财政部教育系统先进个人"称号，1993 年被国务院批准享受政府特殊津贴。从 1999 年开始担任会计专业经济学硕士研究生导师，2003 年退休。

导、以部为主、联合办学的管理体制。我于 1987 年 6 月参加山东经济学院财政分院第一次院全体工作人员会议，筹备领导小组组长黄可华对学院基建工作、人事工作、队伍建设等提出原则要求和指导性意见。

1987 年 7 月，我参加财政部在威海石岛召开的山东经济学院财政分院组建办学工作会议，提出先行招生、边筹建边办学，以借校办学、借教办学为方法。当时由财政部部属 5 所普通高校对我院 5 个系和专业进行承包办学，并确定承包办学方案。会计学系由上海财经大学会计系承包。

1987 年 7 月，我被任命为教务处副处长，负责教务工作，组建教务处和图书馆。1988 年 4 月会计学系成立，我担任会计学系系副主任，1989 年兼任会计学系党总支副书记，1990 年任会计学系系主任。教师主要由 1986 年、1987 年、1988 年和 1989 年上海财大、东北财大、中央财大、江西财大、厦门大学等院校的应届本科、硕士毕业生组成，后来又陆续由中国人民大学、南开大学、山东经济学院等分配或调入本科及硕士毕业生当教师，所以教师的素质比较高。

第一届学生入学后，上海财大会计系主任石成岳教授指导我们制订了 4 年本科教学计划及确定使用的教材。当时，上海财大青年教师储一昀担任会计学系的教学秘书，孙铮老师给我们讲授第一课"会计原理"，并带领青年教师备课、听课，同时安排他们试讲。上海财经大学后来又陆续派了外商投资会计、审计等课程的教师来授课。第一届学生上到四年级时，石成岳教授来会计学系讲授会计理论课，完成了一个循环的教学承包办学。同时，我们也派教师到上海财大进修，参照上海财大会计系教学计划开设了专业英语和会计电算化课，并积极参加财政部教育司组织的部属院校专业课统考，以检验自己的教学质量。

1992 年 6 月，国家教委正式批准建立山东财政学院。1995 年，国务院学位委员会和国家教委正式批准山东财政学院为学士学位授予单位，会计学专业享有学士学位授予权。

山东财政学院从 1988 年到 1992 年的 5 届本科生均为山东生源，每年 1 个班，3 年制专科则面向全国招生。建校初期，学校租借济南市委党校的部分校舍办学，第二年搬入自己的校园，但因边建设边教学，教师办公室与学生教室挨在一起，教师与学生沟通比较方便。当时学校对学生管理也比较严，要求学生每天早上跑操，晚上在教室上晚自习，学生自习时任课老师会到教室辅导。同时，班主任对每个学生的情况了如指掌，与学生之间的关系也十分融洽。在教学管理上，学校强化对教师教学上的要求，建立了教研室每周集体备课制度；建立了以老带新制度，由老教师"跟随听课、指导备课"，并实行新教师试讲制度；建立了教研室主任定期听课制度；对每门课程期末成绩评定做出规定，规定平时作业成绩占 10%、期中考试占 30%、期末考试占 60% 的标准；要求教师对每门课作业批改 3 次及以上，并登记在记分册上，期末检查核实后给予教师补贴。

会计学系教师认真授课，学生学习积极性很高。连续几年，会计学系学生全国英语四级通过率都在 93% 以上。

工作中的郭惠云

1992 年，会计学系建立会计手工模拟实验室，安排学生进行校内实习。待四年级第一学期末，会计师事务所开始当年年报审计时，会计学系又通过关系联系深圳等地的会计师事务所，安排学生每年 12 月至来年 3 月去实习，学生收获很大。由于学生实际操作能力很强，毕业后很受用人单位欢迎，有的学生毕业后直接留在那些会计师事务所工作。1995 年，为适应形势需要，学校投资 40 万元又建成会计电算化模拟实验室，一次配备 486 微机 47 台，学生完成手工模拟后，再利用会计电算化软件模拟记账，学生毕业后能很快适应社会需要。

1993 年，在改革开放政策指导下学校扩大招生，会计学系增设会计电算化、涉外财会两年制专科班，增加 1 个理财学专门化专业本科班（后改为财务管理专业）。本科班开始向全国招生，每年招 2 个班。

1993 年，全国会计制度改革，我国会计准则开始与国际接轨，财政部会计司组织部属院校教师参加新会计制度培训后，山东财政学院会计系受山东省财政厅委托承担对山东省会计人员的培训任务。会计学系组织高校会计教师进行了会计准则培训，后来又相继组织各单位会计人员进行新会计准则培训。此外，会计学系教师还负责注册会计师、注册评估师及会计人员后续教育，以及会计电算化、会计师考试的考前辅导培训，为山东省会计人员业务水平的提高做了我们应该做的工作。这也促使会计学系教师进行知识更新，提高业务水平。会计学系为社会服务，还体现在多次参加山东省会计知识大赛及为山东省参加全国会计知识大赛的学员进行赛前培训。

为满足会计制度改革背景下社会对会计教材的需要，会计学系开始组织教师编写会计系列教材。1996 年，会计学专业被学校确定为重点建设的本科专业，基础会计课程被评为校级优秀课程。在以后加强学科专业建设中，基础会计课程又被评为省级教学改革试点课程，基础会计、财务管理课程被评为山东省精品课程，基础会计多媒体教学课件获省级教学成果奖。

为适应教学需要，提高教师学历水平，鼓励教师脱产或半脱产读硕士和博士，学校科研处与东北财经大学联系，开办会计专业师资研究生班，在假期安排东北财经大学教师前来授课，或安排教师短期脱产去东北财经大学学习。在3年时间里，有多位教师取得管理学硕士学位。为提高教师业务水平，会计学系每年都为教师创造参加全国会计类会议、会计教授会、会计理财研讨会、高校教师联谊会、会计实验教学会等活动的机会。为教师争取更多的机会与同行交流，扩大教师视野。

随着学校教学任务、科研任务及社会培训量的加大，有些教师负担加重。为了尊重教师劳动，体现多劳多得原则。在执行学校制定的教学和科研工作量计酬标准的基础上，会计学系又制订了"会计学系教学酬金计发办法""资助课题验收暂行规定""会计学系关于资助教工积极开展科研活动暂行规定"等，对接新课的教师、承接2门及以上课程的教师、上3个班合堂课等的教师，按一定系数给予补贴；对完成科研成果的教师按成果级别给予奖励，以体现公平原则。会计学系还定期召开学生座谈会，及时向老师们通报教学和学生工作中的问题，保持师生之间沟通的畅通。

1998年7月，经国务院学位委员会批准，山东财政学院成为硕士学位授予单位，会计学专业为我校首批硕士学位授权点。1999年，我系招收第一批硕士研究生10人，之后招收的研究生逐年增加，这标志着我系办学层次及实力又上了一个新台阶。

2011年，山东财政学院与山东经济学院合并为山东财经大学，并经国务院学位委员会批准，为博士学位授予单位。会计学院工商管理一级学科获批博士学位授权点，会计学院学科和专业上了一个更高层次。会计学院在原有专业的基础上，又增加审计和资产评估专业，会计专业还增加了智能会计方向班，开始多层次办学，同时招收管理学硕士研究生、博士研究生。招生规模在全国财经院校中处于领先地位，办学规模和办学层次及质量比合校前更上一个台阶。

我与我的母校

刘学颜

1962年5月，我由山东师范学院（现山东师范大学）生物系本科二年级二班转入山东财经学院（现山东财经大学）工业经济系（次年更名为会计系）学习，并继续享受山东师范学院公费生待遇。

由于在山东师范学院两年学习生活中学完了哲学、党史和微积分等基础课。到山财后，学校主要开设了以下课程：语文、政治经济学、逻辑学、货币信用学、财政学、统计学、工业统计、经济管理、企业管理、企业财务、会计原理和工业会计。当时的会计学从原理到工业会计都基于借贷记账法。

从1963年3月开始，学校和系里积极响应毛主席号召，广泛开展了学习雷锋活动。同学们之间、师生之间相互帮助，争做好事，十分团结友爱。有男生主动给同学修鞋，有女生帮同学拆洗被褥，令人感动。凡节假日或周末，同学们会三五人结伴到大明湖、千佛山等景点游玩。同时，同学们也经常开展文娱活动，如跳交谊舞、演唱《学习雷锋好榜样》《花儿与少年》等经典歌曲。其间，会计系1964级和1965级两届同学中的文学爱好者，还自愿组建了仲秋诗社，创办了朗月诗刊，时常通过壁报栏、黑板报和学校的广播站发表一些诗歌和文章。当时我任院学生会宣传部部长，这些稿件和其他来稿都是经我和部员初审后，交由院团委书记高学智老师终审定稿。那时，同学们风华正茂，激扬文字，文娱文化生活丰富多彩。

1963年11月至1964年2月，学校组织师生去泰安县参加"社教"运动，我们学生主要是接受教育；1964年11月至1965年4月，我们去海阳县搞"四清"，并与贫下中农同吃同住同劳动。

1965年8月中旬，系里公布了我们1965届48名毕业生的分配方案。当时，我国实

刘学颜简介：刘学颜，男，1939年3月生，山东青州人。曾任山东经济学院财务会计系系主任、教授、硕士生导师。1960年9月考入原山东师范学院生物系，1962年5月转入原山东财经学院会计专业学习，1965年8月毕业留校任教。1970年11月调至山东拖拉机厂财务部任成本会计、助理会计师。1979年5月调至山东经济学院财务会计系任教，1999年3月退休。退休前后曾兼任过中国会计教授会理事、山东会计学会理事、山东经济学会常务理事及山东省老教授协会理事等职。出版著作和教材16部，其中主编11部，主要有《会计学基础》《企业财务会计》和《成本会计学》等；在省级以上刊物上发表论文18篇。

行的是计划经济，仍在执行"调整、巩固、充实、提高"的八字方针，各行各业都急需财务会计人才，会计专业毕业生供不应求。国家对我们班同学是根据用人单位的需求并参考个人志愿在全国范围内分配的。受过高等教育后，我们的思想觉悟有了很大提高，都把国家需要放在第一位。我班同学主要被分配到中央有关部门、全国各地及山东省里的财税部门、金融部门、财经院校和国有工矿企业等单位，其中有10余名同学去了西藏、新疆、青海、宁夏、贵州和四川等地，支援边疆和国家大三线建设。当时我们山东财经学院也急需人才，学校从1964届毕业生中留下6名：苑正文和蔡德茹两位留在本系任政治辅导员，孙宗绪留在会计系任助教，王洪谟、赵锡清和赵同起到函授部任教。学校从1965届毕业生中留了2名任会计系助教：朱庄勤任耿汉斌老师的企业财务课助教，我任周谭绂老师的工业会计学课助教，但我们这些助教刚上岗，便去参加"社教"工作了。

1965年9月到1966年8月，我和朱庄勤随省"社教"工作队去日照县（现山东省日照市）参加"社教"工作11个月。我俩都在城关区十里公社相家庄大队，与省委宣传部的同志一起工作。我在这次"社教"工作中，通过查账掌握了生产队会计知识。

1968年10月20日至1969年1月，我随全院师生到德州陵县（现山东省德州市陵城区）接受贫下中农再教育。

1969年4月至5月，会计系随全院其他师生去德州禹城（现山东省禹城市）抗旱双保，支援麦收，回校后继续参加"文化大革命"。

20世纪70年代我国正在进行"小三线"建设，当时地处兖州县（现山东省济宁市兖州区）的山东拖拉机厂是省里的重点工程会战单位，急需财会类人才。1970年10月，山东财经学院撤销后，我被调配到山东拖拉机厂财务部当会计。

会计学学科被评为山东省重点学科（左三为刘学颜）

进厂以后，我一边劳动锻炼，一边干会计工作，很快熟悉并掌握了该厂的会计核算流程。在厂 9 年期间，我曾下车间干过大炉工、翻砂工；到库房帮助保管员建立台账和进行财产清查盘点工作。在本职工作方面，我当过材料核算员、成本会计，还通过办培训班，为厂里培养了近百名车间成本员、班组核算员和仓库管理员。其间，我与厂里老会计人员一道，先后制定和修订了产品的材料消耗定额、工时定额，建立健全了各项原始记录及其使用流程，改进了产品成本管理办法和其他财务管理制度，同时推行了班组经济核算和"五五摆放""四号定位""资金下库房"等仓库管理的一些新方法，并在上述工作基础上，制定了一套完整的泰山 25 型拖拉机的零部件价格手册。

9 年间，我通过与财务部同事们的共同努力，大大提高了企业的管理水平和经济效益，我也多次被评为厂里的先进工作者，并于 1978 年秋获得助理会计师职称。

1979 年 5 月 1 日，我应召归队，返回山东经济学院财务会计系。

我 5 月归队，8 月份学校招收了工业会计和商业会计 2 个班，共 104 名新生。魏治中老师讲授会计原理课，任辉和我当助教，分别辅导 2 个班的学习。自 1980 级开始，我们就单独给学生授课。在讲课中，我经常用山东拖拉机厂经营管理实例和实物，如领料单、成品入库单和销售发票等原始凭证作教具，增加学生对会计工作的感性知识，加深学生对课本内容的理解，很受学生欢迎，增强了教学效果。

1980 年和 1982 年学校也是工业会计、商业会计各招了 1 个班。1983 年，学校只招了 1 个工业会计班。1984 年，学校招了 2 个工业会计班、1 个商业会计班。从 1985 年开始，学校只按会计专业招生，不再区分工业会计、商业会计。后来，又增加了审计专业和经济信息管理专业（1993 年从财务会计系分出，成为计算机信息管理系）。这段时间，我先后讲授过会计原理和工业会计，并多次带学生去青岛、烟台等地实习。

财务会计系经过曹俊田主任、张俊青副主任、任辉主任和周树森主任等人的领导和全系教职工的共同努力，到 20 世纪 90 年代初期，已经形成了较强的教师梯队，拥有了合理的学科设置及配套教材，在教学、科研和社会办学等各方面都开创了新局面。1992 年 4 月，会计学学科被评为山东省重点学科，1993 年又被国务院学位委员会批准为硕士学位授权点。

我在这段工作中的努力，也得到了领导的充分肯定。1983 年被评为讲师，1987 年被评为副教授，1992 年被评为教授。1984 年任系副主任，1992 年任系主任至退休。

退休前，我曾于 1996 年 12 月依托学校申请成立了"山东东方会计师事务所"并担任所长。1998 年 9 月会计师事务所改制，与学校脱钩，更名为"新东方会计师事务所"。改制中，学校依法规划并合理处置了所里的全部财产，分流了所有人员，本人也回归了财务会计系，直至 1999 年退休。

在 20 世纪 60 年的大学生活中，我最尊敬的领导和恩师有：山东财经学院（山东经济学院）党委书记、院长王力夫，山东经济学院院长、党委副书记张文杰，山东财经学院

刘学颜（中）与同事

（山东经济学院）会计系党总支书记、主任曹俊田，山东财经学院老师周覃绂副教授，山东财经学院（山东经济学院）老师魏治中。治学最严谨的老师是山东财经学院的谢承基教授。

王力夫、张文杰、曹俊田三位领导，不仅具有卓越的组织领导才能，而且各自对其所在领域的专业知识见解丰富，都是"工作狂"，是党和人民的好干部、好老师。

王力夫书记资格很老，1949年前后曾在多个部门的重要岗位上任过党政要职，并立过功，哲学造诣颇深，但很平易近人。校园里，经常有三五成群的学生茶余饭后围着他谈论哲学问题，他总是耐心讲解，学生们都十分喜欢他，对他非常钦佩。

山东财经学院复办期间，教师归队，我也很想回校，但山东拖拉机厂坚决不放人。这时，王书记找到山东拖拉机厂主要领导人做工作，终于把我要了过来。我得偿所愿，感激不尽。

张文杰院长是经济理论专家，是财务会计界老前辈，除本职工作外，同时在全国不少财经科研部门兼任重要职务，也很平易近人。他身为院长，工作繁忙，还一直坚持政治经济理论和会计研究，成果颇丰。他在任院长期间，亲自抓会计专业的学科建设，特别是在将会计学学科建设为山东省重点学科的前期准备工作中，功不可没。他还曾热情地为我修改过学术论文，直到正式发表。

曹俊田主任是我多年的老领导和恩师。自我到山东财经学院会计系学习之日起，到山东财经学院复办，除在山东拖拉机厂工作的 9 年外，我基本上都在曹主任身边。即便是他去院基建处工作后，我们也没断过来往。

曹主任对恢复山东财经学院和复建会计系付出颇多，可以说是呕心沥血，历经千辛万苦，是第一功臣。日常工作中，无论何时何地，他都是勇挑重担，吃苦耐劳，敢于担当，高度负责。在他身边工作，总感觉周围充满阳光，有股正能量，满怀胜利信心。总之，他是党的好干部，群众的好领导，我的大恩师。

周覃绂副教授是上海人，1962 年调入山东财经学院会计系，担任过学院院务委员会委员，为我们班讲授工业会计课。他英文很好，据说留过学。上大学之前我们只学过俄语，有的同学看了他的英文讲义，惊讶于他备课时也准备了英文讲义，因为在课堂上和平时交流，他都只用汉语。他讲课深入浅出，理论联系实际，能提出一些问题，启发同学思考。他诲人不倦，课后经常在校园里回答学生的提问，很受欢迎。我作为他的助教很荣幸，他对我也关爱有加。1967 年 10 月份我结婚，当时周老师虽同其他教授一样，正在劳动中接受教育，但还是执意赠送我一幅绿色塑料窗帘，表示祝贺，我深受感动。山东财经学院撤销后，周教授回了上海老家，我去了山东拖拉机厂，从此我们师徒分离，再未见面，十分遗憾。

魏治中老师是讲授会计学原理课的，可惜上学期间我班没有听过他的课。但他在海阳"四清"运动中对学生的关心爱护，令人感动。当时，张兆宽同学与魏老师同住在一户贫下中农家，冬天寒冷，两人同睡一个火炕，互相照顾。那时生活很艰苦，天天粗茶淡饭，偶尔有点好吃的食品，魏老师总是让给兆宽同学，说他年轻，该多吃些。在"四清"工作中，他还耐心指导兆宽清查生产队账目。兆宽说："魏老师说话细声细语，文质彬彬，很有长者风范，我们之间的关系像'真挚、真诚、友爱'的父子关系。"

山东财经学院恢复初期，我有幸当了魏老师助教。我们师徒之间的关系给我的感受，就像兆宽同学的感受一样——"如同父子"。在科研和教学方面，他十分敬业，一丝不苟。当时学校会计方面的图书资料很少，为了深入研究会计原理，他亲自带我去泰安财校图书馆借阅资料。回校后，他边上课边展开研究。不久，他执笔的《试释"会计"》一文初稿完成，经我俩和张俊青副主任 3 人先后润色并署名后，正式发表在中国会计学会的期刊《会计研究》1981 年第 1 期上。以后我们又在此刊 1983 年第 6 期和《山东财会》等刊物上发表了数项研究成果。教学和科研相互促进，我们的教学质量大大提高了，深受学生欢迎。由于魏老师在教学和科研上透支过度，劳累成疾，晚年身体不好，但他仍坚持授课，最后病倒在讲台上。1994 年 10 月 1 日，是我们永别之日。临终前，他送我一幅绿梅国画，作为留念。魏老师的人品很像傲霜的梅花，顽强、淡泊名利，不争春，而又馨香四溢。

谢承基教授是江苏人，1981 年从外地调入山东经济学院财务会计系，主讲西方会计和管理会计课。这两门课是谢教授来了后新开设的，填补了我院会计学科的教学空白，谢老师做出了开创性贡献。刚开始没有教材，只能用他自编的讲义。他的讲义经过多年的补充、修订后，在1989年11月由山东人民出版社正式出版，即他编著的48万字的《管理会计的理论和方法》一书。经过同样补充和修改过程，他的另一本讲义又于1993年12月由山东科技出版社正式出版，即他编写的54万字的《西方企业财务会计》一书。从此学生们用上了这两本正式教材，学生们都将其奉为至宝，喜爱有加。这是对会计学科教材建设的重大贡献。谢老师"学为人师、行为规范"，教学严谨，诲人不倦，有口皆碑。在他的两门课的考试中，他批卷特别严格，无论谁得了59分求他，他绝对不会无故地为你加1分，令人叹服、敬佩。因此，学生更加刻苦地学，可谓"严师出高徒"。他先后被评为省级和全国的优秀教师。2012年2月，谢老师与我们永别，全系师生无不痛心疾首，伤心落泪。事后，我无以祭奠，唯有抚慰："谢世无憾，身后桃李满院香；承基有人，生前学子多栋梁。"

6位恩师，请安息吧！你们的功绩已载入史册，你们的教导已铭刻学生心田，你们的音容笑貌已永留人间。

现在与我仍经常联系的师生有：原山东财经学院会计系团总支书记、山东艺术学院原副院长李作德老师和孙玉香（山东经济学院财务会计系原教学秘书）夫妇，山东师范大学、山东财经学院的同窗好友邓丙端先生，朱庄勤和王学美夫妇，张兆宽和刘文凤夫妇等。

一所大学，两种身份

胡元木

1979 年 9 月 8 日是山东经济学院 1979 级学生报到的日子。记得那一天是星期六，下午 3 点多钟，我乘坐的绿皮火车经过几个小时的缓慢爬行，来到了济南火车站，我隔窗看到了耸立在车站的德式钟楼，古老而庄重。我急忙肩背被褥、草席走下火车，跟随大路人马验票出站，在出站口不远处，停着一辆绿色解放牌大卡车，旁边一位年轻的老师举着"山东经济学院新生接站处"的牌子，张罗着来报到的同学，几个先到的同学接过我肩上的行李，大家会意地笑了笑……

坐上敞篷大卡车，济南市的大街小巷尽收眼底，大大小小的车辆、熙熙攘攘的人群在街道上穿行，着实比鲁西南大乡村繁华了不知多少，我心中略感激动。大卡车拐了几个弯，不多时来到了堤口路的一个不太繁华的街道上，眼前映出学校大门，学校大门两侧的石柱上悬挂着"山东经济学院"和另一所高校的木制校牌。

大卡车缓慢地驶入校门，映入眼帘的是高大、健壮的泡桐树和隐藏在树后面的红色砖瓦建筑。经过一片宽敞的地瓜地，大卡车停在了一栋看似大车间的建筑物前。后来，我得知这栋建筑是另一个学校当年的实习工厂，年轻的接站老师招呼我们下车："宿舍到啦，同学们下车啦。"同学们急急忙忙地跳下车，扛着自己的行李走进早已安排好的宿舍，之后对号入住，宿舍有大小间之分，大房间住十几位同学，小房间住五六位同学。从此我开始了 4 年的大学生活。

山东经济学院 1978 年经国务院批准恢复建校，1979 年夏季开始招生，招生人数为 104名，分别为工业会计专业 52 名，商业会计专业 52 名，我被商业会计专业录取。1983 年我毕业，当时正常毕业的学生是 100 名。

4 年的学习生活给我的总体感觉是同学关系融洽、师生关系和谐、学习紧张、生活无

胡元木简介：胡元木，男，山东单县人，会计学教授，管理学博士。1979 年 9 月至 1983 年 7 月就读于山东经济学院商业会计本科专业，1983 年 7 月留校任教。自 1991 年起先后担任山东经济学院财务会计系财务管理教研室主任、财务会计系副主任、系主任、"十一五"山东省重点学科（会计学）财务管理专业负责人。2003 年任山东经济学院教务处处长兼党总支书记、省级精品课程（财务管理）负责人，2005 年任山东经济学院院长助理、教务处处长。2007 年任山东经济学院院长助理、明水校区管委会常务副主任、山东财经大学燕山学院常务副院长。合校后，任山东财经大学校长办公室正处级调研员、山东财经大学教学督导委员会主任。

忧。1979 年是"文化大革命"后大学恢复招生考试的第二年，也是第三次招生，学生年龄悬殊仍然较大，有些人相差近 10 岁，年龄较小的同学活泼、可爱，年龄较大的同学老成、可亲，同学们学习上相互帮助，生活上相互支持。每逢假期结束返校，同学都会带来家乡特产相互品尝，其乐无穷。4 年间，同学们与老师的关系非常和谐，任课教师认真授课、一丝不苟，由于办学之初在校生少，任课教师较多，有些课程可能由几位教师担任主讲，每位主讲教师只负责其中的两三个单元。这些经历过"文化大革命"的主讲教师对学生高度负责，课堂教学精益求精，他们渊博的专业知识、丰富的教学经验，得到了充分发挥，学生受益匪浅。学校还给我们另外配了专职的助教老师，负责我们的课外辅导，每到晚自习，助教老师就会去教室辅导我们，解答我们提出的问题，使我们的专业知识得到进一步巩固和提升。班主任老师和蔼可亲，对学生关心备至。有些同学感冒发烧，班主任老师就会在家里做碗面条，配上荷包蛋，送到学生手里，学生感激不尽。由于 1979 级学生是山东经济学院在"文化大革命"后恢复招生的第一批学生，义务劳动课也是少不了的。记得第一学年，几乎每天下午都有义务劳动课：垫操场、铺马路、打扫校园卫生。学生对自己动手带来的劳动成果倍感珍惜，因而爱护校园蔚然成风。学生的生活是无忧的，大部分同学的助学金可以维持生活开支，不需要家长负担。就这样，4 年的学生生活很快就过去，由于当时国家对大学生实施计划分配制，学生自己不需要找工作，我们毕业时的心情是比较轻松的。

1979 级有 100 位同学顺利毕业，共有三大分配去向，有 40％的同学从事教育工作，有 30％的同学到企业工作，有 30％的同学到政府、事业单位工作。由于当时处于改革开放初期，党的中心工作转移到经济建设上来，社会需要经济建设人才，培养经济建设人才任务非常重要，这是 40％的同学从事教育工作的主要原因。

1983 年 7 月，我留校任教，身份从学生转变为教师。身份转变后，面临的任务发生了变化：一是提高自己，二是尽心尽力地做好工作。留校的第一年，我的工作主要有：在办公室值班、为老教师当助教和担任学生班主任。在办公室值班期间，每天要提前一小时到办公室打扫卫生、到锅炉房打开水、生炉子（冬天）、处理办公室日常接待等；当助教的主要任务是，听课、辅导学生、批改作业等；担任学生班主任的主要任务是做好学生工作。留校后第一年的工作安排是比较繁杂的，一年的繁杂工作使我进一步了解了学校工作的运行模式以及教学和学生管理的内容，为下一步当好教师明确了方向。

当好教师首先要热爱教师职业，对教师职业的热爱是培养出来的，是在长期的教学工作中形成的。开始时我并没有认识到留校任教的重要性，总是认为企业才是改革开放的热土，应该到企业去才能发挥作用。但随着任教时间的延长，我对教师职业的感情越来越深，对教师职业的重要的性越来越清晰，教师和"白衣天使"一样神圣，"白衣天使"是治病救人，教师是解惑提智。对一件事情认识深入会给人力量，在以后的日子里，我始终牢记"教好学生是我一生的功课"，为此要努力终生。

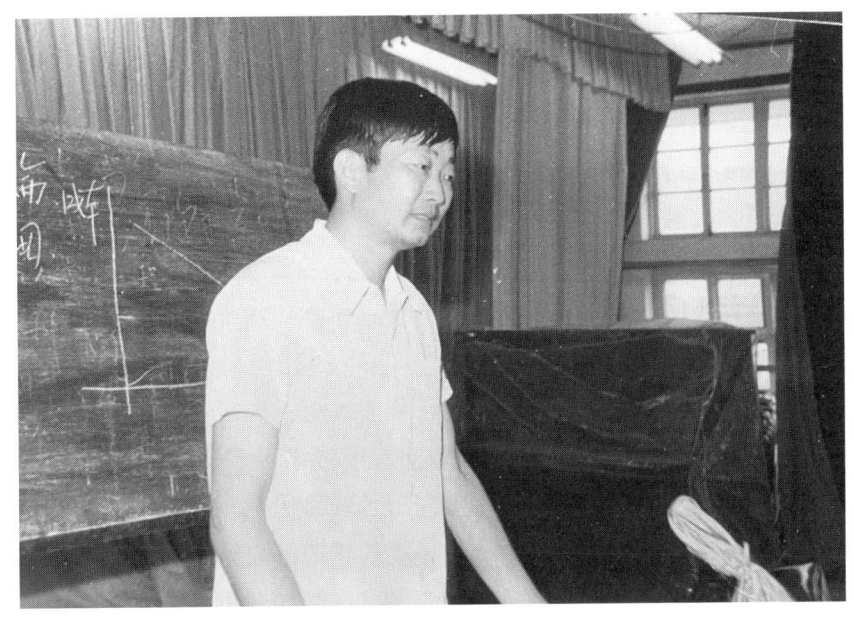

胡元木在讲课

　　教好学生的前提是努力提升自己，提升自己要树立终生学习的理念。科技进步与知识更新是永恒的，这决定了我们必须树立终身学习的理念。尽管学习的方法很多，但根本方法是自学，这是教师必须具备的能力。自学是基础、是前提，向老教师学习，脱产到更好的学校学习也是重要的路径。财务会计系有一批爱岗敬业、德高望重、学术精湛的老教师，给我提供了很好的学习条件，我挤出时间抄写他们的讲义，向他们请教授课经验，改进自己的不足。同时，我也听从学校安排，到其他高校脱产学习。十几年过去了，我完成了硕士、博士课程的学习。我在学习上的努力，得到了财务会计系老师的支持，同时我也被组织安排了较沉重的行政工作，我先后担任财务会计系财务管理教研室主任、财务会计系系副主任、财务会计系系主任。2003 年，由于学校发展的需要，我离开了财务会计系，离开后我先后担任教务处处长、校长助理、燕山学院常务副院长等职，但我始终坚持在财务会计系（会计学院）任教，坚持本科教学，并受聘担任会计学（财务管理）专业的硕士生、博士生指导教师，直至退休。

　　我在财务会计系工作期间，全系教师在任辉、周树森、刘学颜各位主任的带领下齐心协力，艰苦奋斗，励精图治，砥砺前行，在学科建设上集体发力，实现了会计学科的跨越式发展，开展了会计学科的深化改革。一是实现了会计学科的跨越式发展（1983—1992 年）。在这一阶段，学校提出由封闭式教学改为面向经济建设办学，在教学工作中注意加强"三基"（基础理论、基础知识、基本技能）训练，从一年级开始物色和选拔优秀学生，通过开放选修课、提高课等方式进行重点培养。财务会计系从 1987 年开始，在1985 级会计学专业中培养既懂会计又懂计算机的复合型会计人才。1992 年，会计学学科被评为山东省重点学科，我和刘学颜主任代表学科接受了省教委授予的重点学科牌匾，那是 1992 年山东省唯一的省级重点学科。二是开展了会计学科的深化改革（1993—2003 年，1999 年 9 月至 2001 年 6 月我任调研员）。在这期间，会计学学科开展了一系列教学改革，1993 年 4 月实行了外语教学改革，学生可以自愿报名参加 CET4 级考试。1993 年，经国务院学位委员会批准，学校被批准为硕士学位授予单位，会计学科为硕士学位授予点。1995 年 9 月，财务会计系招收了 8 名硕士研究生。1994 年 12 月，财务会计系根据需要开设了辅修课程，开展了教学研究项目的立项工作。1995 年，财务会计系出台了《财务会计系优秀教案评选办法》。1995 年，"企业财务会计"被评为校级首批优质课程。1997 年，"企业财务管理"被评为校级第二批优质课程。1996 年，我及其他同事完成的"建立'三位一体'会计实习模式研究"获省级教学成果一等奖。1998 年 12 月，财务会计系制定了取消学生补考、实行重修的制度。1998 年我及其他同事申报的"会计学专业人才素质培养模式研究与改革实践"获得省教委教学改革立项项目。1999 年，孟凡利等人负责的会计学专业被评为省级教学改革试点专业，任辉负责的会计学基础课程获批成为省级教改试点课程。1999 年 2 月，财务会计系实行期末考试集中阅卷。2000 年，我及其他同事申报的"会计学专业人才素质培养模式研究与改革实践"结项，被评为优秀项目。2001 年，财务会计系拟订了全日制本科学分制管理总体实施方案，会计学科进入深入发展阶段。2001 年，会计学学科获批省级强化重点学科，这是 2001 年山东省唯一的省级强化重点学科。

离开会计学院后，由于事务性的工作较多，我为会计学科发展做的工作并不多，但我始终牢记两点：一是教好学生是我一生的功课，二是做好科研是做好教学工作的基础和前提。2008 年，我和姜洪丽教授主编的《中级财务管理》教材被评为普通高等教育"十一五"国家级规划教材，这是我校第一部国家级规划教材。2009 年，我和曹庆华教授主编的《成本会计学》获山东省高校优秀教材一等奖。我累计发表（含与他人合作撰写的文章）会计论文 53 篇，其中包括：《管理世界》1 篇、《会计研究》3 篇、《南开管理评论》2 篇、《管理评论》1 篇、《山东社会科学》5 篇、《东岳论丛》3 篇；获山东省科技进步二等奖 1 项、山东省科技进步三等奖 2 项、山东省社科二等奖 2 项、山东省社科三等奖 4 项、山东省教学成果奖一等奖 2 项、山东省教学成果三等奖 2 项；完成国家级课题 1 项、省部级科研教研课题 12 项。

"沉舟侧畔千帆过，病树前头万木春。"衷心祝福会计学院朝着"双一流"目标，和谐奋进、砥砺前行！

我的大学情怀、责任和使命

王爱国

初入大学

我是 1983 年参加全国统一高考，并以 505.5 分的文科成绩进入山东经济学院工业会计班学习的。那一年，全国首次进行高等教育考试改革：一是部分科目不再实行百分制；二是先填报高考志愿，后出高考成绩。我记得数学成绩我考了满分 120 分，填报的第一批次第一志愿是南开大学经济管理专业（当时国内公认的文科类著名院校前三名是北京大学、南开大学和复旦大学，尤其是北京大学的哲学、南开大学的经济学、复旦大学的新闻学在当时很有名气。班主任张老师动员我们班预估成绩在 500 以上的 3 个人分别填报了北京大学、南开大学和复旦大学）；第二批次第一志愿是江西财经学院工业会计专业（后因我父亲觉得南昌离家太远，就给我改成了山东经济学院）。当年，山东省的高考招生统一录取点在潍坊市，第一批次录取全省只有 11 位考生未被提档，其中就有我。事后我才知道，第一批次志愿填报的学校录取分数线稍微高了一点。就这样，我来到了位于山东省济南市堤口路胜利庄 1 号的山东经济学院财务会计系工业会计班，从此与山东经济学院结下了不解之缘。

9 月份入学时，一辆红白相间的大客篷车（司机是一位女同志）从济南火车站把我们接到了学校。记得学校大门前路南边堆放着好多原木，出校门再往西走就是一条很窄的胡同道，学校大门由青石垒就，挂着山东经济学院（郭沫若体）和山东财贸职工业余专

王爱国简介：王爱国，1987 年 7 月毕业于山东经济学院工业会计专业并留校任教。1995 年 6 月获天津财经学院经济学硕士学位。2003 年 6 月毕业于天津大学管理科学与工程专业，获管理学博士学位。2009 年 12 月从天津财经大学会计学博士后工作站出站。现任山东财经大学会计学院院长，兼任智能会计现代产业学院院长，二级教授，特聘教授，博士生导师，中国资深注册会计师。全国优秀教师、山东社会科学名家、山东省教学名师、山东省有突出贡献的中青年专家、山东省高等学校会计学重点学科首批首席专家和深圳先行示范区建设财会专家库入选专家。兼任教育部高等学校会计学专业教学指导委员会委员、山东省高等学校工商管理类专业教学指导委员会主任委员（含农林经济管理）。主持国家社会科学基金一般项目"强化企业社会责任问题的会计研究""碳交易市场、碳会计核算及碳社会责任问题研究"和重点项目"我国生态文明建设中的环境审计问题研究""'绿水青山'转化为'金山银山'的审计监督研究"；出版著作 6 部；发表论文 100 余篇，其中被人大复印报刊资料全文转载 17 篇。主持教部及省级教改项目 3 项。获得省级优秀科研与教学成果一、二、三等奖 20 余项。

科学校两块牌子，整个校园看上去还没有安丘一中的校园大，西半部分主要是山东经济学院（也就是七八十亩地的样子），东半部分主要是山东矿业学院济南分院。我被安排住进了一进大门往北不远处左侧的一栋红砖大屋檐的三层楼房，房间很大，共住了 11 个人。后来才知道，这栋略带有苏联建筑风格的楼房，既是我们的教室，也是我们的寝室。由于我对济南的气候了解不多，认为济南的天气和潍坊的天气没什么两样，就没有带蚊帐，结果是真正领教了济南秋天的热和济南蚊虫的凶。

新生开学典礼是在学生食堂一层举行的（食堂的用料和建筑风格与前面提到的三层楼房差不多，东西两边带有耳房，记得二层是个阶梯教室，需要从屋后进入）。时任山东经济学院院长的张文杰教授给我们讲了话，我印象最深的是，他说："在山东省，山东经济学院是独此一家、别无分店；在全国，也只有北京经济学院（现首都经济贸易大学）和我们的称呼是一样的。"（即以经济学院命名，闻听此言，我那颗"名落孙山"的心，才感到些许慰藉）此时我们才知道，我们这一级全校共 120 人，分工业会计、计划统计和物资经济 3 个班，其中，工业会计班是 40 人（后又从 1982 级转入 2 位同学，共 42 人）。

我围着校园转了一圈看到的是：上面提到的三层教学楼（一层东半部分还是矿院的后勤和财务办公室）、1 个食堂、1 个非标操场、3 栋教工宿舍和零零散散的几栋平房等建筑物，以及一进学校大门口左侧的 1 栋 2 层小楼（一层是车库，二层住单身教师。后来方知，老师们都称它为"将军楼"），连着教学楼和食堂的是一条两边种植了许多核桃树的红砖小路。实际上，学校还有一个大礼堂和幼儿园在校园东半部分，只是我当时不知道而已。

青涩求学

我们上大学时，党的十一届三中全会确立的"以经济建设为中心"的基本路线早已深入人心。诞生于 1979 年深圳蛇口工业区的"时间就是金钱，效率就是生命"这句宣传语已经成为经济战线上的"圣经"，中国式改革逐渐开始从农村转向城市。全国各地到处弥漫着"思变、求变、搞改革"的气息，处处涌动着"下海、创业、办企业"的春潮，人人怀揣着"孔雀东南飞"的梦想。单纯、真诚、畅想、期待、向往、奋斗是那个年代的主色调。

那个时候，大学生是天之骄子。"属于我们八十年代的新一辈，再过二十年，我们来相会，伟大的祖国该有多么美……"同学们唱得最多的这首歌，就是张枚同作词、谷建芬作曲、朱逢博演唱的《年轻的朋友来相会》。常听上几级同学讲，对他们影响最大的是 1980 年 5 月《中国青年》杂志发表的一封署名潘晓的来信，信的名称是《人生的路啊，怎么越走越窄……》，而影响我们最深的则是根据路遥成名作《人生》改编的，由吴天明导演的同名电影《人生》。

记得给我们上课的老师主要有：教"政治经济学"的卢希悦（山东财政学院院长）、教"逻辑学"的刘志华（山东经济学院文学院院长）、教"高等数学"的王仲立（山东经济学院院长助理、院办主任）、教"统计原理"的陈东（民建山东省委原副主委）、教"会计原理"的侯本领（山东省注册会计师协会原秘书长）、教"工业会计"的刘学颜（山东经济学院财务会计系系主任）、教"商业会计"的任辉（山东经济学院院长）、教"工业企业经济活动分析"的吴真（据说是留苏副博士）、教"审计学"的王汉雄（著名审计学者）、教"西方会计""管理会计"的谢承基（著名管理会计学者）、教"社会主义财政学"的黄玉荣（山东经济学院财税研究所所长）和王玉华（现齐鲁师范学院党委书记）、教"现代企业管理理论与方法"的龙增瑞（山东经济学院工商系主任）、教计算机类课程的赵锡清（山东经济学院计算机信息管理系主任）和王治宇等。

那时的老师们都非常认真、敬业，每次上课都会提前 10 分钟到达教室，擦擦黑板，整整教案，做好上课准备。铃声一响，准时开讲。个个精神饱满，似乎有使不完的气力。其中，任辉老师的讲课别具一格。他吐字清晰，记忆力超强，一本教材、一摞讲稿（教案），往讲台上一放，便娓娓道来，一堂课下来，不曾看一眼教案，但是讲的内容与讲稿几乎一字不差。后来许多留校任教的学生，都学习和模仿他这种授课方式。谢承基老师则完全是一派老式教授派头，孤傲淡泊、优雅从容，拿着他自己刻印的教材，不停地阐述着自己的观点。课间休息时，总要抽上一支琥珀牌或者大鸡牌香烟。讲课时和蔼可亲，考试时严苛要求，即使有人考了 59.5 分，也不会迁就让你及格（原来有个不成文的规定，59.5 分就可以自动调整为 60 分，60 分就及格"万岁"了）。谢老师经常说的一句话是"再复习复习，有好处"。正是由于我们比较早且比较系统地学习了西方会计和管理会计，在 1992 年我国会计制度与国际会计准则接轨时，对西方国家的会计，也就是满足市场经济需求的会计知识，我们并不感到陌生，甚至对会计本质、要素、等式、合并商誉、会计国际协调和国际会计趋同等基本会计理论问题，还有自己更为准确的独到见解。

记得那时，学校并没有图书馆，只有教学楼一层西北角有一个可以借书的资料室。资料室面积很小，里面放的主要是一些中外文学名著等小说类书籍（感觉最多的好像是金庸的武侠小说和琼瑶的言情小说），经济类经典著作并不多。我记得先后读过理查德·帕斯卡尔和安东尼·阿索斯以松下公司为素材撰写的《日本的管理艺术》，弗雷德里克·温斯洛·泰勒的《科学管理原理》，陈云、薛暮桥、于光远等人写的一些经济类文集以及中国先秦经济管理思想等方面的书籍。后来又读了佩顿和利特尔顿的《公司会计准则导论》、亨德里克森的《会计理论》、利特尔顿的《会计理论结构》、莫茨和夏拉夫的《审计理论结构》、今坂朔久的《行动会计》和井尻雄士的《三式簿记》等。学校举办的学术报告也不是很多，记得只听过 1 次，是时任山东省财政厅厅长郭长才作的，在校园东半部分的一个红砖结构的平房式大礼堂。说来惭愧，也就是从那个时候开始，我才知道学校还有一个大礼堂。

我们的班主任先后分别是胡元木、靳佩然和钟安石3位老师。其中，靳佩然是文艺青年型的，最为活跃，每天清晨都带领我们打拳锻炼，有时还教我们唱歌、打架子鼓（其实就是几个纸箱子拼凑而成的）。记得我们最愿意听他唱《采蘑菇的小姑娘》，我们班的几个活跃分子也会唱《水手》《垄上行》《同桌的你》《北国之春》《牡丹之歌》《一无所有》《我的中国心》《酒干倘卖无》《万里长城永不倒》和《外婆的澎湖湾》等一些流行歌曲（当时，港台歌曲非常流行，其中主要是我国台湾地区校园歌曲）。那时，我们读的诗主要是一些朦胧诗和抒情诗，印象比较深的有北岛（原名赵振开）的《回答》——"卑鄙是卑鄙者的通行证，高尚是高尚者的墓志铭"；舒婷（原名龚佩瑜）的《致橡树》——"我如果爱你——绝不像攀援的凌霄花，借你的高枝炫耀自己"；芒克（原名姜世伟）的《阳光中的向日葵》——"你看到了吗？你看到阳光中的那棵向日葵了吗？"；等等。读的文学作品主要是一些伤痕文学，譬如张贤亮的《灵与肉》和古华的《芙蓉镇》等。记得那时候武侠小说很有市场，我读过几本梁羽生和金庸的小说，阅读时引人入胜，读完后内心空空，觉得太浪费时间，就没有再读。但是，我对看电视剧却情有独钟。当时只有1982级工业会计教室有一台17英寸的黑白电视机，晚饭后，大家就聚集在一起观看电视连续剧《霍元甲》。我印象极深的是，有一天正当同学们看得高兴之时，坐在教室前排的一位女生就站起来，跑上前去，把电视频道调到《聪明的一休》（后来才知道，她是1982级工业会计班的王丽同学）。

1986年暑期，时任山东经济学院团委书记林乐青带领我们一行5人去山东省济宁市汶上县（古称中都。公元前501年，孔子曾任中都宰）支教1个月，住在县委招待所（今汶上县宝相寺景区佛牙舍利塔下。当时未听有"舍利"一说，只看见一座在塔顶部长满草本植物的青砖高塔），具体任务是给县乡镇企业的厂长、经理和财务科长培训财会知识（那个时候，山东省的乡镇企业发展迅速，尤以胶东地区为盛。记得江苏省无锡市曾以交换生方式，每年委托山东经济学院财务会计系为其定向培养四五十名大学生）。我主讲的是"会计原理"和"工业会计"。记得临行前，时任山东省委副书记兼济南市委书记姜春云（全国人民代表大会常务委员会原副委员长），在济南市八一立交桥东南角的共青团山东省委大院给我们授了旗。支教活动结束之际，时任山东经济学院院长张文杰专程到支教活动现场看望我们，与我们座谈，次日我们随他乘坐的专车（一辆银灰色的日本产皇冠轿车）一同返回济南。自此以后，以林乐青、王汉雄、侯本领等为代表的老师们认为我是当老师的料，逢人就说我课讲得如何好，甚至王汉雄等老师开始称我这个学生为"王教授"。

1987年春季，我们开始在烟台市机械局进行系统的企业实习，我被安排在烟台机床附件厂财务科（在烟台火车站附近的海港路上）。记得当时该厂的总会计师姓姜，笃信增减记账法，一见面他就问我们借贷记账法和增减记账法的根本区别在哪里，我回答说："使用增减记账法需要事前规定好账户的性质，而使用借贷记账法则不用，账户期末余额如果在借方，就表明这个账户是资金占用性质的（那个时候的会计等式是'资金占用＝资金来源'）；如果在贷方，就是资金来源性质的，所以在借贷记账法下可以设置双重性质的账户，而在增减记账法下则不能。"不久，他就让我给他们全厂财务人员讲"工业会计"，一直讲到实习结束（2个月）。我印象很深的有3件事：一是一天下午，财务科的同志专门带我们到烟台经济技术开发区转了一圈，海滩很大，沙子很干净；二是我们在位于振华商场西侧三岔路口不远处的一个似乎叫白天鹅大酒店的地方，听了一场董文华的个人演唱会，她唱的《血染的风采》我至今记忆犹新；三是在刘卫东同学的鼓励、陪伴和指导下，我在烟台市工人文化宫，学会了溜旱冰。

留校任教

烟台实习归来不久，系领导就决定让我留校任教。1987年7月（而不是通常毕业生报到的9月份），我正式到财务会计系报到。记得学校分配给了我一张桌子、一把椅子、一个笔筒和一个简易书橱，我住进了前面提及的所谓的"将军楼"，被分到了工业会计教研室工作。

记得当时工业会计教研室主任是霍传贵教授，教研室老师有张正文、闫守常、钟安石、郑芳、贾应忠、孙明新等。其他教研室的老师有任辉、周树森、刘学颜、谢承基、王汉雄、章正源、吴真、靳鹤亭、孙可奇（山东省电力公司原总经理、党委副书记）、侯本领、郭廷友、胡元木、王汉民、李孟顺、赵常宾、汪平、许强、林丰岩、孟凡利（现任广东省委副书记、深圳市委书记）、王健、毕秀玲、唐庆斌、刘兵、郭守贵、冯秋芬等，以及讲授会计电算化的赵锡清、张苏华、张晓凌、何于琦、姜宗俊、王治宇、聂振海、郝新华、刘力、杨桃红、李红、李放、杨丽华、张继鹏等。

1987年秋季学期我开始给霍传贵教授担任助教，主要是辅导1986级会计班的"工业会计"课程，兼任1987级会计班的班主任（直到1991年他们毕业）。印象最深的是，1987级会计班的50名同学，非常活跃，文体见长，个个优秀，在学校春季运动会上为财务会计系争得了许多荣誉。尤其在会计电算化方面，关红军、张金良、梁仕念、刘雪荣、李杰、龙海红、慕永杰等7位同学还没毕业就开始在浪潮做会计软件项目，王绍亮、王昱东、梁仕念、孙明伟、刘雪荣等几位同学毕业时被选调到山东省监察厅、财政厅、审计局、民政局、煤炭管理局等机关工作，张金良同学以优异成绩考取了厦门大学会计学硕士研究生（现任中国邮政集团有限公司总经理，兼任中国邮政储蓄银行党委书记、董事长），龙海红同学被保送到北京经济学院攻读会计学硕士研究生。

1988年春季我开始授课（当时还有新进教师需要担任助教1年的规定），记得是给1987级干部专修班（为满足改革开放初期"四化"，即革命化、知识化、年轻化、专业化干部培养的需求，受山东省委组织部委托，山东经济学院专设干部培训部，选拔招收全省经济战线上的干部进行为期 2 年的专业培训，干部们完成学业后，给他们颁发专科文凭）讲授"会计学原理"，地点就在山东经济学院新校区教学楼（现山东财经大学燕山校区 1 号教学楼）。当时，给这个班上课的老师大多是学校或各系的著名教授，我则是个例外。后来，该班的王增福（时任淄博市博山区审计局副局长）同学跟我讲，他们发现学校派这么一个刚留校的青年教师给他们讲授"会计学原理"这么重要的一门课程，原打算上书学校把我换掉，但是第一堂课后，他们觉得我把概念讲得很清楚，逻辑性很强，而且还脱稿讲，就打消了换掉我的念头。自此以后，我就成了干训班（干部专修班）"会计学原理"这门课程的主讲教师，后来又给劳模班讲授"股份公司会计"，与他们结下了深厚的友谊，也得到了学校领导和教授们的广泛认可。记得胡积健（时任山东经济学院副院长）、卢亚男（时任山东经济学院教务处处长）、任运河（时任山东艺术学院党委书记）等许多领导和教授都曾听过我的课。汤若岩教授（时任山东经济学院财金系系主任）还专门要求他们系讲授"银行会计"的教师要随堂听我的课。

我给财务会计系学生讲课始于 1991 年，我记得开始是给 1990 级经济信息管理班上"工业企业会计"，当时财务会计系设有经济信息管理专业，侧重的是会计电算化。经济信息管理专业于 1993 年独立建制，成为计算机信息管理系。在此之前，我主要是为国贸系讲授"外贸会计"，为财金系讲授"会计学概论"，为万人"专业证书"培训班（根据教育部部署，山东经济学院与山东省财政厅会计处联合在全省范围内举办由 1 万名会计人员参加、为期一年的"专业证书"培训班）讲授"工业企业会计"。财务会计系 1995 年开始招收会计学硕士研究生（1993 年学校就具有了硕士学位授予权，但是招生是从 1995 年开始的）以后，我主要为硕士研究生讲授"会计理论"和"中美财务会计比较"。记得是 1989 年，我利用一个暑假时间撰写了"建设单位会计"教案，准备给 1987 级会计班上这门课程（过往这门课程一直是由外聘的济南北山粮库的陈姓同志讲授的），结果临到秋季开学，又通知我该门课程以后由张正文老师讲授，我终未实现给这个班授课的梦想。

那个时候，我上课之余最大的爱好就是到教学楼一层的系资料室翻阅期刊（财务会计系留守济南市天桥区堤口路老校区，1993 年暑期正式搬迁到位于济南市燕子山附近的山东经济学院新校区），试着撰写一些文章，用复写纸套写三份投递出去（当时科研属于个人爱好，学校并没有严格的考核要求，社会上也没有"一稿多投"的说法），并陆续在《广西会计》《交通财会》《福建会计》《财会通讯》和《现代会计》等财会类期刊上发表。

记得当时负责系资料室的是赵纯梓老师，他工作极为认真，对购入的各种书籍都认真编码，严格履行借阅手续。每当老师们的文章发表后，他都会在该杂志目录上做出标记，等到我们再到资料室时，都会非常高兴地拿给我们看，并且都要说上几句赞美和鼓励的话。1995 年 3 月，我撰写的《会计理论研究——构建中国特色的会计理论体系》一书正式出版，该书是改革开放后我国系统阐释中国特色会计理论问题的最早的代表作之一。1999 年 4 月，我撰写的《成本会计理论》一书正式出版，该书是国内较早系统研究成本会计基本理论问题的代表作。

1993 年 12 月 9 日我光荣地加入中国共产党。

成长于斯

讲点课、写点文章几乎是那个阶段我工作的全部。写文章主要不是为了评什么职称，而是出于个人爱好和兴趣，记得和孟凡利讨论最多的是破产会计和食堂会计的研究问题。因为那个时候学校的讲师、副教授和教授指标受上级人事部门限制，全校也没有几个指标，按资历排排坐是常态，记得王江（现任中国光大集团党委书记）晋升讲师时，全校才只有 3 个指标。1995 年，为鼓励青年学者脱颖而出，山东省人事主管部门允许青年教师不受指标限制破格（即破年限、破资历、破学历）晋升。当年 11 月，我十分幸运地被破格晋升为副教授（据说当年全省也没有几个破格晋升的）。

2000 年 1 月，学校党委和行政决定任命孟凡利为财务会计系系主任、我为系副主任。当时的系党总支书记是姜玉珠、副书记是王有志等两位同志。同年 6 月，孟凡利同志通过"一推双考"成为山东省财政厅副厅长。2001 年 11 月，学校决定成立研究生部（负责研究生的招生、教学和管理），由我担任主持工作的副主任，并抽调李海平（现任济南幼儿师范高等专科学校党委书记）任办公室主任、宋希亮任学科办主任。在王乃静（时任山东经济学院副院长、山东省政协原副主席）的直接领导以及任运河（时任山东经济学院副院长）的大力协助下，我们主要做了建章立制、扩大招生规模、申报同等学力研究生招生资格（2002 年山东省只有山东经济学院和山东省委党校获得国务院学位办批准）和 MPA 招生资格（2003 年 9 月国务院学位办文件正式下发至学校）等工作。

指导学生会计模拟实验

2003 年 7 月，学校决定成立会计学院，由我担任常务副院长（正处级，2004 年 11 月转任院长），聘任李孟顺、毕秀玲为副院长，当时的党总支书记是张红旗、副书记是刘洪。2003 年 10 月至 2004 年 1 月，作为后备干部，学校派我到国家教育行政学院中青年干部培训班学习。记得当时全省高校共派出 7 位同志，其他 6 位同志分别是聊城大学的李喆（原临沂大学党委书记）、中国石油大学的刘华东（现任中国石油大学党委副书记）、鲁东大学的隋松智（山东工商学院原副院长）、泰山学院的王雷亭（现任泰山学院副院长）、潍坊学院的王清明（现任潍坊学院党委副书记）和山东建筑大学李永安。在国家教育行政学院大兴校区和人民大会堂小礼堂，我们先后聆听了曾培炎（时任国务院副总理）、李肇星（时任外交部部长）、郑必坚（时任中央党校常务副校长）、顾海良（时任武汉大学党委书记）、徐显明（时任中国政法大学校长）、理查德·莱文（时任耶鲁大学校长）、潘懋元（厦门大学教授，著名高等教育学家）、王大珩（"两弹一星"科学家）和巴德年（著名免疫学家）等的报告和讲座。我的学习心得——《我心目中的大学——漫谈大学的理念、精神、目标和使命》发表在2004年2月26日的《山东经济学院报》月末版上（详见附录一）。

2004年1月，进修归来后，经过调研，会计学院领导班子成员统一认识，明确提出了会计学院的发展思路和愿景，即以人才培养为目标，以申请博士点为龙头，以师资优化为基础，以学科建设为关键，以科学研究为先导，以政治思想和文化制度建设为保障，经过三五年甚至稍长一点时间的不懈努力，力争建成省内一流、国内知名、在国际上有一定影响的会计学院，并设计了以"信"为会计学院文化内核的院标，提出了"内诚于心，外信于人"的院训。

当时，会计学院面临的最为迫切的任务有6个。一是解决生师比过高问题。全院三十几位专任教师要承担本院、学校其他学院和独立学院燕山学院的全部财会类课程的教学任务，课程安排捉襟见肘，教学任务极为繁重。二是解决专业过少问题。全院几千学生多数集中在会计学这一个专业，专业规模太大，就业矛盾突出。三是解决标志性成果偏少问题。当时学院鲜有"三高"（高水平论文、高级别项目、高层次奖项）成果，与会计学专业的良好社会声誉不太匹配，不足以支撑即将开始的"会计学原理"省级教学改革试点课程和"会计学"省级教学改革试点专业的验收工作。四是解决使用的自编教材过多问题。当时学院对教材建设和使用认识不到位，对国内著名教材和英文原版教材使用不充分。五是解决学术交流过于贫乏问题。教师学术意识淡薄、交流主动性不强、对学术前沿缺乏应用的感知，甚至是长期静默。六是解决服务社会意识不强问题。教师"等、靠、要"思想严重，服务社会的局面尚未完全打开，反哺教学和科研的资源和能力有限等。

改变源于成长与责任。针对上述问题，我们坚持以经营的理念来办学院、建学科、搞发展，本着"有为，才有位"的用人原则，采取"目标导向、项目管理、规范运作、效果为先"的工作模式，经过2003—2011年的不懈努力，全面推进和提振了会计学院的各项教育事业，实现了超常规发展、跨越式跃迁和弯道超车。

第一，内培与延揽相结合，狠抓师资队伍建设。人的因素是决定性因素，在扩大师资规模、满足基本教学需要的基础上，学院着力优化师资队伍的学历、学缘和职称结构。学院内培了万晓文、郑伟、杨明增、陈艳、宋希亮、滕晓东、杨公遂、王守海、吴大新、葛锐、李爽、田彩英、邵春燕、王莉、刘国、孙世攀、李莉、郝向荣、宋理升、邢楠楠、王美春、刘江宁等 22 位博士；延揽了汪冬梅、孙文刚、黄彤、夏宁、刘惠萍、尚兆燕、崔志娟、崔国平、崔金勋、张志红、朱传宝、姜涛、熊艳、韩晓翠、王俊韡、李香梅、郭晓日、牟韶红等 18 位博士；派出了毕秀玲、黄彤、孙文刚、尚兆燕、刘惠萍、张志红、郝向荣、邵春燕、王俊韡、韩晓翠、宋琰纹等 11 位教师到国外留学或访学；选派了郑伟、王守海等几位教师到财政部会计司和中国会计学会锻炼学习；正常和破格晋升了闫守常、刘兵、王翠春、曹庆华、毕秀玲、王志定、杨公遂、宋希亮、初宜红、姜洪丽、崔国平、杨明增、陈艳、郑伟、崔志娟、万晓文、刘惠萍、汪冬梅、夏宁、王茂春等 20 位教授或研究馆员。

　　第二，开设新专业，试点精英教育。2003 年，会计学院在教育部本科专业目录外申请复办审计专业（财务会计系 1986 年在山东省审计局资助下招收审计专科，1989 年招收审计本科，1998 年审计专业中止办学）；2006 年，会计学院在教育部本科专业目录外试办资产评估专业（资产评估专业在 2015 年中国科学评价研究中心和武汉大学中国教育质量评价中心公布的专业排名中位列首位）；2010 年，获批会计硕士专业学位（全日制）授权点。2008 年，创办"管理学创新实验班"，在高等教育初步实现大众化教育基础上，分类施教，卓越培养，实行弹性学分制（现任职对外经济贸易大学的钟凯博士，于 2011 年 7 月提前一年从山东财经大学本科毕业，他就是这种教育模式培养出来的优秀学生之一）。

　　第三，柔性引进名家，举办"燕山论坛"。2003 年，聘请著名会计学家中南财经大学教授郭道扬为特聘教授。2009 年，聘请著名财务学家中国人民大学教授王化成为泰山学者，实现借智、借力、借势发展。邀请冯淑萍（时任财政部党组成员、部长助理）、刘玉廷（时任财政部会计司司长）、周守华（中国会计学会常务副秘书长）、吴水澎（时任厦门大学副校长）、曲晓辉（时任厦门大学会计发展研究中心主任）、刘力云（现审计署审计科研所副所长）等著名学者作报告分享学术思想。鼓励教师参加全国性学术会议，减少不必要的审批环节（仅要求参会教师返校后，给学生作一场相关学术分享或报告）。

　　第四，统一出版教材，规范教材选用。规定库存自编教材的消化期限，严禁班子成员或个人擅自牵头编写教材，统一组织一线有经验的教师有规划地进行教材建设，加大国家统编教材和英文原版教材的选用力度。

　　第五，开展"诚信教育"，成立"飞天艺术团"。推行诚信教育"七进"，即"进教材、进课堂、进考场、进宿舍、进校园、进社区、进头脑"活动。在教育部 2006 年本科教学评估中，"诚信教育"被凝练为山东经济学院的两大办学特色之一。为了挖掘学生特长，选拔优秀学生，会计学院成立飞天艺术团，丰富活跃大学生业余生活。

　　第六，健全规章制度，营造和谐氛围。实施凝心聚力工程和举办"相亲相爱一家人"晚会，强化服务师生意识，拓宽联络校友渠道，全方位开展社会服务活动。财务状况明显好转。

2003—2011 年，会计学院的总体办学效果显著提升，各项事业经费明显增加。2005年，"财务管理""中级财务会计""会计双语教程"被评为山东省省级精品课程。2006年，会计学专业获批山东省首批品牌专业。2007 年，会计学专业成为国家级高等学校特色专业建设点，同年，"会计学原理"被评为山东省省级精品课程，"会计学教学团队"被评为山东省省级教学团队。2008 年，会计学学科成为山东省"泰山学者"设岗学科，同年，"会计学综合实验室"获批成为山东省省级实验教学示范中心（以上省级教育教学质量工程项目均由我担任项目负责人）。2011 年，会计学学科成为山东省特色重点学科。2009 年，包括会计学、财务管理和审计学在内的工商管理一级学科获批博士学位授予点立项。

2003—2011 年，全院教师在 CSSCI 期刊上发表学术论文 78 篇，其中在《会计研究》《审计研究》上发表高水平论文 22 篇，被人大复印报刊资料全文转载 24 篇，被 SCI、EI、SSCI、ISTP 等检索 20 篇。出版财会精品系列教材 1 套，其中《成本会计》获得山东省省级优秀教材一等奖，《中级财务管理》为普通高等教育"十一五"国家规划教材和教育部普通高等教育精品教材；出版学术著作 20 部；获得省级以上科研奖励 12 项；获得省级优秀教学成果一等奖 3 项、二等奖 1 项、三等奖 2 项，省级实验教学与实验技术成果二等奖 1 项。

2003—2011 年，会计学院晋升为副处级以上干部的老师有：李孟顺（时任山东经济学院人才办主任）、毕秀玲（时任山东经济学院学科办主任）、王翠春（时任会计学院副院长，后又兼任山东经济学院会计科学研究中心主任）、刘洪（时任山东经济学院明水校区管委会副主任）、杨扬（时任山东经济学院公共管理学院副书记）、夏宁（时任山东经济学院团委副书记）、孙文刚（时任山东经济学院会计学院副院长）和翟琳（时任山东经济学院党委组织部副处级组织员）等。

在这期间，我本人也先后获得"全国优秀教师"（2007 年）、"山东省先进会计工作者"（2008 年）、"山东省教学名师"（2009 年）和"山东省有突出贡献的中青年专家（2011 年）"等荣誉称号，入选山东省理论人才"百人工程"（2003 年）和山东省高层次人才库（2009 年），并兼任全国高等教育自学考试指导委员会委员（经济管理类，2008 年）、中国会计学会理事（2007 年）、中国资产评估协会理事（2008 年）和全国资产评估教育研究会执行会长（2008—2017 年）。在《会计研究》《审计研究》等CSSCI 期刊发表论文 14 篇，其中被人大复印报刊资料全文转载 5 篇，主持了"强化企业社会责任问题的会计研究"（07BJY023）和"碳交易市场、碳会计核算及碳社会责任问题研究"（11BGL025）等国家社会科学基金项目，获得省级以上教学与科研奖项6 项。

梦想花开

2011 年 7 月 4 日，教育部和山东省人民政府正式批准在山东经济学院和山东财政学院基础上筹建山东财经大学。2012 年 6 月 9 日，上午山东财经大学在山东会堂正式揭牌成立，我有幸以双重身份代表山东财经大学的学生和教师在大会上作了热情洋溢的献词（详见附录二），为这一时刻的到来欢呼，期待山东财经大学有一个美好的未来。2012 年 11 月，山东经济学院会计学院和山东财政学院会计学院正式整体合并为山东财经大学会计学院，由我担任院长、曲吉林担任党委书记，其他班子成员有副院长朱德胜、孙文刚、丁鸿雁、翟琳，副书记杨扬、付亚和山东财经大学会计科学研究中心主任王翠春、副主任夏宁以及学校党委组织部副处级组织员孙栋梁等诸位同志。

合校之初，学校党委作出了全面实施"特色名校工程"的战略部署。记得是 2013 年国庆节期间，我在办公室撰写"碳交易市场、碳会计核算及碳社会责任问题研究"国家社会科学基金项目申报书，学校党委宣传部的同志过来建议我围绕"特色名校"写点什么。应允之后，我就撰写了《何谓"特色名校"》这篇文章，并发表在《山东财经大学报》2013 年第 20 期上（详见附录三）。根据学校建设"特色名校"的工作安排，结合会计学院内涵发展的具体要求和会计专业人才培养的特色优势，我又撰写了《关于会计学专业人才培养的几点思考》，并发表在《山东财经大学报》上（详见附录四）。

2012 年，为了适应商科国际化的发展需求，会计学院将山东经济学院开办的"管理学创新实验班"优化为国际会计实验班。2015 年，该班团支部被共青团中央、全国学联授予全国"示范团支部"荣誉称号。2012 年，教育部将审计和资产评估正式纳入本科专业目录，学校自主增设了财务管理和审计学两个二级学科硕士授权点，"财务管理教学团队"获批成为山东省省级教学团队。2013 年，会计学专业入选教育部首批"本科教学工程"综合改革试点专业。2013 年 7 月，会计学专业获批成为博士学位授权点。2014 年，财务管理、审计和资产评估获批成为专业硕士研究生学位授权点。2014 年，会计实验室作为经济管理类实验室的核心部分获批成为国家级实验教学示范中心。

2013 年，时任财政部党组成员、部长助理余蔚平批示"我国上市公司实施内部控制规范体系年度分析报告"由我校会计学院执笔完成，由专家论证并经财政部和证监会批准后，以财政部会计司、证监会会计部（后又增加上市部）和山东财经大学联合对社会公布。

2012—2014 年，全院教师在 CSSCI 期刊发表学术论文 63 篇，其中在《会计研究》《审计研究》上发表 9 篇，被人大复印报刊资料全文转载 16 篇；获得国家社会科学基金和国家自然科学立项 6 项，获得省级社会科学优秀成果一等奖 1 项、二等奖 1 项、三等奖 2 项。

在这期间，我本人在《会计研究》《审计研究》等 CSSCI 期刊上发表论文 9 篇，被人大复印报刊资料全文转载 3 篇。其中，发表在《会计研究》2012 年第 5 期上的《我的碳会计观》一文，截至 2022 年 2 月已被引 294 次，成为研究碳会计问题的经典文献，获得山东省社会科学成果一等奖 1 项、二等奖 2 项。2012 年入选山东省高等学校会计学重点学科（首批）首席专家。2013 年被学校聘为首批博士生导师。

2014 年 7 月，学校决定筹建山东财经大学莱芜校区，我被聘任为筹建办公室主任兼任副书记。2014 年 12 月，我调任济南大学管理学院院长（2015 年 12 月济南大学撤销原经济学院、管理学院和酒店管理学院，合并成立商学院，我改任商学院院长）。

心系于兹

2017 年 6 月，学校采用全球招聘方式重新聘任我为山东财经大学会计学院院长（2018 年 4 月兼任副书记）。当时，会计学院党委书记是张涛，副书记是付亚、崔东峰（2020 年 10 月改任管理科学与工程学院副书记），常务副院长是朱德胜（2018 年 4 月改任 MPAcc 中心主任兼副院长），副院长是孙文刚、王守海等各位同志。2020 年 10—11 月，学校决定邵文涛同志担任会计学院党委书记、钟毓卓同志为副书记。

与国外兄弟院校开展合作

针对财经类院校会计教育所面临的新形势、新挑战和新困难，结合会计学院实际，我们明确提出：乘着党的十九大报告和学校第一届党代会精神的春风，秉承"教育以学生为本、教学以老师为本、管理以服务为本"的办学理念，坚守"崇尚学术、尊重学者、关爱学生"的育人文化，发扬"内诚于心、外信于人"的处事风格，抓住"人才培养、师资优先"这两个关键，扭住"商科国际化、会计智能化"这个数字时代会计人才培养的牛鼻子，不忘初心，奋力争先，力争把会计学院建设成为教师身正学高、学生约礼博文、员工奉献敬业的省内一流、国内著名的儒风会院。为达此目的，会计学院着手从六个方面开展工作：

一是调整组织结构，完善治理体系。根据"顶层设计、重心下移、权责分明"的原则，提出了"院为依托、系为主体、所为平台、协同发展"的总体思路，架构了"咨询委员会、教授委员会和学生委员会"的共同治理体系，设立了"会计学系、审计学系、财务管理系、资产评估系和会计信息化部（2021 年 10 月更名为智能会计系）"等基层教学组织和相应研究平台，建立了"目标导向、项目管理、规范运作、效果优先"的工作体制，构筑了基于会计学、财务管理、审计学、资产评估和智能会计等各专业（方向）的学生、教师和辅导员"三位一体"的育人机制，打通了教师在教学与科研之间的角色互换、分类成长渠道，形成了以制度管人、管事、管行为的工作习惯和文化氛围。

二是深化教育教学改革，实施分类人才培养。一方面，设立会计学专业智能会计方向班（2019 年），与华为软件科技有限公司合作共建智能会计现代产业学院（2020 年），与用友集团合作开发高等学校智能会计系列教材（2021 年），与浪潮集团合作建设智能会计实验室（2019 年）；另一方面，设立会计学注册会计师方向班（2020 年），与信永中和会计师事务所合作培养注册会计师，实现课堂教学与实践教学的衔接统一。

三是培养与延揽并重，强化师资队伍建设。采取"举院"体制，全面推进"人才强院"战略，采取各种措施培养和延揽复合型人才。2017 年以来，会计学院新进陈娇娇、纪端、于军、王春燕、张晓、田粟源、刘玉玉、王金磊、景辛辛、刘洁、张钦成、史文雷、张瀛之、马天艺、宋蕾蕾、李瑞雪、史亚雅、杨侠、亚琨、陈邑早和肖志超等 20 余位博士，其中通过预聘制引进刘玉玉、景辛辛、马天艺和肖志超等 4 位博士；从境外柔性引进王大伟和张宝光 2 位特聘教授，并选派王伟红、尚兆燕、邵春燕、田彩英等 4 位教师到美国高校访学，选派滕晓东、郭晓日、陈娇娇、张敏、刘玉玉等 6 位教师到台湾政治大学蹲点学习，选派景辛辛、刘洁等 2 位教师到审计署锻炼学习等。

四是搭建交流平台，营造学术氛围。会计学院解放思想、创新机制、内引外联，除继续开办"燕山论坛"外，还新办"智能会计发展国际高峰论坛""生态文明审计理论创新发展论坛"和"会计文化与东方文明国际高端论坛"等国际（境外）会议，积极参加美国会计学会（AAA）全球召集人会议，努力融入国内国际会计学术圈。

五是优化育人平台，拓宽培养渠道。会计学院从 2017 年秋季开始招收非全日制MPAcc 学生，2018 年成立山东财经大学 MPAcc 中心（挂靠会计学院）。2017 年，"互联网 + 会计发展协同创新中心"获批成为山东省省级协同创新中心，同年，"行为会计实验室"获批成为山东省省级高校重点实验室。2021 年，会计学院与中企华资产评估公司联合成立山东财经大学资产评估中心，并设立"中企华"奖学金和助研基金。

六是强化对外合作，丰富学院文化。自 2017 年以来，会计学院拓展了人才培养国际化渠道，先后与新西兰梅西大学、林肯大学，美国北伊利诺伊大学和加拿大滑铁卢大学等签订合作办学协议。积极引导师生共读经典、品味名著，在圣井校区设立"鸟巢图书馆"、打造"书香大讲堂"、定期举办"书香盈会院，经典永流传"等活动。同时，积极开展社会服务工作，2017 年，财政部会计资格评价中心授予我院"全国会计职称考试命题基地"。2017 以来会计学院连续在全国资产评估师评卷工作招标中中标。2018 年至今，承担全国高级会计师资格考试首次和后续集中评卷工作。

截至 2021 年年底，会计学院专任师资已达 121 人，具有博士学位的占 70％，具有海外留学背景的占 40％。其中，1 人入选财政部首批国际化高端会计人才，1 人入选财政部全国会计领军后备人才（学术类），1 人入选财政部内部控制标准委员会咨询专家，1 人同时入选山东社会科学名家和山东省新旧动能转换文化创意产业智库专家，7 人入选山东省高端会计人才。

2017 年，会计学、财务管理和审计学（工商管理学科）在全国第四轮学科评估中进入 B＋（前 20％）行列。2018 年，工商管理学科被评为山东省一流学科，同年获得研究生免试推荐资格。2019 年会计学、财务管理成为首批国家级一流专业建设点。2020 年、2021 年，审计学、资产评估专业先后获批成为国家级一流专业建设点。2021 年，会计学、财务管理、审计学和资产评估在"软科"专业排名中全部进入 A 类专业。

2017 年以来，会计学院 7 门课程获批成为省级以上一流课程，其中"财务管理"获批成为国家级一流课程，实现了会计学院零的突破；6 项协同育人项目获批教育部协同育人项目；"智能会计专业建设探索与实践"获批教育部首批新文科研究与改革实践项目，"供需视角下的智能会计人才培养改革与应用实践研究""'新文科''新技术'背景下会计学专业核心课程研究"获批山东省省级本科教改项目，"集团财务共享动态运营虚拟仿真实验"获批山东省省级虚拟仿真实验项目；《基础会计》和《财务管理》被评为山东省省级高等学校优秀教材；在全国率先出版了《智能会计概论》《智能会计信息系统》《智能财务共享》《智能财务决策》《智能财务分析可视化》等高等学校智能会计系列教材；12 项课程案例成果入选国家级专业学位课程案例库，5 项入选山东省省级专业学位课程案例库；2 人次获得全国优秀会计专业学位硕士学位论文。

2017 年以来，全院教师在 CSSCI 期刊发表学术论文 112 篇，其中在《管理世界》《会计研究》《审计研究》等期刊上发表 35 篇，被人大复印报刊资料全文转载 23 篇；获得国家社会科学基金立项 9 项目（其中重大项目 1 项、重点项目 2 项）、国家自然科学基金立项 4 项；出版学术著作 13 部；获得山东省社会科学优秀成果奖一等奖 2 项、二等奖 5 项、三等奖 6 项；获得省级优秀教学成果一等奖 1 项、二等奖 1 项。

目前，会计学院每年本科招生人数稳定在 700 左右，加上从其他学院转入的学生，总体规模在 850 人左右，占全校本科生的 1/9；各类研究生（含非全日制研究生，每届 50 人左右）规模稳定在 500 人左右，占全校研究生的 1/4 多。本科生一次就业率超过 95％，考研升学率已从 2017 年的 17.10％上升为 2021 年的 31.65％（其中，近 50％考入 985、211 高校）；研究生一次就业率为 100％。

值得一提的是，为了应对"大智移云物区"等新技术对会计专业人才培养的挑战，会计学院从 2018 年秋季开始探索会计教育教学智能化转型发展。2018 年 10 月 21 日，会计学院邀请财政部会计司原司长刘玉廷、审计署审计科研所所长姜江华、北京大学教授王立彦、中国人民大学教授荆新、中央财经大学教授孟焰、北京理工大学教授陈宋生以及中石化、鲁信、用友新道、普联软件等单位的专家对智能会计方向专业人才培养方案进行了系统论证，确定了"智能会计学""智能会计信息系统""智能财务共享""智能财务决策""智能财务分析可视化""智能审计学"等课程为智能会计方向专业核心课程。2019 年 6 月 14 日，会计学院与浪潮集团共建了全国首个"智能会计实验室"。同年 9 月 27 日，会计学院在全国率先开办智能会计方向班；12 月 28 日，召开高等学校智能会计系列教材编写研讨会。2020 年 10 月 31 日，主办第一届智能会计发展国际高峰论坛（时任美国会计学会会长 Elaine G. Mauldin、澳大利亚-新西兰会计学会会长 Jacqueline Birt、美国会计学会中西部地区主席 Tawei Wang、韩国区块链研究院院长 Myung Hwan Rim 以及香港中文大学教授顾朝阳、中国台湾大学教授刘顺仁等应邀出席）。2021 年 7 月 21 日，与华为软件技术有限公司共同成立山东财经大学智能会计现代产业学院；同年 9 月 10 日，与加拿大滑铁卢大学合作成立了中加智能会计国际合作研究平台。经过 3 年多的建设，山东财经大学的智能会计人才培养模式，已经发展成为在国内外有广泛认可度和影响力的可复制、可示范、可推广的"山财大模式"。先后有厦门大学、湖南大学、北京理工大学、东北财经大学、广东外语外贸大学、河南工业大学、西安财经大学等 200 余所国内高校和中国会计学会会计信息化专业委员会及会计史专业委员会的专家学者前来调研参访。

在推动学院发展中，我的相关作品于 2018 年入选"庆祝改革开放四十周年——山东社会科学名家名作展"。另外，我荣获"山东社会科学名家"荣誉称号（全省管理学领域仅有 5 位），担任教育部高等学校工商管理类专业教学指导委员会会计学专业教学指导分委员会委员、山东省工商管理类专业委员会主任委员（含农林经济管理专业）和山东省会计学会会计教育专业委员会主任委员，当选为中国商业会计学会常务理事、中国对外经济贸易会计学会常务理事、中国政府审计研究中心学术委员会委员、全国审计学会专业教育联盟副理事长、智能财会联盟智能会计专业委员会主任委员和深圳先行示范区建设财会专家库入库专家，并再次当选济南市政协委员等。我在《会计研究》《审计研究》等学术期刊发表了 22 篇论文（其中被人大复印报刊资料全文转载 6 篇）；出版了《碳交易市场、碳会计核算及碳社会责任问题研究》（2017 年）和《生态文明审计论》（2020 年）

等著作，完成了国家社会科学基金重点项目"我国生态文明建设中的环境审计问题研究"（15AGL015，免于鉴定）和山东省社科规划委托重大项目"绿色治理研究"（16AWTJ07），主持了国家社会科学基金重点项目"'绿水青山'转化为'金山银山'的审计监督研究"（20AGL010）、教育部首批新文科研究与改革实践项目"智能会计专业建设探索与实践"（202106005）和山东省本科教学改革重点项目"'新文件''新技术'背景下会计学专业核心课程建设研究"等。其中，2017年我撰写的《加紧探索与创新，强化山东省生态文明审计的几点建议》入选"山东省新型智库与社会科学规划项目成果要报"，获得时任山东省委书记刘家义的肯定性批示。

成长与责任共存，梦想与追求齐飞。我坚信：会计学院全体同仁只要咬定目标、心无旁骛、上下齐心、真抓实干、坚持发展，就一定能够实现其愿景、完成其使命、塑造其价值，就一定能够有一个健康、稳定、美丽的明天。

附录一
我心目中的大学——漫谈大学的理念、精神、目标和使命

回顾大学1 000多年的发展历史，不难得出这样的结论：哪里兴起一流大学，哪里很快就会成为世界领先的国家或地区。大学已经成为人类社会发展的动力站和推进器，已经由经济社会的边缘转到了经济社会的中心，已经成为实现一个国家或地区目标任务的重要工具。21世纪的头20年是我国改革开放的重要战略机遇期，如何抓住这个难得的机遇，办好社会主义大学，发挥大学在全面实现小康社会和中华民族伟大复兴进程中的积极作用，是目前我国教育工作者所面临的重大理论课题和实践任务。大学应该怎么办？恐怕很难用一句话来回答。但是，在对现代大学制度的形成、发展和创新历史加以梳理的基础上，总结一点经验，提炼一些观念，凝聚一个精神，对办好我国的大学无疑是十分必要和大有裨益的。基于此，笔者聊表一家之言，希冀教育界同仁雅正。

一、澄清认识，树立正确的大学观

追溯我国的历史，大学抑或大学的滥觞在五帝时期被称为"成均"，三代时期则被称为"辟雍"。春秋时期孔子办私学，汉朝董仲舒办太学，宋朝朱熹办书院。但是，真正现代意义上的大学，即使从1895年10月2日盛宣怀创办国立北洋大学（堂）算起也只有117年的历史，我国成立较早的几所大学是1896年的南洋公学——上海交通大学、1897年的求实学院——浙江大学、1898年的京师大学堂——北京大学、1901年的山东官立大学堂——山东大学和1911年清华学堂——清华大学。

何谓大学？大学"当为学生研究学问之场所，非谓学生晋升官职之阶梯"（蔡元培，

1916 年）；"大学者，非谓有大楼之谓也，有大师之谓也。一所大学之所以为大学，全在于有没有好教授。他日诸校友重返校园时，勿徒注视大树又高几许，大楼又添几座，应致其仰慕吾校大师更多几人，此大学之所以为大学，而吾清华所应致力者也"（梅贻琦，1941 年）。"北大之所以为'大'，是靠有胡适、熊十力、汤用彤、黄节、罗常培、沈兼士、马衡、孟森、钱穆、周作人、梁实秋、朱光潜等著作等身的名教授"（张中行语），而不是靠有多少座大楼、多少亿经费和多少亩土地。

大学不是政府，也不是企业，而是一个无政府的、非功利性的以学术抑或学问和知识为中心的特殊组织，有的人称之为"第三组织"，大学自治、学术自由和学术中立是其立学三原则。大学的根本特征可以概括为"学术"二字，"教授不是给予之人，学生亦非接受之人，两者都是研究者及创造者。教授不是为学生而在这里，两者都是为学术而在这里。"（洪堡语）"学术自由是大学生命的真谛，是保证大学学者能够完成使命的条件，没有学术自由，只能培养庸才，培养不了具有高度创造力的人才。"（章开沅语）没有学术自由，大学就不能成为新思想甚至是生僻思想的催化剂和庇护所（联合国教科文组织，2001 年），而促进学术自由的制度保障，就是大学自治和学术中立。

大学不等同于高等学校。在美国高等学校有三个层次：一是综合性多科系的大学（University）；二是独立设置的各类专门学院（College）；三是以实用科目和职业训练为主的社区学院（Community College）。在我国，"高等学校是指大学、独立设置的学院和高等专科学校，其中包括高等职业学院和成人高等学校"（《中华人民共和国高等教育法》第 68 条）。大学只是高等学校的一分子。

大学也不等于高等教育。高等教育包括"由大学或国家教育主管当局批准为高等院校的其他教育机构提供的各类中学后的学习、培训或研究培训"（联合国教科文组织，1998 年），而大学仅是实现高等教育的一种主要形式。

现在看来，大学应该是以传授高等知识、传授高品位文化、研究高深学问、培养高层次人才、开发高新科技为核心内容的高投入、多学科、综合性的教育机构，即教授与学生共同学习的场所，亦即学习共同体（community）。"我们的学校必须成为支持和激励教师、员工、所有学习者的'真正的学习共同体'；我们的学习共同体应该是'学生为中心的'，追求教学的卓越，要满足无论何时何地学习者提出的任何合理要求；我们的学习共同体要强调营造'一种健康的学习环境'的重要性，这种环境能够提供给学生、教师、员工实现这一愿景所需要的设备、支持和资源。"（美国全国州立大学和赠地学院协会——科隆格基金会州立和赠地大学未来委员会，2001 年）

二、塑造理念，守护大学之精神

大学理念（idea of universities）是一个复数概念，很难一言以蔽之。其至少要回答：大学是什么、能做什么，大学应该是什么、应该做什么，以及大学应该把握什么、需要坚持什么三个方面的问题。就一般意义而言，"理念"是共同分享的价值观，有理念才有方向感，才有目标性，才有准绳。一所大学，如果没有理念，犹如无舵之舟，无弦之弓；有理念才能塑造优质的大学文化、凝聚大学的共识。

大学理念是一所大学办学的指导方针，其至少揭示了人们心目中的大学是个什么样子的大学，他往往与一所大学的著名校长有关。无论是早期的巴黎大学、牛津大学和剑桥大学，还是后来的柏林大学、哈佛大学和耶鲁大学，还是再后来的斯坦福大学、哥伦比亚大学、威斯康星大学、麻省理工学院、芝加哥大学、普林斯顿大学等，或者是中国早期的北京大学和清华大学，其办学理念的形成无不是如此这般。例如，蔡元培与北京大学的"思想自由、兼容并包"；梅贻琦与清华大学的"自强不息、厚德载物"；张伯苓与南开大学的"允公允能、日新月异"；丁家立与天津大学的"西学体用、实事求是"；竺可桢与浙江大学的"求是"，等等。需要细说的是蔡元培先生。"拿世界各国的大学校长来比较，牛津、剑桥、巴黎、柏林、哈佛、哥伦比亚等，这些大学的校长中，在某些学科上，有卓越贡献的，不乏其人；但是，以一个校长的身份，而能领导那所大学在一个民族、一个时代，起到转折作用的，除蔡元培外，恐怕找不出第二个。"（杜威语）"蔡先生的一生成就不在学问，不在事功，而只在开出一种风气，酿成一大潮流，影响到全国，收果于后世。"（梁漱溟语）。

1916 年 12 月，正在法国的蔡元培被任命为北京大学校长。上任伊始，即对当时极为腐败的京师大学堂进行革新，变官僚养成所为"研究高深学问"的地方；选择学问新、造诣高、"积学而热心"者为教师；坚持"思想自由、兼容并包"的办学方针。1918 年 11 月蔡先生在《北京大学月刊发刊词》中讲道："大学者，囊括大典，网罗众家之学府也。《礼记·中庸》曰'万物并育而不相害，道并行而不相悖'，足以形容之。……各国大学，哲学之唯心论与唯物论，文学美术之理想派与写实派，计学（即经济学）之干涉与放任论，伦理学之动机论与功利论，宇宙论之乐天观与厌世观，常樊然并峙于其中，此思想自由之通则，而大学之所以为大也。吾国承数千年学术专制之积习，常好以见闻所及，持一孔之论。……吾校兼容并收之主义，而不致以一道同风之旧见相绳矣。"1934 年，已经离开北京大学近 10 年的蔡元培在其回忆文章《我的教育界之经验》一文中阐明他的办学思想时写道："我对于各家学说，依各国大学通例，循思想自由原则，兼容并包。无论何种学派，苟其言之成理，持之有故，尚不达自然淘汰之命运，即使彼此相反，也听他们自由发展。"发轫于蔡元培先生的北大理念中的自由之思想（思想自由、学术自由和言论自由），经过几代北大人的传承和发展已经成为颇具特色的北大之精神，在一定意义上也是中国大学之精神。

1923 年，时任北大校长的蒋梦麟在《北大之精神》一文中，重申了"思想自由，兼容并包"的办学方针："本校屡经风潮，至今仍能巍然独存……这是什么缘故呢？第一，本校具有大度包容的精神。蔡先生长校以来，七八年间这个'容'字，已在本校的肥土之中根深蒂固了。故本校内各派别均能互相容受。平时与讲堂之内，会议席之上，做激烈的辩驳和争论，一到患难的时候，便共力合作。第二，本校具有思想自由之精神。各种思想能够自由发展，不受一种统一思想所压迫。故各种思想平时互相歧异，到了有某种思想受外界压迫时，就共同来御外侮。引外力以排除异己，是本校所不为的。"

正是在"思想自由，兼容并包"的办学理念和思想指导下，北京大学才汇聚了一大批观念不同、性格迥异、政见分明、学贯中西的大师泰斗；才出现了西装革履的现代派与长袍马褂的守旧派，新文化运动的支持者与孔孟之道的守护者同台授课的生动场面。既有陈独秀、胡适、李大钊、钱玄同、刘半农、沈尹默、沈兼士等文科方面的新派人，也有诸如辜鸿铭、刘师培、陈汉章、黄侃等这些被斥为"桐城谬种"或"选学妖精"的老学究，也有李四光、王星拱、任鸿隽、朱家骅等理科方面的名家，还有马寅初、陶孟和、高一涵、周鲠生等法学方面的知名学者。蒋梦麟先生曾这样描述当时北大的情形："保守派、维新派和激进派，都同样有机会争一日之短长。背后拖着长辫、心里眷恋帝制的老先生和思想激进的新人物对坐讨论，同席笑语。教室里，座谈会上，社交场所，到处讨论着知识、文化、家庭、社会关系和政治制度等等问题。"一时间，北大人才济济，群英荟萃。

大学应该塑造其理念，守护其精神。大学精神是大学理念的支柱和高度凝练，是经过"大学人"长期努力积淀而成的稳定的共同的追求、理想和信念，是大学文化的精髓与灵魂之所在，是大学办出水准、办出活力的源泉和动因，体现了一所大学的凝聚力、创造力和生命力。"在保障大学的高水准方面，大学精神比任何设施、任何组织都更有效。"（弗兰克斯纳语）"如果有人问我，你最留恋清华的什么？我会毫不犹豫地回答，我最留恋的是清华的精神。一种百折不挠、追求真理的精神，一种严谨勤奋、求实创新的精神，一种自强不息、奋发向上的精神！"（刘达语）大学人应该做守护这种大学精神的忠实的"狗"。

三、明确目标，肩负大学之使命

大学目标（aim of universities）是将大学办成什么样子的一种构想和规划，可以细分为发展目标、培养目标和大学使命三部分内容。大学是社会复杂系统中的一个子系统，大学在促进经济发展、政治进步和文化提高的同时，其发展与壮大也要受经济、政治、文化等其他子系统的影响和制约，所以大学目标的定位应该充分考虑其外部环境与内部关系两个方面的规律性。

历史地看，大学和经济社会的互动关系是极为明显的。公元 1100 年左右，在意大利半岛上有了近代最早的波隆尼亚大学，很快意大利成为文化复兴的基地；当 13、14 世纪大学在英国兴起，有了牛津和剑桥后不久，英国很快迎来了工业革命，有了代议制；到了 19 世纪，当研究型大学在德国兴起时，德国很快成了第二次工业革命的领头羊；当欧洲老大学的理念传到美国后，美国人办起了哈佛、耶鲁，美国又成了整个世界最大的经济中心。在亚洲也是如此，东京大学是明治维新的产物；北京大学是戊戌变法的结果（丁学良，2000 年）。相反，经济社会的稳定发展又会极大地促进大学的壮大。例如，印度尽管大部分学术系统缺少资金、高质量的实验室和图书馆，经济社会的落后制约了印度大学的发展，但是它拥有世界上第三大大学系统，在软件等某些专业领域获得了突出的成就。

我国的大学目标应该如何定位？从宏观层面上来看，我国教育正处在一个由精英化向大众化转型的难得的战略机遇期。党中央曾经提出要："造就数以亿计的高素质劳动者，数以千万计的专业人才和一大批顶尖创新人才。"针对这种情况，国家提出：今后 10～20 年要建成若干所世界一流大学和知名大学。但是从微观层面上来看，具体到某一所大学，发展目标应如何确定，恐怕要考虑社会需求的多层次、多类型、多元化特征和自身特色与办学优势，不一定非要造就研究型的大学，那种在水平上动辄"国际"、类型上"重学轻术"、层次上"层层攀高"、规模上"越大越好"、学科上"综合求全"的目标定位思潮不一定多么可行，每一类型的大学里都有重点大学，每所大学都可以办出自己的特色，成为国内或省内知名、国际或国内有影响的大学。每所大学在制定发展目标时，必须实事求是地根据客观环境、社会需求、自己的特色和优势，在各自层次和类型中争创一流（潘懋元，2003 年）。似乎从来没有人怀疑过巴黎理工学院和加州大学伯克利分校的一流大学的水平，这就是很好的例证。

大学的培养目标是与大学的发展目标相联系的。在我国，大学总的培养目标是"培养德、智、体等方面全面发展的社会主义事业的建设者和接班人"（《中华人民共和国教育法》，1995 年）和"培养具有创新精神和实践能力的高级专门人才"（《中华人民共和国高等教育法》，1998 年）。但是这样的培养目标过于抽象，很难操作，必须具体化。我们的大学到底要培养什么样的人才？是通才还是专才？是实施职业教育还是搞素质教育？似乎应该通专兼顾，但重于通不在专，通识为本，专识为末；大学只灌输知识还不行，还应该具有将知识转化为人的内在气质和素养的能力（包括身心的、人文的、科学的⋯⋯）。"大学教育⋯⋯它的最大目的原在培养通才，文、理、法、工、农等等学院所要培植的是这方面的通才；⋯⋯唯有这种分子才能有组织工业的力量，才能成为国家目前最迫切需要的工业建设的领袖"（梅贻琦语）。目前似乎更应该注重对大学生甚至大学教师的人文素质甚至文化素质的培养，借以提高整个大学乃至整个社会的文化品位。大学生应该是亲情和善、彬彬有礼的，不是自傲的、粗俗的、老子天下第一的，应该既有科学素养又有人文精神。总之，大学的培养目标应该是：以人为本，为受教育者提供将来能够开心工作和幸福生活，并成为合格公民所具备的基本技能、工作态度和人生价值观。

大学使命（vocation of universities）是大学的重大职责和根本任务，是大学理念的具体体现和外在形式，是基于大学理念所应进行的大学实践。1998 年 5 月 4 日，江泽民同志在庆祝北京大学建校 100 周年大会上指出："我们的大学应该成为科教兴国的强大生力军。教育应该与经济社会发展紧密结合，为现代化建设提供各类人才支持和知识贡献。"1998 年联合国教科文组织在世界高等教育会议文件中讲道："每一所高等院校必须根据社会目前和今后的需要明确自己的任务，并把这一任务建立在这样一个认识基础上，即任何国家和任何地区要使可持续的和不破坏环境的经济、社会发展和通过进一步的认识和了解文化遗产激发的文化创作达到必要的水平，要提高生活水平和在人权、民主、宽容和相互尊重的基础上实现国内外的融合和安宁，高等教育是必不可少的。"1997 年法国刚组建成立的高等教育组织委员会指出："高等学校的第一使命已不是培养国家管理人员，而是服务于大学生，因为国家管理人员已不是工业和经济生活的中心。无论大学生的社会出身如何，都要给予他们每个人获得自身最佳发展、选择未来职业和深入学习的全部机遇。"根据这些论述，针对我国目前的实际情况，结合大学集教育、科研和社会服务三大功能于一身的特点，我国当代大学的根本使命似乎可以概括为：以新思想导引和推动社会，以所培育的新人和形成的新知识成果服务于社会，成为科教兴国的生力军。

结束语

大学不仅要有大楼，更重要的是要有大师；不仅需要"管制"，更重要的是要有"自由"，要有思想、学术、言论的自由；不仅要有理念，更重要的是要有精神，要有高雅的品位和积极向上的文化；不仅要教授学生，更重要的是服务社会，要有传播人类先进文化和传承人类文明的使命。中国的大学人似乎应该谨记：中国大学之制度与精神，是借鉴西方大学的，所有的中国现代大学是"横向的移植"，而非"纵向的继承"，如何把西方的大学文化与中国的人文精神融合在一起，凝练具有东方文明内涵的大学，似乎是吾辈之责任。

（原载：《山东经济学院报》（月末版）2004 年 2 月 26 日，本书出版时编者有个别改动）

附录二
在山东财经大学揭牌庆典上的献词

尊敬的各位领导、各位来宾、各位校友，

老师们、同学们：

我是会计学院的王爱国。值此吉时，作为师生代表在这里发言，我的内心无比喜悦和自豪。因为，今天是我心爱的大学正式建立的好日子。从 1983 年的秋天，我走进学校大门就读算起，我在这里学习、工作、生活，至今已有 29 个年头。在近 30 年的岁月里，因为有着学校历任领导的关心厚爱，因为有着各位老师教我为学为人，因为有着同事们的帮助，我从一个求知若渴的学子逐步成长为一名会计学教授，求学于斯，治学于斯，感恩在心，幸福满怀。

在这花开六月、姹紫嫣红的季节里，在这笑意盈盈、青春涌动的山东会堂，我们怀着无比激动和十分喜悦的心情欢聚在一起，共同庆祝和见证山东财经大学的诞生。借此机会，请允许我代表全体师生，向莅临我校、共襄盛典的各位领导、来宾致以最热烈的欢迎和最衷心的感谢！向我们的山东财经大学致以最诚挚的祝贺和最深情的祝福！

历史将永远记住流光溢彩的这一天，我们也会永远铭记辉煌灿烂的这一刻，公元2012年6月9日，几代人为之奋斗、为之奉献、为之梦寐以求的山东财经大学正式挂牌成立了。一个由保留着中国最早的教会大学、与燕京大学一起被誉为"南齐北燕"的齐鲁大学血脉的山东经济学院和由改革开放的总设计师题写校名、财政部和省政府共同创建的山东财政学院合并而成的山东财经大学，在这个春风浩荡的季节，笑盈盈地向我们走来了。

山东财大是崭新的。一所大学在明明德、在亲民、在止于至善。我们的财大就是这样一个有助于学生研修学问的场所，一个"与天和、与人和、与己和"的所在，一个有着"等不得"的紧迫感、"慢不得"的危机感、"松不得"的责任感、"停不得"的使命感、"守先待后，斯文在兹"的泱泱学府。

山东财大是厚重的。财大的老师应不同于一般。不只在于传道、授业、解惑，也在于"风骨"清澈、仰望星空、从容"积学"，在于"天行健，君子以自强不息；地势坤，君子以厚德载物"，在于大德、大爱、大学问，在于"学高为师，身正为范"。

山东财大是大有希望的。财大的学生应不同于其他。不仅善思、好问、笃学，而且志存高远，是一个有理想、有追求、有信念的完整的人，一个有着齐备知识结构、敏锐创新能力、认同不同文化的人，一个富有"克明俊德，格物致知"之精神、满身散发着"山东财大"味道、具备"山东财大"品格的人。

这就是我们的山东财经大学，一个令人向往、人人颂扬、莘莘学子翘首以盼的地方。

新财大、新起点、新征程。此时此刻，我们不仅心潮澎湃，更是热血沸腾。作为新财大的师生，我们深切感受到自己肩负的重任。希望与责任同在，未来与担当并存。让我们团结一心，锐意进取，在省委、省政府的坚强领导下，在学校党委、行政的带领下，不断以坚韧前行之志、奋勇争先之气、攻坚克难之力，站在新的起点上续写"建设高水平财经大学"的新篇章！

最后，我们祝愿、也坚信：山东财经大学的明天会更加辉煌、更加美好！

谢谢各位。

附录三
何谓"特色名校"

　　最近，学校党委做出了实施"特色名校工程"的战略部署。这是我校落实国家和省中长期教育改革与发展规划纲要（2010—2020 年）、教育部《关于全面提高高等教育质量的若干意见》和学校"十二五"发展规划的重大举措，也是今后一个较长时期我校教学、科研、管理和社会服务等各项工作的出发点、着力点和落脚点。对此，下面谈几点认识并求教于大方。

一

　　何谓"特色名校"？单从字面上看，"特色名校"是"特色"与"名校"两者的一种组合，可以把两者理解为并列关系，即特色名校既有特色又是名校，或者说既是名校又有特色；也可以把两者理解为从属关系，即有特色的名校，或者说是名校中有特色的那一类。考虑到我校的办学历史、办学定位、办学条件、办学优势和面向区域，我认为，顺利实现前者尚有一定困难，选择后者，经过三到五年的不懈努力是完全可以达到的。

　　名校是有名望的学校，是一所高校办学实力、办学质量、办学水平、办学风格和办学面貌在社会上的一种整体的良好外在表现，是一所高校育人理念、师资队伍、学科建设、人才培养、科学研究和管理文化在先进性、科学性和有效性方面的一种综合反映。

　　名校是一个相对的、动态的和发展的概念。相对于省内某些高校，你可能是名校，但放在全国乃至世界范围内，就不见得是名校；今天看来你是名校，明天或将来就不一定是名校。这就是说，一方面我们必须明确，我们是要建省内名校，还是国内名校，抑或是在国际上有一定影响的学校，现实的想法是建部省共建的名校；另一方面我们必须明白，我们要建的名校不是一蹴而就的，更不是一劳永逸的，需要有"咬定青山不放松"的坚定毅力，需要累月经年甚至几代"山财大人"持之以恒地艰苦奋斗。

　　名校可以是综合性的，可以是多学科的，也可以是某一个或某几个方面的。综合性大学有名校，多科性大学也有名校，单科性大学也有做得风生水起、很有名头的。即使在名校中也不是所有的学科都做到很好，更多的是集中在几个方面，恰如复旦的哲学与新闻、同济的建筑与规划、天津大学的化学（应用）与测控、人大的经济与法学、厦大的财政与统计那样。在某种意义上，名校首先是因某个或某几个学科或方面做得卓有成效而闻名的，如同一想起会计，就想到厦大、上财、人大和中南财经一般。

　　名校要有名校长、名教师、名学生。一提起清华，人们就会不由自主地想到梅贻琦、罗家伦、蒋南翔等诸位校长，就会想到梁启超、陈寅恪、朱自清等几位学贯中西的教授，就会想到新中国有一半以上的"两弹一星"科学家曾是清华学子。

名校要有名传统、名学科、名专业。一提起山大，人们就能很自然地想起"小人物"李希凡和"小树林"的晨读，就能想起文、史这两个显赫一时的学科，就能想起中文和历史这两个人才辈出的专业。

当然，我们也应当看到，它们是一个有机整体，是缺一不可的，是共生、共存与共荣的。其中，教育家式的、学者型的、社会活动家类的校长是关键，就像蔡元培之于北大、梅贻琦之于清华、张伯苓之于南开、竺可桢之于浙大、陈嘉庚之于厦大那样。

试想，如果没有教育家式的华岗等诸校长，没有好的文化、制度、体制与机制之传统和好的教风、学风与校风之传承，没有梁振声、闻一多、梁实秋、王统照、成仿吾、老舍、沈从文、臧克家等文学巨匠，没有陈同燮、黄云眉、郑鹤声、张维华、童书业、杨向奎、王仲荦、赵俪生的"八马同槽"，何来山东大学的"文史见长"，又何谈培养卓尔不群的学生。

可否这样说，当我们的老师因其学术或教育成就赢得同行的广泛赞誉时，当我们的学生因工作或业绩卓著受到同事的交口称赞时，当我们的学科因其服务或引领发展引起社会的极大关注时，当人们听到我们的校名、我们的学生、我们的老师、我们的校友、我们的专业而发自肺腑地羡慕、赞扬和钦佩时，我们的学校就一定是一所名校了——一所学子们"虽不能至，然心向往之"的学校。

二

所谓"特色"是"事物所表现出来的独特的色彩和风格"，是不同于其他或一般的卓立一格。

有特色的名校，一定是一所优势突出、个性鲜明、风格迥异的学校，一定是一所"人无我有""人有我优""人优我特""人特我高"的学校，一定是一所教师很亮、学生很优、实力很强、质量很硬、文化有品的学校。需要说明，特色是在竞争中形成、在比较中呈现出来的，更多的是同质相较的结果，是不同学校同一学科或专业相比而体现出的，而不是"独此一家，别无分店"，不能简单地理解为"人无我有"，填补学科或专业空白。

特色非一朝一夕所能完成，是在高校发展过程中由校长、教师和学生齐心协力共同创造的，是高校在办学过程中对那些适应经济社会发展需要、符合教育教学规律、有助于自身生存和发展的所谓"特殊性"的主观意义上的自觉追求，是其他高校短期内难以企及和超越的、一个长期的、渐进的历史过程和特有的高校文化嬗变现象。

寻求特色不等于"匠心独具"，不等于"花样翻新"，也不等于"遍地开花"。必须用心分析自己的"原有"、观察自己的"现有"、思考自己的"想有"、权衡自己的"能有"；必须认真思考自己所面对的区域文化、资源优势、办学经验、同行亮点、专家意见；必须举全校之力，以学科、培养、科研和师资为支点，有章有法、有序有效，避免"闪电"现象；必须营造倡导"敬畏学术、敬重人才、敬仰知识""蓬生麻中，不扶而直"的独特氛围和校园文化；必须找准自己的努力方向，做好、做优、做强、做实、做出有品位的几个点或几个面，在有别中独领风骚，即形成特色；必须整合利用这些特色，以点带面，促进学校整体"特色"的形成。

特色建设要有所为，有所不为，力争有所大为。不要面面俱到、贪大求全。一是我们不可能有那么多的教育资源，二是我们也不可能"牧童牛上慢吹笛""看庭前花开花落，望天上云展云舒"。否则，特色就会被稀释，就会泯然如众，就会随时间的推移而褪色。在这个问题上，我们一定不要自立为王、画地为牢，要摈弃私心杂念、利益纠葛，以"壮士断腕"的决心、"抓铁留痕"的干劲，选择那么几个优势学科、优势专业和优秀人才尤其是人才新秀，集聚优质资源，尽快促其达到"舍我其谁"的境地。

特色建设要处理好鲜花与绿叶的关系。我们不能庸俗化"没有绿叶无穷碧，哪来鲜花别样红"，过分突出扯平补齐。我们要以羡慕和欣赏的心态看待别人或其他学科（专业）的发展成绩，要有这样的胸怀和远见，不能"小家子气"，更不能"一叶障目"。其他学科或专业要紧紧围绕优势学科、优势专业做文章，努力在学科、专业嫁接上走"差别化"发展之路。

扪心自问，我们的法学不可能超过北大，但是我们可以在法学与会计的嫁接上、在法务会计或司法会计方面做出自己的特色；我们的数学不可能超过南开，但是我们可以在数学与金融的融合上、在金融数学、在金融产品开发上做出自己的特色；我们的音乐不可能超过中音，但是我们可以在音乐与经济、音乐与管理、音乐与财务的结合上、在音乐经纪人、音乐经理人和音乐理财师上做出自己的特色。那些传统的优势学科，也可以有所突破，发现自己的"蓝海"。我们的会计可以立足山东，针对山东省国有经济成分占主体、农业大省和光伏大省（低碳经济）的实际，在国有非上市公司信息披露、农业农村会计和碳会计与碳审计等方面做出自己的特色，针对山东是孔孟之乡，是儒家思想发祥地，在会计诚信思想挖掘、职业道德规范建设和"惟平惟准、近仁近知"上下功夫。凡此种种，不再赘述。

特色建设要"顶天""立地"。"顶天"是营造主峰工程，"立地"是打造群山之作。唯有顶天立地，才能群山出峰，才能异峰突起、群峰争秀。我们既要抓带头人、抓团队，又要抓课题、抓成果；既要抓平台、抓经费，又要抓措施、抓文化。在教学上，是否可以突出专业带头人、教学团队、特色课程群和实验实训平台的结合；在科研上，是否可以强调学科带头人、创新团队、基地或中心和成果及成果转化的结合；在学科上，是否可以强化优势学科引领、学科群、"继绝学，保特色，拓新域"和上层次、提水平的结合；在队伍上，是否可以注重培养与延揽、留住与使用、贡献与成长、约束与激励的结合。

我们相信，只要制度安排好，文化氛围营造好，大家共同努力，沉下心来，持之以恒，假以时日，一门或多门学科或专业做得特别突出是完全可能的，我们的"特色"是一定能够形成的。

三

特色与名校是互为因果、彼此促进、相辅相成的。特色有利于名校的形成，名校一般来说都是有特色的。只不过，在程度上可能有所不同，特色鲜明的名校可能会比一般名校更加有名。我猜测，我们要建的正是此种意义上的名校，一所有鲜明特点的或者说特色化的财经类名校。

作为一种特有的文化现象，特色一旦形成，必将有利于高校树立独特而良好的公众形象。没有特色、缺乏个性的高校是不会给社会公众烙下深刻印象的，更遑论有一个美好的形象；必将有利于高校聚集优质资源，形成竞争优势，提升核心竞争力，确立自身的名校地位；必将有利于促进教师发展、学生成长、学校出名和人才培养目标的实现。

名校之名，名于特色。高校因有特色而著名，因此，要在"特色"上下功夫。要知道，有个性才有水平，有特色才有生命力。"特色名校"就要有自己的个性、自己的风格、自己的气派、自己的品位，就要在高校尤其是同类高校中办得与众不同；就要力求避免发展目标、学科结构和教育模式的相似或趋同，防止千校一貌，万生一面。

校因人显，人因校存。特色名校建设关键在人，关键在校长高瞻远瞩的战略布局，在中层管理者的"三倍速"执行力，在广大教师和学生的"细节决定成败"。其中，最为紧要的是要有名师、要有名师群。师资队伍建设既是特色名校建设的保障，也是重要的建设内容之一。为人师者，要有大爱、大德、大学问。"大爱为基，育人为本"。乐于"传道、授业、解惑"。"你不懂可以，但你应该带学生去他们懂的地方。"唯有如此，我们的学生才能"快乐地学习，愉悦地求知"，才能做到"今天他以母校为荣，明天母校以他为傲"。

特色名校建设要树立正确的教育观，要明确教育行为的价值取向，在一定意义上也就是人才观。是以掌握知识多寡深浅为标准，是以能力技能高低为标准，还是以综合素质和能力为标准，一定要有个清晰的判断。知识、技能培养是必要的，但这绝对不是教育的全部。我认为，我们应该尽快把"唯知识""唯技能"的教育（质量）观转变为追求知识、能力或技能和素质全面发展的全面素质教育（质量）观，要切实地落实到我们的培养方案和课程体系中，做到引文入理，文理渗透，注重通识教育，寓素质教育于知识和技能教育之中。

作为现代大学的特色名校，既不能把探寻真理、培养完整的人视为自身的唯一，也不能过分地迎合市场需求来配置有限的教育资源；既不能理想化地青睐于所谓的"大师""大楼"和"大院"，也不能过多地强调教学、科研的社会实用性；既不能把大学作为纯粹放飞心情的"象牙塔"，"两耳不闻窗外事，一心只读圣贤书"，也不能片面强调大学为经济社会发展服务的功能。事实上，保持大学之所以为大学的本质，有一点精神，甚至有一点"傲气"，保持一点大学的"自尊"、一点"大家闺秀"的风范和"小家碧玉"的矜持，未必就不能赢得社会的尊重，未必就不能成功。

建设特色名校要防止急功近利，搞形象工程、做表面文章，要有规划、办法和措施，要避免重数量、轻质量，重规模、轻内涵，重招生、轻就业。一涉及"量"的增加，那是滔滔不绝——学科如何齐全、专业增加多少、学生扩招几何、校舍又添几栋、师资有多庞大；一谈及"质"的提高，则是办法不多、语焉不详；一涉及招生，那是"如愿以偿"般的欣欣然；一提及就业，则是"心灰意冷"般的戚戚然。

我对"特色名校工程"是鼓与呼的。真心地希望，在不久的将来，把我们的学校办成"我心目中的"特色名校。不为别的，因为我学习于斯、成长于斯、服务于斯，也将会终老于斯。

我们期盼着、努力着。

（原载：《山东财经大学报》2013年第20期，本书出版时编者有个别改动）

附录四
关于会计学专业人才培养的几点思考

设置会计学专业早已不再是财经类院校的专利，综合、理工、师范、农林等各类院校无一例外，都有会计学专业。总体来看，规模偏大、层次过多、成分复杂、良莠不齐。会计学专业本科教育似乎已经走到了急需反思、改革的十字路口。压缩招收规模、提高教学质量、维护教学秩序、强化内涵发展等呼声时常见于媒体报端。最近，教育部发布了《关于全面提高高等教育质量的若干意见》，调整了《普通高等学校本科专业目录》，我们学校也公布了《本科生培养质量提升计划》，启动了人才培养方案的修订工作。为了做好这方面的工作，结合会计学院实际，我对会计学专业人才培养中的理念、素质和能力等问题有所思考，今天谈一谈，并求教于大方。

一、关于会计教育的理念问题

理念是人们在长期的实践活动中形成的对某一事物的观点、看法和信念，是概念与实在的高度统一。就教育理念而言，主要有博雅教育、君子教育、自由教育、素质教育、专业教育、职业教育、专才教育和通识教育等观点。当下，人们对会计学本科教育理念的争论大多集中在"通识教育"与"专才教育"这两个方面。

回顾改革开放30多年来的会计教育，我们不难发现：1977年恢复高考至20世纪90年代，我国会计学本科教育大体上是专才教育理念指导下的专业教育，也可称为专门教育，强调对"专门人才"的培养，突出"又红又专"。当时的培养目标是"培养德、智、体全面发展的，适应四个现代化需要的社会主义财务会计以及教育科研的专门人才"。后来又在专门人才前加上了一个定语——"高级"，但是落脚点依然在"专门人才"上。1998年至今，大体上是通识教育理念指导下的专业教育，尽管1993年中国会计学会会计教育改革组第三次研讨会提出了"培养基础扎实、知识面广、专业知识雄厚的通用人才"的新观点，但是真正全面推开则在1998年以后。

简单地说，"专才教育"是一种旨在培养"专门人"的教育，即培养的人要精通某一专业领域，强调专业知识和专业胜任能力，"专、精、深"是其突出特点；"通识教育"则是一种旨在培养"完整人"的教育，即培养的人要了解人类知识的总体状况，要有健康的体魄和完美的人格，要有厚实的专业基础、合理的知识结构和胜任的专业能力，"宽、厚、广"是其突出特点。

历史地看，我国有通识教育的传统，至少不乏通识教育思想。从孔子的"仁人"思想，到儒家对博学鸿儒、硕学闳才的追求；从戊戌变法对西方大学精神的向往，到蔡元培的"思想自由、兼容并包"理念的形成；从"大学之道，在明明德，在亲民，在止于至善"以及对"格物、致知、诚意、正心、修身、齐家、治国、平天下"的要求，再到培养"有理想、有道德、有知识的人"，无不闪烁着通识教育的思想光芒。

但是，我们又不得不承认，一方面，当前我们推行的通识教育，确实是从西方国家尤其是美国移植而来的，至少是受到西方启迪或借鉴了西方。1989年美国当时的八大会计师事务所在公布的《教育展望：会计职业成功的能力》中将"成功会计人士"的必备条件界定为"表达与沟通的技能、思考的能力和发展人际关系的技能"。同年，美国会计学会设立了会计教育改革委员会（AECC），该委员会在1990年发布的《会计教育的目标》中强调"会计教育的目的不在于训练学生在毕业时即成为一名专业人员，而在于培养他们未来成为一名合格的专业人员的应有素质……尤其是教导学生独立学习的素质。大学教育应提供学生终身学习的基础，使他们在毕业后能够以独立自我的精神持续地学习新知识"。自此以后，美国会计教育由主要致力于传授会计知识转向了着重培养学生的分析与思考能力——而非记忆不断变化的会计准则。另一方面，我们的会计教育也确实存在或多或少的违背教育规律现象，比如，过分过早强调它的专业性，几近痴迷地强调它的"意识形态"，违背"人的成长规律"的"文理分割、专业狭窄、素质薄弱、能力不强"，依然留有苏联会计教育的痕迹，人们心目中的那种"奋发向上、卓尔不群、举止得体、温文尔雅"的"天之骄子、国之栋梁"鲜得一见，等等。

笔者是倾向于通识教育的，是赞成通识教育理念下的专业教育的。从教育形势来看，当今大学教育已经从社会的边缘走向了引领社会、经济和文化发展的中心，已经由过去的精英教育发展到了今天的大众教育。相应地，会计教育必须由单向度或专业化向多向度或复合化过渡，必须由精细教育向"宽口径、厚基础、广素质"过渡，必须由较低学历层次的专业化向高层次的硕士、博士教育过渡；从"人本"角度来看，大学教育归根结底是关于人的或人的成长的教育，人不仅有自然属性，而且有社会属性和人文属性，不仅有对科学技术的追求，而且有对人文艺术的诉求，不仅要掌握谋生的手段，而且要具备为"人"的素养，鉴于此，我们的会计教育一定既要注重技能、技术和方法，又要注重人文、社科和修养，既要注重专业教育，又要强调多科交融，既要注重知识传授，又要强调能力塑造；从教育的"本质"来看，大学教育是一个人文塑造过程，是一个有关人的价值观的构建过程，而不纯粹是信息和知识的传授，正如李政道所言"实现科学与艺术、科技与人文的完美结合，是现代大学成功的重要标志"，如果说"传道、授业、解惑"是传统的大学之道，那么培养"有理想、有道德、有修养、有知识的人"则是现代大学教育之本。

当然，"通识"不是无所不包、无所不教，而是要有条件、有要求的，是沿着本学科的纵向深入、循着相关学科的横向拓展。AECC就认为，基础会计教育主要在于拓宽学生的求知欲和知识面，培养学生抽象思维、缜密分析和运用数据的能力，提高学生对科学的美学欣赏；普通经营会计教育主要在于向学生介绍财政、市场、经营、组织等企业、政府机构与非营利组织的活动及职能的设置和特点，使学生了解各种组织的结构和营运过程；一般会计教育注重会计信息的辨认、衡量、沟通与使用，运用基础教育中的知识和技能，使学生掌握和运用会计的基本概念或知识；专门会计教育则注重学生对财务会计、管理会计、税务、信息系统、审计、政府非营利组织会计和跨国公司会计或国际会计的深入学习。

二、关于会计素质及其内涵的思考

人是一切社会关系的总和，是生产要素中最为活跃的因素。会计教育的最终目的就是要把那些有志于从事会计工作或者热爱会计事业的人，培养成为有助于社会关系和谐、有助于生产力发展、有助于自身成长的有用之才。一个人是否"有用"，素质和能力是最重要的考量。

素质，本意是指人或事物的本来性质。习惯上，人们不讲自然物体或生物体的素质，而专门把素质指向人，因此，素质可以解释为人的根本特质，即带有根本性的人的品质、性格、兴趣、风度和习惯等。人的素质一般是在先天禀赋的基础上，通过后天的教化，经过有目标、有选择、有阶段的努力而形成的，其中接受教育就是一种最直接的途径。

一个人的素质，可以从自然、心理和社会等三个角度去剖析，也可以从政治、法律、道德、艺术、人文、心理、身体和科技等八个方面去研究。当前的会计教育强调的主要是人的政治素质和业务素质，不太重视其他方面尤其是人文方面的素质。事实上，人文素质是一个"社会人"或者"完整人"的基本素质。无论是孔子、朱熹所推崇的培养既仁又刚、既智又直的理想人格的"君子"教育，还是亚里士多德以追求生命中的真、善、美，造就"绅士"为目的的博雅教育，都十分重视品德、情操和人格等方面的教育和修养。

人文，指的是人文精神，泛指人对自然、社会、他人以及自己的基本态度。人文素质是指一个人所掌握的人文方面的知识总量以及人文知识在人的心理品味、格调、意识、观念、情感和情操等方面的内在演化，多表现为外在的待人接物和言谈举止。人文不同于科学，科学抑或科学素养，是人们做学问的基础，当然，大家也普遍认可人文是一种以文、史、哲和艺术为主要内容的科学，但是，两者还是有很大的区别。通过人文教育，把人类积累的智慧精神、心性精粹和阅历经验传授给受教育者，以提升其道德、凝练其精神、塑造其价值观。这方面的例子很多，孔子的"为仁由己""我欲仁，斯仁至矣"凸现的就是人追求"人"的本质，"己欲立而立人，己欲达而达人""己所不欲，勿施于人"则体现的是人之所以为"人"的道德情怀；爱因斯坦出色的小提琴表演所表现出来的对古典音乐的渴求和造诣，也从另一个角度印证了人文素质与其他素质尤其是科技素质相互促进、相得益彰、并行不悖的真谛。

按理说，大学生应该是一个不同于"一般人"的人，应该具有高于一般人的素质。归结起来有以下几点：

一是要有"德"。讲道德是人区别于动物的根本，是大学生有教养的表现，也是会计职业的内在要求。孔子说"朝闻道，夕死可矣""志于道，据以德"；许慎也说"德，外得于人，内得于己也"；荀子则在《劝学篇》中直接讲"故学至乎礼而止矣，夫是之谓'道德'之极"。可见，"道"与"德"是从中国古代做人、治国、践行"道"以后之所"德"，逐步演化为今日之"道德意识、品质、情感以及调整人与人之间关系的规范或原则"的，至少包括道德高、品行好、政治品质强等内涵。

道德素质高是内在的，尚需要不断地践行和外化。大学生不能坐而论道，还应该不断地进行"学、思、行"的修养，在社会交往、职业生涯中做有道德的事、说有道德的话、行有道德的路，最终达到"慎独"的境界。当前应集中表现为有平等、宽容、责任、正义、守法与合作的公民价值观，有遇事不惊、处事不乱的健康心理，以及对国家和民族传统的认同和传承，对科学、数学和技术等基础知识的卓越追求和创新，对人类社会文化多样性的认知和包容，对环境、生态和自然的维护和热爱，以及政治上的成熟，在国际风云变幻和大是大非面前，能够保持清醒的头脑等等。

二是要有"智"。大学生要做有知识、有学问的人。知识来源于课本、课堂和生活，学问来源于勤奋的思考、不懈的追求、批判的思维和"格物穷理"。我们生活在一个知识大爆炸的时代，没有文化不行、没有知识更不行。会计学大学生要有智慧、有知识、强技能，不仅要学习专业知识，而且也要学习自然、人文和社会知识，至少要：(1)学好英语——因为现在是一个国际化的时代；(2)学好计算机——因为现在是一个信息技术支撑的社会；(3)学好数学——因为任何自然和社会现象都可以用简单的数学符号来概括和理性表达；(4)学好"何以为生"的会计课程——因为这是我们执业的根本、谋生的"饭碗"；(5)学好与会计相关的知识群——因为会计作为一项管理工作是寓于经济、管理和法律环境之中的。

马克思曾说"世界上一切都在运动着……生活在变化着、生产力在增长着、旧关系在破坏着……永恒的运动与永恒的破坏和创造——这就是生活的本质"。如果我们不应对改变、持续地改造自己，就不能适应这个复杂、多变的动态社会，就会被时代所淘汰。这就要求我们必须学习，通过学习增长知识、增加智慧、提高技能。"活到老、学到老"这句话，从来没有像今天这样具有如此强烈的时代意义；那些彰显"学习"理念的词语——学习型个人、学习型组织、学习型城市、学习型社会，也从来没有像今天这样让人耳熟能详。

三是要有"体"。一句老话——"身体是革命的本钱"，一句新语——"身体不好一切都归于零"，两句话都说明一个问题——身体的重要性。为了应对未来激烈的社会竞争和较大的学习、工作压力，会计学专业的大学生应该具备完美的体格、优良的体质和健康的心理。过去，我们比较强调锻炼身体，现在来看，心理素质有时比身体强健更为重要。对人要善待，不仅要善待自己而且要善待他人，要"克己之长，容人之短"；对事要看开，多从事物发展的规律看问题，少固执己见、钻牛角尖；对待自己的成绩，不骄不躁，不张不扬，顺其自然，随遇而安；对待他人的长处，反省自我，羡慕但不嫉妒，"讷于言，敏于行"。一言以蔽之，会计学专业的大学生要有严以律己、宽以待人的心胸，敦厚善良、处事和顺的心态，乐观向上、应对挑战的心境，以及合作竞争、共生共赢的心性。

四是要有"信"。十多年来，国内外资本市场相继发生了一系列会计造假事件，每一舞弊与欺诈案件无一不与会计人员有关，严重影响会计职业的声誉。虽然会计造假行为的动机各不相同，但究其根源都与会计人员的职业道德相关。我们的会计课程体系经过多次变革后，基本上符合了教育部"宽口径、厚基础"的要求，但是在会计诚信教育方面依然是缺失的。会计教育有责任和义务帮助会计职业界重新获得公众的信任，唤起会计职业界道德意识的觉醒，教育我们的学生坚持有良好的职业道德操守，尽心做人，尽力做事。这就有必要将会计职业道德教育课设置为会计教育的必修课程，当然教学方式可以灵活多样，不必拘泥于课堂教学。

三、关于会计能力及其内涵的思考

能力与素质有时是很难区分开来的，能力就是"能做某事的'素质'"。但是，严格地讲，"素质是能力的自然前提……人的根本特质与能力的形成和发展密切相关"。一般来说，能力是一个人可能解决问题或完成任务的主观条件，是顺利完成活动并影响活动效率的心理特征，至少有两层含义：一是目前某个人所具有的知识和技能，二是某个人的未来可造就性或潜力。能力是多维度、多层次和开放式的，对于它，我们可以从解决问题或完成任务的一般性和特殊性等方面去思考，可以从操作、内容、产物等维度去分析，也可以从语言表达、数字计算、观察记忆、逻辑推理、空间知觉、音乐欣赏、身体动觉、思维创新、人际交往等因素去研究。我们常说的"克明峻德，格物致知"，前半句主要是个素质问题，后半句主要是个能力问题，有素质没有能力，你就不能"格物"，就不能"致知"，就没办法探求事物的真理。

基于此，笔者认为，会计能力应该是通过全面系统的专业教育使受教育者胜任会计工作所具备的一般能力、专业能力和创新能力。如果说，素质强调"做人"，解决"为何而学"的问题，能力则侧重"做事"，解决"何以为学"的问题，因此，素质教育要宽、要泛，要考虑"通识"思想，能力训练则要精、要专，要兼顾"专才"理念，毕竟"君子"也需吃饭，"绅士"也要活命。

能力与工作是密切相关的，会计学专业的大学生的能力自然与能否胜任会计工作相关。换言之，会计学大学生应该具备哪些方面的能力才能胜任会计工作呢？1997年，普华永道在其发布的《CFO：公司未来的设计师》报告中认为：CFO应该主要具备与专业知识、技术和控制有关的基本技能，以及战略思维、创新、企业风险管理与变革、团队精神、训练和领导等方面的操作能力。1999年，美国注册会计师协会在其发布的《进入会计职业的核心胜任能力框架》中认为注册会计师应该具备：功能性胜任能力——决策模型、风险分析、计量、报告、研究、技术；个人胜任能力——职业行为、解决问题、人际交往、领导能力；广泛的经营视野——战略性或批判性思维、行业或分部视野、国际性或全球性视野、资源管理、法律或法规视野、市场或客户中心。2003年，国际会计师联合会在发布的《成为胜任的会计师》报告指出能力应该包括态度（如职业行为、价值取向），行为技能（如行为能力），广阔的企业视野（如战略性/批判性思维），功能性技能（如风险分析），技术知识（如审计），智能能力（如知识、理解力），运用、分析、综合和评价能力。鉴于此，笔者认为，会计能力至少可以归纳为以下三个方面：

一是基础能力，也可以称为一般能力。这是会计应具备的、最基本的能力要求，主要包括表达能力、团队合作能力、沟通交往能力、逻辑思维能力、信息技术运用能力、数学思维及运用能力、外语听说读写能力、心理调适能力以及自我学习能力。需要特别说明的是：(1)表达能力，也就是口头表达能力和书面表达能力，前者是传递信息、说服他人的最直接、最有效的工具，后者主要指写作能力，也就是起草公文、编制财务报告和撰写管理建议的能力；(2)团队合作能力，团队合作能力之所以重要，是因为现代会计工作不仅依赖系统，更需要团队，需要团队各成员的通力合作，需要团队成员的奉献精神，保持人际交往的亲和力，善于跟政府部门以及同行交往，取得有关各方的信任和支持；(3)心理调适能力，也就是面对新环境、新工作、新面孔时的心理调整和适应能力，主要表现为积极应对，不气馁，不空想，不浮躁，不怨天尤人；(4)自我学习能力，也就是主动进行终身教育和终身学习的能力，在当今社会学会学习是一个人一生中最重要的能力，面对日新月异、层出不穷的经济现象或会计事项，必须通过不断的学习才能应对和驾驭。

二是专业能力，也可以称之为执业能力或实际操作能力。这是针对会计工作这一特殊职业的能力要求，主要表现为对财、会、审等专业知识以及相关的经济、管理、法律和其他知识熟练掌握和运用的能力，以及修养职业道德的能力。其主要包括（但不限于）：（1）会计职业判断能力，过去我们不大重视学生职业判断能力的培养，教学中主要是以教师为中心，以教材为依据，传授知识有余，应用知识不足，依葫芦画瓢的多，问几个为什么的少，慵懒成性，创新乏力，现在就应该补上这一课，通过案例教学、实验实训和社会实践等方式培养学生的职业判断能力；（2）自我约束控制能力，市场经济是法治经济，会计工作者不仅应该懂得国家的会计法规和相关财经法规，熟知和遵守国内外的会计准则，而且必须具有坚定的遵纪守法意识、良好的自重自律习惯和"常在河边走，就是不湿鞋"的定力；（3）整合会计信息的能力，会计信息系统在洞悉企业资本流向、流量和流速方面有着得天独厚的优势，谁能以最快的速度整合会计信息并加以利用，谁就能在激烈竞争中立于不败之地；（4）应变能力，优秀的会计人才能够有效地利用创新观念、科技资讯、管理革新以及迅速反应能力，帮助企业提升竞争力，拓展业务发展空间。

三是创新能力，是指能够将创意或想象力付诸实践的能力。这是一流会计人才与三流会计人才的分水岭，是大学生综合能力的集中体现，其主要包括获取新知识的能力、洞察和解决问题的能力、战略性决策能力、团队领导和整合能力、多元文化的认知和认同能力。在未来的竞争中，起决定作用的恐怕不再是企业的规模和资本，而是创造性和灵活性。随着科学技术的发展，知识产品的生命周期变得越来越短，要求会计人才不仅要有创新意识，而且要有创新能力，能够将所学致以所用，保持持续不断的创造力。

结束语

会计（本科）教育是学历教育中的基础教育，应该在通识教育理念下，强调学生知识面要宽、专业基础要厚、操作能力要强，把"宽口径、厚基础、强能力"的思想贯彻到各个培养环节，切实解决当前会计（本科）培养中自然科学、人文艺术内容偏少的问题；切实解决公共课程挤压专业课程、平均用力、该强不强、该弱不弱的问题；切实解决经济学和管理学原理不全、不真、不深、不正宗、内容陈旧、落后于时代的问题；切实解决教育观念保守，教学手段落后，教学环节混乱，重科研、轻教学、重理论、轻应用的问题。

（原载：《山东财经大学报》2013年第3期，本书出版时编者有个别改动）

不忘教师初心，与改革一同前行

张　涛

一、求学时光：难忘的记忆

1978 年 12 月 18 日至 22 日，中共十一届三中全会在北京召开。会议重新确立了解放思想、实事求是的思想路线，作出把党和国家的工作重点转移到社会主义建设上来和实行改革开放的战略决策，确立了以经济建设为中心的基本国策。这次会议拉开了中国改革开放的大幕。

同年 3 月 18 日至 31 日，中国科技发展史上具有里程碑意义的全国科学大会召开，会议确定四个现代化的关键是科学技术现代化。全国科学大会的筹备和召开，是我国科技工作领域一次全面的拨乱反正，也是我国科技工作开放和改革的一个重要契机和起点。

也是在 1978 年 11 月 24 日，安徽省凤阳县小岗生产队 18 户农民偷偷按下 18 个鲜红手印，率先实行"农业大包干"生产责任制，提出"交足国家的，留足集体的，剩下都是自己的"。他们将村内土地分开承包，开家庭联产承包责任制先河，拉开了中国农村改革的序幕。

这一年对我来说也是刻骨铭心的，不满 16 周岁的我首次参加高考失利。无奈之下，只好一边回村务农，一边利用农闲时间自学。

1980 年 7 月，我参加全国高考并被山东经济学院财务会计系录取，当收到录取通知书时，兴奋之余带着一丝忧愁：高兴的是终于考上大学，没有辜负这些年的努力和付出；忧愁的是不清楚会计专业是干什么的，村里的老乡们都认为会计就是记工分的。学会计也需要上大学？我的种种疑惑一直到入学后才慢慢解开。1980 年全国高考录取率仍然非常低，当年山东高考的录取率不足 3%。

张涛简介：张涛，教授，硕士生导师，CPA。山东省有突出贡献的中青年专家、山东省教学名师。国家级一流本科专业（财务管理）建设点负责人，国家级一流本科课程"财务管理"负责人，教育部评审专家，ACCA 国际认证教指委委员。主持国家社科基金、省部级课题 10 余项。在核心期刊发表学术论文 50 多篇；出版学术专著 8 部。主编国家级规划教材《财务管理学》等 20 多部教材。获得省"科技进步奖"二等奖、省"社科优秀成果奖"二等奖、省级优秀教学成果一等奖、省高校优秀教材一等奖、山东省"优秀研究生指导教师"等 30 多项奖励。

20世纪80年代的中国处于改革开放初期，百废待兴，人们虽然比较贫穷，生活仅仅是解决了温饱问题，但是精神世界是向上的。中国刚刚从10年"文化大革命"中解脱出来，人们对中国未来的发展充满期望。

中国政府开始把工作中心转向经济建设，提出逐步建立有计划的商品经济体制，整个发展重心转向社会主义经济建设。政府开始重视经济核算和经济效益。1980年，财政部恢复会计制度司，同年，中国会计学会成立。各高等院校开始恢复和开设会计专业。同时，讲效率、重利润的思想开始出现。

在这一背景下，我开始了大学生活。

二、步入大学：人生的转折

1980年9月9日我带着简单的必备物品，和父亲一起来到位于省城济南市天桥区堤口路的山东经济学院报到。记得当时天刚刚下过雨，学校前的路非常泥泞。我办理完报到手续后，来到宿舍。当时住宿条件非常简陋，宿舍是教室改造而来的，14个人1个房间，床是上下铺。校园很小，大概几十亩地，一楼是财务会计系办公室、图书馆等区域，二楼是宿舍，三楼是教室。整个教学和生活条件是很差的，但是没有一个同学埋怨，因为在当时，能够进入大学已经是非常幸运的事情了。同学们都憧憬未来如何度过大学4年的学生生活，我们一门心思地只想着怎么学好会计，如何顺利完成学业。

我报考会计专业纯粹是偶然的，并没有特定目的。拿到录取通知书，看到是山东经济学院财务会计系商业会计专业时，我都不知道会计是什么、也不知道将来学什么，周围的长辈甚至认为会计就是村里记工分的人。我懵懵懂懂地带着一颗积极向上、奋进好学的心进入大学，开始了一生的会计生涯。

我学的是商业会计，当时我对会计一无所知。当时的教材基本上是根据苏联的核算体系编写的，我还记得一共学了三种记账方法：借贷记账法、增减记账法、收付记账法。

我们班一共40名同学，绝大多数是农村来的，大家都非常珍惜这来之不易的学习机会，4年大学基本上是真正的"三点一线"：教室、食堂、宿舍。20世纪80年代的青年思想单纯、积极向上、心系祖国、梦想成才，期盼着走向社会，服务于社会。

大学4年，我的学习成绩一直不错，还担任班团支部宣传委员。尽管生活比较艰苦，但我精神世界充满着欢乐。大学4年的学习生活，记忆中给我印象深刻的老师有3位：一位是我的班主任、后任山东经济学院院长的任辉老师，他先后给我们讲授"基础会计""商业会计"等专业课程，并带领我们毕业实习。任老师对课程内容非常熟悉，上课基本不看讲稿，一气呵成。另一位是给我们讲微积分课的老师，名字我记不清了，只知道他曾经是民国时期"国立中央大学"的教授，给我们上课时年纪大概60岁，他讲课生动、深入浅出，板书工整，时间把握非常准确，一节课下来黑板刚好被写完，尤其是他用沾满粉笔的双手擦中山装的样子，同学们感觉非常可亲可爱。还有一位是讲授"管理会计"课程的谢承基老师。当时，"管理会计"刚刚随着改革开放进入中国，没有教材，谢承基老师自己翻译国外教材，自己刻板油印，给我们上"管理会计"课就是用的他编写的油印教材，谢老师授课严谨、一丝不苟，毕业后我一直还保留着当时学习"管理会计"的课堂笔记，谢承基老师的治学态度和讲课风格影响着我的教学生涯。

三、走向社会：在困境中成长

我1984年7月毕业时正值中国改革开放初期，祖国一片欣欣向荣，百废待兴。当时，整个社会非常重视学历教育，而师资短缺是普遍现象。我被分配到济南市一所中专学校当老师，学校师资匮乏，办学条件极差。也正是这种艰苦环境极大地锻炼了我，使我学会理论联系实际，从书本知识走向实践。面对不同对象，学会了如何做到讲好一堂课，这为我今后一生的教学生涯奠定了坚实基础。

对于刚刚参加工作的我，1984年10月中共十二届三中全会通过的《中共中央关于经济体制改革的决定》直接影响我的学术生涯。该决定指出："我国实行的是计划经济，即有计划的商品经济。"

1985年9月，中国共产党全国代表大会通过的《中共中央关于制定国民经济和社会发展第七个五年计划的建议》对"社会主义商品经济"的具体内容作出了明确界定。

1986年10月以后，中央越来越倾向于认为，搞活企业才是经济体制改革的出发点和立足点。而且认为，这是中国改革的基本理论和基本实践，不能动摇。此后，在国有经济中推行企业承包责任制就成了改革的主线。

整个20世纪80年代，对我而言是苦并快乐的阶段，是我吸收知识、积累经验、观察社会、了解人生的关键时期。这一时期的积淀为我日后提升学术研究水平奠定坚实的基础。

四、进入山财大：开拓新天地

20世纪90年代是我国经济从有计划的商品经济向市场经济转型的年代。

整个20世纪90年代，也是中国高等教育高速发展的时期。在这一背景下，我的教学生涯也迎来重要转折。

在中国经济改革春风的吹拂下，1990年6月，我正式调入山东财政学院会计学系，成为会计学系的一名教师。同年，我也成为一名父亲。可以说，自己的人生开启了新的征程。1990年的会计学系教职工总共有20多人，大多是20多岁的年轻人。我加入后担任山东财政学院唯一一个（第一个）本科班（88级会计）的班主任，担负起为国家培养经济建设人才的重任。入职山东财政学院后，我迅速进入角色，为会计学系和其他相关专业本科生开设"商业会计""管理会计""财务管理"等专业核心课，成为青年教学骨干。整个20世纪90年代，正是中国经济改革的关键时期，我结合中国经济改革实践，将课堂教学与中国经济发展相融合，不断创新教学方法，更新教学内容，教学效果优秀。我也深受学生喜爱，在学校组织的教学评价中，多次名列全校第一，曾经连续9年被评为学校优秀教师。

（一）积极参加中国会计制度改革，做好新会计制度改革的先锋

新中国成立以来，在会计改革方面真正具有分水岭意义的是1992年以"两则""两制"的颁布为代表的会计改革。彼时不同行业、所有制和组织形式的企业适用的会计制度不同，即不同性质的企业执行不同的会计制度，导致企业之间财务信息不可比。1992年11月30日，财政部发布了《企业会计准则》，其定位是作为基本会计准则，与国外准则体系中的概念框架有相似之处，都是原则性规定，不涉及对具体会计事项的确认、计量和报告。为了能够指导企业具体核算，财政部还发布了《企业财务通则》，并陆续发布了13项具体行业会计制度以及10项具体行业财务制度，这就是通常所说的"两则""两制"。就此，我国形成了会计准则和会计制度并行的"双轨制"局面。这段时期我国会计体系的特点是，以《会计法》为顶层设计、以"两则"为制度基准、以分行业企业会计制度为具体规范。

会计基本准则出台后，财政部积极组织专家小组开始推进具体会计准则的建设工作。

1992年，我作为山东省唯一高校代表，参加了财政部举办的全国"新会计制度培训班"。回来后，我对山东省省直部门、17个地市的财政、税务部门进行全员培训，推动了山东省财税体制改革和新旧会计制度衔接，为山东省经济建设和发展做出了贡献。

（二）创办理财学专门化（财务管理）本科专业，为国家经济建设储备人才

在计划经济时期，以及经济改革开放初期，中国始终坚持大会计观，即会计包括财务，换句话说，至20世纪90年代中国实际上是没有财务管理的，国家财政承担了企业财务的角色。随着中国特色社会主义市场经济的发展，会计与财务不分的缺陷越来越明显，中国建立自己的财务管理体系成为必然。

在这一经济背景下，1994年，作为理财学专门化本科专业的创始人，我组织老师申报理财学专门化本科专业并获得教育部批准。山东财政学院成为全国高校首批开办理财学专门化专业院校之一，为后来财务管理专业和学科建设奠定了基础，也奠定了今天山东财经大学财务管理专业在全国的地位。

（三）组织召开全国理财学学科建设理论研讨会

1996年，山东财政学院会计学系主办全国第二届理财学学科建设理论研讨会，我作为主办方的主要发起人，组织保障了研讨会的顺利召开。来自全国30多所高校的教师聚

集在一起，共同探讨中国财务管理学科的未来发展，为学校后来设立财务管理专业打下了基础，也奠定了学校在全国财务管理学科建设中的核心地位。山东财政学院会计学系也由原来单一的会计学本科专业，发展到设有会计学、财务管理两大本科专业和会计电算化、审计等专科专业的会计学院。

（四）获得"山东省科技进步奖""山东省有突出贡献的中青年专家"称号

经过多年的学术积累和沉淀，2005 年，本人所撰写的首部学术专著《企业绩效评价研究》获得"山东省科学技术进步二等奖"，那是当时山东财政学院建校以来获得的首个由政府颁发的最高级别奖励。后来，我的多项学术成果获得山东省社科二等奖、三等奖、省科技进步三等奖等奖励。2009 年，我获得山东省人民政府颁发的 2009 年度"山东省有突出贡献的中青年专家"荣誉称号，我也成为山东财政学院从建校至合校前唯一一个由本校培养的中青年专家。这两个高水平奖励是我个人的荣誉，更是学校的荣誉，有利于提高学校的社会声誉和促进学校发展。

在山东财政学院以及山东财经大学工作的 30 多年间，自己教学业务水平和管理能力得到极大锻炼，从一名普通教师，逐步成长为一名"双肩挑"的干部。我先后担任财务管理教研室主任、会计学系副主任、会计学院副院长、教务处副处长、会计学院党委书记，为学校教学和学科发展贡献了一份力量。

（五）《财务管理学》教材入选教育部"十二五"国家级本科规划教材

教学的关键在课堂，课堂的核心为教材，经过多年的建设，我主编的《财务管理学》及相应的学习指导书入选教育部"十二五"国家级本科规划教材、财政部"十三五"规划教材。

（六）专业、课程建设获得显著成效

经过多年的学科建设和专业建设，在学院同事们的共同努力下，山东财经大学财务管理本科专业入选首批（2019 年）国家级一流专业建设点。"财务管理"课程入选首批（2020 年）国家级一流课程。作为财务管理专业和课程的负责人，我感到很欣慰。

五、生命之歌：不忘教师初心，坚守一份责任

"认真讲好每一堂课，做一名有良知的好教师"，这是我从事教学工作近 40 年的座右铭，也是我一直秉持的教学理念。教学是一门科学，更是一门艺术。尽管教学已经近 40 年了，课不知讲了多少遍，但是我在上每一堂课前，都会认真准备上课的每个细节，认真修改教案、课件。在课堂上，我不但给学生讲清楚每个知识点，而且会明确告诉他们为什么是这样的。我很重视学生思维方式的训练，注重培养学生运用知识解决问题的能力。

教师是一份职业，更是一份责任。在一生中，每个人都面临纷繁的选择，受到万事

在国外访学留影

万物的干扰和阻碍。无论外界的社会如何跌宕起伏，我作为一名教师都对心底真诚，坚守责任。内心没有了杂念和疑问，才能勇往直前，实现自己的梦想。

回想自己几十年的教学生涯，真的是感慨万千。从20世纪80年代初任教职起，我经历了中国改革开放40多年波澜壮阔的历程。

40年，相对于人类发展的历史长河，弹指一挥间；40年，相对于一个五千年悠久历史的文明古国，沧海一声笑；40年，相对于中华民族的百年强国梦想，亦并不长久。

1978年，伴随着改革开放的号角，我首次参加高考，40多年过去了，如今我早已过了知命之年、临近耳顺之年。教学上渐渐聚积了丰富的经验、学术研究上也小有成就，时常被人称为"知名学者"，尽管我获得若干诸如"山东省教学名师""山东省有突出贡献的中青年专家"之类的称号，但我从不敢以此自居。我一直信奉认真教书、坦荡做人的原则，虔诚、专注地上好每一堂课，扎实、谨慎地做好科学研究。夜深人静时，自己在灯下敲打着键盘，字符在有节奏的打字声中跳跃着，文字在不断地堆积，最终变为散发着油墨香味的书稿，洒落在自己走过的人生之路上。

从教40年，我一直从事财务理论与应用领域研究。随着专业研究的深入，才发现自己刚刚接触到财务的一点皮毛。中国经济改革开放已经40年有余，其间，社会主义市场经济体制确立，中国目前已成为世界第二大经济体，多面经济指标名列全球第一。作为市场主体的企业所面临的外部环境和内部条件也发生了巨变。面对这一革命性变化，作为市场主体的企业该如何应对？中国企业的财务应该向何处走？进行财务决策应该考虑哪些因素或者问题？等等。我不停地在思考、学习、吸收借鉴其他学者的相关研究成果，把着眼点放在西方财务理论与中国财务实践如何融合问题上。

中国企业财务问题与市场成熟国家的企业相比，既有相同点，更有其特殊性。中国市场经济发展的不平衡、资本市场信息的失灵、证券市场估价机制的不完备、企业法人治理结构的缺陷、"内部人"控制行为、管理层财务决策的主观性、利润分配机制随机性等等都给研究增加了许多不确定性。面对浩瀚如烟的文献资料，我不敢有半点懈怠，教学中一丝不苟，学术上探究追真。集中精力，用心整理各种数据资料，仔细斟酌梳理不同的学术观点，力求验证各种观点结论的正确性。几十年间，我接触到大量经济学、管理学的前沿理论，同时也深感自身知识的欠缺。这种感觉促使我自始至终以一种虔诚的心态面对教学和研究。中国财务实践领域就像"百慕大"，充满各种难解之谜——"治理结构与控制权争夺""资本结构与融资约束""混合所有制与制度创新"等，但同时又吸引众多"探险者"纷至沓来。尽管自己在财务领域已经耕耘多年，也积累了一些心得，但面对既熟悉又陌生的财务学，依然在坚持探索，不敢懈怠半步。

一年四季中，济南的秋天是最美的。老舍先生是这样赞美济南的秋天："那城，那河，那古路，那山影，是终年给你预备着的。可是，加上济南的秋色，济南由古朴的画境转入静美的诗境中了。这个诗意秋光秋色是济南独有的。上帝把夏天的艺术赐给瑞士，把春天的赐给西湖，秋和冬的全赐给了济南。""在秋天，水和蓝天一样的清凉。……那中古的老城，带着这片秋色秋声，是济南，是诗。"

泉城济南，我出生并工作的故乡。生活在这个被数不清的泉水泡大的城市中是多么惬意、多么自在。沏上一壶用山泉水浸泡的清茶或者冲一杯散发着浓香的咖啡，看着即将付梓的书稿，任思绪在历史长河中自由荡漾，让心灵在无限的空间自由飞翔。

转眼之间，自己临近耳顺之年。山东财经大学建校70周年暨合并建校10周年校庆之际，也是本人退休之时。为纪念这一特殊的日子，做拙诗一首，作为献给山东财经大学的一份礼物。

我与改革同行

积淀：厚积薄发

1978年，不满16岁的我

首次参加人生中的高考

没有关注，没有掌声

怀揣对未来的追求

走向人生转折的考场

改革的春风

陪伴我度过大学时光

知识的渴望，命运的转折

使我们忘记了生活的清贫

青春的记忆

放飞我们的梦想，追逐人生的希冀

简陋的教室，朴实的语言

带给我们的是知识的源泉

粉末落满老师的衣衫

智慧流进学生的心田

奋进：锤炼人生

改革的艰辛，荆棘的路途

困惑着国人前行的步伐

伟人南方谈话，讲述春天的故事

冲破黎明前的黑暗

开放的胸襟

给予超越自我的勇气

勤劳的人民，奋进的激情

用双手改变了中国，影响了世界

睿智的学子，年轻的心境

用智慧开拓未来，创造奇迹

三十而立之年

肩负为人师表之重任

开放的国度，深情的人民

海纳百川，吐故纳新

信念：不辱使命

身为师者，使命在身

育人之本，历史重任

使我不敢有一丝懈怠

千禧之年，叩希望之门

教师的天职
坚定解惑育人的理念
责任与道德
使我更加勤奋、更加忘我

新的世纪，新的目标
未来向我们伸出希望之手
拼搏是我们立足之本
创新是我们生命之魂

梦想：初心永守
中华之梦，奥运圣火燃遍中华
时代的召唤
诞生了世人期待的山东财经大学
新的起点，新的追求，新的希望

新时代的中华大地
处处生机勃勃，硕果丰盈
祖国的强盛
需要众人辛勤地付出
秋季的收获
来自春天的播种、夏日的耕耘

不忘教育初心，守望教育使命
未来的航船
需要舵手的指引
巨龙腾飞，百年中国梦
有待中华儿女共同奋进

我记忆里的山财大：点滴印象

朱德胜

一、我读大学时代的母校记忆

我 1984 年参加高考，被山东经济学院财务会计系工业会计专业录取。我们那一级财务会计系共招生 3 个班，其中 2 个工业会计班，1 个商业会计班。我所在的班是 1984 级工业会计 2 班，全班 43 名同学，其中 10 名女同学、33 名男同学，与现在会计专业的性别结构正好相反。那时整个财务会计系的在校生只有 6 个班，学校 1981 级财务会计系没有招生；1982 级招了 1 个工业会计班和 1 个商业会计班；1983 级只有 1 个工业会计班。我们刚入校时，1984 级新生占全部在校生的半壁江山，校园里到处充满了青春和欢乐。每逢国庆、元旦等节日，各个班级便组织同学在一起联欢，系里的学生会也会选拔优秀节目在各班级巡回表演。我记得同学们过节基本上都不回家，一是那时交通不便，往返时间太长；二是手头也都比较拮据，往返的交通费对于那个年代的大学生来讲不能不在乎。当年填高考志愿时，我主要考虑省内高校，其中节省往返交通费不能不说是一个重要的因素。

那时我们的学校位于济南市天桥区胜利庄路 1 号，与山东矿院济南分院（山东科技大学的前身）共用一个校园。校园面积不大，印象中属于山东经济学院的只有一栋楼，这栋楼既是学校的教学楼，也是行政办公楼，还是图书馆和阅览室，甚至我们 1984 级新生的宿舍也在这栋楼上。后来，我读大二的时候，我们的宿舍才从办公楼上搬到了后面的联排瓦房。无论是楼房还是瓦房，条件都极其简陋，不仅没有空调，冬天连暖气也没有，入冬季节学校会给每个班发一只烧煤的炉子和一定数量的煤炭解决取暖问题。20 世纪 80

朱德胜简介：朱德胜，教授，管理学博士，中国资深注册会计师，现任山东财经大学 MPAcc 中心主任兼会计学院副院长，硕士研究生导师，山东省和济南市高层次专业技术人才，兼任第二届会计教育专家委员会理事，中国资产评估协会理事，中国总会计师协会理事，中国会计学会财务成本分会理事，山东省会计学会常务理事，山东软科学研究会监事长。在《经济管理》《南开管理评论》《经济学动态》《经济与管理评论》等期刊发表论文 60 余篇。主持或主研国家社科基金、教育部、山东省社科基金、财政部省部合作等课题 9 项。出版学术专著 1 部。主编教材 3 部。获得山东省科技进步二等奖 2 项，山东省社科优秀成果二等奖 1 项，中国会计学会优秀论文奖 2 项，山东省高等学校人文社会科学优秀成果奖 2 项，山东财经大学优秀科研成果一等奖 1 次，优秀教学成果一等奖 2 次。

年代，蔬菜大棚还没有普及，冬天的蔬菜极为单调，主要是萝卜和大白菜，偶尔会有冬瓜和土豆，家庭条件好点的同学偶尔会买一份炖排骨或者炸带鱼，全宿舍的同学都像过节一样热闹。

当时是物质极其匮乏的年代，国家和学校根据每个同学的家庭条件会核定发放不同数额的大学生助学金（11～18 元），这些钱能够满足我们的基本生活需要，我享受的是 11 元助学金标准（每月发 3 元饭票、8 元菜票）。那是一个一切都要凭票的年代，别说没有钱，即便有钱没有票，啥也买不到。我的家乡是山东省聊城市的莘县，聊城是革命老区，莘县当时是全国贫困县，由于家里穷、穷怕了，所以我极担心老师、同学们看不起我，当班主任了解家庭经济情况时我尽量往好了说。我考上大学那年，父母坚持要来学校送我，说是送我上学，实际上他们也想趁机开开眼界。尽管从我家到济南只有 180 千米，但他们平生还从来没有到过省城。去一趟省城可不是小事儿，花钱不说，需要凭我的大学入学通知书到生产队和人民公社开介绍信，否则无法离开户口所在地。在学校报了到之后，我们买了 5 分钱的公交车票坐到大观园，然后从大观园一路向东，步行穿过经四路、共青团路和泉城路。那也是我父母第一次来到省城，第一次感受城市的繁华。

近 40 年过去了，当年老师们课堂上讲课的风采、音容笑貌依然历历在目，谢承基、王汉雄、任辉、刘学颜、魏增琛等老师的课都十分受同学们欢迎，这些老师理论水平高、实践经验丰富，当时也正值中年，风度翩翩，颇受大学生崇拜。同学们的课外活动也是丰富多彩的，从中学来到大学，作业少了，有了更多的时间根据自己的兴趣去参加一些社团活动。那个年代国家正处于改革开放的初期，农村实行了家庭联产承包责任制，城市经济体制改革、文化教育体制改革、对外开放搞得如火如荼，学校以及整个社会都是一片欣欣向荣的景象。那个时代的大学生被称为天之骄子，同学们大多都有修身、齐家、治国、平天下的家国情怀。课余时间看电视，电视里播放的都是电视剧《霍元甲》《陈真》，以及与中国女排、中国男足等相关的令人积极向上的节目，课堂内外的整个校园里都充满了正能量。当时的中国男足还是亚洲一流，与伊朗、沙特阿拉伯国家队水平相当，在东京也是可以战胜日本队的，不像现在已经沦为东亚二流了，客场能战胜菲律宾队都十分难得了。

二、我的教师生涯从山东财政学院开始

1988 年大学毕业那年，山东经济学院的绝大多数师生都搬迁到了新校区（现在的山东财经大学燕山学区），只有财务会计系还留守在胜利庄。山东财政学院刚刚成立不久，正在广揽人才，我也被分配到了山东财政学院工作。我应当是第一个到山东财政学院工作的山东经济学院毕业生。山东财政学院的校园选址在金鸡岭脚下，当时是一片正在建设的大工地。学校的行政办公和教师住宿就租住在济南植物园（现泉城公园）北侧临近

经十路的十几间旧瓦房里，新来的教师就住在最北侧的一排瓦房，遇到雨雪天房顶漏水的话屋里满是泥泞。学生上课环境要好得多，学校借用了千佛山南路上济南市委党校的教室。当时全校学生一共是 2 个班，不超过 100 人。我到单位报到时全校教职工有 50 多人，会计学系只有 10 人左右，主要是刚分配来的大学生，还有少量从部属院校和省内高校调来筹建学校的干部和教职工，整个会计学系只有系主任郭惠云老师和何新国老师在 45 岁以上，教学秘书吕艳菊老师三十七八岁的样子，其他教师都不足 30 岁。

朱德胜在校园一角

山东财政学院属于财政部部属院校，受财政部和山东省双重领导，省里和部里领导对山东财政学院的建设和人才培养都极为重视。记得每年的教师节黄可华副省长都会出席学校的活动并讲话，师生都颇受鼓舞。建校初期，省内的山东大学、山东师范大学等高校对口支援基础课部，上海财经大学等 5 所财政部部属院校对口支援专业系部，学校坚持做到了高起点办学。到了 20 世纪 90 年代初，山东财政学院的基本建设已经完成，办学条件、教职工宿舍、学生住宿等当时都属省内一流，3 栋教学楼、大礼堂、图书馆、体育馆、游泳馆、标准体育场等一应俱全。我作为年轻教师也分到了 2 室 1 厅的房子，在 20 世纪90 年代住房商品化改革以前，山东财政学院的教职工住房条件是颇为令人羡慕的，有不少省内外的学者和国内著名高校的研究生纷纷来到山东财政学院任教。

建校初期，山东财政学院会计学系由上海财经大学对口援建，上海财经大学会计学系系主任石成岳教授兼任山东财政学院会计学系系主任，上海财经大学会计学系副主任周勤业教授兼任山东财政学院会计学系系副主任。会计学专业的人才培养方案、教学大纲、教材选用、教师引进等由上海财经大学负责教学的周勤业副主任把关，新进教师必须首先到上海财经大学进修学习，经考核合格后方可担任课程主讲。丁晓东老师、曹淑晶老师是和我一起去上海财大进修学习的，读的是助教进修班，丁晓东老师主修中外合资经营企业会计，曹老师和我主修审计学，那是一段非常美好的记忆，上海财大的教学、科研氛围给我们留下了深刻的印象。山东财政学院会计学专业1988级、1989级学生的专业主干课程都由上海财经大学的教师担任主讲，本校老师担任助教。上海财经大学会计学系主任石成岳教授、副主任周勤业教授，后来担任上海财经大学校长的汤云为教授、担任副校长的孙铮教授、博士生导师朱荣恩教授等都曾长期在我校教授本科生课程。周勤业教授还带领刘长翠和我编写了第一本《审计学》教材，看到自己写的东西变成铅字被同学们奉为教科书，自然更加感到教师这份职业的神圣。因为当时交通不便，飞机航班极少，济南到上海的火车单程需25小时，担任课程的老师们通常9月初来到济南，至寒假才能回到上海，向那个年代支援山东财政学院教学与建设的上海财大的老师们表示衷心的感谢和崇高的敬意！

1993年，"两则""两制"① 发布，自当年的7月1日起在全国范围内正式实施。在那之前的几十年里，我国一直实行高度集中统一的计划经济制度，在财务会计制度的设计上，按照企业不同的所有制形式，分行业制定财务会计制度。当国家决定在我国建立社会主义市场经济体制以后，财政部率先对企业财务会计制度进行改革，出台了适应市场经济要求并与国际接轨的"两则""两制"。"两则""两制"的实施对大学的会计教育既是机遇也是挑战。一方面，我们读大学时学过的知识与方法体系面临着全面的淘汰，要接受西方的财务会计制度和方法体系从思想上要有一个转变的过程；另一方面，全社会都要学习、执行新的财务会计制度，大学的会计学系、会计专业教师有义不容辞的责任率先垂范，并对山东省数以百万计的企业财务会计人员进行新财务会计制度培训。后来合校后，山东财经大学的第一任校长刘兴云教授，当时是山东财政学院会计学系系副主任兼会计培训中心主任，带领大家学习新准则、新制度，编写新教材，赴全省各市地举办学习班，讲授"两则""两制"精神，丁晓东老师和我当时都是讲课的主力，我们跑遍了山东省的所有地市和大部分的县。此外，会计学系还与山东省注册会计师协会联合举办注册会计师考前培训和后续教育培训班，与山东省国有资产管理局联合举办的资产评估培训班也办得如火如荼。这些培训活动既满足了企业会计人员素质提升的需求，又锻炼了青年教师，提高了学校的社会声誉，同时为会计学系创收做出了很大的贡献。在当年国家财政困难、教育拨款极为不足的情况下，各系部的创收构成了办学经费的重要补充。

印象中是在2002年，会计学系变成了会计学院，綦好东教授是第一任会计学院院长，綦好东教授是由于科研能力突出，被学校从山东农业大学引进的。綦院长的到来逐渐改

---

① "两则"指《企业财务通则》和《企业会计准则》；"两制"指与"两则"相配套的行业财务制度和行业会计制度。

变了学院的科研氛围，带动了老师们对科研工作的重视，大批的青年教师去名校攻读博士学位也是从那时开始的。2004年綦好东教授升迁做了学校的副校长，我在完成博士学位论文的过程中，每当遇到困难，总能得到綦好东校长的鞭策和鼓励。2007年学校对学院领导班子进行调整，张涛教授任教务处副处长，曲吉林教授任会计学院院长，我任会计学院副院长，赵道明任学院党委书记，付亚任学院党委副书记。刚开始学院班子没有配齐，只有我一个副院长，所以无论是本科生教学、研究生教学，还是学院的科研工作、学科评估工作等我都要去抓。那时正处在高等教育大变革的时代，教育部、山东省教育厅不断出台高等教育改革的文件，学校为了不被时代所抛弃，就必须跟上时代前进的步伐，我负责组织材料，为会计学专业申报了山东省品牌专业、山东省特色专业、山东省省级教学团队、教育部特色专业、国家级人才培养模式创新试验区等项目。做这些工作辛苦归辛苦，现在回忆起来，还是觉得收获满满。大约是到了2009年，学校任命丁鸿雁为会计学院副院长，分管本科生教学，极大地减轻了我的工作压力。丁鸿雁算是我的学生，是山东财政学院毕业留校的，人很聪明，工作很有思路又注重工作方法，干起工作来自然富有成效。

三、山财大是我的母校也是我的骄傲

山东经济学院与山东财政学院于2011年7月合并筹建成立山东财经大学，两个学校的会计学科都是山东省重点学科、山东省品牌专业、教育部国家级特色专业。因两校合并多校区办学，孙文刚副院长和丁鸿雁副院长两人分管本科教学，分别负责合校前山东经济学院和山东财政学院的学生。合校初期，我在会计学院分管科研和研究生教育，后来王守海作为院长助理分管科研，我就只分管研究生教育工作。2014年7月至2018年3月，我担任会计学院常务副院长。2018年4月学校成立了MPAcc中心，我担任中心主任兼会计学院副院长，主要分管MPAcc教育、在职研究生教育和社会培训工作。在国务院学位办和全国会计专业学位教育指导委员会组织的2014年专业学位点合格评估和2016年的水平评估中，我们都取得了不错的成绩。山东经济学院和山东财政学院都是在2010年获得会计硕士（MPAcc）招生资格的，2011年开始招生，两校合计招了32人。之后招生规模逐年扩大，目前会计学院的学术硕士有会计学、财务管理、审计学3个招生专业，专业学位硕士点有会计硕士、审计硕士、资产评估硕士3个。会计硕士（MPAcc）就有全日制和非全日制两类。会计学院已经建立了覆盖会计学、财务管理、审计学、资产评估、智能会计等相关专业，从本科、硕士到博士的完整的人才培养体系。

我参与组织了会计学院第四轮学科评估工作，这是会计学院、也是山财大发展历程中的一件大事。在第四轮学科评估中，会计学院和工商管理学院共同支撑了"工商管理"一级学科的评估材料，全国共有241家单位参评，其中高校240所，科研院所1所。具有

"博士一级授权"的高校参评率为 96.9%。从学科整体水平层面看，山东财经大学的"工商管理"一级学科在参评的 240 所高校中，学科整体水平位列 B＋档（位次区间位 25～48）。从省内其他 10 家参评高校来看，山东大学在 A－档，排名在山东财经大学之前，其他 8 所高校均在山东财经大学之后，中国海洋大学在 B 档，济南大学在 C＋档，其他省内参评学校在 C 档及以下。

自 MPAcc 专业学位硕士点获批以来，会计学院共招收 MPAcc 研究生 983 人，其中全日制 MPAcc 研究生 742 人、非全日制 MPAcc 研究生 241 人。非全日制学生利用周六、周日或节假日上课，除了安排本校教师讲授基础课、专业课，学院还聘请政府、企业界人士举办讲座、报告或承担部分课程。近年来，MPAcc 中心举办 MPAcc 大讲堂 29 场、MPAcc 案例大赛 3 期。开设课程注重理论联系实际，先后有朱德胜、王守海、杨明增、张志红、朱磊等教授主持的 5 门 MPAcc 课程案例库获得山东省专业学位研究生案例库建设立项，张志红、邵春燕、朱磊、汪冬梅、王春燕等老师编写的 10 篇 MPAcc 教学案例入选中国专业学位案例库，张志红教授的案例还被评为全国优秀教学案例。我校首届 MPAcc 毕业生许甲强同学的硕士学位论文获得 2013 年全国优秀会计专业学位硕士论文，继许甲强之后，朱德胜教授指导的 2020 届 MPAcc 毕业生苏方舟的硕士学位论文再次被评为全国优秀会计专业学位硕士论文。

作为 20 世纪 60 年代生人、20 世纪 80 年代的大学生，我经历了"文化大革命"，经历了改革开放，有幸见证了伟大的祖国由贫穷到富强，见证了母校的发展与变迁，由衷地感叹我们是最幸运的一代。经过 70 年的发展，凝聚了几代人的努力，山东财经大学会计学院已经建立起一支结构合理、素质精良、充满活力、具有国际视野、富有合作意识和具备创新精神的师资队伍和管理团队，已经成为山东省及周边地区经济与社会发展的重要的会计人才培养基地。真诚地祝愿我们的祖国更强大！祝福母校更美好！

我的大学

王　敏

对于大学，估计每个人都会有不一般的回忆，毕竟它在每个人一生中都是最青春、最芳华的年代。往事如烟，但大学时的情形仍历历在目，仿佛就在昨天一般。

1979年9月9日（大约这个时间），18岁中学毕业的我，第一次离开德州的家人，前往我心中特别遥远但实际距离又很近的山东经济学院所在地——济南。1979年的山东经济学院是"文化大革命"结束后恢复招生的，当时的校址是天桥区无影山，我的大学4年都是在那里度过的。

会计专业出身的都清楚会计非常强调信息的可比性，可是拿可比性审视当时的大学与现在的大学，几乎没有任何的价值。

一、迈进大学门槛的艰辛

日常生活中经常有这样的情形：一件事情的难易在事情发生时我们当事人可能并没有感觉，可回头一看，尤其是过了40多年后，才发现其中的艰辛，最典型的莫过于迈进大学门槛，当时的高考录取率极低。1977年的5％是"文化大革命"之后历史上最低的高考录取率，紧跟其后的便是我们1979年的6％（如果不考虑后面的补录。实际上1979年应该是恢复高考后录取率最低的年份）。想起了那个年代人们闲谈碎语中常有的一句"他（她）找对象找了个大学生"。这句话放在现在来看，是多么得可笑！但它却印证了当时大学生的稀有。

王敏简介：王敏，会计学院教授（四级），1961年生，1979年考入山东经济学院财务会计系，1983年毕业后被分配到山东省商业学校会计教研室任教；1994年调入山东财政学院会计学系任教；2021年5月退休。在校期间，讲授基础会计、会计学、金融业会计、国际会计、税务会计、中级财务会计、高级财务会计等课程；常年为财政系统、税务系统等机构培训会计类知识；常年录制会计人员后续教育课程。参加过财政部"九五"重点研究课题一项（"基础会计CAI"）；主持山东省重点应用研究课题数项；主持山东省社科联会计专项研究课题数项；主编《基础会计》《会计学》《中级财务会计》《金融业会计》《高级财务会计》等教材。

二、人员结构失调

1979 年的山东经济学院处于"文化大革命"之后刚刚恢复招生时期，从整个学校师生结构来看，应该是教职工人数大于学生数。因为只招收了 2 个班，1 个是工业会计专业，1 个是商业会计专业，我读商业会计专业（那个年代我国商业会计采用增减记账法）。整个学校就 104 名学生。

而从男女生比例来看，也与现在恰恰相反，当时入学的 2 个班，每班 52 名同学，每班女生只有 10 名。

特别值得一提的是，那个年代同班同学之间的年龄差距很大，以至于有年龄小的女生叫年龄大的女生"小姨"，或者叫年龄大的男生"叔叔"……

三、高起点的学习热情

"文化大革命"10 年，耽误了很多人的青春，学业也荒废了。可能是憋得太久了的缘故，进入大学后，大学生们迸发出的学习热情极高，而且基于那个年代的政治经济环境，大家对为什么读大学、怎样度过大学的美好时光，定位与起点都是极高的，诸如"国家靠我们去建设""天将降大任于斯人也""为祖国健康地工作五十年"……总之，大学生会将自己的未来与国家的命运紧紧地联系在一起，树立起的人生观也常常是：我们有责任去建设祖国，我们责无旁贷，国家要靠我们努力学习、努力奋斗来支撑！

如此看来，年代不同了，但大学生高昂的学习热情貌似和以前一样，但总觉得那个时候的学生和现在的学生相比，学习态度和学习热情是完全不同的两回事，存在着本质上的差别。

四、重大的人生机遇

20 世纪 70 年代末 80 年代初，我国正值改革开放初期。"知识改变命运"这句话在我们那一代大学生身上得到了淋漓尽致的体现。诚然，我们是当之无愧的首批受益者。恢复高考和改革开放，无不从各个方面给我们带来了机遇与挑战，尤其是对于大部分来自农村的同学们来说，更多的是带来了重大的人生机遇及人生的转变，那种转变是翻天覆地似的"鲤鱼跳龙门"。所以，时代的变迁，人生的机遇，在我们那一代大学生身上留下了极为明显的印记。

五、较多的条条框框约束

基于当时的社会环境，尤其是入学初期，受一些守旧思想的禁锢，学校对我们学生条条框框的约束还是蛮多的。比如，学校对刚入学的我们有几不准，大学期间不准谈恋爱、不准穿高跟鞋、不准穿喇叭裤……邓丽君的歌曲在当时也属于"靡靡之音，不堪入耳"，以至于我们女生曾借同班一位男同学的录音机回宿舍偷偷听邓丽君的歌曲。在穿衣方面，记得当时去学校报到我还穿了件带补丁（胳膊肘子部位）的衣服。有一件事情我印象特别深刻，就是在一个炎热的夏天的下午，为了壮胆，我们班 10 个女生将事先商量好一起买的一模一样的连衣裙（白底小蓝花）穿上，下午上课前一起排队进了教室，结果是全班男生目瞪口呆！

虽然学校不准谈恋爱，但怎能阻挡住正值青春期同学恋爱的脚步？不准明着谈，同学们就悄悄地谈，偷偷地谈。最终纸包不住火，被老师发现，结果毕业分配时只要谈恋爱的，要么分配两地，要么都去偏僻的地方，总之"没有好果子吃"。

六、极其简单的生活娱乐

20 世纪七八十年代的娱乐生活既单调又匮乏。记得刚入学的某个傍晚，大家围坐在教学楼前的一个电视机旁，观看大型舞蹈史诗《东方红》，还记得当时中国女排三连冠，我们班同学晚上搬着凳子去 1979 级工业会计班看女排比赛的现场直播。那时与家人朋友之间的联系几乎全靠写信，有时学校会组织大家排队去离学校最近的电影院（成丰桥）光明影院看电影。

那时的公交车也没有现在发达，更没有出租车一说。只记得几个女生一起从无影山的学校去山东体育馆看比赛或看演出，来回都是步行，以至于到了学校，大门早已关闭，我们几个女汉子爬大铁门才得以进校。

七、弥足珍贵的同学情谊

在最美好的青春年华里，结识从四面八方走到一起的大学同班同学，想必对每一个有过大学经历的人来说是缘分，更是一笔宝贵的财富。我们班同学也不例外。而且我感觉那时的同学之间，关系简单而又彼此贴心，甚至令人感动。

（一）军大衣被子

曾记得在 1979 年一个寒冷的冬夜里，有位家境困难的同学，身下铺的褥子单，身上盖的被子薄，安然睡眠都成了问题（这毫不夸张，没有经历过那段历史的大学生可能难以想象）。结果第二天早上起床时，从梦中醒来的那位同学却欣喜地发现不知什么时候自己身上又多了一件军大衣。原来这是有厚被子的同学半夜偷偷地把自己草绿色的军大衣盖到了那位同学身上，一定是哪位好心的同学在夜间上厕所时发现的！从此，那件军大衣在无数个寒冷的夜晚常常盖在那位家境困难的同学身上。可想而知，在那个物资匮乏的年代，对于家境不是很好内心敏感的同学来说，军大衣被子给他带来的岂止是身体的温暖！

（二）默默的陪护者

大学三四年级时，我因为在准备考研，常常需要在教室上晚自习到很晚才回宿舍。由于从教室回到宿舍的路既黑且过于安静，为了给我壮胆，班里的女生"老大"总是主动地天天陪我在教室自习。不管任何时候，只要我在教室里看书，不管再晚，总会有她的身影相伴，一直默默地守护……前些天我还跟她一起聊起这事，只是她说不记得了。是真的不记得了吗？

（三）削苹果和吃苹果比赛

班里同学中只有一个济南同学，其他全部都来自外地。济南的同学有一个削苹果绝技，小刀在他的手里转得飞快，苹果皮不断，一个苹果削完了，一条苹果皮还包在苹果上。以至于他削皮，葛东臣等其他同学吃，结果是削比吃快。不知道身怀绝技的这位同学手艺是否还在？失传了没？

（四）缝被子

在物资匮乏的年代，同学们来上大学，几乎所有的生活用品都要从家里带，大到被褥，小到水杯等。所以拆洗被褥，尤其是缝被子便成了众多男生的生活难题。在这个时候，心灵手巧的女生（尤其是桑丽霞同学）便会担当重任，主动为他们送温暖，帮助男生们拆洗被褥，帮助他们缝被子，甚至缝制破损的衣物。现在看来，这种事情好像是很久很久以前的事……

八、校园生活的记忆碎片

（一）半军事化管理

我们的校园不大，大约10分钟便能转一圈。按照学校的要求，我们每天早晨要起早跑操，围着教学楼一圈一圈地转圈跑。晚上要在教室上晚自习，大约每周进行一次小组政治活动，活动场所通常是所在小组的男生宿舍，我印象很深的是组长读报大家听。

（二）冬天值日生炉子

冬天，宿舍和教室都没有暖气，我们需要在教室里生炉子，大家按照行政小组轮流值日生炉子。只记得我们小组有的稍微皮一些的男生根本就不愿意干也不会干（年龄小也没干过），所以组长总是吃苦第一人。常常是快要上课了，炉子还没有点好，整个教室里"乌烟瘴气"。现在想起来既可笑又可悲……

（三）修操场的劳动周

记忆中的那个年代傻傻的事情很多很多，比如，那时每学期也有劳动周，但印象中虽然整个4年修过无数次操场，但总是修不好。因为地面是炉灰渣子，每次同学们都似拉马车般地拉着碾子转来转去……另外，那时也许是吃的油水少的缘故吧，我跟另一个女生在劳动周特能吃，每人每顿能吃3个馒头，只记得其他女生总会救济我俩馒头票。

山东经济学院会计系①八三届毕业生全体合影（三排左二为王敏）

（四）和睦的师生情感

不知是学校学生少还是那个年代的原因，总之，那时的师生关系更如同家人般温暖。老师几乎记得每位学生的名字，甚至行政后勤部门的非任课老师都记得。常有同学去老师家里做客，或去老师家聊天。男生中也有心灵手巧的，比如张世体和姚秀琦，他俩曾经到学校给南面二层楼（叫铁将军楼吧？）上单身住校的老师们提供理发服务，也给我们的辅导员赵纯梓老师理过一次头发。这事放在现在这个年代，且不说学生会不会理发，单说师生关系能有这么贴心吗？对于我来说，印象最深刻的事就是教英语的戴振林老师给我送过一本英文原版的书（记得是描写居里夫人的），我很后悔没有好好珍藏。

（五）毕业分配

在计划经济条件下，什么都是按计划来按计划走，包括毕业分配。工作包分配的体

---

① 虽然照片上显示为会计系，但当时学校官方叫法为财务会计系。

制也是一种和现在完全不同的体制，它是由当时的政治经济环境所决定的。怎么评价呢？往好处说，是每个人不愁没有工作，或者说工作在那里等你。印象中，1983 年 7 月毕业的我们大部分都做了老师，想必是因为"文化大革命"后社会上急需财会专业出身的师资吧。据同班留校在团委的林乐清同学回忆："我们这 100 个同学（注：入学时人数为 104 名，后来每班分别休学 2 名，最终毕业的为 100 名同学）的分配方案是由省长办公会研究的，是高校毕业生分配史上的唯一一例，这是我们 100 名同学的骄傲，当时的总基调是让我们到学校当老师，'老母鸡下蛋'，尽快地多培养经济类人才。"那个时候通常是把你放到哪里，就意味着在那儿一辈子，只是后来随着社会的变迁，经济的开放，许多同学换了工作。

（六）我的学业，我的老师

大学 4 年我们学过的课程，在我和同学们的集体回忆中，竟然一一呈现出来：

周树森：会计原理＋商业会计学。

李香亭、李迪如、左丁香：大学语文（李迪如老师讲的是古汉语说文解字）。

程振谓：财务管理。

刘道生：银行信贷学。

常公旺、李象存：经济法。

齐永平：商业物价＋商业经济学。

赵翠珍：商业企业管理。

侯昭群、王好民（助教：吕秀梅）：高等数学。

任辉：珠算。

谢承基：管理会计。

戴振林：英语。

章正源：经济活动分析。

潘正汇（助教：王克玲）：政治经济学。

尚士友、张生乐：哲学。

赵锡清：计算机。

贾民卿（篮球）、杨汝恒（体操）、李象存（长跑）：体育。

霍传贵：工业会计。

陈梦麟：逻辑学（陈梦麟老师自编了《墨辨逻辑》一书）

王洪谟（聘山东农学院）：农业会计。

石磊：国民经济计划学。

冯慧珍：统计学。

张文杰、任辉：审计学。

曹珂：财政学。

王洪翰：党史。

值得一提的是，在大学 4 年所学的所有课程里，教英语的戴老师讲课是最优美而浪漫的。哲学课成了我们心目中的经典！哲学最难讲，但我们却有幸遇到了两个最好的老师，他们为我们奉献了大学 4 年中讲课难度最大却讲得最出彩的课程，那就是尚士友老师和张生乐。两个老师的讲课各有风采，难分伯仲，尚老师慷慨激昂地讲，张老师不苟言笑地摇着头讲……他们都帮我们打下了比较坚实的哲学基础，使我们受益终身。而且每次上这样的哲学课我们都觉得时间过得飞快。现在我也做了老师，再回首 41 年前的哲学课，感慨我们的幸运，原来一门课程竟然能够达到如此精彩的程度，真是难以用准确合适的语言来描述！

今天，我也在母校当老师，想起大学时代自己的老师，除了敬佩，自己感觉非常惭愧，无论是学识还是治学态度，都与自己的老师差距甚远，举两例便可见一斑。当时谢承基老师教的"管理会计"，由于其课程的学习难度大，加之许多同学对相关知识领会不透，期末考试竟然有一半同学不及格，而且还有考 59 分的。而教"逻辑学"的陈梦麟老师，有一次上课用他那纯正的南方式普通话对同学们发火："我真不明白你们为什么不记笔记！"现在想起来感觉特别对不起老师的良苦用心！像谢老师的课程期末考试遇到的那种情况，对今天的我来说，我已经习惯了"59 分等于 60 分的做法"；至于逻辑学的陈梦麟老师那样的要求，我也难以做到，今天的我，也就是在开课时对同学们做一个基本的要求说明，至于后面学生记不记笔记我就不再管了。惭愧啊惭愧……在这个执笔难书的时候，我想发自内心地对这些老师们说一句：亲爱的老师您好，谢谢您，我们永远爱您！

从 1979 年 9 月迈进山东经济学院的大门，直至今天，时光已然过去了 40 多年。感谢那个时代，使我们有机会通过高考来改变命运；更感谢当时人性化的政策，使许多家境困难的学生通过享受人民助学金顺利完成了学业。母校，是我们人生启航的港湾，是我们永远的精神家园。

我清晰地记得上大学时采用的英语教材是许国璋编写的，书中有一篇文章是一封家书，文章的第一句便是"How time flies!"。是啊，时光流逝，时间在飞！

资料提供：1979 级商业会计班全体同学、1979 级工业会计班部分同学（于颖红、王树君、邱枫林）

忆母校

姜洪丽

我的母校山东经济学院于 1978 年复校。复校初期，整个大学就只有两个班，一个是 1979 级工业会计班，另一个是 1979 级商业会计班。后来我们会计学院的刘兴云书记、胡元木教授都是 1979 级的校友。母校 1980 年招了 6 个专业，分别是工业会计、商业会计、金融、外贸、统计和物资。1981 年学校会计专业没招生。1982 年招了 1 个工业会计班和 1 个商业会计班，我就是学校在 1982 年招进来的，是第三批会计本科学生。

我是地地道道的山东荣成的农村孩子，通过努力考到了济南这个城市，现在想想来时路上的心情，激动无比。现在的大学生报到都是爸爸妈妈、亲朋好友来送，我上学的时候家长只是把我送到烟台，然后我自己坐着火车到济南，到车站以后，学院统一把我们给领回学校。

刚到校的情景我还记忆犹新。当时的校址和山东矿院在一起，校园内一边是山东矿院，一边是山东经济学院。学校当时刚迁入新校区，但新校区还没建设好，老校区相对破旧，9 月份的时候校园的草长到一米多高，像农村的田地一样，且人烟稀少。跟我一起考来的还有两个老乡同学，我们初到学校见到学校外貌时的心情是特别沮丧的，心想咱们济南的大学怎么是这个样子呢？晚上看着校园里长得人高一般的杂草，失落感油然而生，这哪里是想象中的大学嘛？怎么还不如我们当地的中学呢？我们 3 个人坐在树底下哭，越哭越想家。后来慢慢地就适应了大学生活，现在想想还挺可笑的。

那时的财务会计系，1979 级有 2 个班，没有其他专业；1980 级有 2 个班；我们 1982 级也只有 2 个会计班。整体而言，学生人数非常少，每个班上课都在固定教室里，合堂上课的时候就在大阶梯教室。我们感觉老师和学生特别亲，因为学生少，老师也少。不同级同学相互之间也都非常熟悉。大家每天吃完饭统一在室外一个洗衣服用的大水池子旁边洗碗，非常亲近，非常开心。现在学校里各专业学生这么多，学生跟老师见面基本上

姜洪丽简介：姜洪丽，女，1963 年 10 月生，山东省荣成市人，中国注册会计师。1986 年 7 月毕业于山东经济学院财务会计系，2006 年 10 月晋升为会计学教授。曾担任财务管理教研室主任、硕士研究生导师。在《财会通讯》《山东经济》《会计之友》等学术刊物上发表学术论文共 30 多篇。完成省级及校级教研及学术课题共 5 项。主编和参编教材 20 部，其中，《新编财务管理教程》获校优秀科研成果一等奖和山东省教育厅优秀科研成果三等奖；《中级财务管理》在 2006 年 9 月得到教育部批准，被列为国家级"十一五"规划教材。曾荣获山证支持教育奖学金教学奖和东方国际奖教金。

学生时期的姜洪丽

只是在课堂上，平时多说几次话都特别稀罕，但我们那时候跟老师就特别熟悉，经常去老师家玩。我印象最深的有两位老师，一位是教授管理会计的谢承基老师，还有一位就是教授审计学的王汉雄老师，他们都已经去世多年了。两位老师的学识，以及对待教学的严谨态度，对我后来当老师产生了很大的影响。记得当时我的毕业论文就是谢老师指导的，写的是《变动成本法辨析》，我们毕业论文答辩的时候唯一上黑板边讲边写的人就是我。

我经常说，可能我生来就是做教师的料，只会干教师的工作，加上性格开朗、真性情，说话声音也洪亮，学生愿意听我的课，很多外系和别的班的学生抢座也要来听我的课。我们大学毕业那时候工作是统一分配的，分配的岗位都比较好。最初我没有留校，一开始被分到了劳改局，劳改局想要个会计，可能领导看我是女性，就把我安排到了劳改局下属的劳改工作警官学校。当时警官学校老师比较少，所以我什么课都得上，会计基础、统计学、财务会计、管理会计和经济活动分析等课程都要教。我说自己天生是教书的料原因就在这，也是因为在警官学校的"全覆盖"式教学，我个人的专业知识储备、业务水平有了较大提升，为我1993年取得注册会计师证书打下了较为坚实的基础。

我在警官学院工作到1993年，当年9月被调回山东经济学院，最初来母校的时候我只是个助教。当时正赶上注册会计师考试，并且是会计制度及准则改革后第一次的考试，4门考试课程内容跟之前比都改了。几乎系里所有的老师都可以报名参加考试，虽然我还没正式调过来，系里也给我报上名了，其实当时就已经把我看作是财务会计系的老师了。当时为了报答母校，我心想一定要考取注会证书才行。那时我孩子才两岁，周末我把孩子留给丈夫照看，自己背着水和干粮去学校附近的燕子山，一学就是一整天。那一年我们财务会计系大概有三四十位老师参加考试，4科全部考出来的大概不超过10人吧，我就是其中之一。现在上课有时为了激励学生，我就讲自己考注会的经历，告诉学生只要有毅力，足够勤奋，就没有考不出来的证书。

说起教学，我的第一感觉就是教师在专业上必须要精。我们通常都说业精于勤，闻道有先后，术业有专攻。想做一名好老师，个人的专业水平能力得过硬，业务能力不硬，专业不精，再怎么热爱学生、对学生再怎么好都无济于事，学生不会佩服你。从这个角度出发，我调回山东经济学院以后，先跟着谢承基、王汉雄两位老师听了2年专业课，只要他们有课，除非我自己要上课，我都去当学生听课。两位老师的教学方法、严谨的教学态度对我帮助很大。后来我又跟着汪平老师听课，他是咱们学校1980级会计专业的学生，后来作为高级人才被首都经济贸易大学"挖走"了。记得那时我作为讲师还要带研究生，因为英语水平不是很好，所以我一直坚持听汪老师英文版的中级财务管理课。3位老师的言传身教，使我不论是业务知识、学术水平还是教学方法都上了一个台阶。后来我把学到的这些东西运用到了自己的教学过程中，使我的学生也受益匪浅，他们都很喜欢听我的课。因为学生的认可，我在咱们学校首届教学观摩比赛中获得了"教学能手"称号。

想当一个好老师先得有业务水平，老师自己有一桶水，才能倒给学生一碗水，但想真正成为一个好老师，光有知识是不够的，还应该有教授学生的能力。来到财务会计系后，我被分到财务管理教研室，给财务会计系学生上课时，我会关注并带入全国注册会计师和会计中级职称考试的相关内容。因为学生对考证需求较大，每次上课时教室里都坐得满满当当，还有很多拿着凳子来旁听的，甚至还有学生站在门口听课。那时刚好系里也开办了校外会计职称辅导班，我也成为教学骨干之一，专门教中级财务管理课程，渐渐地名声打出去了，很多学生慕名来报班听我的课，而且坚持在我教授的班里上课，以至于我在校外的名声好像比校内还要响。记得有一次坐公交车，上来一个乘客一眼认出我，说姜老师我听过您的课，那时候就觉得能够获得学生的认可是件特别有成就感的事。

大概是1998年，教育部批准了学校申报的财务管理专业，2000年学校开始招第一届财务管理专业的学生。申报这个专业的时候，作为教研室主任的我提供了详细的申报资料。由于初级和中级财务管理内容过于紧密，专业层次不好划分，专业申请下来以后，我在胡元木教授的带领下编撰了初级、中级、高级财务管理的专业教材，主编了12本，参编了七八本，获得的各种荣誉有30多项。这套教材出版后在全国小有名气，特别是中级财务管理教材，曾被评为山东省优秀教材。财务管理专业的财务理论这门课程的教学，到现在还是以我为主。财务管理中的很多理论、知识点不成体系，刚开始准备教案时其实特别困难，我一遍一遍地研究教材，后来慢慢形成了比较成熟的理论体系。

作为教师，个人业务水平有了保证之后，还必须得热爱学生。在这么多年上课的过程当中，我和学生打交道颇多，也遇到了一些事。我觉得所谓的热爱学生就是一切都要为学生着想，从各个方面而不仅仅是学业上关心他们，甚至诸如生活等方面都要关心。老师做到了这样，学生也就会充分信任你，愿意和你沟通交流，但这不意味着无条件迁就学生。老师自身的言语行动直接影响着学生，学生能从老师的身上学到很多好的东西。一名好老师，不仅能教给学生知识，而且能教会学生如何自尊、自爱。记得有一年，一个学生考试不及格，给我充了200元话费想让我给他改动成绩，我把钱给他充了回去，同时告诉他这是违背原则的事情，我和他都要坚守住自己的底线。老师告诉学生什么是对的、什么是错的，学生可以感受到一位负责任老师的应有态度。作为老师，对学生严格要求是对的，不随意迁就他们、向他们妥协，不随随便便降低个人做事的底线，就会给学生留下一个好的印象。作为教师应该牢记：教师的品德修养、业务能力与人格魅力，会对学生产生直接的影响。

高考时，咱们学校并不是我的第一志愿，我当时填的第一志愿是河北地质学院。但那时县教育局可以统一调整志愿，把我们一大批学生都调到了山东经济学院，当然现在都不允许了。最初我家里人都觉得会计这个职业不上学也能做，现在看来会计这个专业还是很有学问的，尤其是山东财经大学会计学院现在不断推进的智能会计。当时咱们山东经济学院是山东省首所经济、会计方面的专业院校。这些年经过老师们的努力与奉献，学校会计学学科从最早的只有会计专业发展到后来有了财务管理、审计专业，再后来又成立资产评估专业，发展势头良好，这些都离不开老师们的共同努力。

山东经济学院的会计学院在早期就很有名了，现在全国、山东省各行各业的骨干有不少都毕业于山东经济学院。尤其是会计师事务所这个行业流传着一句话，"山东经济学院毕业出来的学生只会干事务所"，但咱们的学生在事务所有了成就以后都会回报母校和社会的。

我认为一个学院不仅仅在学术上和业务上要棒，在其他方面的发展也要兼顾。从张红旗书记在学院任职时，学院就非常注重开展教师的集体活动。张书记曾说，每年学校开运动会就像过春节一样，大家可以欢欢乐乐地聚在一起，教工和学生都非常重视。会计学院是大院，学院师生团结向上，奋勇争先，有集体荣誉感。会计学院教师水平高、学生素质高，在学校的各项文体活动中都能看到会计学院师生的身影，听到会计学院师生的声音。很多老师年龄大了却依然坚持在运动会上跑接力并且能够取得比较好的成绩，我觉得这种积极向上的学院风气是一种传统，应该传承下去，让师生都有一种归属感和荣誉感，再通过方方面面体现出来。

王爱国院长主持推进的智能会计专业目前在全国都很出名，虽然很多学校都在推进智能会计专业的建设，但是咱们学院智能会计的发展应该说走在全国会计方面的前列了，我们的传统专业学科也大都走在全省前列。像霍传贵老师、谢承基老师、王汉雄老师、刘学颜老师等都是山东高校名师，在他们优秀基因的基础上会计学院带出来了一批优秀学生并成为教师，比如孟凡利书记、胡元木教授、王爱国院长、张涛书记等，会计学院的发展肯定会越来越好的。

后记

作为老师，就应该和学生打成一片，学生跟老师交心的时候往往是老师最快乐的时候。教师本身就应该给学生做出一个榜样，应该活到老学到老，不断提升个人专业素养，要深知不学习就会落后。财务管理属于企业管理领域，较之会计而言，虽然这些年它内容变化不大，但作为老师，不学习就无法掌握财务管理前沿知识，必须时刻保持学习，才能将知识准确无误地传授给学生，并培养他们的创业创新精神。

教师是最阳光的职业，我们应该对得起这份职业，我个人也在一直努力这样去做。

我与山财大的这些年

杨明增

自新中国成立以来，我国实施了多年的计划经济体制，在国民经济中一直重视工业生产，在教育上更加重视自然科学教育，社会科学教育相对而言受重视程度较低。在20世纪80年代，改革开放不久，社会主义市场经济体制尚未建立，经济管理工作尚处于摸索阶段，民间有"学好数理化，走遍天下都不怕"的戏语，因此，属于社会科学的会计学并没有得到更多的社会认同。

20世纪80年代不像今天这样信息发达、考生能够获得很多报考信息。20世纪80年代高考考生报考专业时，信息极为有限，很多信息都是老师或往届考生提供的。我记得高考时，有往届考生推荐我报考山东经济学院，在选择专业时，看到报考专业有审计和会计两个专业，由于我掌握的专业信息极为有限，只能凭自己的生活经历去认知或想象专业的具体细节。

杨明增（左二）与山东经济学院1989级审计班同学群游灵岩寺（1989年9月）

杨明增简介：杨明增，博士生导师、会计学院教授、注册会计师。1993年毕业于山东经济学院审计学专业，2008年毕业于南开大学商学院，获管理学博士学位。主要研究方向为审计理论与实务。先后在《会计研究》《审计研究》《南开管理评论》等杂志发表学术论文20余篇，主持或参与国家级、省部级课题7项，获省级社科优秀奖、山东高校科研奖及校级科研奖共计10次。

该报会计还是审计？看到会计专业，当时我想到农村大队的会计：一个算盘，一个皮革包。心想，干会计还用上大学？不报。至于审计是干什么的，一无所知，我找同学打听，竟然全班也无人知道，班主任给的信息是，乡镇一级没有审计机关，好像只有县级机构才有审计局（我国恢复设立审计制度较晚，社会上对其不了解也是正常的）。因此，我决定把审计学专业作为第一志愿，于1989年顺利进入山东经济学院财务会计系审计学本科专业，那年山东经济学院审计学专业第一年招收本科生，我也就成为山东经济学院第一届审计学专业本科毕业生。

　　多年以后，我听厦门大学刘峰教授的学术讲座。在谈及会计研究之路时，他提到当初报考厦门大学会计专业的情景，周围人也有很多误解，许多人认为"干会计不用上大学"，可见当时的会计学并没有像今天这样备受重视。

　　1989年9月14日（也是中秋节）我从老家沂源县张坡乡乘坐公共汽车，经过6小时的颠簸来到济南市长途汽车站。当时学校用的是拖斗的大货车接送学生，长途汽车站距山东经济学院老校区比较近，我们坐在敞篷大货车的车斗内，只用了10多分钟就进入了盼望已久的大学——山东经济学院。

　　当时，山东经济学院老校区坐落在济南市堤口路胜利庄路1号，其实是暂时借用了山东矿院济南分院（即现在山东科技大学的前身）校园的一小部分，只有一幢三层的苏式红砖楼，既是教学楼，也是办公楼。

　　我办理入学报到手续时，还发生一个小插曲。当时，报到的所有新生都需要缴纳23斤粮票，学校才能够发放饭票给新生，用于食堂就餐。由于我是农村户口，家中没有粮票，临行前也未准备粮票，因此，无法完成报到手续。后来，我找到我的班主任刘兵老师，他借我23斤粮票让我完成了报到手续，我才能够在食堂顺利就餐。到第二个学期开学后，我把筹集到的23斤粮票还了刘老师，他当时还比较茫然，把出借粮票之事忘了，可是我一直惦记着此事，多年来一直非常感激刘老师的慷慨解囊。现在的孩子们都不会对粮票有什么印象，可是在20世纪七八十年代，粮票就是硬通货，没有粮票，居民是难以买到粮油或其制品的。通常公职人员（当时称为城镇户口人员，百姓号称是"吃国库粮的"）才能够领到粮票，农村户口人员通常是没有粮票的。我的粮票还是借我二叔的，他是工人，属于城镇户口，能够每月按时发放粮票。

　　1989年山东经济学院财务会计系只招收了会计学、审计学2个本科生班，另外还有2个会计专科班，每个班的规模在45人左右。

　　当时，山东经济学院老校区物质条件比较差。每个班都是固定教室，教室没有暖气，也无电扇。冬天需要生炉子，每个教室里面有一堆炭块和一个铁炉子，这是标配，每个班学生分5个组，每天早上上课之前需要生炉子，由于技术水平低下或引火报纸处理得不好，上午一二节课教室内烟雾弥漫是常态。由于烟雾只弥漫在教室上空，上课时，学生都坐着，基本不受烟雾影响，可是站着讲课的老师就深受其苦了，尤其高个子老师更甚。后来我也当老师了，讲课时偶尔想起这一幕，内心一股对这些敬业的老师们的感激之情便油然而生。

学生的住宿条件也比较简陋。学生住的是平房，5 个人一间宿舍，房子和今天一些工地上的简易房差不多，墙体是一砖厚，屋内没有暖气，也没有炉子，公共厕所都在室外，两排宿舍前是一排自来水龙头。我记忆比较深刻的是冬天早上经常无法洗刷，因为水龙头都冻住了。等到中午下课时水龙头就解冻了，大家下课后，才开始热热闹闹地洗刷。两年之后，我们从老校区搬迁到了新校区（也就是今天的山东财经大学燕山校区），学习、生活条件就明显改善了。尽管当时条件比较艰苦，但是好像没有人抱怨，大家都是快快乐乐的。

我记得当时的业余生活也丰富多彩，当时财务会计系每周末都举办舞会，举办地点就在教学楼的三楼一个大教室内，系里的老师都喜欢去参加。20 世纪 80 年代跳舞是很摩登的事情。我们还可以到山东矿院去看录像，那时比较流行的都是香港、台湾等地区的言情片、武打片一类的，对年轻的学生来讲都是很有吸引力的。如果愿意多花几毛钱，还可以到山东矿务局的俱乐部影院看电影，甚至到更远一点的大观园看电影。

1991 年下半年，我们班作为财务会计系最后的留守班也全部搬迁到山东经济学院新校区，也就是现在的燕山校区，学习生活条件明显改善，住进了带有暖气的宿舍楼。新校区有了独立的图书馆楼、自习室等，大家更多的乐趣是到图书馆抢座位、读书，从图书馆借来会计名著（20 世纪 80 年代，中国引进了一批世界会计名著），囫囵吞枣地阅读起来。今天我讲课需要参考夏拉夫和莫茨的《审计哲学》（当时翻译为《审计理论结构》）的内容时，都会不由得感叹一个大三的学生是如何将此书精读两遍的，尽管当时没有读懂。

我记忆比较深刻的是在财务会计系资料室读书，财务会计系资料室设在现在 2 号教学楼（当时山东经济学院就一幢教学楼）顶楼，那里会计专业书籍资料丰富。管理资料室的是赵纯梓老师，赵老师是一个严肃又严格的怪老头，说他严肃是很少见他有笑脸，说他严格是谁做的事情都不能得到他的肯定。他对资料室的图书资料管理非常严格，任何人借阅必须按时归还。我至今还记得某位老师离职七八年后，还被赵老师追着要图书，直至把他丢失图书等额的款项寄回来赵老师才罢休，当时打电话讨书的长途话费也够图书费用了。按照当时的规定，学生是无权进入图书资料室借阅的。为了能够在图书资料室阅读会计书籍，我们宿舍在舍长潘孟堂的指挥下，主动到资料室帮助赵老师打扫卫生、整理书籍，与赵老师套近乎，以获得在资料室阅读的机会。

快乐幸福的日子总是短暂的，转眼之间到了 1993 年的夏天毕业季，4 年的大学生活就要结束了。

1993 年，我国开始打破传统的包分配制度，允许学生和用人单位双向自由选择。我选择了留校任教。1993 年 7 月份，我毕业后留校任教，起初是在财务会计系（后称会计学院）的财务会计教研室，讲授财务会计课程，后调整到审计教研室，承担审计教学与科研工作一直到今天。当时会计学院的规模较小，包括行政人员在内应该是 50 多人的

毕业时在山东经济学院新校校门前留影
（1993 年 7 月 5 日）

师资规模，学科设置主要包括会计学本科、审计学本科和会计专科三类。

自 2005 年起，我先后组织申报复办山东财经大学会计学院审计学本科专业、申报审计学硕士学位（学术型）、申报审计专业硕士学位、申报审计学校级一流专业，与同事合作申报审计学国家级一流专业。

（1）组织申报复办审计学本科专业。1997 年，教育部进行学科调整，将审计学本科并入会计学专业，此后，会计学院只保留了一个大会计专业。随着社会主义市场经济体系的初步建立和发展，社会对人才需求的进一步细化，要求高校培养更多细分的专业人才，市场对审计人才的需求进一步提高。为满足社会的人才需求，2004 年，教育部允许高校恢复设立审计学本科专业，我及时组织填报审计学本科专业申请书，并成功获批。

（2）组织申报审计学硕士学位（学术型）。我 2004 年开始任审计系系主任，后教育部允许高校自主设立审计学硕士学位，我和审计系诸多老师一起填报申请书，成功获批审计学硕士研究生招生资格，并及时制定了山东财经大学审计学硕士培养方案。

（3）组织申报审计专业硕士学位。2014 年，教育部开展第二批审计专业硕士授权点申报，根据会计学院安排，我及时组织填写申请书，并作为专业负责人向评审专家委员做汇报，成功获批审计专业硕士学位，并制定了山东财经大学审计专业硕士培养方案。

（4）组织申报校级审计学一流专业。2019 年我作为专业负责人，填报了审计学校级一流专业申请书并获批。

（5）合作申报国家级审计学一流专业。2020 年，我与审计系武恒光老师和王守海副院长，在校级一流专业申报的基础上，进一步完善和修改审计学省级、国家级一流专业申报材料，最终审计学成功获批成为国家级一流专业。

此外，我还多次组织审计学重点专业、重点学科的申报工作。

说起记忆中的"会计大事件"，我记忆最深刻的事件就是 2011 年山东经济学院与山东财政学院合并组建山东财经大学，由此促成了山东经济学院会计学院与山东财政学院会计学院合并成现在的山东财经大学会计学院，结束了济南市 20 多年来两个同质性学院并存的状态，为会计学院的进一步发展和繁荣奠定了坚实的基础。

转瞬间，加上学生读书时间，我在山东财经大学会计学院已 30 年有余，祝愿山东财经大学会计学院日日新，又日新，不断繁荣壮大。

青春的足迹

高　山

　　1990 年初夏，即将高中毕业的我面临高考志愿填报。作为一个多年的"书呆子"，我对外面的世界知之甚少，对填报什么志愿基本上没有主见，主要听从班主任和家长的安排。班主任根据我的学习情况建议我报考山东经济学院，我跟父母商量之后接受了班主任的建议。我是文科生，那一年山东经济学院本科只有 3 个专业招文科生：财政学、金融学和会计学。志愿表上最多可以填 4 个专业，作为一个高中在校学生，我对经济类的东西几乎没什么概念，只是觉得财政和金融名头更响更风光，会计好像就是给人算账干活的，明显低了一个档次。于是在志愿表上我把财政学排在第一位，金融学排在第二位，会计学排在了最后一位，然后选择了专业可以调剂。到了 8 月份，我终于等到了被山东经济学院录取的消息，多年的苦读终于有了圆满的结果，心情自然是兴奋和激动。但是当我打开录取通知书时，发现专业居然是会计学，于是又多了些许失落。我同班的另一个同学报的也是山东经济学院，被财政学专业录取了。由于他的高考分数比我高，所以我猜测是不是分数低的都去了会计学专业。读完了报到须知，我才知道只有会计和审计专业（专科）的新生是在无影山的老校报到且需自带卧具，而其他专业的新生都在燕子山的新校报到且使用学校统一发放的卧具，如此之大的反差进一步加强了我内心的失落感。

　　1990 年 9 月 17 日是开学报到的日子。父母找了辆车，把我从 100 多公里之外的老家送往堤口路山东经济学院老校报到。到了之后我发现，老校的校门很不起眼，而且还挂了两个牌子：左边的牌子是"山东经济学院"，右边的牌子是"山东矿院济南分院"。后来才知道，学校在"文化大革命"期间被撤销，"文化大革命"之后学校复办时校址被安排在这里，和山东矿院在同一个院落，共用一个校门，这种情况当时在全国好像也不多见吧。后来学校在燕子山下建设新校区，师生陆续往新校区搬迁，等到我们这一级新生报到的时候，老校只剩下财务会计系还没有搬走。当天报到完后，我的心情失落到了极点，这难道也是大学吗？置身其中，仿佛穿越回 20 世纪五六十年代：满眼都是老旧的建筑，3 层斜顶的教学楼写尽了历史的沧桑，宿舍竟然是极其破旧的平房，而且教室和宿舍都没有暖气。记得有同学吐槽说，这里的硬件条件连他们的乡镇中学都不如，我到现在

　　高山简介：高山，男，1972 年 4 月生。1994 年 7 月毕业于山东经济学院财务会计系，并留校任教至今。1997 年 4 月参与创建校内会计模拟实验室，多年来一直从事会计模拟实验课程的组织、教学及实验室管理的工作，同时还承担了"中级财务会计""中级会计实验"等课程的教学工作。

高山老师与霍传贵教授在财大校园

都清晰地记得当时每个同学脸上沮丧的神情。

　　带着一种失落和好奇的复杂心情，我的大学生活就从老校开始了。老校的条件确实有点艰苦，入冬以后，由于没有暖气，每个班都在教室里放了一个煤炉用来取暖，大家还排了值日表，以便轮流照看煤炉。宿舍就没有这个条件了，我们瑟缩在两床厚厚的大棉被里，度过了一个又一个的寒夜。其实老校除了硬件设施差强人意，其余的条件都堪称完美。那里交通便利，坐公交车到火车站和汽车站都只有5站左右的路程，距离当时市中心的大观园、东图大厦、人民商场也不过六七站路程吧。大家在课余时间经常出去走走，感受这座城市的气息。现在回想起来，老校最令人称道的地方就是食堂的伙食，可以说是美食多多。食堂推出的小笼蒸包、烩鲅鱼、水饺，以及山东矿院小卖部的黑芝麻雪糕，还有校门口外边大排档4毛钱一扎的鲜啤酒，至今都是我们同学聚会时的美好回忆。当时财务会计系在老校只有8个班，学生有400人左右。由于人数不多，各类活动比较容易组织，所以系里给我们安排了丰富多彩的课余生活，班级之间经常组织篮球赛等各种体育活动，还有交谊舞培训、吉他讲座等才艺推广活动。每到周末，系里还给大家统一发放电影票，组织集体观影活动。所以说，老校的生活充满温馨和惬意，我们刚来时的失落和懊恼很快就烟消云散了。在老校的第一学期，我们开设的全部都是基础课程，记得有"微积分""大学语文""大学英语""政治经济学""逻辑学""中国近代经济史"等。老师们学识渊博，有着丰富的教学经验，总能把枯燥的书本内容讲得生动有趣，课堂气氛轻松活跃。这些都给我们带来了全新的学习体验。时间来到1991年1月，我们大学的第一学期进入了尾声。这时候学校下发了通知，明确在期末考试之后将老校的所有班级和行政机构都搬迁到新校，老校即将完成历史使命。听说要搬家，我们在兴奋之余更多的还是怅然若失。虽然我们在老校的生活只有短短的一个学期，虽然老校看起来朴实得甚至有些寒酸，但那里却是我们梦想起步的地方，老校的一砖一瓦、一草一木、点点滴滴，已经深深地刻在我们的记忆中。终于，在期末考试结束的第二天，学校派了几辆大车把我们连人带行李搬到了燕子山脚下的新校。在新校宿舍安顿好之后，带着一个学期的收获与感慨，带着对老校的依恋与不舍，我们踏上了寒假返乡的路程。

那时候新校的位置非常偏僻，位于济南市东南角的边缘地带，学校东面和南面的围墙紧挨着仁合庄的农田和猪圈。当时那里也没有直通的公交车，交通非常不方便，去趟市里来回也颇费周折。新校的环境确实不错，三面环山，一条山水大沟从校园中间穿过，两岸杨柳依依，景色宜人。这里的办公楼、教学楼、宿舍、食堂全都是现代风格的建筑，与老校的古朴形成了鲜明的对比。当时整个新校的规模也不大，我们从老校搬过来之后，新校的学生总人数才刚过 2 000，只有财务会计、工商管理、财政金融、计划统计、国际贸易 5 个系。我在新校度过了三年半的大学时光，在这里接受了系统的会计专业教育。刚开始学习专业基础课程的时候，我对会计学专业多少还带有一些偏见和排斥，但是随着学习的深入，才发现自己之前对会计的认识太肤浅了。会计远不止算账、报账那么简单，它是一门系统的管理科学，在社会经济发展过程中扮演着重要的角色，正所谓"经济越发展，会计越重要"。由于会计是一门实践性很强的应用型学科，光靠书本的学习远远不够，唯有将理论和实践紧密结合才能取得更大的专业提升。为了增加我们对会计的感性认识，大二的时候系里安排我们班到济南市的企业见习，我们用了 3 天时间分别走访了国棉一厂、柴油机厂和日用化学总厂。每到一个企业，我们认真聆听企业负责人的介绍，了解企业的生产经营情况，然后下车间参观生产工艺流程，体会不同行业的制造成本核算要求，最后观摩学习企业近 3 年的凭证、账表等会计核算资料。这些活动给我们带来了全新的学习体验和感受，同时我们对会计也有了更深的理解。我们在这几年专业学习过程中，最大的收获莫过于有幸聆听到几位知名老教授讲授的经典课程，有霍传贵老师的"工业会计学"、谢承基老师的"西方会计学"、王汉雄老师的"审计学"、周树森老师的"商业会计学"。这几位老教授一直坚守在教学一线，诲人不倦，他们渊博的学识、严谨的治学态度、高尚的品格对我们影响至深，是我们一生的财富。20 世纪 90 年代初期，随着改革开放的深入和社会主义市场经济的发展，会计国际化成为大势所趋。为了会计和国际接轨，财政部于 1992 年 12 月发布了《企业会计准则》和《企业财务通则》（统称"两则"），要求相关企业在 1993 年 7 月 1 日正式执行。"两则"的推出，是我国会计发展史上的里程碑，标志着中国会计迎来了大变革，之前的很多理论与方法已不再适用。那时候我们正值大三上学期的末尾，主要的专业课程基本都已学完，感觉好像一夜之间又回到了解放前，置身其中，每个人都深切地感受到这次会计变革浪潮带来的冲击。为了

学生时期的高山（前排左二）

帮助大家尽快学习和领会"两则"的内涵，系里安排了多场专题讲座，而且紧急编印了一些小册子作为临时教材，刘学颜主任亲自上阵为我们讲授其中的精髓，确保大家及时跟上知识更新的步伐。大学的最后一个学期，我们参与了为期2个月的毕业实习，全班同学分成了几个实习小组，每个实习小组都进驻济南市的一家企业，大家在企业的财会部门经历了不同岗位的实务训练，切实提高了实际动手操作能力，为今后从事实务工作打下了坚实的基础。

1994年初夏，即将大学毕业的我面临择业。当时学校刚刚设立了两个事务所：东方会计师事务所和齐鲁审计师事务所。这两个新设立的部门都需要人手。由于我自己很想留在学校，于是就选择加入了齐鲁审计师事务所。我在事务所从事的主要是财务工作，虽然业务算不上多么复杂，但是我在日常的会计实务中也进一步得到了锻炼和提高。当时我国的会计师事务所和审计师事务所实行的是挂靠体制，每个事务所都有挂靠单位。随着事务所行业的发展壮大，这一体制的弊端日益突出，造成了严重的不公平竞争、不正当竞争，市场执业环境恶劣，事务所的体制问题成为影响注册会计师行业发展的核心问题，那时候要求会计师事务所和审计师事务所脱钩改制的呼声越来越高。而且，随着改革的深入和市场经济体制的不断完善，事务所的脱钩改制已不仅涉及注册会计师事业的成败，也关系到国家机构改革的成败，关系到我国能否在2000年初步建立社会主义市场经济体制。因此，事务所脱钩改制已成为大势所趋。所谓脱钩改制，就是事务所要和原挂靠单位完全脱离关系，要做到人员、财务、业务、名称四方面全面脱钩。改制后的事务所要全面面向市场，实行市场化的运作和管理模式。当时事务所的所有从业人员都面临下一步的抉择，我考虑到自己刚毕业不久，各方面的基础还比较薄弱，而且也不想离开学校，于是在1997年年初我向财务会计系申请回来任教，系领导同意了我的请求，我终于成为财务会计系大家庭的一员。

为了解决会计学科理论和实践严重脱节的问题，我的恩师霍传贵教授很早就提出了建立会计模拟实验室的构想，只是因条件一直未成熟而未能如愿。1997年年初，70岁高龄的霍老师从教学一线退下来，便把全部精力都投入会计模拟实验室的建设中。经系领导安排，我有幸成为霍老师的助手，与他一起筹建会计模拟实验室。1997年4月下旬，实验室正式投入使用，由霍老师和我负责会计模拟实习的组织、实习课程的讲授以及实验室的日常管理。从那以后，财务会计系的毕业生在最后一学期都要进入实验室接受会计实务的模拟训练。由于我以前没有系统做过工业企业的会计实务，刚带模拟实习时有些力不从心。霍老师悉心指导我，手把手教我业务细节，还要求我把学生的实习作业完整地做一遍，而且定期检查进度。在霍老师的严格要求下，我对企业会计核算体系有了全面的、全新的认识，对自己平时感到模糊的问题豁然开朗，这称得上是我专业学习中的一次重要飞跃，此时我才明白了霍老师建立会计模拟实验室的良苦用心。会计模拟实习是一项庞大的系统工程，全部完成需要大约2个月的时间。其间，霍老师不厌其烦地解答学生的各种问题，直到学生学会为止。霍老师还在实验室穿插讲授许多新的会计专题，把最新的会计知识及时传授给学生。此外，霍老师还经常和同学们谈人生、讲做人、探讨国家经济大势。与此同时，霍老师坚持严格要求学生，对学生实习作业的检查十分细致认真。经过会计模拟实习的锤炼，学生的会计实务操作能力大幅提高，工作之后能尽快进入角色。参加过会计模拟实习的同学，都感到终身受益。2006年，年近八旬的霍老师从实验室正式卸任，但他依然对会计模拟实习教学念念不忘，屡次叮嘱我要坚持实验室体系建设，搞好会计模拟实习。霍老师的叮嘱也成为我前进的动力，我秉承霍老师的理念，在教学实践中不断探索完善会计模拟实习教学工作。自实验室创建以来，会计模拟实习逐渐成为财务会计系的教学特色之一，获得了有关专家的一致肯定。会计模拟实验室也于2002年被山东省教育厅评定为一类实验室。

这些年来，学校的规模和实力也在不断地发展壮大。2006年，学校顺利通过了教育部组织的本科教学评估；2012年，山东经济学院和山东财政学院合并成立了山东财经大学，学校的发展步入了一个新的纪元。从1990年走到现在，我目睹了学校30多年的沧桑巨变，感慨万千。回首往事，岁月如歌，青春不老，祝愿山财大的明天更美好！

合校十年　回忆满满

——感恩山财大

纪　端

一、3年研究生生活——结缘山财大

2011年9月份，山东财经大学刚刚入学的2011级会计学研究生们都很兴奋，因为当年4月，教育部致函山东省政府，同意山东经济学院与山东财政学院合并筹建山东财经大学，筹建期限为1年。2011年因此成为两校发展史上特殊的一年，山东财经大学正在筹建中，山东经济学院和山东财政学院两个学校分别办公，分别制订招生计划，并以两个代码招生。因此，我们2011级研究生备考时，报考的山东经济学院与山东财政学院是两个不同的学校，但被录取之后，同时成为山财大人。

（一）拜恩师

我考研时的指定教材《财务管理》是胡元木教授编写的。后来在中国知网（CNKI）检索胡老师的论文，对老师的成果钦佩不已。因此，能成为胡门弟子是我的心愿。

开学后，我带着制作好的简历，并附上本科期间发表的小论文，去跟胡老师毛遂自荐。胡老师虽然很忙，但对学生特别关心爱护，耐心地问了我的情况，并让我把简历和论文留下，说要考虑一下。快到交导师意向表的时间了，我鼓起勇气去导师办公室，问胡老师："我可以选您做导师吗？"老师说："报吧。"我给老师深深鞠了一躬，说："感谢老师！"老师接着站起来跟我握手："也感谢你的认可，好好学习。"记得那一天，天格外蓝，我暗下决心要认真努力，不辜负老师的信任。

老师治学严谨的态度与刻苦钻研的精神，也激励着我的求学之路。虽然老师平时工作很忙，但是定期给我们开组会、指导我们写论文，为我们每个学生的发展规划提供宝贵建议。当我们遇到学习中的各种问题时，导师总是指引我们找寻解决的办法，鼓励我

纪端简介：纪端，女，山东莱芜人，博士，山东财经大学会计学院财务管理系讲师，硕士生导师。现任会计学院教工第六党支部书记。2011年9月至2017年6月，师从胡元木教授，硕士、博士均就读于山东财经大学会计系，是山东财经大学自主培养的第一名会计学博士，2017年9月留校任教。研究成果先后在《南开管理评论》《会计研究》《山东社会科学》等期刊发表，被"人大复印报刊资料"全文转载2篇。已出版专著2部。主持省部级课题2项。曾获山东省社会科学优秀成果二等奖、三等奖各一次，山东省高等学校人文社会科学优秀成果奖一等奖。

们深入研究，咬紧牙关不放弃。在胡老师的影响下，我们同门之间也是团结友爱，并形成"传、帮、带"的良性循环。开组会时，我们会分享研究中的经验和教训，师哥师姐会手把手地教我们研究方法与软件操作技巧，整个师门共同成长。

如果说导师在学业上带领我们前进，那么师母则在生活中给予我们更多的关爱。每年端午节，师母会给我们包家乡的肉粽，那时我第一次知道咸粽子也能如此美味。每到中秋节，师母都会来给我们送月饼，一般由高年级师姐去领，然后分给师弟师妹。每年喜迎新生与欢送毕业生时，老师跟师母就会带我们聚会吃大餐。印象最深的是，有一次菏泽同门在席间说了句想念老家的吊炉烧饼，师母立即就开车就去了窑头路，把最正宗的吊炉烧饼给我们买回来了……老师与师母让我们师门大家庭的凝聚力越来越强。正如同门所说："老师跟师母在的地方，就是我们济南永远的家。"

（二）交挚友

合校后的会计学院在燕山校区，也就是山东经济学院校区。由于 2011 级研究生在报考时对山东经济学院和山东财政学院是分别报考的，所以山东经济学院的同学入学后在燕山校区，山东财政学院的同学在舜耕校区，而我们的下一级，2012 级会计学专业的研究生则全部在燕山校区。

2011 级的会计学专业研究生（燕山校区）一共 60 人，其中女生 48 个、男生 12 个。女生住在 5 号宿舍楼，该楼当时又被叫作公主楼，因为住的全是女研究生。我们班被安排在 6 楼的 601 室至 612 室，每屋 4 个人。宿舍楼对面就是西苑餐厅，我们上课大多在逸夫楼，上自习在 2 号楼或图书馆，这几个地方都在崇学路上，是真正的"三点一线"。

我是班级的党支书，也是班上的女生负责人。2011 年微信还没普及，信息传达大多通过飞信或者 QQ 完成。班级学风很好，开学第一天，就有同学踏踏实实去上自习。同学之间相处也非常愉快，在课余时间，我们班委一起组织与山大、舜耕校区（就是山东财政学院的会计研究生）的同学联谊，一起去黄河森林公园郊游、烧烤，学习生活充实、简单且快乐。

宿舍舍友老大、珍珍、小孔和我朝夕相处 3 年。老大水英姐是我们的舍长，为节省排队时间，她常将我们分成两队，一队拎着 4 个暖壶去打水（西苑餐厅旁边办水卡的地方就是原来的水房），一队拿着饭卡去打饭。到了周末，熄灯之后我们几个经常开"卧谈会"，把学习、生活、感情的事情都讲一讲，对职业规划与成家立业的事情，也美好地憧憬一下，讲着讲着，就都睡着了……

后来我决定继续深造，便把我们班 3 位考博的同学聚在一起，组建了学习小组。斯科特的《财务会计理论》是我们共同的考试教材，我们每个人负责重点研究其中的几章，然后大家相互分享和探讨，把问题理解透彻，在备考过程中相互加油打气。幸运的是，那年寒假学校允许学生留校，逸夫楼一楼开放教室能够用于学习。快到年关时，开放教室暖气停了，我们复习一会儿觉得书页都是冰冷的。当时我有点想放弃，转头问"战友"："你冷吗?""战友"说："小端，我不冷，就是有点儿头疼。"靠着"战友"间的精神支持与共同努力，我们都进入理想学府继续深造。

在读硕士期间，在恩师的指点与挚友的帮助下，我也迅速成长。不仅保持班级第一的成绩，而且对科研工作产生了浓厚的兴趣。跟随导师参与了 2 个省级项目，在 CSSCI 核心期刊与北大核心期刊发表论文各 1 篇，拿到了国家奖学金，毕业时学位论文被评为"省级优秀毕业论文"，我也获得了"山东省优秀毕业生"的荣誉称号。

二、3 年博士生活——成长在山财大

当我以总分第一的成绩成为山财大会计学院招收的第一批博士生时，我内心非常感恩学院与老师的培养，下决心在博士期间再接再厉，再创辉煌，殊不知更大的挑战才刚刚开始。

（一）从"燕山巍巍"到"舜耕八方"

学校非常重视招收的首批博士生，我们 11 名同学由研究生院单独管理，学习生活都在舜耕校区。我虽然离开了熟悉的燕山校区，但在舜耕校区享受"团宠"待遇，这一度让我受宠若惊，不胜惶恐。

学校重新装图书馆 4 楼并将其作为博士生的教室、自习室、会议室与讨论室，我们的宿舍也升级为两人间。入学不久，校长就召开博士新生座谈会，亲切地了解我们每一个博士生的学习、生活情况，解决我们遇到的各种实际问题，并对我们学业发展提出了殷切的希望。研究生院的领导每学期都召开博士学习生活座谈会，跟踪我们学习生活状况，为我们提供最优质的学习资源，并在教室与讨论室中配备先进的智能教学会议触屏一体机，还有宽大的白板，鼓励我们多多交流论文，进行学术探讨。学校还经常邀请国内外专家为我们做专题讲座，对我们学习中遇到的问题进行答疑解惑，指点迷津。

会计学院的领导与博导们，对我们的成长更是关怀备至。学院会定期举办学术沙龙，邀请学术大牛来做讲座，也鼓励我们走出去参加学术会议。虽然学院第一批博士生只有 2 名，但学院却推出了最强大的师资力量，安排 5 名会计博导组成导师团来给我们上专业课，每一位博导都把自己研究的精华部分讲给我们，同时也倾心传授给我们学术经验。此外，学院也会创造机会让我们与山东大学的博导和会计学博士生深入交流，帮助我们尽快适应博士生活，做好自己的学业规划。

（二）金鸡岭下的修炼

在金鸡岭下读博 3 年，关键词就是论文、会议与课题。博士生的轻松只在拿到录取通知书的一刹那，之后就要朝着毕业这一目标而努力奋斗。

写论文是要坐得住冷板凳的，"任尔东西南北风，岿然不动搞研究"。厘清研究思路，梳理文献，寻找理论支撑，整理数据，构建模型，进行实证分析，看结果与研究假设是

否相符；相符后还要做一系列的内生性检验以排除假性因果，不相符则意味着前面的工作要推倒重来。真是"雄关漫道真如铁，而今迈步从头越"。

博士生熬夜学习是常态。我印象最深的是刚搬到宿舍时，我并不知道在金鸡岭晨练的人们会有喊山的习惯。有一次，我大约凌晨2点处理完数据睡下，不到5点就被一句带有济南口音的"这里的山路十八弯"惊得从梦中坐起，刹那间满脑子都是"我是谁？我在哪？发生了什么？"再也无眠。但不出半月，我再也听不到喊山的声音了，果然习惯成自然。

我的导师对我更是精心培养，悉心教导。我们至少一周开一次组会，每当我提出自己的研究想法，导师都耐心听完，并帮我判断分析，挖掘最具有创新性的部分；对于我提出的并不成熟的研究思路，导师每次也是持鼓励态度，并与我探讨，帮我厘清思路；每次我向导师汇报课题与论文进展时，导师都会提出详尽的修改意见；为了让我开眼界、长见识，导师还提供经费，让我出去参加会计学界的重要会议，多交流多学习。作为导师开门弟子的我也成了大师姐，在导师指点与支持下，带领师弟师妹做课题，带着我们的论文在重庆理工大学、河北经贸大学作宣讲，去西南财经大学与课题组的前辈讨论，去清华大学风险投资训练营学习，去北京大学参加会计青年学者论坛。每次自我介绍，我都自信且坚定地说我是山东财经大学会计学院的博士生纪端。

感恩导师的栽培，我博士期间撰写的文章最终发表在《南开管理评论》《会计研究》《东岳论丛》等期刊，协助导师做的社科项目也顺利结项，且结项等级为优秀。2017年6月23日，校长逐一为我们7名博士毕业生"拨穗正冠"，授予我们学位。作为山财大会计学院自主培养的第一批博士生，我顺利毕业啦！

三、4年教师经历——奉献在山财大

2017年9月，在经过专业素养审核、试讲、科研成果评定等一系列严格的筛选后，我入职山东财经大学会计学院。在山财大学习的6年时光，正是因为有了恩师、领导以及其他前辈对我的持续关怀和栽培，我才能在专业领域取得了一定的成绩。我发自内心地感谢学院的培养与认可，并给予我继续成长的机会，为母校和学院的发展贡献自己的一份力量。我虽已成功留校任职，但仍要坚持向优秀的前辈与同事学习，才能对得起教师这份太阳底下最光辉的职业。

（一）长大后，我就成了你

入职后，我见证了明水汤汤、圣井清洌、燕山巍巍、舜耕八方，连续3年在莱芜校区从事本科生教学工作（财务管理、会计学、成本会计），同时在圣井校区（财务管理）、燕山校区（财务分析、行为财务）、舜耕校区（双语课程的Accounting for Business与Financial Accounting）承担教学任务。在研究生教学方面，我承担过实证分析、成本与

管理会计专题的教学任务，并于 2020 年成为硕士生导师，指导 3 名会计专业硕士。

"教育不是灌输，而是点燃心灵的火焰。"教师这项工作，就是用一颗心去点亮另一颗心，用心去点亮未来。我积极参与"线上线下"教学有机融合的教改项目，相信只要用心准备，同学们都是可以感受到的。作为学校 2020 年"课程思政"优秀教师，我也在教学设计中加入"思政元素"，将专业知识、学生生活与社会热点相结合，通过案例分析与课下讨论，做到"德融课堂"。我相信只有德字为先，才能使同学们站在高处，更好地理解与把握财富，在人生道路上走得更长、更远。

（二）坚守初心，砥砺前行

作为老师，能为处于人生转折点的同学们贡献自己的一份力量，见证他们的成长，我深感快乐。我会尽我所能与同学们一起成长，每当看到他们通过自己的努力实现人生愿望时，我就觉得这份工作太值得了。如果自己的学生在大二时期就立志考研，我会在课余时间让他们参与自己的科研项目，或者指导其撰写科研文章，让他们提前了解研究生的生活。当我指导的同学保研成功或者获得佳绩向我报喜时，我比他们还要激动，深感幸福。

我热爱我的工作，热爱我的学生，我觉得彼此能成为师生是一种非常值得珍惜的缘分。在课外，我与学生也是真正的朋友，与他们一起学习，教学相长。在会计学院成立了民乐团之后，我还与会计学院的同学们一起参加舞台表演。

在这 4 年中，我不断努力：在科研方面，发表论文 4 篇，其中有 3 篇是 SSCI 或 SCI 论文；发表的论文被"人大复印报刊资料"全文转载 1 篇；出版专著 2 部；主持省级与厅级课题各 2 项，获省级科研奖 2 项；获得校青年博士专项学术计划支持。在教学方面，获校教学奖二等奖，主持课程思政项目 1 项，获"课程思政"优秀教师称号。在指导学生方面，我带领学生申报的"国创计划"获得国家级项目立项，我也被评为省级实践活动优秀指导教师；指导的一位本科生撰写的毕业论文被评为校优秀本科毕业论文；指导学生获得"挑战杯"竞赛校级一等奖。2020 年，我还应邀接受了山东财经大学官方媒体的专访，相关报道的阅读量在半月内超过 8 000，广受好评。

四、结语

一路走来，我取得的每一份成绩，每一点成长进步，都是母校、领导和导师培养、教育与帮助的结果。今天，我能有机会在自己的母校继续教书育人，我深感荣幸。在母校教书育人对我来说不仅仅是一份工作，更是一份我愿意为之努力、奋斗终身的事业。我不仅心怀感恩，也深感肩上的责任重大。一方面，对母校感恩的情怀使我不断鞭策自己做好本职工作；另一方面，能把恩师与前辈的教诲传给我的学生，这也是学业上的一种传承，任重而道远。

作为教师，能够加入会计学院这个大家庭让我倍感自豪，而这份自豪的底气是前辈们的努力与汗水铸造的。"倾尽丹心育桃李，奉献韶华铸师魂"，前辈们的付出让我深切地认识到教师这份工作的意义与价值，让我更加热爱这份天底下最光辉的职业。

　　"展未来任重道远"，我一定会向前辈认真学习。一是传承认真负责的工作精神，接续奋斗，坚持立德树人的初心，牢记为党育人、为国育才的使命，时刻谨记"克明峻德，格物致知"的校训，培养乐观努力、德才兼备的国之栋梁；二是增强学术担当，潜心科研，在之前的研究基础上加深和拓宽研究，形成自己特色的学术领域；三是在师德师风方面对自己高标准、严要求，正所谓学高为师，德高为范，努力培养学者品格，传承与弘扬会计学院"内诚于心、外信于人"的精神。"红日初升，其道大光。河出伏流，一泻汪洋"，让青春为会计学院的辉煌而绽放。

感谢财大　感恩有您

张　志

一、初识财大：情知所起，一往而深

我于 2014 年 3 月份参加了山东财经大学首次博士研究生考试，同年 9 月份入校读书。

《牡丹亭记》的题词中说道，"情不知所起，一往而深"。于我来说，对山东财经大学向往之"情"早已埋藏在心里。情知所起，故愈深。在进入山财大读博之前，我与山财大曾经有过一面之缘。早在 2004 年，我参加山东财政学院会计专业硕士研究生考试，因英语有一分之差，名落孙山。当时我去山东财政学院研招办（现山东财经大学舜耕校区）咨询调剂事宜，老师们热情地接待了我，同时也遗憾而明确地告知我确实无法录取我。那天，有些失落的我，穿过冶方路，坐在教学楼后绿树成荫的小广场上，看着三五为伴的同学们背着书包走向教室，眼神中充满对知识的渴求，洋溢着青春的风采，笑靥如花；带着书本准备上课的老师们，则神清气爽，充满着进取的力量。蝶飞鸟鸣、风起叶落，校园建筑的历史沉淀与师生们的朝气蓬勃融合在晨光中，这幅画定格在了我的心中。白驹过隙，一晃 10 年，但我始终没有忘记那书香与花香、草地和阳光。

2013 年 11 月底，山东财经大学公布了首次招收博士研究生的公告，看到我心慕已久的著名会计学者王爱国教授名列博士生导师之列，我恰巧刚刚拜读了他发表在《财务与会计》2011 年第 9 期上的《坚守 赓续 弘扬——浅谈会计学统、学术精神与文化》，触动很大，心想，这才是学者应该有的样子，我应该向这个方向努力。我随即在知网上查阅了王老师的大量文章，得知老老师当时正致力于企业社会责任会计、碳会计和碳审计研究。他发表在《会计研究》2012 年第 5 期上的《我的碳会计观》一文，深深地吸引了我，我也始知会计界还有"碳会计"一说，会计还可以与气候变暖问题联系在一起，陡然觉得会计也高大上了起来，立下决心一定要跟王老师读书，并依据文章脚注的邮箱给老师发了一个邮件，附上了自己的简历。没多久，王老师就回复我"欢迎报考"。

记得当年进入复试的前两位同学，一个是我，另一个是王老师以前指导的硕士研究生张敏老师，张老师实力雄厚，科研和教学经历丰富。我感到十分紧张，幸运的是，本

张志简介：山东财经大学 2014 级会计学专业博士研究生，现任山东农业大学经济管理学院（商学院）副教授、硕士生导师。

着公开、公平、公正的原则，经过复试，王老师把这个继续读书的机会给了我，这也成了我人生最重要的转折点。说老实话，当时我是非常忐忑的，在那之前我与王老师未曾谋面，老师对我知之甚少。等接到录取通知书时，我终于可以大声地说："山财大，我来了。"

二、读博伊始：心之所向，素履以往

我们首批入学的 11 名博士生的专业涵盖了会计学、金融学、财政学、经济学等多个学科。其中，会计专业共两人，一是我，二是纪端。当时我们归山东财经大学研究生院统一管理，住在山东财经大学舜耕校区。

在课程安排上，研究生院为我们开设了博士生公共课程，组织安排最优秀的老师为我们上课。英语老师、口语外教教师、马列课程老师的授课精彩纷呈。同时，研究生院为提高我们的学习质量，还聘请了多名海外高校的教师为我们定期集中授课，这些课程突破文化的藩篱，我们得以在无国界的知识海洋中涉猎更多精彩内容。与此同时，会计学院不仅安排了全部博导为我们两名会计学博士生专题授课，还鼓励我们走出校门、去山东大学等高校交流学习。

在自习环境上，研究生院将图书馆 4 楼装修后作为博士生自习室，整体对博士生开放，小型会议室、中等规模阶梯教室、多媒体教学室、动静空间分区一应俱全。每当推开博士生自习室的大门，感受到浓厚的学习氛围和高大上的学习环境，我就会忍不住骄傲于山财大博士生的身份。

每天我们都伴着金鸡岭晨练的号子声，穿过永年路，踏着晨辉去体育场跑步，沿途财大学子们诵读的身影处处可见。晚上，图书馆和教学楼灯火通明，学生们鱼贯而入，然后安静地自习。在舜耕校区，我最喜欢的是敬业路和冶方路间那三幢错落有致的教学楼，傍山的巧妙设计让建筑特色满满。教学楼顺着山势建造，楼间长廊相连，楼内更是别有洞天。

读书使人明智，经历让人成熟。山财大使我更加睿智，更加稳重。

三、学海深探：人生如逆旅，一苇以航

读博时我已经 34 岁，按下工作的暂停键，带着行囊去接受知识洗礼的我，忐忑大于激动。无论是年龄上还是学习基础上，我都已不占优势。我读研时的很多基础课的内容还停留在知识更迭前，加之我多年未用，早已束之高阁。

同学谊，最亲近。山财大开放式的学习模式和包容的学习环境让我打破窘境，我除了学习博士生课程外，还给自己补课，开始蹭课。我们分属不同学院的博士同学相互提

供学习信息，我曾跟着经济学院的同学一起参加方法论学习，跟着统计学院的同学一起听过博弈论，跟着会计学院硕士生一起演练 stata……在几年的学习生活中，我和同学们结下了深厚的情谊。在学术研讨和辩论中，同学之间相互帮助、争强"斗学"的情景至今还历历在目。

师生情，最感人。山财大老师们严谨的治学态度和突出的学术能力有口皆碑。给我们上课的老师们用最前沿的思想、敏锐的科研洞察力，启迪我们。同时，老师们谦虚正直的为人之道也成为我们今后做人做事恪守的准则。我记得给我们上课的沈老师在第一堂课就给我们打气，叫我们放正心态，面对困难时不妥协，当科研思路遇到瓶颈时能够做到逢山开路、遇水搭桥。老师们严谨的治学态度、敢于求真、甘于奉献的精神成为我们的典范。

导师恩，最深刻。在博士阶段学习的专业领域，我的导师王爱国是我在学海苦行中最明亮的一座灯塔。除了繁重的行政工作，他对学术的不懈钻研几近痴迷，亲力亲为，始终走在学术的前沿，从对中国特色会计理论体系的构建、对成本会计的系统研究，到对企业社会责任会计、碳会计、碳审计的全面探索，再到率先研究生态文明审计和开展智能会计教研……无不让我无比叹服：导师是怎样协调好行政和学术工作的呢?! 后来从师母的多次"抱怨"中我才知道，哪有什么窍门，恩师从来就没有节假日，除了工作和学习，他既不会打牌，也很少锻炼，更没有其他爱好，他是一位事业和学术上的"苦行僧"! 原山东经济学院党委书记张体勤曾说："我是很佩服爱国教授的。他心无旁骛，一心学术。"虽然我诠才末学，但王老师始终给予我宽容、关心与关爱。在读书期间，无论是清晨，还是深夜，我常常收到老师对我论文的指导意见。在论文发表前，我在家里改，老师在线看，终稿改完已经深夜。当我苦于思路瓶颈时，老师总能一语点醒梦中人。在思想启迪时，王老师总能引经据典，总是赞誉专业领域内其他学者如何才高八斗、著作等身。塞内加说过："教诲是条漫长的道路，榜样是条捷径。"从导师那里我领略了真正的学术精神，这将使我终生受益。这也让我在工作后担任硕士研究生导师时，时刻谨记身教重于言教。

于我而言，导师们有着长辈的关怀，任课老师有着同龄人的体谅，同学们有着忘年的情谊。这是我人生无比宝贵的财富，我会倍加珍惜，永记心间。

四、破茧成蝶：以梦为马，不负韶华

泰山脚下、济水之南，我在这山与水的城市间转换，匆匆数年，才识略解。山财大引导我开启科研之路，见证我的蜕变。在这里，我获得的不仅是丰厚的知识积累，而且有人生的感悟，是远比书本知识更宝贵的信念。

如今我已毕业多年，毕业后顺利入职山东农业大学经济管理学院。在会计系担任专职教师，同时担任会计系党支部书记。一直保持着与山财大会计学院的交流沟通，每年都会参加山财大举办的各种培训或组织的比赛。每次回到母校，我都喜欢到处走走。站在燕山校区的桥边，就能望见崇学路上会计学院所在的逸夫楼。每当有困惑、有瓶颈时，走进逸夫楼拜访老师，与同学交流，我总能获得启迪。坐在逸夫楼的天井处，我就会回想起大家在这里分析、讨论的情景，大家虽已各自走上新征程，但交流想法、心得的那种感触犹然在心，常常还会在电话里、微信中探讨问题。山财大教会了我深度学习和思考的能力。教室里黑板上擦落的粉笔灰在阳光的照耀下做着布朗运动，汲取知识能量的感觉始终在我心灵深处。

克明峻德、格物致知的校训体现在严谨的治学中，体现在微风拂面的关心和关爱里。学子们启智、明智，在精神、品格、能力和学识各方面的快速成长都得益于山财大的培育。正值烟花烂漫的日子，山财大又添一岁，又会是财大师生们拼搏努力的一年。我作为山财大培养的第一批会计学博士，在山财大的怀抱中成长，在山财大的教诲中走出校门，用山财大培育出的热情奔赴下一场山海。无论在何时、无论在何地，我都会秉承母校的校训，谨记母校的教诲，听从母校的呼唤。感谢山财大，感恩有您！

我的大学时光

陈永杰

1984 年 9 月到 1988 年 7 月，我在山东经济学院（现山东财经大学）财务会计系 1984 级会计学二班度过了 4 年美好的大学时光。在校庆 70 周年之际，我的同班同学，毕业后一直在母校任教的朱德胜教授，催促我写些回忆性的东西。很多年不写东西了，但经他一提，大学里的许多往事，又历历在目。

一、大学的气氛

大学的宝贵之处在于气氛。大学有几种气氛，第一种是探索的气氛。探索什么呢？一个是对学习方法的探索。大学不同于中学。在中学，学生只有六七门课，循序渐进读到底就行。在大学，4 年下来有几十门课，每个学期也有六七门，每个学期都不同。按照中学的学习方法是不行的。大学靠自律，不像中学、中专，老师管得很严。在大学，大家探索着学习的方法，去适应大学的学习生活。另一个是对强国之路的探索。我们上大学时恰逢改革开放之初，阐述各种强国之路的观点充斥报纸。东欧诸国是如何落后的？亚洲四小龙是如何崛起的？作为当时的大学生，我们对此有很多思考。第二种是课外学习的气氛。那时候的各种知识、各种思潮，我们都想去接触它。记得当时热门的书有《第三次浪潮》。各种活动我们也愿意参加，诸如打球、踢球、健美、演讲等。第三种是思想的气氛。那个时候每个人的想法都不一样，各种思想都有，尽管不成熟。第四种是生活的气氛。读了大学，就不再像中学时期那么紧张。有了空间上和时间上的相对自由，有了对钱的支配权（尽管很少很少），这些都增添了大家生活上的气氛。食堂的菜品可以选择，面食可以选择，晚上可以自习，可以去阅览室，也可以去看每个系里仅有的一台黑白电视机所播放的节目（当时热播的是电视剧《女奴》以及直播的女排比赛），当然也可以外出，全凭自己。每逢节日，系里、班里还有同学们自己编排的节目。

陈永杰简介：陈永杰，山东经济学院 1984 级会计学专业本科生，现任山东鲁扬会计师事务所有限公司执行董事、总经理。

二、黄河大桥之歌

我是在书本上了解到济南黄河大桥的建设成就的。大一时的一个星期天，我与几个同学结伴到黄河岸边，目睹了黄河大桥的壮观。回校后，我写了一首诗——《黄河大桥之歌》。没有多长时间，系里举办一个歌咏比赛，我把它交给了王月永、张春梅两位同学，她们最后取得了第一名的好成绩。这个事，成了我们大学的美好记忆之一。

三、听琴

天桥区大中专院校不多，大学有两所——我们学校以及与我们学校同校区的山东矿院济南分院。中专有两所，一东一西，东面是济南幼儿师范学校，西面是交通部济南交通学校。两所中专学校距我们学校差不多远，两千米的样子。济南幼儿师范学校招收的是初中毕业生。济南交通学校招收的是高中毕业生。济南幼儿师范学校，全是女生。要找人，需要在校门口等，由传达室的人去叫。同学中有谁去幼儿师范了，便会成为男同学们饭后的谈资。济南幼儿师范学校的练琴房就在它的西墙内。西墙与马路之间，是一条露天的河沟。晚饭后，我常与李远纳同学散步到河边，凑足三毛八分钱，买一盒不带过滤嘴的蓝金鹿香烟。坐在河边，把烟点燃，东侃西扯，听琴声悠扬。

四、假领子、皮鞋、面包服

假领子，也叫假衬衣，是指没有袖子，仅有上半截的衬衣。那时候，人们又想勤换衬衣，又没有钱去买衬衣，于是就有了假领子。假领子是时代的产物，现在已见不到了。假领子当时都是男同学去购买，男同学在假领子上打上领带，很是体面。

那时候很多皮鞋的鞋后跟是木头的，木头外面包了一层皮，与鞋连为一体，鞋的后跟很高。我们买了新皮鞋以后，都会到专门的钉鞋掌处钉鞋掌。穿着钉了鞋掌的皮鞋走在教室的过道上，发出清脆的啪啪声。女同学走过，尤其悦耳。

面包服，现在叫羽绒服，是鸭绒做的。新潮的同学，为了买件面包服会省吃俭用，穿着面包服在同学面前很是荣耀。但那时的面包服，质量不高，羽绒常常从面包服里钻出来。有同学买了质量不高的面包服，其他同学开玩笑说，杀两只鸡就可以做一件。

五、南腔北调

我们学校那时以山东省本省学生为主，偶尔会有两个外省的学生来做省际交流。我们班有两名外省的同学，江苏无锡的陈顺鹏同学与天津的张秋艳同学。物以稀为贵，同学们对两位同学特别友善，大家一起度过了难忘的大学时光。

六、操场、阅览室

"文化大革命"中被停办的各高等院校，改革开放后纷纷复校，山东经济学院（"文化大革命"前名称为山东财经学院）（以下简称经济学院）就是其中之一，但原有的校舍已被占用，经省里协调只好与山东矿院济南分院（以下简称矿院）共用一个校园。校园的中间有一条主路，路的东面以矿院为主，路的西面以经济学院为主。两面也互有交叉，矿院的阅览室在西面，位于经济学院的校区；经济学院的阅览室在东面，位于矿院的校区。

操场的跑道是灰渣垫成的。体育课，男生与女生分开上，有不同的老师。上课时，有的男生会情不自禁地往另一边的女生方向瞟上几眼。早晨跑操，广播里播放最多的歌曲是《清晨听到公鸡叫》，为的是提醒大家早起锻炼。

七、食堂、打牙祭

（一）食堂

我们学校的食堂在驻济高校食堂中是一流的。当时的伙食科长是一位老红军，湖南人，对于食材的选购从不马虎，对于做工及花样也有要求。无论对面食还是菜品，食堂都很用心，每隔几天就会变换花样，也有不变的，那就是馅饼。

我记得上午下课时间是 11:30，但食堂一般会在 11:20 前开门。食堂在全校唯一的阶梯教室的下面，合堂课就在阶梯教室里面上。如果到 11:20 食堂还没有开门，阶梯教室里就会听到楼下食堂外同学们的吵闹声，偶尔也会有一些同学恶作剧的吼叫声，上合堂课的同学也就无心听课了。

食堂的红小豆稀饭、肉包子、烂面条、肉馅饼让我一生难忘。

（二）打牙祭

打牙祭，有三种情形。一是同学们假期归来，带来各自家乡的美味，拿出小部分来共同分享（大部分自己享用）。记忆比较深的是王俊焕同学带来了熏鲅鱼，蔡逢春同学带来了柿饼，张德明同学带来了莱阳梨……不一而足。二是平时吃饭时，品尝一下其他同学的好菜，但不可贪吃，否则买好菜的一方会不愿意。刘丙臻同学是我们班的有钱人，有个外号叫"个体户"（他父亲是胶州一家工艺美术学校的创办人），他到食堂买菜都会买两份，放到一个茶缸里，茶缸底层是炒肉或午餐肉之类，上层是萝卜或白菜之类，为了防止同学吃他的菜，总是用勺子从底层掏着吃。三是特别的情况，诸如某同学的高中同学从外校来访、个别同学过生日或有特别的喜事之类的。

八、金老师、谢教授

金老师，名叫金翠华，当年有 40 岁左右，中等身材，是我们基础课——语文课的老师，她同时也是 1984 级计划统计班的老师。金老师很有才情，很感性。她讲课时，会很快融入教材中。据说金老师是当年山东师范学院的校花，毕业后遇上"文化大革命"，提倡与工农相结合，嫁给了一位工人。我去过她家，见到过她的爱人。金老师很喜欢爱好文学的学生，会带我们参加校外的文学沙龙、讲座。一次，在省体育场有一个文学讲座，我与其他的三五个同学跟着金老师参加了那次讲座，会后还有讲课老师与参会人员的签名活动。因为那是我平生第一次参加这类活动，感到很新奇，很难忘。

谢教授，名叫谢承基，当年有 50 岁左右，南方人，中等身材，复旦大学毕业，教授"西方会计的理论与方法"与"管理会计的理论与方法"。谢教授当时还不是教授。改革开放之初，有职称的老师很少，像山东经济学院这种复校不多久的学校就更少。据说山东经济学院当时只有两名教授，一名讲授"逻辑学"，一名讲授"西方金融"。因为谢老师的治学严谨与学识渊博，我们都以他为教授。谢老师教授的课程，在改革开放之初是先进的（当时有很多课程还在沿用苏联的体系），对学生来说是新鲜的。谢老师戴耳机、穿花格衬衫、着吊带西裤。我们使用的教材是谢老师自己编写并刻制油印的教材。谢老师讲起课来，抑扬顿挫，逻辑性强，理论性足，同学们都喜欢。谢老师治学严谨，他编写的教材，字斟句酌。谢老师不乱出书，一生只出过两本书——《西方会计的理论与方法》和《管理会计的理论与方法》，都是我们的教材，据说还是在院领导的再三催促下交给出版社的。谢老师的考试只出 2 道题，每题 50 分，有不少同学需要通过补考才过关。同学们戏说，参加谢老师的考试，要么 100 分，要么不及格。正是由于谢老师的严格，同学们才真正学到了东西，毕业后才真正有了优势。在当时，大多数人不知道西方会计，不懂得管理会计，但我们知道，我们懂得。当时的外资、合资企业，他们使用的是西方会计。20 世纪 90 年代初，国家在全国范围内实施"两则两制"，方才与国际惯例接轨（后来叫趋同）。我们的知识领先了五六年。

九、诗与远方

改革开放之初，百废待兴，万物复苏。我们放牧春天，讴歌春天，纯真、浪漫、博大，不断地从大地汲取营养，对现实充满赞美、对未来充满憧憬。大学一年级下半年的时候，我与其他系爱好诗歌的同学一同发起并成立了山东经济学院第一个大学生诗歌社团——"牧春诗社"。

诗社在我们课余时间多次举办歌咏比赛，组织诗歌创作，写黑板报，出版《牧春》诗集；泛舟大明湖，游览趵突泉，攀登千佛山。诗社，充满着青春、欢乐、美好！

诗社成立两年多的时候，大家有意编一本诗集，曰《牧春诗集》。诗集的编辑出版得到了院团委、院学生会、院印刷厂、牧春诗社社员、省文联、省《黄河诗报》社的大力支持。

我及 1984 级金融学专业的董彦龄、1984 级会计学专业 3 班的付厚民、1986 级会计学专业的孙泽超、1986 财政学专业的毕静、1986 级金融学专业的裴少娟等负责约稿与审编工作，毕静同学同时负责封面设计及内页插图工作，院印刷厂负责排版印刷。本人与付厚民同学等多次去省文联、省《黄河诗报》社编辑部，拜访素昧平生的老师们，请他们为我们即将出版的《牧春诗集》提意见，老师们也悉心指导。《黄河诗报》社的编辑商老师为《牧春诗集》写了序，力荐这本诗集。院印刷厂的厂长南宫艾（笔名）老师是一个文学功底很厚的人，提供了诗作，并为《牧春诗集》题了跋，赞美这本诗集。经过几个月的准备，《牧春诗集》出版了，同学们对学习生活的讴歌，对理想的追求，对未来的畅想都装进了诗里。《牧春诗集》是山东经济学院复校以后的第一本学生诗集，留下了那个时代的美好记忆。

我们是 20 世纪 80 年代的大学生，天之骄子。经历了"文化大革命"，经历了改革开放，经历了国家由穷到富、由富变强的全过程。我们吃过苦，正在享福。没有哪一代像我们这样，自己的命运与国家的命运紧密连在一起，我们是幸运的，是幸福的！

今天的我们不再年轻，但我们依然有诗和远方。

第二部分　访　谈

安中涛（1995 级硕士研究生）

采访者： 请问您考研时为什么选择了咱们山财大会计学院呢？

安中涛校友： 学校的口碑不错，会计学院的口碑也是比较突出的。当时学校第一次招收研究生，也好考一些。

采访者： 您能否谈一下在咱们学院学习时的一些情况呢？

安中涛校友： 我们当时是学院第一批研究生，归科研处管，学校的领导、管理部门、财务会计系的领导还是比较重视的，当时的校领导及财务会计系系主任（也就是现在的会计学院院长王爱国老师）都给我们上过课。学院还从校外聘请了一些老师来给我们讲课。我们第一批人也比较少，只有 9 个研究生，学校比较重视对我们的培养。

采访者： 您认为在学校就读期间有哪些收获？对您的生活经历有哪些影响？

安中涛校友： 研究生 3 年对我的影响还是挺大的。第一，我在研究生期间考出了注册会计师资格证书，算是奠定了一个专业基础。第二，学校老师在会计理论等方面给我做了一些指导，使我的理论水平有一定的提升。第三，我的论文写作等能力得到锻炼，增强了自己在会计方面的思考能力。

采访者： 当时有哪几位老师给您的印象比较深刻呢？

安中涛校友： 印象最深的是我的导师任辉，他当时是副院长，对我们学习上的要求是很严格的，同时对我们的生活也很关心，在会计基础理论方面也有自己的研究，对我们影响很大。然后就是王爱国老师，他给我们上"中美财务会计比较研究"，学识渊博，才思敏捷，非常认真，也指导过我们一些具体的工作。

采访者： 您觉得咱们学院的研究生教育有哪些特色呢？

安中涛校友： 我认为，跟其他院系的研究生教育相比，咱们学院的要求、规定是比较严格的。另外，就我所接触的各个院校研究生来说，我们学院的研究生学风是比较好的，学生积极上进的氛围比较浓厚。毕业的学生无论到比较大的企业做财务，还是到会计师事务所等中介机构工作，都是比较接地气、比较踏实的。

安中涛简介：安中涛，山东经济学院 1995 级会计学专业硕士研究生，曾任山东鲁粮集团有限公司纪委书记，现任水发集团副总经理。

采访者： 请您结合自身经历，从学风、班级建设和文体实践活动等方面谈谈对于学院的总体印象。

安中涛校友： 当时大家都觉得学习的机会来之不易，学习的劲头也比较足。我们9个人，毕业前考出注册会计师证书的有3个，有出国的、有去高校的、有去大企业的。我自己感觉当时学风还是很好的。在班级建设方面，因为人比较少，所以大家也很团结，不管学习上、生活上，互相之间都很支持。当时的社会实践也是学校给我们积极拓展的渠道，主要是企业和事务所，当时我在学校旁边的事务所参加了实习。这些对我们后来的工作都是有指导意义的。

采访者： 您作为咱们学院已经功成名就的前辈，对我们这些正在求学的小师弟小师妹们有没有什么指导建议？有什么想说的吗？

安中涛校友： 第一，我算不上功成名就，每个人不管到什么阶段，其实一直都是在一个学习进步的过程中。比如，王爱国老师，他一直在不停地做科研，他关于智能会计、碳会计和生态文明审计的一些理念在全国都走在了前列。如果说提一些想法和师弟师妹们共勉，我觉得第一个是一定要保持一个持续学习的态度，在学校里认真学，准备好基础方面的一些知识。在工作中，你会面对不同的企业和不同的岗位，即使同一岗位不同阶段也会有不同的要求，这些迫使你不断学习。只有自发地要求自己不断学习，这样才能把握自己工作和其他方面的主动权。

第二，我觉得还是要脚踏实地。现在的环境和我们上学时不一样了，那时候我们从本科到研究生期间能接触的国外的经典系统书籍都比较匮乏，现在的材料、课本就很多了。那时候的互联网不是很发达，现在，尤其手机智能化以后，互联网很发达了。那么，你是拿出一段时间来系统地看一些经典著作，研究理论、数据，还是去看手机里的小视频、一些比较吸引眼球的文章？选择不同，结果的差异还是很大的。即使有些文章你看了以后和朋友讨论时能发表自己的一些言论见解，但是如果你的底蕴不是很深厚，你的见解可能停留在浅层次，所以还是要实实在在地去看一些经典的著作，尤其是在学生阶段。阅读的经典不能仅仅局限于会计、财务方面，也可以延伸到经营管理、宏观经济等相关方面。这样一来，你的底蕴才会深厚。面对一些社会上热门的话题，你才不会只看别人怎么说，才能根据自己的了解、判断、分析来看待这些情况。

第三，要培养宏观思维能力。会计专业从本科到硕士再到博士应该是越来越专，但是大部分学生最终还是要到社会上去，所以要能够正确地去理解会计和财务的工作，要能够"跳出财务看财务，跳出会计看会计"。最好能从一个企业或事务所的整体角度上去看待会计，看一个岗位的工作情况。

采访者： 请您谈一谈对咱们学院学子的期望。

安中涛校友： 因为现在这个社会变化很快，有些条件是我们自己能把握的，有些条件是自己不能把握的。在校期间，建议大家还是要把自己的学习搞好，把自己能够达到的条件尽量准备好。在工作中，应以认真、负责的态度对待工作，其他的情况就交给外部社会环境了。特别是刚毕业的学生，不必要对眼前的职级、薪酬做过多的考虑，当然肯定是会考虑的，也可以筛选，但不要操之过急。不要因为某个地方薪酬少了一点，或者被领导批评了几次，就不断跳槽换工作。一开始，毕业前几年，就是一个磨练自己的过程，还是要静下心来，把学习和工作做好。所有部门负责人、分管领导都是希望你自身能有一定的专业基础，工作上比较踏实肯干，在组织协调、语言文字表达方面具备一定的可塑性。不管现在和 20 多年前有怎样的变化，即使现在学校和社会交流得再多，有一点是肯定的，就是从学校到踏入社会工作面对的是一个不同的环境，你肯定会有一个适应期，这个适应期要看你自己准备的条件怎么样，你抗挫折、抗打击的能力怎么样。读本科、上研究生，其实就是一个不断筛选的过程。要努力学习，准备好上班的必备条件，努力工作，同时心理上也不要一下子期望太高，要踏实、务实。

访谈整理：尹宏林

访谈时间：2021 年 10 月 1 日

访谈形式：线下访谈

访谈地点：山东省济南市良友富临大酒店

李明辉（1997 级硕士研究生）

采访者：学长您好，在山东财经大学读研期间，生活和学习上有什么让您印象比较深刻的事情吗？

李明辉校友：印象深刻的事有很多。当时我们前两年住在校医院旁边的宿舍，到了第三年的时候住到了校医院的宿舍。那时候宿舍再往东是一个村子，我记得村子里面还有养猪的，那时候很土的，现在咱们学校把那一块也给扩进来了，环境比那时候要好太多了。我们当时宿舍是住 3 个同学，宿舍条件很差的，就是普通的宿舍，人住得少一些。像你们现在用的上床下桌式床桌，在我们那时候还没出现。学习方面的话，1995 级的硕士研究生是第一批硕士研究生，我们是第三批，当时研究生 3 个年级都在一层楼上，彼此都很熟悉。那时候全校一共才 3 个硕士点，几十个研究生，我们那一年会计研究生是最多的，有 20 多个人；好像还有叫信息经济（电算化方向）的研究生，有三四个人；统计专业研究生只有 1 个学生，他比较孤单，他上专业课就是一个老师对着一个学生。

采访者：那您觉得在山财大会计学院的学习生活经历对您的工作、发展有哪些影响？

李明辉校友：我觉得研究生阶段是人生中很重要的一个时期，本科阶段可能是汲取老师教授的知识，研究生阶段就需要自主地去涉猎知识，在这个过程中查文献、看文献就很重要。虽然可能站在未来回看，那些文献会有不成熟的地方，但是探索学习的过程是很重要的。我们当时经常一起看文献，去讨论、研究一些问题。我觉得现在很多硕士研究生，甚至一些博士研究生可能在学习动力、研究投入上面，其实还不如我们当时的硕士研究生。对我个人而言，我觉得研究生阶段的学习对我日后读博、任教，都打下了比较坚实的基础。我们那时候做研究不像你们现在这么方便，没有这些电子期刊之类的，基本上就是纸质期刊。我印象比较深的是当时资料室的赵纯梓老师，当时纸质期刊到了资料室，赵老师需要按照主题等要素对其进行整理，这个工作量是很大的，赵老师的工作一直很细致，为我们做研究、查找资料提供了很大的帮助。虽然条件比较简陋，但是不管是学业上还是精神上，我们的收获都是很多的。在这期间我陆续发表了三四篇文章，毕业后顺利考上了厦门大学的博士研究生。

采访者：对于我们现在的在校生们，您有什么建议吗？

李明辉简介：李明辉，山东经济学院 1997 级会计学专业硕士研究生，现任南京大学商学院教授、博士生导师。

李明辉校友：我觉得首先大家要有一个清楚的认识，就是你为什么到这个地方来、是来干什么的，也就是说要明确自己的目标是什么，明确目标以后再规划应该从哪个方向做出努力。不管未来想去会计师事务所、券商还是其他的一些单位，要先分析现在的你对标这个方向目标，自身的不足在哪。然后针对这方面的不足，有目的性地进行查缺补漏。在就业方面，我建议不管是专硕还是学硕的同学，没有必要在读书期间把大好的时间都用在实习上面。实习对于找工作来讲可能是重要的，但是我觉得研究生阶段更重要的还是利用这样一个非常宝贵的学习机会，去把将来学习、工作中需要的一些知识和技能尽快地补足。如果同学们在研究生阶段把大量的时间用在实习上，那从一开始就没有必要去读研究生，直接工作的话可能获得的实践经验要比在学校所获得的实践经验多得多。这样的话，我觉得实际上就搞错了读研究生期间最基本的方向，我认为同学们需要先搞清楚基本定位再进行抉择。也就是说，我给大家的建议主要是两个方面：一个是要明确自己将来想要做什么，自己的人生规划、职业规划是什么；另一个是在搞清规划目标之后，确定自身在哪些方面是存在不足的，在研究生的这几年中要学哪些东西来弥补自身的不足，在这之后再去考虑怎么去安排实习等其他方面的问题。我觉得个人规划、大方向的确定对于研究生而言是更重要的。

我们这一代人也将近 50 岁了，未来肯定还是需要现在的同学们、年轻的一代再接再厉把学校精神传承下去，发扬光大。现在山东财经大学在国内的影响，包括在学术、实务等各种方面的影响要比我们那个时候大得多。这是所有老师和同学们共同努力的成果，共同努力才能不断提高学校的知名度，同时也为同学将来的发展打好基础、铺好道路。学校的发展对所有的校友来讲都是非常重要的，学生和学校本就是相辅相成的，我衷心地希望同学们能够有所成就，希望母校越来越好。

访谈整理：张继伟

访谈时间：2021 年 7 月 22 日

访谈形式：腾讯会议

龙芳（2000 级硕士研究生）

采访者：学姐您好，我了解到您家在山东，也是在山财大读的本科和研究生，您为什么选择去北京工作呢？

龙芳校友：对的，我一直是在咱们山财大读的书，那时候还叫山东经济学院。毕业之后也在山东的税务系统工作了几年，后来因为对象去了中国人民银行，在北京工作，我也就选择去北京工作了。

采访者：那您刚去北京工作的那段时间还适应吗？

龙芳校友：刚去的时候，我是在我们的单位清算部门工作，专业比较对口。但是后来因为政策的调整、市场改革，清算部门经整合成了单独的清算所，那么相应的人员的职责也有变化。当时我们大部分人都面临转岗的问题，突然要转到一个不熟悉的岗位，对于我来说是一个不小的挑战。当时很多同事适应不了。

采访者：那面对这种挑战的时候，您是怎么应对处理的呢？

龙芳校友：我觉得一是要坚持，二是要培养自己终身学习的能力。当时因为咱们国家的银行间市场还处于起步阶段，需要大量的交易员。交易员在正式上岗之前是需要培训的，比如怎么操作系统，怎么把学习到的知识和实务结合，这些都是需要提前培训的。我就转岗做了业务培训老师，我是在 2010 年确定往这个方向转岗的，然后接受了一年的培训，那一年我的压力还是很大的，因为如果培训考核不达标的话是不能上岗的。我记得很清楚，有一次我带孩子去游乐园玩，孩子去场地里面玩，我就抓紧在外面学习，这基本就是那一年我学习生活的缩影吧。那时候学的知识和会计就关系不太大了，只用到一些最基本的会计知识，其他的市场变化、政策调整、交易策略这些几乎都是从零开始学。后来，2012 年我正式上岗开始讲课，这些年培训了大概有 10 000 人，有时候我在单位附近吃饭，还会有同学就跟我打招呼。这些年我也一直在学习，更新知识，顺应潮流，跟紧市场、政策的变化，所以我觉得培养这样一种终身学习的能力，才能保证自己未来不被淘汰。

采访者：那您觉得在山财大会计学院的学习生活经历对您的工作、发展有哪些影响？

龙芳校友：我觉得，尤其是研究生阶段，真的是受益匪浅。除了之前提到的学习能

龙芳简介：龙芳，山东经济学院 2000 级会计学专业硕士研究生，现任中国外汇交易中心北京市场部总经理助理。

力的养成，山财大的学习经历对我还有另外两方面影响，一是会计相关知识的增加，二是专业英语水平的提升。教我们的老师，水平都是很高的，像现在的王爱国院长就教过我们，现在的深圳市委书记孟凡利也教过我会计学原理，他们的课讲得都非常好。我的财务管理老师是汪平，他讲课水平特别高，而且他用的是英文原版的《公司理财》的教材，有三四百页。那一个学期，我生生把这本书啃下来了，啃下来之后会发现自己的专业英语的能力真的是提升很大，而且专业英语对未来的工作帮助也很大，尤其是在比较大的平台，有一个好的英语底子，在需要的时候，起码不会露怯。

采访者：您觉得在山财大学习生活还有哪些收获呢？

龙芳校友：收获太多了，学业、老师、友谊、爱情都是满满的收获。我们的宿舍是在现在校医院的位置，一层是医院，二层是男生宿舍，三层是女生宿舍，楼下就是篮球场，在楼上就能看到同学们在楼下打篮球。有时候需要一本书，向楼下男生宿舍喊一声，再顺着窗户把吊篮放下去，把书提上来就行了。那时候吃住学习都在一个楼上，和班级同学关系特别融洽，现在我们在北京工作的同学还时不时地小聚一下，聊聊那时候的事。那时候，有自己的人生规划，学习生活也不枯燥，是很美好的青春时光。

采访者：对于我们现在的在校生们，您有什么建议吗？

龙芳校友：建议的话，有这么几个吧。一是珍惜时间，合理规划。研究生的时间其实挺紧张的，而且这是人生最好的时候，没有经济压力、身体精力也好；平常要把时间管理好，兼顾学业和兴趣特长，多增加生活技能。空闲时间可以去旅游，让自己更有见识，尽量不要打游戏和睡觉，把时间拉"长"，好好利用这段时间增长自己的本领。二是要提前有一个大的规划，你们现在找工作的压力比我们那时候要大，但是也不要妄自菲薄，多和导师、师哥师姐、已经工作了的本科同学交流沟通，了解最新动态，了解市场需要什么样的人才；有时间多考点证，但是不要把研究生当作资格证的培训班；尽快明确目标，早规划早行动。三是要注意培养终身学习的能力。很多人的工作未必和在校学的知识相关，那就需要顺应需求，学习新知识；同时，在到了单位之后能迅速掌握技能，快速地进入角色。四是注意细节。我这几年的工作很有感触，实际上很多工作并不难，一定要细致一点，精益求精，不要眼高手低，尤其是刚入职或者实习的时候，尽量在能力范围内做到最精致，很多时候跑赢其他人你就赢了。

访谈整理：张继伟

访谈时间：2021 年 5 月 23 日

访谈形式：腾讯会议

乔元明（1982 级本科生）

采访者：乔老师，您好！山财大的环境对您产生了哪些影响呢？

乔元明校友：我在大学时期非常积极地服务同学，是班里的团支书，而且在校学生会、系学生会也做了许多工作，这些都促进了我的全面发展。

采访者：请问您在高考填报志愿时，为什么会选择会计学？

乔元明校友：那时正值 1982 年改革开放初期，国家急需会计人才，所以我响应国家号召，来到山东经济学院学习会计。

采访者：您在学习期间是否有印象深刻的逸闻趣事，或者是其他学生活动？

乔元明校友：那时刚刚改革开放，条件相对艰苦，没有像现在大学校园那样有着丰富多彩的活动。同学们大都每天三点一线，学习劲头很足，都非常注重对知识的学习。同学们常常去教室、资料室学习，当时我们那种对知识如饥似渴的状态现在在许多学生身上都找不到了。印象最深刻的是我们与老师之间良好的师生关系，那时候学生很少，老师时常与大家交流，相互探讨问题，学习氛围很浓厚。

采访者：如今会计学院发展越来越好，您对会计学院有哪些展望？对会计学院的同学有哪些希望和建议？

乔元明校友：扎实一直是咱们学院的学风，大学生在大学期间还是要好好地多学些知识，增强自己的专业素质，提高自己的个人能力，这是很重要的。如果你有好的素质作为前提，再碰到好的环境、好的平台，肯定能成就一番事业。

采访者：在您毕业后，您是如何走上审计这条道路的？您的工作经历是怎样的？

乔元明校友：我毕业之后做过 3 年会计。由于我国审计机构成立得比较晚，审计署 1983 年才开始组建，而我所在的特派办是 1988 年才有的。我们上大学时会计分为工业会计和商业会计两个方向，我学的是工业会计，到 1988 年左右两个方向才统一改为会计学。我们学会计的时候感觉这个职业还不错，但是我做了 3 年之后总觉得有些枯燥无味，基本上都是在重复做一些报表，一个年度一个年度的，最重要的是没有什么创新。那个时候的我们感觉审计涉猎的方面更加广泛，审计的平台也比会计更大一些，需要的各方面知识也比较多，比如我们一年做一个项目，可能今年的项目是企业的，明年就有可能是财

乔元明简介：乔元明，山东经济学院 1982 级工业会计专业本科生，高级审计师，现任审计署驻济南特派办二级巡视员。

政系统的、税务系统的、银行系统的。在这个过程中自己可以不断学习，看的东西比较多，眼界也随之提高了很多。我觉得审计还是比会计更重要一些的，当时我们的大学教授也讲没有不懂会计的审计，但是有很多不懂审计的会计，他对审计的定位给了我很大的参考，于是我走上了审计的道路。

采访者：您认为成为一名优秀的审计人员应该具备哪些素养？

乔元明校友：专业肯定是第一位的，如果没有扎实的专业基础，业务做得不细致的话你是立不住的，审计报告里面你自己没法讲明白的事，也得不到人家的肯定和认可。现在我们审计署招的应届毕业生大多数都存在眼高手低的问题，在我们那个年代，会计学院有开设现场学习审计项目的课程，而且会有半年的实习时间。优秀的审计人员一定要有扎实的理论基础，同时更要有对事业的热爱，审计人员要认真地把审计作为毕生的事业来做。我们 20 世纪 60 年代出生的人大多数还是比较保守的，一般在一个单位再苦再累也会一直干下去，审计人员平均 1 年在外出差 200 天，女同志更是辛苦，在家还需要带孩子。我在这里干了 33 年了，出差次数最多的时候一年到头在外 308 天，在济南没有连续超过 10 天的；并且有的项目时间比较长，曾经有个项目一干就是 7 个月，每天上班 15 个小时，那你真的要有对事业的执着才能做下来，一般的人肯定干不来。因此，我们一定要给自己打下扎实的基础，一定要把审计当作终生的事业来做。

采访者：请问政府审计跟社会审计的实际工作有什么不同的地方，您对大学生未来职业道路的选择有什么建议呢？

乔元明校友：我从事的是政府审计，我们的主要职能是按照党中央、国务院的要求，对国家控股的企业和行政事业单位进行审计，更看重财务收支的真实性、合法性，包括一些案件查处、打击腐败贪污；而社会审计更关注的是企业财报是否真实。在我们上学的时候是没有社会审计的，社会审计在中国大概是 20 世纪末才兴起的，我们上课学的都是政府审计，但现在我了解到咱们学生在大学里学习的多数是社会审计，涉及政府审计的内容较少。我觉得大学生在政府审计方面可以多学习一些，如果学院没能提供这样的机会，有心涉猎的同学可以在课外多学习一些关于政府审计的知识，增加自己的专业知识，在以后的就业中也能多一些选择。

访谈整理：苏宝怡、孔佳惠、田琳佳

访谈时间：2021 年 9 月 9 日

访谈形式：线下访谈

访谈地点：济南市审计署局

赵寿森（1982 级本科生）

采访者：您在山东经济学院的学习生活经历对您个人发展有哪些影响？

赵寿森校友：山经 4 年的学习经历奠定了我的知识基础，塑造了我的价值观、人生观和世界观的基本架构，教会了我学以致用的方式与方法，启迪我做事要有团队与组织，即现在所谓的平台。

采访者：您现在的工作是一毕业的时候找到的吗？有没有换过工作？您关于换工作这个问题有什么看法？

赵寿森校友：我大学毕业那时候是国家分配工作，没有什么可选择的余地。换工作很正常，但在换工作之前，一定要想好三个方面的问题：一是我离开这个单位或换岗位的原因，这些原因，也就是问题是怎么产生的，还有没有在一两年内解决的可能性；二是对新单位或岗位期待的是什么，预计多长时间能实现；三是要弄清楚，你要的这些东西，是为了解决个人财务问题，还是个人发展路径问题，或者其他什么问题。

采访者：您在工作中有哪些成功的事迹或取得过哪些成就？

赵寿森校友：我在西安石油学院接受培训后回到单位，用 3 个多月的时间成功编写了胜利油田基本建设程序；将会计信息计算机化，帮助财务部门安装计算机，对财务人员进行培训，并用一年时间将会计凭证录入计算机，形成了石油部第一份计算机报表；通过研究胜利油田的各种生产经营过程，研究国家税法、条例、细则，编写《石油税收》并出版（那是我出版的第一本书）；后来又编写石油企业消费型增值税办法；提出了以"财务理念引导企业经营"的新思维；我曾先后荣获"中国民航优秀财务带头人""全国优秀会计工作者""全国企业信息工作优秀领导人""山东省先进会计工作者""中国石油化工集团公司科技进步奖""中国石化集团优秀青年知识分子"等称号。

采访者：在工作中也会涉及许多会计以外的专业问题，请问您当时是怎样处理这些问题的呢？

赵寿森校友：专业之于工作，只是一个敲门砖，只是工作能力的一个必然组成要素。做好专业与其他相关业务的结合才是最合适、最重要的。关于如何解决自己专业领域以外的问题，我觉得博览群书是一个好办法，因为你不知道什么时候就能用上。当然，不

赵寿森简介：赵寿森，山东经济学院 1982 级商业会计专业本科生，现任中国煤炭科工集团有限公司党委常委、总会计师。

能目的性很强地去看书，这样会缩窄自己的眼界和心智，反而会把自己束缚住，导致自己得不到更广泛的知识。各方面都要涉及一些，这样在碰到与自己专业不太相关的问题时，才能不慌不乱，做到心有定数，工作时会更容易理清头绪。

采访者：近年来，大学生的课堂内容普遍仍停留在理论知识层面，学生的实践能力相对缺乏。您怎样看待这种问题呢？

赵寿森校友：学校在讲授会计知识的过程中，要适时地，比如在学期当中，带学生到现场实习，做到理论与实际的结合，提高学生的学习兴趣与成就感。实践中，不要选择性实习，要基于专业或课本，"大范围、多环节、长链条"实习。

采访者：工作单位是否会对刚进入该领域的新员工进行职业培训？

赵寿森校友：企业员工入职培训的核心是让入职员工了解、接受企业文化。我个人认为，有此环节肯定比没有好。

采访者：我们知道解决问题的能力是很重要的，您刚参加工作时都遇到了哪些问题呢？您是怎样解决的？您认为最关键的一步是什么？

赵寿森校友：我印象比较深刻的有3个问题。

第一个问题，刚刚参加工作时，我的会计基本技能很差。我参加工作后，被分配到胜利油田，我是胜利油田的第二个财经系大学生，当时还是很抢手的，顺利地去了财务科。我们大一时老师教珠算，每天早自习除了练习英语，还练习珠算。珠算在当时是一门必备技能，但却被分类为选修课，每周只一节课，所以我的珠算水平比较差。当时我负责基建成本核算，数字比较大，必须用算盘，然而我的珠算水平都比不过中专生。工作的头两年我技术不如人，又怕中专生看不起我，压力比较大。但是我还是努力提高自己的珠算技能。

第二个问题，零基础学习编程。1988年，国内掀起了一股会计信息化之风，我去了西安石油学院学信息化，系统地学习了dos（磁盘操作系统）、数据库。学成归来后，我待在单位不停地编程序，其间没有回家，也没洗澡，累了就趴一会，也没有按时睡觉的概念。用了3个月的时间，我终于搞出了胜利油田第一个财务信息软件，并组织财务科同事录入了会计凭证。后来，领导也很满意，大家也很感兴趣，于是单位开始集中培养计算机人才，大规模配置计算机。我开始自己写教材，备讲义，讲课，跟设备部门讲怎么买计算机，跑到各个单位装计算机。第二年，胜利油田年终决算时所有的账务凭证、报表都是用计算机打印出来的。我设计的财务信息软件是石油部第一款财务信息软件。当时我们去石油部报年终决算时，别的单位的报表都是手写的，只有我们的是打印出来的，非常整齐，我们很有成就感。这种方法后来在中石油内部得到了推广。

第三个问题，当时全国会计准则有十几条，但是没有一个统一的标准。拿我们胜利油田来说，我们有两套基本方法：基本建设会计用增减记账法，生产会计用借贷记账法。因此，每次上报成果时，都要报两套财务报表，而没有一份统一的财务报表。当时我高考报志愿时，财务会计系也有两个方向，一个是商业会计，一个是工业会计，两种会计也大相径庭。在商业系统内部，城市商业和农村商业规则也不一样。大家核算方法都不一样，对接时互相都不理解对方的数据，效率很低，浪费了很多时间。当时我就萌生了一个念头，什么时候这些规则能统一一下呢？我仔细研究了这些规则，虽然规则不一样，但是内部有很多东西是互相联系的。于是我做了大量的工作，翻阅了大量的资料，将各种不同的规则都翻译成借贷记账法。我去参加培训，如果自己不研究，光听老师讲是听不懂的，因此，我在上课之前都会认真研究。回到岗位后，我们便开始对单位员工进行集中培训，并且分门别类地为处理不同业务的人员解答问题。这个过程很艰难，但是很有效，也很有影响力。

采访者：现在有一部分同学会有这样的问题：对于一些问题不敢表达出自己的想法，怕自己的想法与他人的不符。您在起草石油企业消费型增值税办法的时候是怎么有勇气提交给国家税务总局的？

赵寿森校友：当时我发现了我们行业上的短板与不足，并且对短板进行了深入研究，所以才写了石油企业消费型增值税办法给税务总局。

我在担任胜利油田税收科科长的时候，一边学习研究税收方面的法律政策，一边研究胜利油田的生产经营过程。在研究的过程中，我意识到法律、制度也是根据实际情况制定的，是可以修改的。同时，我也发现当时国家的税收政策不合理，于是开始研究增值税，在研究的过程中知道了增值税有生产型增值税与消费型增值税。当时胜利油田适用的是生产型增值税，但是这样征税对于胜利油田来说并不合理，于是开始向省一级的、国家一级的税收部门反映，国家当时也在研究这一方面的问题，于是我们一拍即合。我起草了石油企业消费型增值税的办法，并提交给了国家税务总局。制度、规矩都是人订的，既然如此，它就会因时代、背景以及个人原因存在局限性。如果你是一个认真负责任的工作人员，发现有纰漏的地方就应该去指正。

采访者：您认为在工作岗位上，怎样才能做出一番成就呢？

赵寿森校友：单位的缺点、行业的缺点就是你们进步的空间。想要在较短的时间内做出成绩，就要找到这个行业、这个单位的短处，你把这个短处补上，别人就能看到你的成绩，认可你的能力。就像当时胜利油田虽然不是所有人都认识我，但是大多数人都听过我的名字，就是因为我补上了这个行业的短板。当时我并不是领导，甚至小职务也没有，但是单位第一批派出去出国考察学习的人中却有我，也是因为领导看到我做出了令人瞩目的成绩，觉得我有能力，于是我才有了这个机会。

当时的会计正处在一个大变革的时代，有好多东西大家都不懂，这就是会计行业的不足。这正好就是大学生要发挥作用的地方。那时候新的记账方法懂的人少，我就逼着自己去研究收付实现制。老同志也弄不明白借贷和增减的区别与联系，得靠年轻人，靠大学生。这个时代，任何事物随时都有可能发生改变，需要有人去适应，顺应和推动时代潮流的发展。从长远意义来说，这是大学生的历史使命。从个人角度讲，这就是历史机遇，是你们成长的突破口。

总之一句话，学会寻找自己的短板、单位的短板、行业的短板，并把短板补足；博览群书，不论对你目前是否有用，如果选择性很强、目的性很强，会束缚住自己；不忘初心，记得最基本的东西，弄清楚最基本的东西之后再去学习新的东西，再去创新。

采访者： 现在国家鼓励大学生创新创业，校内外也经常举办创新创业大赛，许多创新创业类社团也如雨后春笋般蓬勃生长，您怎样看待这样的现象呢？

赵寿森校友： 我认为创新要把握一个度，否则就不叫创新了，而叫颠覆，这叫开辟了一个新的赛道。一定要把基本的东西整清楚，再去搞创新。

采访者： 在继云计算、大数据、移动互联网之后，人工智能逐渐成为互联网企业新的发展方向，您认为在不久的将来人工智能真的会取代传统会计工作吗？

赵寿森校友： 会计要参与决策，这个是人工智能替代不了的。另外，会计是根本，其他的东西都是会计的"加"，比如说学院这几年搞的智能会计，智能只能是手段，会计才是根本。

采访者： 为了让我们现在的学生有一些对未来的规划，能不能给我们学弟学妹们提一些建议呢？

赵寿森校友： 第一，要真弄懂专业课的基本原理；第二，要把专业知识与实务相结合；第三，树立正确的价值观、人生观、世界观。

作为大学生，你们要对当代社会、经济、技术的现状与发展做出一个基本判断，这样有助于理清自己未来发展的定位，预判自己的工作前途。

访谈整理：孟航羽、洪紫薇、高嘉琪

访谈时间：2021 年 8 月 1 日

访谈形式：腾讯会议

马力（1988 级本科生）

采访者： 您在校学习生活中有没有遇到过困难，或者是有什么记忆深刻的事情？

马力校友： 学习上倒是没遇到过太大的问题，基本上能适应，一开始学微积分可能有点困难，其他的学科倒是没有遇到太多的困难。毕竟在高考的时候，投入精力比较大，所以大学相对来说就比较轻松一些。记得最深刻的是学校条件还不是很好，刚入学的一年多在堤口路老校，和山东矿院在一起，冬天很冷，教室和宿舍里都没有暖气，宿舍实际上也就是几排平房，只有晚上回宿舍里面用上电褥子，才感觉到有些暖和。平时和同学们在一起的集体生活很愉快、很温暖，当时的青春活力驱赶了寒冷。

采访者： 有没有哪几位老师让您印象深刻，或者对你有重大影响呢？

马力校友： 有两个老师让我印象比较深刻，一个是谢承基教授，他教授西方会计学，还有一个是张新老师，他讲的是计算机数据库。

我 1988 年入学，当时国家还在沿用一些旧的会计制度，我 1992 年毕业，毕业后正好是会计改革，财政部先后出台了新的会计准则、行业会计制度，所以我们学的会计知识基本都过时了，只有谢教授讲的西方会计学没有变化，而且对我之后的工作有很大帮助。因为我参加工作后一直用到会计专业知识，一开始我负责外商投资企业的税收征管，经常下去查账，入职以后我又考了注册会计师、高级会计师等，一直没有离开会计领域。老教授传授我的知识，到现在我都一直在用，他一丝不苟、精益求精的授课风格，也给了我很大的影响。

张新老师当时给我们讲计算机数据库。因为我参加工作时负责税收征管，征收科需要用到计算机系统，搭建局域网需要数据库，记账也要用很多数据库方面的知识，所以说张老师讲的课非常实用。我参加工作以后遇到问题还经常回学校向老师们来请教，老师们都很负责任。

采访者： 您对咱们会计学院的总体印象是怎么样的？

马力校友： 会计学院对我影响最深的还是山财人踏实敬业的作风和实事求是的学风，这是体现在一代代山财人身上的。税务局有很多我们学校的学弟学妹、学长学姐，在他们身上都可以看到这种品质。

马力简介：马力，山东经济学院 1988 级会计学专业本科生，现为国家税务总局济南市税务局督察内审处处长，2020 年被聘任为山东财经大学会计学院硕士研究生校外合作导师。

采访者：您在填报高考志愿的时候，为什么选择我们山财大会计学院呢？

马力校友：感谢母校山财大，感谢学弟学妹们，给我这个机会讲讲在母校的培养下我的成长经历。我是 1988 年参加高考的，那时是先报志愿后出成绩，实行梯度志愿。我当时第一目标好像是山东大学，但是我原来的中学是一个普通中学，考山东大学的概率比较低，财经类专业那时是热门专业，我母亲又是单位的会计，所以我根据自己的情况第一志愿选择了山东经济学院。山东财政学院当时还是山东经济学院的分校。

采访者：在山财大会计学院的学习生活经历对您个人发展有哪些影响？

马力校友：会计是一个基础性的学科，实践性强的学科，会计学院的经历让我获得了比较强的学习和适应能力。有些人本科学习经济或者管理，让他们去干税务管理员，或者去企业查账，他们通常很难适应。但会计是个比较全面的基础学科，我能适应各方面的工作。面临工作困难的时候，我所学的知识使我有解决复杂问题的基础，特别是在技术上。

当然学会计也可能给我们带来不足，可能我们学习的东西偏技术了，对宏观问题的把握就会差一些。比如，我有的在别的学校读书的同学，可能他们对一些具体领域不了解，但宏观问题他们很清楚。对我们来说，虽然对宏观问题的把握有限，但也可以通过做好业务去弥补。所以说，我们学的专业和将来成才成长有很大关系。

采访者：您能展开说说您在毕业以后的经历吗？

马力校友：我还是比较幸运的，1992 年参加工作后我的第一个岗位就是山东省税务局的涉外分局，之后到了直属分局，我在那里学到了很多东西，了解了很多业务。因为这两个单位的工作都是直接接触企业的，都是外商投资或者是国有的大型企业，我在岗位上会接触很多企业的会计和会计管理人员，跟高层次的人打交道，提高是很快的。

后来随着省税务局直属分局的组建，我又担任了直属分局驻济山东电力系统和石化行业的税务管理员。当时山东电力集团公司财务部就有一个专门的税政科，科里七八个人都是清一色的专门研究税收的，不是博士就是硕士，水平很高，而我当时只是山东经济学院本科毕业，比人家博士差太远了，又怎么去管理人家呢？因此，我当时感觉自己的压力很大，也是从那时候更加觉得，打铁还需自身硬，必须要做到能力的提升。

之后从税收管理到财务管理、再到督察审计，在业务领域上我实现了很大的跨越。为此，我跑回母校，拜我留校任教的同学为老师，花两年时间考出了 CIA 证书，在全国税务系统我是第一个。另外，我还考了注册会计师、高级会计师等，然后又上了天津财经大学的在职硕士研究生。我认为人要坚持不懈，努力提高自身素质，把业务学好，把工作干好。

采访者：您对我们学弟学妹们有什么建议呢？

马力校友：我从自己的成长历程，总结了三点，希望能帮助到学弟学妹们，让学弟学妹们不要走我走过的弯路。第一点是人生要把握机会，做出正确的选择。我曾面临过几次选择，包括下海也好、去事务所也好、工作的岗位调整也好，我都错过了，我都选择了求稳，我觉得这和学会计有关系。我的不足主要是创新性的不足，别的专业的毕业生创新性往往比学会计的学生要强，他们敢于挑战，而我们学会计的受专业的影响，更多是求稳、求安逸，我们贪恋熟悉的环境，不去改变，但是环境会变，所以我们也要努力去改变、去创新，把握机会，面对多样的选择，勇于挑战。

第二点就是要依靠自己。一般人走上社会有两种情况，依靠自己是一种，依靠父母是另一种。家里有家业，有人脉是优势，但当你进入社会，遇到复杂的事、遇到困难的时候，不可能永远靠父母帮你解决。依靠自己的能力是最靠谱、最踏实的，也是最问心无愧的，这个能力的培养不是一时之功，可能时间比较长，但是一旦获得这种能力，你就会终身受益。在大学里面也是这样，学习的时候可能会艰苦一些，但你一旦获得了这种能力，比如考出注册会计师了，你获得了这种资质，同时你又获得了学习的能力，你一辈子都会受益。

第三点要珍惜年轻的时光。在上学的时候我一直在考证，学了很多知识，别人在享受生活的时候我却在看书，现在回忆起来我认为是值得的。年轻的时光很短暂，毕业以后忙于工作、组建家庭，所以真正能学东西的时间很少，如果不利用年轻的时间去学习的话，那么可能就再也没有这么好的时间了。二三十岁的时候是黄金时期，多学习一些知识，多积累一些能力，是很重要的。

采访者：您对咱们现在会计学院有什么期望呢？

马力校友：我的期望很简单，我们大学同学基本上每 5 年聚一次，一般都回到学校。我觉得山财大包括我们会计学院，都有很悠久的历史，会培养出很多优秀的学生。我们在工作当中也会遇到很多校友，我们感觉很亲切。我希望学院多发挥一下纽带的作用，多组织一些活动，把我们这些老校友、年轻的校友，还有在校的学弟学妹们联系在一起，让我们互相学习、互相交流，相互分享最新的会计学知识，了解一些前沿的知识，这种活动也是我们工作当中需要的。

访谈整理：刘又新、于思淼
访谈时间：2021 年 8 月 5 日
访谈形式：腾讯会议

张云飞(1988 级本科生)

采访者：请您谈一谈在山东财政学院会计学系就读期间的整体感受。

张云飞校友：我是山东财政学院建校后招的第二届学生，也是山东财政学院历史上第一批本科班的学生，经历了从济南市委党校借校舍到自己学校边建设边教学的过程。虽然条件比较艰苦，环境不好，但我认为我们还是比较幸运的，因为山东财政学院作为财政部部属的一所新建院校，受到了财政部和山东省的格外照顾。为保证教学质量，部里和省里实行了承包办学的模式，当时财政部下属的 5 所大学各自承包建设山东财政学院的一个系，这应该也是学校早期建立 5 个系的原因。我们的基础课则由山东大学牵头的省内重点大学支持。我们的会计学系是由上海财经大学会计系承包。上海财经大学会计系专业、严谨和负责，我们主要的专业课，上海财经大学都安排了非常强的老师来承担，甚至安排当时的会计系系主任石成岳教授专门到校为我们班开设了会计理论的课程。得益于这种创新的办学模式，加上学校自建校起倡导并形成的严谨治学的理念和风格，我们打下了相对较好的专业基础，拥有区别于省内其他院校的更广阔的视野，我们毕业后在社会上很快便得到了用人单位的认可，获得了良好的口碑。

采访者：请您谈一谈在山东财政学院会计学系就读期间印象深刻的老师。

张云飞校友：在整个求学过程中，每位老师都给我留下了很深刻的印象，现在我还可以喊出所有教过我的老师的名字：系主任郭惠云老师，系党总支书记罗荣炎老师，政治辅导员赵道明老师，两任班主任李崇西老师和张涛老师，任课教师刘兴云老师，丁晓东老师，团委书记徐思生老师，学生处处长刘复营老师等。这些老师都给了我们极大的帮助，与我们结下了深厚的师生情谊，到现在他们还在关注、关心着我们的成长和发展。当然，我个人认为，当时系主任郭惠云老师对我们的影响最大，甚至在我们毕业即将离开学校的时候，郭老师还专门谆谆教导我们：学这个专业，将来是要在经济岗位上工作的，一定要能够做到"老在河边走，永远不湿鞋"。所以到现在，关于我们这个班，我最自豪的一件事就是我们班的 41 位同学，大家都平安健康，拥有自由，这跟当年学校和老师对我们的教育有很大关系。

采访者：您对目前就读于山财大会计学院的同学们有哪些建议？

张云飞简介：张云飞，山东财政学院 1988 级会计学专业本科生，现任平安养老保险公司山东分公司副总经理。

张云飞校友：首先，学会计专业，基本功一定要扎实，要注重细节，不要太急功近利，要立足长远。会计专业很特殊，在大学学习期间我们会把一个经济组织从建立、发展到消亡的全过程都学到。但我们工作之后，一定是从一个部门、一个事项的具体事务做起，刚刚工作的前几年很容易有一种学了用不上的感觉，但是随着工作经历的增加，用到的就会越来越多。当年我读的就是会计专业，我刚上班的时候是在银行柜台工作，现实中做的工作非常具体琐碎，我当时确实有一种学过的知识没有用的感觉。到现在，我走上工作岗位近 30 年了，切身的感受是做的所有事情几乎都离不开在学校所学的专业知识。

其次，大学期间除了学习专业课程，还应该广泛涉猎其他知识，多读书，多学习。我们把学习两个字拆开，"学"是学问，"习"就是实践，学以致用，学了知识是要用的，实践很重要。比如，如果将来有一天你来我们公司面试，相比专业知识，我更关注的是你是否组织过或参与过什么活动，你是如何对活动进行规划的，你在里面扮演的是什么样的角色，发挥了什么样的作用。据此去判断，在交给你一个任务的时候，你能不能发挥自己的能动性去把它完成。因为在同样的学习条件下，大家掌握的专业知识差不多，但不同人融会贯通解决实际工作问题的能力可能存在很大差异。对你们来说，我建议未来去到任何一个岗位，不要把能拿到多少工资放在第一位，而是先要考虑自己到底能创造多大的价值，有没有解决实际问题的能力，该如何在这个工作中提高自己的能力。大三的同学应该开始考虑就业的问题了，我的建议是，如果条件允许的话，尽可能去选一个大一点的平台，中国有一句老话"小庙里面不出大和尚"。如果你的平台太小，那么你在成长过程遇到的资源也是有限的。

采访者：您对正在求职的同学们参加面试有哪些建议？

张云飞校友：你们提到的关于面试的问题，确实是个人成长过程中无法回避的问题，以后走上工作岗位，你们可能还要经历各种各样的面试。其实，应对面试有一定的规律可循，但是也因人而异。面试过程中，有两个最核心的方面，第一个就是基本功问题。比如说，关于财务管理的一些基本理论、基本工具，管理会计的基本理论、基本工具，如果你都回答不上来，那一定会减分。第二个是做人做事的能力。我建议大家通过日常的学习实践培养自己的系统性思维以及严谨的做事习惯，并适当提升自己的语言表达能力，在面试现场，眼神很重要，你得给别人一种比较干净、坚定的眼神，有经验的面试官，会从眼神里读出你的人品。可能有些人会说，我太紧张了，也可能会紧张到脸红。这些都不是问题，因为每个人都或多或少有些紧张。但是，一定要让领导能从你的语言表达中听出来你是否真实。只要培养好自己的能力，自信就会随之而来。退一步来说，假如面试失败了，那你也要学会去做总结、做分析。不管是用工具，还是纯粹地去思考，你要去弄清楚影响成败的因素到底是哪些。还有很重要的一点，就是无论是哪个领域的面试，在面试之前你要做足功课，要充分地去了解用人单位，如果不去了解，那你和用人单位之间就会像两条平行线，永远没有交点。

学经济学科，做经济领域的工作是要跟人打交道的，做好自己就能做好事情，要满足组织的需要、满足社会的需要。在为人处世这一方面，你们是"00后"，作为年长的校友，建议你们学会吃点苦，不能娇气，遇到困难和挫折的时候，要有点吃苦耐劳、迎难而上的精神。只要你的专业能力、基本功好，面试涉及专业问题的时候你就不会怕；你的为人处世能力强，善良、诚恳，你就不怕被问到一些涉及人性、生活等等一些面试官用来判断你的人品的问题。

"鱼，我所欲也；熊掌，亦我所欲也。二者不可得兼，舍鱼而取熊掌者也。"人不能总想着鱼和熊掌我都要。现在流行一句鸡汤叫"不要抱怨生活，生活根本不知道你是谁"，所以你们要弄清楚自己想要的是什么，要自己去做判断，然后做取舍。

采访者：请您谈谈对山财大会计学院的展望。

张云飞校友：现在的山财大跟我们当时的山东财政学院还是不太一样，两个学校在风格上还是有所区别的。1988年我们入学的时候，院长要求山东财政学院的学生要做到"四个一"——写一手好字、打一手好算盘、写一篇好文章、说一口流利的英语。我们所说的写一手好字包括写一手标准的数码字，你们可能都没有见过，当时要求非常严格，每天都要写满一张与A4纸差不多大小的会计数码字，很辛苦。我们毕业后从事会计工作，别人看到我们记的账本，第一眼就知道我们是受过专门训练的。虽然现在社会进步更快了，科技发达程度更高了，过去的要求似乎已经不适用了，但我感觉思想和理念还是相通的，扎实的基本功和严谨的学风永远不会过时。我也希望你们能在我们原来的基础上做得更好。

能考上山财大的都是成绩非常好的学生。但愿你们在学校学习的时候，会因就读于这个学校而感到自豪；当你们离开学校踏上社会，能以自己的努力让这个学校因你而骄傲。今天，学校教给你的是安身立命的本事；明天，你要用对这个社会的贡献来回馈母校对你们的教育与培养。

最后，希望现在的学生真的能做到力戒奢靡浮华之气，脚踏实地，格物致知。

访谈整理：孙博洋

访谈时间：2021年9月10日

访谈形式：线下访谈

访谈地点：济南市历下区文化东路29-3号七星吉祥大厦A座12楼

姜国栋（1991 级本科生）

采访者：您觉得大学期间有哪些老师给您留下了深刻的印象？

姜国栋校友：任辉、王汉雄、谢承基、霍传贵、刘学颜等老师。老师们都特别认真负责，他们一般在课前备好课，上课时一般都不会对着书念，讲理论知识也不会枯燥乏味，会结合许多例子来给我们加深印象。老师的专业素养也很高，我从他们那里学到了很多东西，最主要的就是专业知识、专业理论。审计是一门理论性很强的学科，有时候一句话读起来特别拗口，老师们会一句一句给我们解读。我们课下问问题，老师也毫不吝啬地给我们解答。老师教会我们的不仅是书本上的知识，还有之后进入社会需要懂得的道理，比如做审计要讲诚信，要谨慎，要始终保持职业怀疑，遵纪守法，不能违背自己的职业准则和道德原则。老师不仅是良师，而且是益友。

采访者：您当时为什么会选择山财大的审计专业？

姜国栋校友：我当时填表志愿的时候，比较倾向于经济类专业。当时山财大还是山东经济学院，会计学院的审计专业是重点专业，知名度很高，而且审计专业是我比较感兴趣的。考虑到之后的就业、市场对人才的需要，我觉得学审计是一个不错的选择，所以就填报了。

采访者：请您从学风建设、文体实践活动等方面谈一谈您对会计学院的总体印象。

姜国栋校友：会计学院（系）给我留下了美好的回忆。会计学院（系）学风很好，自习室每天很早就会开门，晚上很晚才关门，大家学习都很认真很努力，我每次去都能很快融入学习的氛围之中。平时在路上、餐厅里、教室中，也能经常看到有同学拿着书本在看或者在背诵。同学们都积极参与班级建设和学校组织的各类文体实践，在一次次活动中我们彼此之间建立了深厚的情谊，想想当时的单纯校园情谊，我至今都很怀念。那时候学校人数较少，同学们互相之间基本都认识，感情很深，彼此之间的往来很密切。工作之后，有的同学还保持联系。总的来说，会计学院（系）在我的印象中是很团结友爱并且学习氛围很浓厚的地方，是一个我结束青春的地方，也是我开启崭新的人生的地方。我很感谢会计学院（系）对我的栽培。

采访者：请您简要谈一下大学期间的学习经历及其对您以后就业工作等方面的影响。

姜国栋简介：姜国栋，山东经济学院 1991 级会计学专业本科生，现任山东国惠投资有限公司党委委员、副总经理。

姜国栋校友： 大学是学习知识的地方，也是培养人格的地方。大学生要增强自身的社会竞争力，最重要的是学好专业课程知识的。学好自己的专业知识，拥有过硬的专业技能，使我更好地立足于这个社会，也让我拥有了在社会上披荆斩棘、乘风破浪的底气。从学校毕业后我一直从事财务、投融资、资本运作等相关工作，基本做到了学有所用、学以致用。我做到学有所用、学以致用的关键是在校期间学到的审计学专业知识以及相关的财经知识，对这些专业知识的融会贯通，我更容易透过现象看本质，也使我的事业发展更加顺畅。在大学里，我还认识了许多志同道合的朋友，在与他们的交流过程中，我提高了我的人际交往能力，也锻炼了自己的情商。同时，我在学生会的工作，也对我的人格塑造有着重要作用。进入学生会后，让我更加有勇气在同辈面前展现表达自己，极大地锻炼了自己的口才。每次学生会组织活动，我都能锻炼自己的组织和执行能力，丰富自己的阅历，使自己获得了很多经验。在校期间我的自信心、谈吐、为人处世等方面得到了极大的提高，这些对我迅速适应社会有很大的帮助。

采访者： 您想对在校学生传授些什么经验？

姜国栋校友： 第一，千万不要认为到了大学就等于拥有了美好的明天，就可以高枕无忧了，其实大学阶段是最考验人的时候，都说大学成就了一批人，也毁灭了一些人，的确如此。懂得进取的人就鱼跃龙门，找到称心如意的工作，而颓废的人就会被无情地淘汰出局，所以师弟师妹们一定要在学校多学习专业知识，不能书到用时方恨少。

第二，不要人云亦云，跟着别人的脚步走，这样你总会比别人迟一步。你要有自己的想法，并制订出计划，然后大胆地实施。不要害怕丢脸，有时犯点错误才能得到教训；不要有自卑心理，要对自己充满信心，凭什么别人能做好的事情我做不到呢，仔细寻找差距才能获得进步。同时，要积极寻找机会，多实践，实践出真知，实践也是接受知识最快的方式。

第三，友好和善地对待大学同学，在大学里碰到的任何人都可能在社会上给你助力。要向上向善，积极应对明天，善良对待众生。珍惜这人生中绝无仅有的4年时光，在正式踏入社会之前丰富自己。

第四，要认真对待学业。高中的时候有的老师会告诉你说上了大学就轻松了，其实不然，上了大学是一个新阶段的开始，有些同学大一刚开学斗志满满，立志要好好学习，但慢慢地出现在教室的次数就越来越少，上课的时候手里拿着的也从书本换成了手机，课下也不对自己今天学过的知识进行巩固复习，而是拿着手机一刷就刷好几个小时的抖音，越来越萎靡不振，以前的斗志也减了不少。到了大四，后悔莫及，觉得自己荒废了4年，什么有用的知识都没学到。你们都是层层选拔上来的高材生，你们应该利用好这4年大学时光，不断地去提高自己的能力，完善自己的思维，千万不要书到用时方恨少，你在大学里荒废时间，以后到了社会上，社会就会给你好好地上一课。

第五，自己要有个明确的规划，早做打算。如果有同学想要保研，从大一开始就要好好学习，提高自己的绩点，同时还要积极去参加一些竞赛或者搞科研，增加自己的经历。如果有同学想要考研的话，大三就需要认真思考自己要考哪个大学、哪个专业，多搜集一些有用的考研信息。还有的同学想直接参加工作，那我建议这些同学在寒暑假就可以多去开展一些实习，积累自己的实习经验，从而找到真正适合自己的职业。

采访者：您能谈一谈对山财大会计学院的展望吗？

姜国栋校友：身为山财大会计学院的学生，我衷心地希望我的母校越办越好。其实不管做什么，从山财大毕业永远不会是你人生的黑点，而是很多人的骄傲。母校为我们提供了继续学习知识的机会与平台，老师也竭尽全力保障我们学习与生活的舒适，在全体师生的努力下，山财大怎么能不越来越好呢？事实也确实如此，两个实力大学的强强联合，成就了山东第一梯队的财经强校；新校区的建立使学校得以扩大招生规模，使学校专业种类得以更加完备；学校高考录取分数线稳步提升，有了更好的生源。我们会计学院是一个大院，师资力量雄厚，有多个国家级一流专业，获得了许多荣誉，这离不开老师们的付出和同学们的努力。会计学院顺应大数据技术的发展，开设了多个与大数据相关的课程，这是让我很惊喜的。会计学院总能顺应时代，为社会培养了许多高水平高质量的财经人才。从过去到现在，一切的一切，都说明山财大是一个积极向上的高等大学，而会计学院是学校重点发展的学院，在随着学校发展的同时也在按自己的步调进步。综上，山财大的未来是光明的，山财大永远是我们毕业生和在校学子最大的依靠。

访谈整理：柳雨晨、王鸿鸽
访谈时间：2021 年 9 月 22 日
访谈形式：腾讯会议

毕艳蕊（1995 级本科生）

采访者：请问您在山东财经大学 4 年的学习生活中，都有哪些收获？

毕艳蕊校友：山东财经大学在我上学的时候，或者说直到现在，都属于省内财经类数一数二的高校，因此，在专业知识的讲授、行业人才的培养方面成绩突出。作为山财大曾经的一名学子，我也受益颇丰。从毕业到现在，会计不断变化，但是我依旧能够适应这种变化，原因之一就在于母校教会了我终身学习的习惯，这种习惯使我能快速适应时代的变化，紧随时代的脚步。另外，就像我刚才提到的，我认为任何大学如果只是教书，而不育人的话，都不是我心目中的优秀大学。我最大的收获还是老师所教授的"谨遵职业道德，时刻约束自己"这一思想。

采访者：在学校的 4 年本科学习生活中，学姐有什么很难忘的、宝贵的经历想和大家分享吗？

毕艳蕊校友：经历的话，想谈一谈当时学校举办的一次专业知识及综合能力竞赛。其实那并不是一个规模很大的比赛，甚至说只是咱们校内学生之间的一次比拼，但那是我步入大学校园以来，第一次参加专业性的竞赛。我之所以觉得它很难忘、很宝贵，是因为它给我带来了许多收获。首先，对每个人来说，竞赛是一种力争上游的经历。每个人自从踏入社会开始就必须在工作岗位上同其他人进行竞争，从而脱颖而出。正是因为那段经历帮助我树立了一个健全的人格，让我找到了看待事物的正确方法，我才能在工作岗位上更胜一筹。知识是最基本的要求，没有这个基础，也自然无法上升到更高的境界，在这个基础之上，我也学会了用不同的思维、从不同的角度看待生活和工作。其次，它让我学会了做学问、做研究的方法，也让我深切地体会到学习的基础知识与实务之间是有很大区别的。在学校里学习书本知识是一种"应试学习"，对于升学可能很有效，但是如果说应试学习对于知识的应用有多大作用我却不敢苟同。不论是本科生还是研究生，当你真正进入工作岗位以后，都要重新学习，尤其是对许多专业技能的学习。那次竞赛更多的是从专业技能的方面去考察大家，也让我们认识到应该从实用角度来学习，有针对性地学习，真正理解知识、扩大知识面，并把知识变成了自身的能力。最后，它也有效地培养了我的领导力及团队精神。由于比赛流程包括小组演讲及课题答辩，小组成员必须配合默契才能获得优异的成绩。因此，那次比赛也让我切实体会到领导力的重要性，

毕艳蕊简介：毕艳蕊，山东经济学院 1995 级会计学专业本科生，现任山东省红十字会办公室副主任兼财务负责人。

领导力能够使团队成员有清晰的方向，而团队精神则使集体成员有一致的行动。将领导力与团队精神结合起来就一定会拥有意想不到的收获。

采访者：您在山东财经大学 4 年的本科学习中有养成什么终身受益的习惯吗？

毕艳蕊校友：刚进入山东财经大学校园的时候，大家对一切新鲜事物都很感兴趣，都想要去尝试。学校开设了很多社团、协会，组织了多种多样的活动。我身边的同学也都陆续地加入了自己感兴趣的组织，结交到了志同道合的朋友。我印象比较深刻的是体育运动方面，因为上体育课和参加体测的原因，我注重锻炼身体。通过利用学校提供的场地环境和专业设备进行运动，我的身体素质不断提高，我也开始慢慢地享受这一过程，喜欢上运动后身心舒畅的感觉，也就养成了跑步这一使我受益终身的好习惯。再以我身边的一个好友为例，她特别热爱文学，学校的图书馆对她来说就是一块宝地，她也加入了学校的阅读和书法社团，定期参加一些相关的活动，想必这对于她来说也是一段特别难忘的时光。除此之外，早睡早起、健康饮食等生活习惯也不容忽视。上大学后出门在外，我们的衣食住行都要靠自己解决，这对我们的独立性和自律性提出了很高的要求。最不容忽视的便是学习习惯，大学课堂、自习室、图书馆等都是学习氛围绝佳的宝贵场所，同学之间相互交流学习经验，分享知识成果，在疲累时也能相互鼓励和监督。良好生活习惯的养成，不仅有利于我们身体的发育，同时对我们的学习、生活也有着一以贯之的影响，而且是一种深远持久、潜移默化的影响。所以我认为同学们可以结合自己的兴趣和现实要求，培养一些有利于身心健康的习惯。习惯之所以为习惯，正在于它的持续性，这是它的魅力所在，也是它不容易养成的原因。但是主客观的要求在无形之中对我们培养习惯起到了一种监督作用。大学空余时间充裕，为我们培养良好习惯提供了不错的时机，相信有心的同学只要利用好这段时间培养几个习惯，必能受益终身。

采访者：能否为我们刚入学的学弟学妹提出一些关于他们大学生活的宝贵建议，以帮助他们更好地成长。

毕艳蕊校友：首先，一定要珍惜校园生活，不要虚度光阴。我一直认为大学时光是我人生中最美好、最宝贵的几年，可能现在同学们察觉不到，但是当你就业之后再回首这几年，你也许会和我有一样的感受。所以，我真心地建议大家充分利用大学时光学习知识，提升自身能力，要记住"没有白学的知识""技多不压身"。很多看似无用的东西都会转化为你以后职场中宝贵的竞争力，也许某一个细微的知识点或者某一个不起眼的学科都可能改变你的职业选择，进而改变你的一生。

此外，要注重理论与实践相结合。我记得在大四那一年，学校专门组织了为期 1 个月的模拟实验室活动，给我们安排了收发支票等具体工作，帮助我们提前熟悉实习生活，这项安排很有必要。我记得当初有不少人也闹了笑话，明明已经大学毕业到了用人单位，却手忙脚乱，不知从何做起。原来，有些书本上的理论在实际中并不常用。母校为应对这一问题所开展的类似模拟实验的一类实操课，能够快速帮助学生解决这一窘境，使学生了解会计工作的实况，真真切切地帮助学生就业。

采访者：您当初择业时顺利吗？有没有什么对毕业生就业的建议？

毕艳蕊校友：其实我 1999 年刚毕业时进入了企业工作，因为当时学校扩招，所以毕业人数增多，导致那一年山财大就业率处于低谷期。2005 年我通过自身努力，考取公务员，进入了省红十字会工作，但这个过程并不是一帆风顺的。当时考公务员本身就不是一件容易的事，并且我还有很长的一段时间是在职备考，幸运的是功夫不负有心人。所以我认为，进入职场之后也不能放弃努力、不能得过且过。

当今就业形势严峻，没有一个学生能刚毕业就完美地适应社会，更很少有毕业生能一蹴而就找到合适满意的工作。困难客观存在，但是如何克服困难是一个人能否最终取得成功的关键。所以，毕业生们应该加倍努力，不断学习，灵活变通，追求属于自己心中的理想人生。

采访者：对于现在有的年轻人感觉怀才不遇这一现象您是怎么看的？

毕艳蕊校友：我觉得毕业生应该冷静分析自己，问问自己你是否真的是人才，是否是真的"不遇"，我认为现在很多大学生都太过浮躁，在真正的学问上不肯下功夫，对很多知识似懂非懂，当然不会得到重用。另外，也要分析那些被重用的人，分析他们的优点，并且结合自身思考怎样才能提高个人能力。现在是市场经济，在这种经济环境下，没有真实本领的人早晚会被淘汰，而当你遇到可以表现自己的时候，你一定要抓住机会，展现自己的真实才能。

总之，希望每一位山财大的学子都能在 4 年时光中找到人生的方向，不负自己，不负青春。

访谈整理：赵梓含、毛柯入、杨自成

访谈时间：2021 年 9 月 17 日

访谈形式：电话访谈

李伟（1998 级本科生）

采访者： 学长您刚来到山财大的时候，您对学校的第一印象是怎样的呢？

李伟校友： 是的，对学校的印象应该是和入学之前了解的差不多，因为上大学之前也了解了相关的一些情况。校园非常美丽，依山而建，整个建筑风格也非常有特色。到了校园之后，我发现学校确实和我想象中的是非常一致的，是一个拥有优美学习环境的现代化的大学。

采访者： 学长您好，我们知道您的人生阅历比较丰富，我们想要了解您的一些经历。作为优秀校友，您的经历和感悟对于我们这些学弟学妹来说有一定的借鉴作用。所以我们希望能够借这个机会请您分享一下，最后展现给我们学校学生。请问您在进行高考志愿填报的时候，是出于何种缘故选择了山东财经大学，并选择了会计学这个专业呢？

李伟校友： 山东财经大学那几年在山东的口碑等各方面是非常不错的。会计学专业在那个时候的就业面也比较广，报考山东财经大学主要是综合考虑了当时的一些现实条件吧。这个学校也是财政部隶属院校，我有很多高中学长学姐，也是从山东财经大学毕业的，因而我对学校有些初步的了解。基于这些因素，我选择来到了山东财经大学。

采访者： 请问学长，学校有哪些学生工作或者实践活动是令您印象比较深刻的呢？

李伟校友： 山财大是一个比较开放自由的学校，学生也来自全国各地，整个学校的人文环境很优雅，我们学生的活动也丰富多彩，比如"经济杯"竞赛、卡拉 OK 大赛、辩论赛、运动会等等。整个大学的文体生活、社会活动比较多，社会实践活动也是非常丰富的。在那个没有手机的年代，在中国的大学里面，我认为山财大是一个活跃度比较高的学校。

采访者： 从学校里面走到社会上，从一个学生的身份转变为职场人，关于这种变化您有什么可以分享一下的呢？

李伟校友： 踏入学校和走出校门是截然不同的两种人生经历。离开学校之后进入社会，接触的是工作和社会活动。在大学的时候的一些积累和积淀，包括对于学习的总结，和同学之间的沟通交流，以及在社会实践活动中积累的一些人生的感悟，这些其实对未来的职场工作都是非常有帮助的。

李伟简介： 李伟，山东财政学院 1998 级会计学专业本科生，华致酒行董事。自 2002 年以来先后在财政部、中财荃兴资本管理有限公司、北京金六福酒有限公司工作。

采访者： 学长，您当初在做职业规划和职业选择时，考虑了哪些具体的因素呢？对于当下竞争激烈的环境，您认为我们大学生应该如何去应对这样的环境呢？

李伟校友： 其实整个的职业规划我觉得还是跟自己的学的专业相关，就业也是基于所学专业的一个选择。但是呢，我觉得在校不能仅限于学习专业知识，那些是远远不够的。在大学期间还要更多地去学习一些其他方面的知识。社会层面的一些文化还有一些其他方面的知识，包括我们比较重视的外语，对自己未来的职业选择会有一个很好的支撑作用。我们那个时候的大学生，就业面并不是那么的广泛，相对来讲还是比较单一的，一般是国有企业、事业单位、政府机关、银行，还有一些民营企业。

采访者： 请问学长，您在管理公司的时候，有没有什么事情让您觉得在学校里面学的知识是特别有用的？

李伟校友： 要是说在公司治理过程中哪些知识有用的话，可能很难用一句话来概括，更多的是整体的积累。我原来也是在体制内工作，从休制内到体制外的工作的转变，跨度非常大，难度也是非常大的。因为从政府机关到一家民营企业工作，需要一种适应能力、学习能力和创新能力，以及带领企业不断地前进的一种信心。我觉得大学期间所积累的一些综合知识和个人的综合素质，在整个工作的过程中都发挥了很重要的作用。

采访者： 您是否愿意谈谈您对山财大会计学院本科教育的体会呢？

李伟校友： 我觉得山财大的会计学本科教育质量还是非常好的，课程的设置、师资力量、老师的敬业程度以及整个的学术氛围都是非常非常好的。在大学的 4 年时间里面，应该说，在专业知识方面我学到了很多很多的东西。

采访者： 您能否谈谈在山财大就读期间您印象比较深刻的老师和同学呢？

李伟校友： 说到印象深刻的老师和同学，那就太多了，像会计学院的仁海伦老师、张涛院长、丁晓东老师，这些都是让我感觉印象非常深刻的老师。这些优秀的教师在我整个大学期间，不管是在专业知识方面，还是在为人处世、社会经验方面等，给了我很多的指引与指导。

身边的优秀同学也很多，我身边的很多同学毕业之后都走上了非常好的工作岗位，有的在中央部委，有的在国有企业、金融系统等，还有一些自主创业者。应该说，大家都把在学校学到的知识和技能充分地运用在实践中，我觉得这都是特别好的。

采访者： 您认为一名优秀的企业管理者应该具备哪些素养？您自 2002 年以来先后在财政部、中财荃兴资本管理有限公司、北京金六福酒有限公司工作，现任华致酒行董事，可否谈谈您的这段经历？

李伟校友： 说到一个优秀的企业管理者应该具备哪些素质，我觉得在很多情况下，可能每一个企业管理者所具备的素质各不相同。但是就我个人而言，我觉得要有优秀的品格，这是作为一个企业家、企业管理者最基本的要求。同时呢，还要具备对整体经济形势的一种超强的判断能力和对企业现状进行审时度势的调控的能力。

同时，比较好的沟通、逻辑分析、决策和思维能力，积极向上的生活态度和乐于助人的品质，这些也是企业家必须具备的一些最基本的素质。

因为我是大学毕业参加国家公务员考试，考到财政部办公厅工作的，在财政部办公厅工作期间，我也从事了新闻宣传、文稿起草、综合协调等多方面的工作，最后到了部长办公室工作。其间也担任过部领导的秘书。从政府机关到企业是一个非常大的跨度，但是在体制内我们得到的锻炼，对我们从事企业管理起到了一个非常好的作用。

在2019年年初的时候，恰巧华致酒行作为中国酒水流通行业的第一股在创业板上市，需要高级管理人员。面对这样一个机会，我勇敢地从体制内走出来，到了这家民营企业，这个转变也是非常非常大的。整个的过程，也是非常复杂的，但是也是使我得到锻炼和提高的一个过程。如何把在体制内积淀的这些知识、能力以及素养在企业管理过程中加以运用以及加以升华，对于我来讲是一个非常大的课题。从整个企业的经营运转情况来看，结果应该说还是比较好的，我也适应了这样的一个转变。

总之，不管是在体制内还是在体制外，我们都要把个人的能力和平台相结合，把个人的基本素质和整个国家的发展相结合，把个人的成长和身边的同事、朋友、投资人以及消费者的发展相结合，最终实现企业、个人、事业合作伙伴以及客户共赢的一个完美的结果，这就是我对于如何成为一个合格的企业管理者的一些个人的体会。

我也希望山东财经大学会计学能够培养出更多更优秀的人才，为我们的社会、国家和人民群众提供更好的服务，实现我们作为山财人的一种社会担当和社会责任。

采访者： 那学长请问您对我们会计学院的同学有哪些希望？能够给予我们一些建议吗？

李伟校友： 我觉得对于我们会计学院的学生来讲，我希望大家珍惜在校园的时光，认真地学习，同时也要去涉猎一些其他领域的知识，汲取不同方面的营养，不断地提升和丰富自己的人生阅历，提高自己应对社会发展的适应能力。同学们也要锻炼好身体，大家知道我们那个时候是没有网络也没有手机的，那个时候在校园里面的更多的活动就是体育运动。锻炼身体给了我们一个强健的体魄。我也希望我们的同学们在学习之余能够更多地去充实自己，锻炼好身体，将来成为一个真正能为社会和国家做出贡献的一个优秀的人才。

采访者： 好的学长，您对我们山东财经大学会计学院有哪些展望呢？

李伟校友： 会计学院是我们山财大成立比较早的学院，应该是第一批成立的，历史比较悠久。我觉得山财大这么多年以来，培养了一大批优秀的学子，他们在很多的行业很多的领域里面都做出了很优秀的成绩，也为我们的会计学院增光添彩了。那么未来，我希望会计学院能够继续发扬光大，培养出更多的优秀人才来为我们的祖国建设、社会发展以及经济发展做出更大的贡献。

访谈整理：赖莹、陈东、陈梓莹

访谈时间：2021年8月5日

访谈形式：腾讯会议

王军（1999 级本科生）

采访者： 您是山财大的本科生也是山财大的研究生，请您谈一谈当时在会计学院学习时的情况。（有没有遇见挫折或者迷茫的时候，当时是怎么克服的？在学习和各种校园活动之间是如何平衡的？如何不断完善和充实自我？您认为在大学阶段我们应该着重培养自己什么样的能力？）

王军校友： 很荣幸能够在会计学院度过 7 年的时光，我很珍惜这个来之不易的机会，我读书时对自己的要求还算严格，对专业知识的学习抓得比较紧，成绩也还可以。但是回过头看，当时对经济和管理类的相关知识涉猎得还是不够，这多少使自己看问题的视野受到一些限制。还有比较重要的一点，就是当时自己没有意识到应当培养学习的能力。其实我们在大学期间应该把个人学习能力的培养放在非常重要的位置，因为学习会伴随一个人的一生，拥有较强的学习能力会使人终身受益，对学习能力的培养是一项回报率很高的长期投资。

另外，我也希望大家尽可能多地去参加一些社团活动，锻炼自己的沟通、组织和协调能力，这些能力的培养对个人的长远发展很有帮助。上学期间，在学习和生活上难免会遇到挫折，个人觉得最重要的是要想方设法调整好自己的心态，去勇敢地面对困难、积极地适应环境，迎接前进途中的各项挑战。当你认为前方有难以逾越的困难时，想一想红军长征，相信你会从中汲取前进的力量。要相信办法总比困难多，没有什么迈不过去的坎。

采访者： 您高考的时候山东财政学院刚刚在山西省开始招生，那么您为何选择山东财政学院呢？又为什么选择了会计学院、会计专业呢？

王军校友： 我和山东财政学院还是挺有缘分。1995 年学校第一次在山西招收本科生，当时财经类专业比较热门，我也想到省外看看，于是在咨询了亲朋好友后报考了山东财政学院。说实话，当时对各个专业也不太了解，之所以报会计专业，主要还是觉得这个专业应该好找工作。最后，我很幸运被第一志愿学校的第一志愿专业录取了。当时还有个插曲——我们那年的招生简章上写着学校地址在青岛，而我从小到大没去过海边，一直很期待海滨城市的生活，这也是我报考山东财政学院的一个原因吧。等拿到录取通知

王军简介：王军，山东财政学院 1995 级会计学专业本科生，1999 级会计学专业硕士研究生，曾在中国驻波兰大使馆经商处工作，现为商务部贸易救济调查局调查二处处长。

书的时候，才发现校址在济南，当时多少有些失望。但大学生活开始后，渐渐地觉得校址没那么重要了。现在回头想想，自己对在济南的学习生活还是挺怀念的。

采访者： 通过本科阶段和研究生阶段在山财大 7 年的学习生活，您取得了哪些收获呢？这些学习生活经历对您个人发展有哪些影响？

王军校友： 在山财大 7 年的学习生活，自己比较系统地学习了会计专业知识，掌握了一项可以自力更生的生存技能，更重要的是在学校的培养和老师同学的帮助下，逐渐培养了自己的独立人格，锻炼了综合素质和能力，为自己走向社会、贡献社会做好了充足的准备。各位老师的敬业精神、同学之间的互助友爱，是我终身受用的宝贵财富。参加工作之后，我虽然并未从事会计工作，但时常会用到相关专业知识，大学期间的所学也派上了用场。在山财大的学习生活经历，也让我在面对工作和生活上的困难时能够时刻提醒自己去客观看待、勇敢面对。

采访者： 在您上学期间会计学院有哪几位老师令您印象深刻？

王军校友： 会计学院的老师们都非常敬业，不仅专业理论水平高，而且很多老师还具有会计相关领域的实践经验，老师们授课大多是理论结合实际、深入浅出、生动有趣，受到大家一致好评。各位老师对学生的学习要求也比较严格，所以每次考试时我们的压力都很大。现在回过头看，要衷心感谢各位老师的严格要求，我想这也是山财大会计学专业能够成为省内重点学科的重要原因，也是我们会计学院的毕业生社会认可度高、比较受用人单位欢迎的一个重要原因。上学期间，我聆听了郭惠云老师等专家教授的授课和教诲，令我终生难忘。我的硕士研究生导师刘兴云老师不仅从专业领域对我进行了悉心指导，更是在为人处世上给予了我谆谆教诲，使我在学习和工作中获益匪浅。还有辅导员吴红文老师，在生活上给我们提供了很多帮助，让我们这些在外求学的学子们体会到会计学院的温暖。还有许多曾给我们授课的老师都令人印象深刻，不再列举，相信学生们会永远记着他们。

采访者： 在您印象中学院的"会计大事件"有哪些？

王军校友： 1999 年会计学院获得硕士研究生招生资格，这应该是我经历的大事件了。那一年，我有幸成为当时山东财政学院的第一批硕士研究生。学校研究生部和会计学院就如何开展研究生教育进行了积极探索，我们会计学专业和财政学专业的 20 名同学自称"黄埔一期"，共同度过了令人难忘的 3 年学习生活。

采访者： 学院有哪些学生工作或实践活动令您印象深刻吗？

王军校友： 在这方面我感到很遗憾，我上学期间没有参加太多学校和学院组织的活动。印象中，会计学院举办过全校范围内的会计知识竞赛，我当时作为会计学院参赛队员之一亲历了比赛，好像还取得了不错的成绩。那次活动宣传了会计知识，激发了大家的学习热情，对会计学院而言也达到了较好的宣传效果。

采访者： 从您的自身经历来看，您在学风、班级建设和文体实践活动等方面对学院的总体印象是什么样的呢？

王军校友：会计学院的学习风气在整个学校来说都是非常好的，我想这与学院领导的重视、各位老师的辛勤付出以及学子们的个人努力密不可分。我仍记得当时很多同学经常会去图书馆或者班级教室上晚自习。尤其是图书馆的自习室，由于座位数量有限，往往会有很多人去排队占座，在那会遇到很多会计学院的学生。会计学院的毕业生普遍专业基础比较扎实，踏上工作岗位后业务能力通常都比较突出，受到用人单位的普遍好评，这主要也是因为会计学院有一个比较好的学习氛围，学生的综合素质比较高。在班级建设上，我们的小环境不错，大家的团队意识比较强。辅导员老师管理尺度把握得比较好，既有严格管理，又有人文关怀。班干部们尽职尽责，有较强的凝聚力。记得当时学校经常会举办一些评比活动，大家的集体荣誉感还是很强的。班级里面也会时不时组织宿舍之间的联谊活动和外出郊游活动。虽然当时的物质条件和生活水平远不及现在，但大学生活还是挺丰富多彩的。在研究生阶段，学校和会计学院给我们创造了不少去企业调研和实习的机会以及参加各类文体活动的机会。我们首届研究生 2 个专业加起来只有20 名学生，所以我们在校运动会上的体育成绩可想而知，但是在"挑战杯"创新大赛上我们还是取得了不错的成绩。

采访者：对于现在山财大会计学院的同学们，您有哪些建议？

王军校友：大学时光是人一生中非常美好而又十分宝贵的时间，是"三观"形成和定型的重要时期。希望山财大会计学院的同学们把自己的理想抱负与国家的发展和人民的需要结合起来，同时代的召唤相契合，倍加珍惜当下大好时光，提升学习能力，深入钻研学科知识，广泛涉猎相关领域，提升个人综合素质，度过一段充实而有意义的大学生活。

采访者：请您谈谈对山财大会计学院未来发展的展望。

王军校友：目前山东财经大学正在朝着全面建成全国一流财经特色名校的发展目标迈进，相信会计学院能够实现加速发展，在教学、科研等方面始终走在校内前列，继续为国家和社会培养一批又一批的合格人才。

访谈整理：赵秀迪

访谈时间：2021 年 7 月 29 日

访谈形式：腾讯会议

周俊浩（1999 级本科生）

采访者：您能否对您的大学生活做一个大致的介绍呢？具体可以谈一下学习情况、社会实践、社团参加情况等等。

周俊浩校友：当年上大学之前我对大学也是很期待。现在回忆当年，感觉有些后悔。每个年龄段都有每个年龄段的想法，当时我到了大学后，没有进行一个总体的规划。我当时是班里的班长，也在学生会有职务，但是我那 4 年收获不是很大，除了担任班干部和学生会的职务得到了一定的锻炼，在专业学习方面我没有大的突破或成就。

采访者：您在填报高考志愿时，为什么选择了山东经济学院呢？为什么选择会计学作为自己的专业？

周俊浩校友：我有一个表哥，是从山东经济学院毕业的，他向我介绍说这个学校不错，于是我选择了山东经济学院。会计学在整个山东经济学院里是个非常好的专业，所以我就选择了山东经济学院的财务会计系。

采访者：请您结合自身经历，从学风、班级建设和文体实践活动等方面谈谈对学院的总体印象。

周俊浩校友：当时我们班级数比较少，加上当时的专升本班，总共 8 个班，每个班 50 个人左右。同学们相互之间都认识，到现在很多人还保持着联系，当时教室数量有限，经常一起上课，在一起搞的活动也很多。每个宿舍有同学过生日时，大家都会聚在一起，不定期在一起交流，不同班级同学之间都比较亲密，结下了深厚的友谊。有一次我带着全班同学去爬泰山，当时不知道泰山的"厉害"，挂着两根登山杖，只带了一件很薄的衣服，下来山之后，大家都走不动路了。后来我给大家租了一辆大巴车，把大家拉到了宿舍楼下。现在回忆起大学生活也很有意思。我们经常团建，可以说，班级凝聚力很强，班与班之间的联系也比较密切，班级建设这方面搞得不错。

采访者：当年的非典对您的就业产生了什么影响呢？

周俊浩校友：产生了很深的影响，甚至说直接影响了我的工作导向。如果没有非典，我现在可能在山东航空公司工作。当年我一心想要进企业，但是企业被非典疫情冲击，

周俊洁简介：周俊浩，山东经济学院 1999 级会计学专业本科生，现任职于济南市纪委第五监督监察室。

受影响非常大，那一年山东航空公司一个人也没有招。我抱着试试看的心态，报考了山东省委组织部的选调生考试。当时我们班有 6 名同学报考，共有 2 名同学入围，我是其中之一。

采访者：学院有哪些学生工作或实践活动令您印象深刻？

周俊浩校友：学生会搞了许多丰富多彩的实践活动，比如元旦晚会、中秋晚会等。当时看学生自己演的晚会，很激动，很满足。现在抖音等各种平台，包括各地方卫视、中央台都经常会举办晚会，但是看学校组织的晚会时总是有很不一样的感觉，感觉很激动，毕竟是自己一手策划出来的，很有成就感，也很神奇。

采访者：您觉得大学带给您最大的收获是什么？

周俊浩校友：最大的收获是开阔了眼界。我在农村长大，来大学之前，去的最发达的地方就是县城。来到大学后，认识了很多同学，接触了方方面面的事，眼界就打开了。当时大学聘请了外教，我们经常在一起搞活动。那是我第一次见到真的外国人，之前仅仅在电视上见过。那时突然意识到这才是大学，很新颖，和高中很不一样。

在大学里一定要珍惜彼此在一起的每一天，大学生活很短暂，只有 4 年。现在想想，我为同学所做的，远远不够。如果再来一次大学生活，我一定会再为他们多做一点。因为他们，我收获了宝贵的友谊。

采访者：您工作中有什么成功的事迹或成就？

周俊浩校友：成就有，事迹也有。

第一，2012 年，我到商河县的一个村开展工作，当时我经常为村民做力所能及的事。至今这个村的村民有什么困难还会向我求助，每次我进村时，许多村民们都会提着鸡蛋、果蔬出来迎接我，我很感动。

第二，2019 年，我到济南市莱芜高新区挂职，从村里到街道办事处，接触的层面不一样了，我到当地后，做了许多对当地发展、稳定有利的事情。比如，有的村打官司出现问题，遇到一些不公平的现象。后来当地居民找到了我，我经过各方协调，把这种现象给扭转了过来。当时我还负责 12345 热线的求助问题。每一件我都会一一梳理，凡是打两遍的，我一定会到现场解决。

人就是这样，你为他人付出真心，别人也会同样用真心去对你。大家都用真心换真心，相互感动，我们的社会才会越来越好。

采访者：您毕业后第一份工作是什么呢（是否有换过工作）？是什么促使您选择了公务员这条道路？您对换工作有什么看法？

周俊浩校友：我的工作相对稳定，但是稳定中也有变化。我一毕业就去了济南市中共天桥区纪委，做了 8 年，现在是在中共济南市纪委。出于各种原因，虽然我大部分时间一直在从事纪检方面的工作，但是其他方面的工作也有所接触有所了解。换工作的话，顺其自然就好，在行政事业单位干，和企业有所不同，在企业干想要跳槽要很大的勇气，我们公务员一切听从组织安排就行，没有其他的什么想法，不论在哪个岗位上，做好自己的本职工作，尽职尽责就行。

采访者：近年来，考公务员的人数逐年增加，甚至掀起了一波考公热，许多人抱着假期保障、年薪稳定、压力相对较小的期待想进入这个行业，我身边有许多孩子的父母都会"劝说"子女走这条路，请问您如何看待这种现象呢？

周俊浩校友：一方面，公务员考录工作相比之下更为公开、公平、公正；另一方面，公务员岗位相对稳定，在社会保障体系有待健全、企业就业或自主创业环境有待优化的情况下，报考公务员可以说是一个较为理想的选择。不过，各个单位之间的工作强度也有差异，我现在所在的单位，压力较大，我们单位常备急救药箱，里面放着速效救心丸之类的急救药。公务员与企业不同，在企业干你有业绩就行，但是公务员需要经历方方面面锻炼才能快速成长起来。所以，大家还是要慎重考虑，在大学期间做好规划，想好自己喜欢做什么，将来要做什么。

采访者：大学期间，您是否曾着重培养自己某些方面的能力呢？具体是怎样践行的呢？

周俊浩校友：说实话，在当时那个年代大家基本都没有很刻意去培养自己某方面能力的意识。我很喜欢开车，就在大学期间考了驾照。当时大家基本都是大学毕业之后才去学车，我在课余时间就去学了开车，考了驾照，现在我的驾车技术还挺不错的。

采访者：您觉得学校设置的哪些课程会对从事公务员工作有帮助？

周俊浩校友：其实不在于学校设置什么课程，也不在于你学什么课程，在于自己的领悟，在于与人接触过程中多思考，毕竟课本上永远是固定的东西。考公务员要求一个人政治素质良好，品行端正，勤奋敬业，你只有真正领悟了该如何为人处世，如何做好自己的工作，思考清楚自己的职责，你才会有所贡献。

采访者：您认为作为一名公职人员，最重要的是什么？

周俊浩校友：我觉得最重要的是人品。能力越大的人，如果人品不好，越容易惹大事。当然学历或者其他方面特点也是一个人的综合素质的一个表现。我们提拔干部或者选拔干部的原则都是德才兼备，以德为先。你们在学校里也是，从小学校就要求你们德智体美劳全面发展，德是放在第一位的。

学习能力也是重要的能力，因为人在学习、生活、工作中是要不断学习的。

采访者：请谈谈您对学校未来的展望。

周俊浩校友：希望学校对学生的教学不要光停留在课本上。回想一下我们当时的大学4年，教学主要停留在课本上，而没有调研企业希望要什么样的人才。大学应该去对接一些企业，培养一些企业想要的人，而不是等学生大学毕业以后让企业再去培养。

采访者：感谢您在百忙之中抽出时间接受采访，最后给广大校友说几句话吧。

周俊浩校友：第一，要把握好时间，在学习上以及各个方面都要做好规划，不要混沌度日。

第二，在寻找人生的另一半方面，要看对人，看准眼，不能将就凑合。

第三，在工作方面，一旦踏入某行业，换工作就不是一件容易的事，换行业更需要鼓起很大的勇气，还要具备一定的条件、机遇等等，所以干什么事都要有总体的规划，这才是我们赢得幸福生活的真谛。

访谈整理：孟航羽、洪紫薇、高嘉琪

访谈时间：2021 年 8 月 2 日

访谈形式：腾讯会议

叶钦华(1999 级本科生)

采访者：在山财大学习期间，对您影响最大或者您印象最深刻的老师是哪一位？原因是什么？

叶钦华校友：大学期间，给予我帮助的老师有很多，其中我印象比较深刻的是王敏老师，她已经退休了。她是教我"基础会计"的老师，是她带我走进了会计这门学科。学会计，入门没有那么容易，在学借贷关系时我还是比较"懵"的，王敏老师给了我很好的启发。在私下的交流中，王敏老师也教给我一些窍门，使我增强了兴趣。会计的价值需要应用于实践，所以她建议我去考注册会计师，我才有了后面的职业生涯。

采访者：您在填报高考志愿时，为什么选择在山财大的会计专业就读？

叶钦华校友：谢谢你的问题，这个问题让我一下回到 1999 年的那个夏天。这个选择有偶然性，也有必然性。因为当时我家里有亲戚在财政系统工作，而且他觉得我的性格比较适合从事与数字相关的职业。当时的山财大是财政部直属院校，跟财政部关系密切，所以他推荐我报考山东财政学院，这就是我来到这么远的地方读书的原因。另外，因为南方人跟北方人在文化上有一些区别，作为一个南方的男生，我想感受一下北方文化，所以做了这么一个比较大胆的选择。

采访者：请您结合自身经历，从学风、班级建设和文体实践活动等方面谈谈对于会计学院的总体印象。

叶钦华校友：印象之一：地处北方但很温暖。例如，在文体活动方面，我觉得山财大的学生会服务得特别好。当年我一个人坐火车到济南，打车到舜耕校区时已是晚上 9 点多，但学生会师兄师姐的后勤保障及入学引导让人倍感温暖。后续包括军训、整个 4 年的大学生活，学生会都服务得特别好。上课之余我可以踢足球、打篮球，还练了跆拳道、散打、学了交谊舞。因此，学生会的文体活动安排，很好地协助了新生完成高中生到大学生的身份转变，且德智体得到比较全面的发展。

印象之二：学习注重实践。在学习方面，我觉得山财大很注重实践，这一点对我帮助也比较大。会计专业学生分为想做学术的和想进入业界的两种，而我是想往业界发展的，这一点会计学院的特点跟我的想法相匹配。到了大三阶段，学院就鼓励大家去实习

叶钦华简介：叶钦华，山东财政学院 1999 级会计学专业本科生，现任天健咨询董事合伙人、天健财智总经理。

或读注册会计师、注册税务师的考试教材，我觉得这个挺好的。

采访者：您在山财大的学习生活经历对您从毕业后到现在的个人发展有哪些影响？

叶钦华校友：我觉得影响还是比较大的，从 20 岁到 40 岁这么多年经历中的很多习惯或认知源于我在山财大的这 4 年。第一个是在专业上山财大让我知道什么是会计。对社会经济发展，会计发挥了哪些作用，这是我在大学思考的一个问题。当时我一直在思考为什么学会计，会计跟整个社会、跟资本市场上这些上市公司有什么关联，为什么需要审计……我对这些做了一些思考，所以大学 4 年为我夯实了以后发展的基础。第二个是在生活上，我对南北方文化差异变得更加包容。南北方人的心理是有不同的，南方人更注重实用主义，更细腻一点；北方人更加豪爽一点。在刚开始的一年我过得挺"分裂"，很多文化差异让我比较迷茫。后面到大二、大三以后，我渐渐融入这个集体、能够用同理心去理解不同的文化，所以大学 4 年从大的方面来说是改善了我的性格和思维方式，对南北文化的吸收和融合是我认为比较大的收获。当然，我最大的收获是我的妻子，她是我的大学同班同学，是山东人。

采访者：请您谈谈您从山财大毕业之后的工作历程大概是怎样的。在这个过程中，您的事业有没有发生过巨大变动和转折？

叶钦华校友：我是 2003 年毕业的，经师兄蔡仲文推荐，进入厦门天健会计师事务所，工作到 2012 年，这 9 年中我一直从事上市公司及拟上市公司的审计工作。其间，我还帮助民营企业圣农发展、特步中国等企业在国内外资本市场改制上市。2012 年我正式从事务所出来，加入厦门天健咨询有限公司，担任合伙人。在天健咨询一直围绕资本市场提供尽职调查、券商内核、内控咨询等相关的财税咨询服务工作。这些业务一直在训练我看报表、解读报表的能力，并围绕会计信息的可靠性和相关性提供高质量的信息解读服务，最终为企业价值判断提供决策支持。自 2018 年度起，我们从天健咨询孵化出了厦门天健财智科技有限公司，借助大数据、人工智能等新技术，一方面对咨询专家看报表的经验进行总结与量化，另一方面对多维数据进行挖掘并进行统计建模，让会计跟数字化技术相结合，并开发了"天健财判"财务智能预警系统，可实现对上市公司的实时异常预警。

所以我的职业经历比较"单一"，都是围绕资本市场从事财务报表审计、咨询等财务信息服务工作，具体可以归纳为"会计的实践"，即从会计到审计、从会计到咨询、从会计到会计数字化这三条路径。

采访者：您觉得在学校中学到的知识和在工作中的技能有什么区别和联系？

叶钦华校友：我觉得区别挺大的。我认为"实践在先，理论在后"，即实践的发展是先于理论的。实践活动是在不断发展的，就像社会发展从工业社会到信息化社会，再到现在的数字经济社会，其间有大量的经济业务和商业模式创新是一直在变的。书上的知识本身是有一定滞后性的。在学校阶段你经常会看完书后觉得自己无所不能，以为自己掌握了很多，但根据我的经验来看并非如此。

另外，联系也很大，理论与实践持续相互影响。大学生毕业后一般会经历 3 个阶段，第一阶段是"知道自己不知道"，具体表现为你会发现书上学的东西在实务中用不了，你会比较沮丧，所以你需要通过考取一些职业资格证书来促使自己完成理论和实践的结合，像注册会计师证书、注册税务师证书，因为这些资格证书考试的内容会跟实务更接近。第二个阶段是"知道自己知道"，就是你慢慢掌握了一些技能和专业知识以后，学会了用知识理论去指导实践，又从实践中获取了一些其他的辅助技能，像写作能力。我认为这个过程是很有意思的，至少我是一个受益者，我一直在理论和实践的相辅相成中思考与成长，就像左右手互搏一样。第三个阶段是"知道自己还有不知道"，慢慢地你会发现人的精力有限，每个学科是有一定边界的，一个人要有所成就可能只能聚焦在某个赛道，因此，对有些事情也慢慢懂得取舍。

采访者：您在离校之后对母校的发展变化有了解吗？您如何评价山财大的发展？

叶钦华校友：实话实说，我了解的不是很多，因为我人在厦门，母校在山东。但我有时去山东出差时会从同学口中了解到山财大的发展情况。我了解到比较大的一个变化就是，我们毕业以后山东财政学院和山东经济学院进行了合校。我还通过去年来厦门国家会计学院参加会计领军人才培训的山财大老师了解到很多山财大的变化。我认为山财大现在做得挺不错，尤其是在智能会计这一方面（2021 年山财大的"智能会计"学科已经通过了审批），而且我注意到今年我校还出版了一套智能会计相关的新教材，我觉得学校把教学与整个主流技术相结合的趋势是对的。山财大是个重实践的财经院校，总体上我是比较认同山财大的一些变化的。因为现在合校以后整个资源和平台更大了，希望能越来越好。

采访者：关于如何为将来的人生和事业做准备，您能结合您的亲身经历，给山财大学子一些建议和意见吗？

叶钦华校友：嗯。我提 3 点个人建议吧。第一个建议是，在学业上要尽早定位好自己的职业方向。尽量在大三的时候就考虑清楚，毕业之后是向科研方向走还是向就业方向走，这决定了接下来你们要读什么书、做什么事、是否要去实习等。我认为做决定最重要的是要结合对自己的认知，我建议同学们大三花半个学期的时间去好好梳理一下自己的优点和兴趣，还有未来的职业方向。我觉得越早规划好自己将来要做什么会越早受益。从战略上来说，就是要考虑清楚自己最终要成为什么样的人、扮演什么角色。会计这门学科非常注重实践，因为会计是所有经济活动的反映，所以会计可以辐射到很多领域。你可以成为一个很优秀的老师，像韩跃老师一样；你也可以像我一样成为一个实务界的专业人士；你也可以去企业从事会计岗位，努力成为一名 CFO 甚至 CEO，像蔡仲文师兄一样。总结一下第一个建议就是通过大学前 3 年的时间尽快了解自己、认知自己，然后给自己确定一个定位。

第二个建议是,利用学校丰富的图书资源,多读一些书。虽然这些话看起来像套话一样,但只有当你像我一样工作多年以后,才会意识到自己在大学期间读的书太少了。而且我建议要多读一些杂书,不局限于会计方面的书籍,可以读武侠小说、科幻小说,读言情小说也没问题,最重要的是要丰富自己的知识面。因为会计是要"走出来"的,像蔡仲文师兄完成了由CFO到CEO的转变,这本身就是一个职业升级。要读一些杂书,因为当我们想从一个会计人士跨界成为管理者和领导者的时候,需要具备一些基本能力,像沟通能力和思考能力,还有认知能力。这些能力需要你通过较早地去获取一些多学科的知识去丰富自己。比如说大家都说创业团队就像《西游记》中的取经团队一样,如果你连《西游记》这本小说都没看过,你怎么知道唐僧和孙悟空在团队里分别有什么作用。《三国演义》中的刘备为什么能从手无寸铁发展成一个领导者,这里面的知识是很复杂的。所以我建议大家多读一些杂书。

第三个建议是一定要多运动,锻炼好身体。我现在还能坚持高强度的创业工作,很大程度上得益于我在山财大4年的锻炼,我那时候每逢周末或下午没课时就会去爬舜耕校区后的金鸡岭和千佛山,还参加一些健身、武术训练等。我认为体力是思考力的基础,如果你一天开3个会议就体力不支了,你就很难专注于对某一件事情的思考。

最后,如果再加一条的话,我建议你可以谈场恋爱。我认为恋爱商对个人也是很重要的,在大学阶段去谈谈恋爱本身是没有太多损失的,当然女孩子要做好自身保护。我觉得早踏出恋爱这一步,对以后找到最合适的伴侣是很有益的。恋爱本身也是对大家的性格和家庭背景的磨合,越早谈恋爱就会越早知道自己的性格优缺点,知道自己需要什么样的人陪着你往前走。人的一辈子就跟取经是一样的,你很可能不会找一个跟自己最像的,而是找一个跟自己最互补的人跟你一起往前走,所以越早谈恋爱对你越好。而且在学校谈恋爱的机会成本和负面损失是最小的,因为大家都知根知底且相对单纯。

采访者:请您谈谈对山财大会计学院的展望。

叶钦华校友:我觉得对整个山财大会计学院的展望可能是学院领导考虑的事。我讲两方面的期许,权当抛砖引玉吧。

一是关于人才培养方向及学院差异化定位。"十年树木,百年树人",为了适应时代的发展,学院可能要去考虑,对于学生而言,大学4年教什么知识或能力给他们是最合适的,这是比较基本的一个认知,可以围绕"会计是什么,会计的未来"进行拓展。第一个是未来的社会是什么样子的,未来社会里面需不需要会计这个角色;第二个是如果未来社会还需要会计,会计从业人员需要具备什么样的技能,比如现在需不需要学生去学Python;第三个是未来需要会计的实践场景是什么样子的,会计的边界在哪里。如果只把会计定位在财务会计这个层面,那你可能很难就业。因为机器很快可以替代人工记账,但是分析报表的能力、把会计应用于管理的能力、把会计应用于其他经济活动的能力是无法代替的。所以学院应该对会计这门学科进行拓展,比如会计怎么去和资本市场相结合，会计怎么与投资相结合，会计的边界在哪里。因此，通过这样的思考与展望，整个学科建设的方向及差异化会更清楚，会计学科的发展会越来越好。

二是校友资源的充分协同，我觉得这一方面山财大校友会已经做得很好了。我认为像清华、厦大等学校对于校友资源的协同做得都是非常好的，我们要向他们学习，并借这次机会将整个校友资源运作好。

采访者：好的，非常感谢您接受我们的采访，我们受益匪浅。

采访整理：彭嘉璇、刘芳茜、乔海晴
访谈时间：2021 年 8 月 15 日
访谈形式：电话访谈

王凤燕(2001 级本科生)

采访者：您当年报考时为什么选择了咱们学院的会计专业呢？

王凤燕校友：我觉得有两个理由吧，一个是咱们山东财经大学会计学这个专业是山东省内最早设立的会计学本科专业，办学历史非常悠久。再一个是我个人的兴趣，我非常喜欢这个专业，经济越发展，会计越重要。到了数字经济时代，数字化的发展尤其是智能会计的发展极大地推动了会计学科的进步，智能会计也是我们未来发展的一个方向，会计只会越来越重要，而不会像有些人说的那样会消亡，因为它的职能在转变，会计流程在重组。但是会计的管理职能是不会变化的。

采访者：您在校期间有过哪些难忘的经历？或者有哪些难忘的事迹？

王凤燕校友：我觉得在校期间所有的一切都非常令人难忘。比如说我们磅礴大气的逸夫楼、藏书万卷的图书馆，非常整洁的教学楼、宿舍楼，还有设备齐全的体育场。如果说最难忘的经历，可以说是考研那段经历。当时我和同学一起找导师辅导，互相交流考研的经验，晚上一起读书复习，互相解决对方学习过程中的困难，当时觉得很苦，但是现在再去回想那一段过程，真的是令人难忘，也是一生都非常宝贵的财富。

采访者：您能否谈一谈在山财大学习时的情况？

王凤燕校友：山财大的校训是"克明峻德，格物致知"，我们的母校不光培养学生高尚的品格，还要求学生具备非常扎实的专业知识，有发展的眼光，有适应数字化发展的能力。这些都是山财大在培养人才过程中非常注重的，并且一脉相承，才能有今天的成果，现在会计学专业已经是国家一流专业了，也是我们作为校友感到非常骄傲的事情。

采访者：您在学校就读期间有哪些收获、成长和进步呢？

王凤燕校友：在校期间所学的专业知识、老师的教导、同学的鼓励一直是我职业发展过程中的动力，有时候我们可能会遇到一些挫折，但是想想老师的教导、同学的激励，就会化解这些负面的情绪。母校永远是我在人生发展过程中非常强大的支撑，想想母校，想想学习过程中美好的事情，心情就会豁然开朗，现在担任山东女子学院会计学院副院长，和我在校期间的经历是分不开的。

采访者：那您觉得这一段学习生活经历对您的个人发展有什么影响吗？

王凤燕校友：让我在前进路上一直有动力吧，在校学习期间是"我以母校为荣"，走

王凤燕简介：王凤燕，山东经济学院 2001 级会计学专业本科生、2005 级会计学专业硕士研究生，现任山东女子学院会计学院副院长。

出社会觉得我们要做得更好，能够让"母校以我为荣"，有这样一种心态的转换。

采访者：您觉得咱们山财大会计学院的教育有哪些特色？

王凤燕校友：一方面，注重培养学生扎实的专业基本功，这一点是大家公认的。另一方面，学生的素质教育、品德教育也搞得非常好，是按德智体美劳全面发展的目标来培养学生的，这一点在省内院校当中是做得非常好的。咱们山财大的毕业生，在各行各业都非常抢手。

采访者：咱们学院哪几位老师令您印象比较深刻呢？

王凤燕校友：印象深刻的有很多，像我的导师王爱国教授，还有当时教审计的杨明增老师，现在也是博士生导师了，还有万晓文老师、宋希亮老师。这几位老师学识非常渊博，讲课时能够将理论和实践相结合，不仅讲解知识，也注重背景知识的拓展和延伸，能够让我们在学习专业知识的同时拓展自己的视野。杨明增老师上课时语言非常诙谐幽默，经常举一些例子，让学生在轻松的氛围中学得知识，我觉得这也是非常好的。

采访者：请您从学风、班级建设和文体实践活动方面谈一谈对学院的总体印象。

王凤燕校友：学院学风一直都非常好，班里当时考研的学生也非常多，我们宿舍8个人，5个人都考上研究生了，考研率是非常高的，这至少能够证明学风班风非常好，大家能够齐心努力。在文体实践活动方面，我们上学时组织了很多有特色的活动，比如学院有一个环保协会，经常组织我们回收旧电池等对环境有污染的东西，这对社会的发展非常有意义，能够培养学生的社会责任感。还有，学院经常组织学生去敬老院关爱孤寡老人的活动，这也能培养学生的社会责任感。毕竟我们不是一个人独立地生活在社会上，我们接受社会的关爱，同时也要去回馈这个社会。

采访者：您作为咱们学院已经功成名就的校友，对于我们这些正在求学的小师弟师妹们有什么建议吗？

王凤燕校友：希望师弟师妹们能够充分利用好在校期间这一段非常宝贵的时光，一方面把自己的专业知识学好，另一方面利用假期或空闲时间去拓展自己的知识范畴，树立远大的目标。大学期间非常重要的是培养独立的人格，要有独立思考的能力，能够去分辨是非，不要人云亦云。遇事要在多方求证、证据确凿情况下再去发表你的观点，这是一种基本的明辨是非的能力。

采访者：请您谈一下对山财大会计学院的展望吧。

王凤燕校友：在王爱国院长的带领下，会计学院已经做得非常好了，已经获批4个国家一流本科专业建设点了。希望未来母校能够蒸蒸日上，为社会培养更多的优秀人才，希望我们的招生规模能够越来越大，影响力也能够越来越大。

访谈整理：尹宏林

访谈时间：2021年11月24日

访谈形式：线下访谈

访谈地点：山东女子学院博雅楼

李鸿波（2001 级本科生）

采访者： 在会计学院生活与学习的过程中，有没有让您印象深刻的事情？

李鸿波校友： 印象深刻的事情有很多，尤其是对一个第一次进到大城市的农村孩子来说。不瞒你们说，在上大学之前，我连县城都很少去，所以不光是大学，整个济南对我来说都是很新鲜的。大学 4 年里，我好多的人生第一次都是在大学实现的，包括第一次进网吧、第一次进超市。让我印象最深刻的是当时进入学校后，我站在高处往下看，从一个俯视的视角，首先看到的是我们的国旗，国旗后面是老图书馆，右边是一个大石头，上面写着 8 个大字：克明峻德，格物致知。我到现在还记得很清楚，大石头两边是弯弯曲曲造型的两棵树。我当时对这几个字还挺感兴趣的，因为我是学文科的，后来还特意研究了一下。我们那一年没有举办开学典礼，后来书记讲话的时候我才知道这是校训，这个校训对我现在的生活也起到了一个很重要的指引作用，即做人要追求至高的精神境界，养成高尚的人格和道德品质，探索事物的内在本质。

采访者： 在您高考填报志愿的时候，为什么会选择会计学院的财务管理专业呢？

李鸿波校友： 实际上我在报考的时候考虑过很多。现在的会计学院在当时叫财务会计系，是山东经济学院最大的一个系，也是当时整个学校教学力量最强大的系。大家都说，读山经不读财务会计系就跟没读过似的。另外，就是从就业来看，财务会计系里不管是会计专业还是财务管理专业，在经济领域中都是基础学科，就业面很广。因为我出生在农村，当时上大学首要考虑的是怎样能找到一个工作，所以报了财务会计系，至于为啥选择财务管理专业，可能是因为当时有同学说财务管理以后是要管会计的。当然就业之后也不是这么回事。财务管理专业是我的第一志愿，被录取我感到很荣幸。

采访者： 您在会计学院的学习经历对您现在的生活有哪些影响呢？

李鸿波校友： 这个影响太大了，没有这段学习，可能我的人生就不会是现在这样。应该说，大学生活改变了我的整个人生吧。具体来说，在我们学校读书给了我最基本的是敲门砖，也就是学历；其次是知识储备，它能够让我在毕业之后，很快适应工作。

采访者： 现在很多同学都觉得，学校里学到的知识以后基本用不到，所以会产生为什么要学的这种疑问，对于这种情况您怎么看呢？

李鸿波简介： 李鸿波，山东经济学院 2001 级会计学专业本科生，现任山东融越融资租赁有限公司董事长兼总经理。

李鸿波校友：我觉得用到和用不到，关键是你都要做好准备。成功的大多是有准备的人。学校学的知识你可能用得到，也可能用不到，但是当你用到的时候，它自然而然就成了你的优势，而且一时用不到，不代表以后一辈子都用不到。如果非得从功利的角度看问题，需要什么才学什么，那么你怎么能知道未来会用到哪些知识？所以多储备知识肯定不会错的，或许在工作中用不到，但可能在跟别人交流的时候会用到。我曾经在银行从事信贷工作，这个工作需要的知识面非常广，因为你不知道你的客户是怎样的，他在哪方面有专长。如果他对天文学比较感兴趣，而你去跟他谈其他的，你觉得你们会合拍吗？你的业务会成吗？所以你也要跟他谈天文学。寻找共鸣，同频共振，才能够拉近人与人之间的距离。所以，没人能确保你学的知识一定有用，但是学了知识，当你需要用的时候，你不会后悔呀。更何况大多数专业课还是有用的，特别是我们财务管理和会计专业，我刚才讲到了，财务管理和会计都是经济领域的基础学科，相关的知识在与经济相关的一些工作中，其实都能用得到。

采访者：在学校，哪位老师令您印象深刻？

李鸿波校友：有，我觉得挺多的。我们财务管理的专业课老师我记得是姜洪丽老师、闫守常老师。初级会计和中级会计是闫老师教的。我还记得我们的英语老师，当时教我们英语的是一位刚毕业的年轻老师，名叫赵坤。当然还有我的辅导员李海平老师。可能你们都不认识。李海平老师最近刚刚成为我们济南幼儿师范高等专科学校党委书记。李海平老师给我的印象是最深刻的，我那时候是班长，他是我们辅导员，我当时还在学生会任职，所以跟他的交往比较多。我们班当时住校，李海平老师指定了 5 个宿舍管理联系人。他还让学生自主选举班干部，我觉得这种做法很好。他给了我一个机会，让我能够成为学生干部，能够进入学生会。之后，我的一些能力得到了提升，我在就业的时候，显得比别人要成熟一点，所以说我很感激他。现在回想起来，我觉得真的对我有很大意义。

采访者：您认为大学生需要培养哪些素质才能更好地适应未来的工作？

李鸿波校友：我觉得要做事先做人。做人的品格中最重要的就是诚和信。我讲讲我的亲身经历吧。我就业过程比较坎坷。刚毕业的时候，我作为曾经的学生会干部，能接触到更多就业机会，比如银行的工作机会，但我没去银行。因为我对银行不是太熟悉，当时我对银行工作的理解就是坐在玻璃后边数钱，我觉得我这性格坐不住。在工厂车间待了半年之后，我还是去了一家大型的民营银行。去年，原来单位的同事整理档案时，找出了我当时在车间检修的一张照片。看到照片的时候，我突然就落泪了。一是对那时候青春的怀念，二是想起了这些年的不易。我从车间去了财务，从财务核算岗到了融资岗，从融资岗去了银行。然后在银行用了极短的时间，做到了第一。同事羡慕我升职像坐火箭，怀疑我是不是有什么关系。但他们只是看到了表面，没有看到背后。我从一个普通员工干到了中层——支行行长，后来到国有企业。所以说我是既干过融资，也干过银行。既去过国有企业，也去过民营企业。既干过金融，也干过实体。这是一个比较复杂的经历，但对我有很大的帮助。在这个过程当中我觉得有几点最为重要：第一点就是诚，即待人以诚，对人一定要真诚，以心换心，以心交心。第二个是信，信就是言而有信。作为一个人，说话要算话，承诺的事情就要记得，即使一时做不到，也要记在心里，总有一天你得实现，能做到的时候就去做。慢慢地，你的形象就能建立起来，大家对你就会有信任感。另外，我觉得做人一定要简单。简单在哪呢？首先，不要想那么多，一个字，干！其次，不要计较，我认为工作和学习一样，付出和收获一定是成比例的，但是形成这种等价交换不可能在同一个时刻实现。我自己就是很好的例子，我从来不在工作当中给自己画边界，不是我岗位职责的，不是我要付出的，我也会去做。有人觉得这样是吃亏的，但我觉得不是。打个比方，我怎么能从企业财务岗去银行呢？而且我到银行就是正式的编制。你们可能不知道一个成熟的银行里正式编制代表的是什么。正式编制是很稀缺的，我那一年入职的 28 个人里，只有 2 个人是正式编制，一个是中国银行总行的审核官，另一个是从民营企业出来的我。我在企业并没有得到应有的价值交换，但是我的价值却在银行得到体现。所以说不要计较眼前的得失，眼光要看得长远一点。我觉得只要我付出了，足够努力了，这个单位、这个社会，是不会亏欠我的。还有一个就是要有责任心，许多年轻人工作后没有责任心，具体体现为没有目标。我工作的一个特点就是要么不做，要么做到最好。这是负责任的表现，如果一个人做人没有责任心的话，是抬不起头的。当然，勤奋也很重要，刚刚讲到我在银行成长得很快，主要就是靠勤奋。我每天早上 6 点钟起床，大概花 15 分钟洗漱，6:20 下楼吃早饭，7 点出发，晚上回到家接着完成其他任务，之后接着加班到凌晨两三点，然后睡觉两三个小时，这样的时间表持续了一年多。所以付出一定会有回报的，你看得到别人的成长，却不一定能看到别人的付出，学霸无非是在你看不到的地方，他仍在学习。所以在做人做事方面，我觉得学校应该发挥引导性，搞一些活动和讲座，邀请一些人去做一些分享，用实际案例去做分享，让学生有意识去培养自己。大学生处在一个社会体人格逐渐形成的过程当中，这方面的教育是很重要的，一旦毕业进入工作，没有这方面的思想上的准备，可能会走弯路，而且现在的职场竞争越来越残酷。也许一个很小的事情就决定了你在单位的发展。你可能会想，这个单位不行，我就换一个，如果是你的努力不够，履历不够，你去换一个单位那没有用。当我发现一个人跳槽 3 次以后，这个人我是不会再用的，这也是多数用人单位的心态。因为这个人可能沉不住气，工作中没有耐心，不会踏踏实实安静地钻研一个问题，履历是一个能让我看到一个人很多品质的东西。

采访者：进入大三，多数同学在面对考研、考公、出国、直接就业这几个方向时会感到迷茫和焦虑，对于这种情况，请问您有什么建议？

李鸿波校友：我觉得现在时代不一样了，我们那个时候选择考研的人很少。当今的社会对于学历和知识的要求越来越高了，因为我经常参加招聘，现在一些国有企业或者其他单位在招聘的时候，基本上最低要求是研究生学历，要求全日制研究生，甚至会要求"985""211"高校的研究生，可想而知，对于大学本科毕业的同学来讲，首选肯定是考研，我觉得这是决定你将来踏入社会，能不能找到立身之本的根本。再就是我想跟大家谈一谈出国的问题，其实出国我是最不建议的。出国你要看整个社会的发展阶段，现在出国图的是什么？这很重要。假如我们现在中国很落后，我们出国是为了学习技艺，是为了改变我们现在落后的面貌，为了快速发展自己，我觉得这是可以的。但是现在，是我们国内的学术科研体系已经不够我们学习了吗？其实我们很多技术已经领先国外了。另外，中国可以说是世界上最稳定的国家之一，近几十年来，改革开放之后中国一直是稳定向前发展，国内是一片繁荣。国家提出了构建国内国际双循环相互促进的新发展格局，我们有这样的定力，有这样的自信，是因为我们有这样好的发展环境，有稳定的发展趋势。作为我们中国培养出来的大学生，你不参与其中，你不觉得此生可憾吗？如果我们能够参与整个民族伟大复兴的过程，应该是与有荣焉的。我的孩子，我不会让他出国，只有他的知识储备达到一定程度，在某个领域里面需要去学习新东西的时候，我才可能会让他出国，但我会跟他约定：学成之后，一定要回来。这是你作为中华儿女，应该有的坚持。所以我认为考研是首选。

采访者：可以谈谈您对山财大的展望和美好祝福吗？

李鸿波校友：我觉得要说对学校的祝福吧，其实应该先说说我作为山财大毕业的学子对学校的一些想法。我觉得作为一所大学，它的学生正处在一个青春时期，学校除了教授专业的知识，更应该把目光放长远，培养学生的一些品质、品格，让学生能够在毕业之后更贴近社会，贴近社会对于学生的一些要求或者说是诉求。这样的话，我们的学校不论是前景还是升学率都会有一个大幅度的提升。所以说，空中楼阁式的祝福要不得。因此，在讲祝福之前，我提了这样一个建议。最后，祝愿咱山财大越来越好，桃李满天下。

访谈整理：陈继萍、董悦、卢明月、于晓琳

访谈时间：2021 年 9 月 13 日

访谈形式：线下访谈

访谈地点：济南市历城区经十路 7000 号汉峪金谷

刘纯（2002 级本科生）

采访者：请您谈谈在会计学院学习时的情况。

刘纯校友：会计学院在我高考时录取分数比较高，基本上是全校所有专业里分数线最高的，结果自然是全省各地的优秀学生汇聚在会计学院，学习氛围非常浓厚。注册会计师考试无论当时还是现在都是很难考的，含金量非常高，我舍友刘学传在校期间就考出了注册会计师。大学生活相对高中来讲比较轻松，学习方面主要靠自律。我印象非常深刻，刘学传总是早晨第一个去自习室，晚上最后一个回宿舍，大学期间学习非常刻苦。他现在是北京一家会计师事务所的合伙人，可以说，他对学习的态度是咱们学院学风的代表。

采访者：您在填报高考志愿时，为什么选择会计学作为自己的专业？为什么选择山东经济学院？

刘纯校友：一是当时母校的会计专业在全校专业中排第一，分数要求比较高，学科实力强，教学资源雄厚；二是个人兴趣爱好以及家庭熏陶，我父母都是从事财经行业工作的，我本人对会计专业比较感兴趣。

采访者：请您结合自身经历，从班级建设和文体实践活动等方面谈谈对于学院的总体印象。

刘纯校友：迎新生、军训、文艺会演等活动都体现出咱们学院非常重视学生从高中到大学的衔接，让新生无论在学习上还是生活上都能尽快适应大学生活，转变学习方式，这方面大学辅导员功不可没。印象特别深的是学院里的各种社团组织，同学们根据自己的兴趣爱好积极参加不同的组织，不仅抓好文化课的学习，也全面发展。会计学院在文体活动中可以说实力强劲，在运动会有基础课部（体育生）参赛的情况下，会计学院也可以取得非常好的成绩。我印象中 2002 级 9 班有个叫胥维鹏的同学，百米赛跑时与体育生一同参赛，拿到了前三名的好成绩。还有一位 2004 级的同学拿到了百米赛跑的冠军，打破了体育生的常年垄断地位。咱们学院里的班级建设、文体活动是对学生身体素质以及品行道德的锻炼，是为了学生们德智体美劳的全面发展，这也符合教育的本质要求。

采访者：您觉得山财大会计学院本科教育有哪些特色？

刘纯校友：会计学院作为山财大的第一大院，在学生数量、学生质量方面的优势是不言而喻的，在教学成果、校友成就方面也是有口皆碑。首先，会计学院的本科教育不

刘纯校友简介：刘纯，山东经济学院 2002 级会计学专业本科生，现任山东教育出版社财务部主任。

仅局限在会计专业，而是将其他与财经相关的学科都作为基础课进行教学，如金融学、统计学、工商管理、经济学等等，这对学生将来在工作中的晋升和发展有很大的帮助，在晋升职称时涉及的知识面是很广的。其次，在对会计的教学方面，学院不仅师资力量雄厚、教学资源丰富，而且通过多样的社会实践活动为学生搭建走向工作岗位的桥梁。为什么很多用人单位喜欢招聘山财大的学生？并不仅仅因为山财大的教学水平一流，还因为学生能很快融入工作岗位，衔接顺畅，用人单位不需要花费过多精力来培训他们。咱们学院的学生很少出现对实务很陌生的状况，可以说会计学院的毕业生在经历短暂的实习期后很快就能胜任所应聘的岗位。最后，会计学院在学生毕业后对学生的继续教育做得非常好，我现在每年都会回学校参加一次培训，学院会针对每年财政政策的变化对我们进行培训，让我们在从业过程中始终保持最佳状态。

采访者： 山财大会计学院有哪几位老师令您印象深刻？

刘纯校友： 刘洪老师、杨扬老师、于苗老师、郑大伟老师、史岩老师、邢楠楠老师、刘德运老师等等。老师们在学习上对我们的严格要求，在生活上对我们无微不至的关怀，在就业上对我们的无私帮助，让同学们的大学时光充实又难忘。

采访者： 在您的印象中，学院的"会计大事件"有哪些？

刘纯校友： 我印象中当时学生会举办过"诚信为本 操守为重 自律慎独 不做假账"宣誓活动，以加强同学们不忘初心、牢记使命的会计人责任感，也彰显了咱们学校"克明峻德，格物致知"的校训。那次活动得到了会院师生的一致好评，还被几家电视台采访了。当时2000级的陈玉娟，2001级的李清照、于大鹏等学长学姐也组织了丰富多彩的活动，起到了模范带头作用，这也是咱们学院的一种传承吧。

采访者： 学院有哪些学生工作或实践活动令您印象深刻？

刘纯校友： 我们当时在大四上学期有一门校内实习课，是高山老师授课。这种模拟工作岗位的校内实习课针对的是我们毕业后参加工作的衔接、融入问题，还是很有必要的。

采访者： 您在山财大会计学院的学习生活经历对您个人发展有哪些影响？

刘纯校友： 学校对学业的要求非常严格，会计学院有明文规定，学生干部的学习成绩在班里要达到优良，如果有一门课不及格，无论你在学生会是什么职务，一律撤销。我们可能会觉得有点太苛刻，但这恰恰反映了学校把学业作为学生的第一要务，是对学生的一种保护。学校应该培养学习好且工作能力强的学生干部。对我个人而言，作为一个学生干部，要比其他同学付出更多时间、精力，既要认真学习又要搞好学生工作。大部分有这种经历的人在工作中遇到困难，会想尽办法去协调处理好，能更快更好地适应社会，这都得益于大学时期的锻炼。

采访者： 您在学院就读期间有哪些收获？

刘纯校友： 一入大学老师就告诉我们，不要觉得高中那股劲儿过去了，大学就松松垮垮，成年人应该能自主安排自己的学习和生活，做到自律，我认为这是课本中没有的。

每个人都可以自学，能学到什么程度，如何分配好时间，自己是起主导作用的。高效率高质量地利用大学 4 年的时间，丰富了自己的专业知识和社会阅历，这是会计学院带给我的最大收获。

采访者： 您对山财大会计学院的同学们有哪些建议？

刘纯校友： 从小学、初中、高中到大学，这条路像金字塔一样，越往上走越窄，竞争也越激烈，对我们的要求也越来越高，那么我们应该怎么做？我举一个例子，2002 级会计 9 班的班长刘斌，他当时也是会计学院学生会副主席，他高中时期就已经入党，大学期间学习、体育、学生工作都非常优秀，现在是济南市政设计集团的财务总监。让我印象最深刻的是刘斌的座右铭——"优秀是一种习惯"。大家应该把优秀保持下去，而不能认为自己不可能比人家优秀，就不努力了，也许你努力之后，依然没有超越人家，但是你对得起自己。我们努力不是做给别人看的，是为了对得起自己，对得起初心。希望同学们能在学校里有所收获，上课睡觉、开小差甚至逃课实在是说不过去。希望师弟师妹把自己最美好的大学时光充分利用好，等将来自己回头看的时候，不留遗憾。我想引用一句歌词——"时间是让人猝不及防的东西，岁月是一场有去无回的旅行"，希望大家珍惜当下，无悔青春。

采访者： 请您谈谈对山财大会计学院的展望。

刘纯校友： 山财大会计学院的良师益友们是我大学时光最美好的回忆，我祝福母校继续保持自己的优势与特色，充满活力阔步前行，走在会计学科领域的前沿，为国家和人民培养出更多的人才。

访谈整理：宋昕芮

访谈时间：2021 年 8 月 1 日

访谈形式：线下访谈

访谈地点：济南市鲁能领秀城 4 区 1 号

黄作彬（2003 级本科生）

采访者： 可以请您结合自身经历，谈谈对会计学院的总体印象吗？

黄作彬校友： 我在学校的时候，其实专业知识学得不是特别好。上学的时候我除了日常学习，更多的时间是出去勤工俭学。这也是我特别后悔的一个地方。工作以后，我发现每一个学生都应该把自己的专业学好。当时我们那级有两个同学，其中一个还是我的舍友，上学的时候就把注册会计师考出来了，他们毕业以后的职业发展路径就和我不一样。实际上，我创业也是逼不得已，有一部分同学，像我这样的，当时可能学习不是特别努力，最后选择了创业这条路。实际上，我创业的时间也不长，就两年多的时间，也是因为在工作的过程中有些感受，觉得到了这个年龄如果再不努力，就没机会了。

采访者： 据我们了解，山东经济学院会计学院成立于 2003 年 7 月，您所在的那一届应该是会计学院第一届学生，当初高考填报志愿的时候，为什么选择会计学作为自己的专业，为什么选择山东经济学院的会计学呢？

黄作彬校友： 我是 2003 级会计学院的，当时我对山东经济学院会计系不太了解，我是通过第二志愿进了学校，所以要说我为什么选择这个专业，可能也是因为缘分吧。但是进来以后，我发现我们学校的会计系在山东省还是比较强的，也很有名气。我们那一级的学生特别多，会计学院大约有十几个班，我们学院是学校最大的一个学院。后来，我在社会上认识好多我们的师哥师姐，他们从事财务工作和银行工作，基本上都是从我们学校的会计系出去的，那时我才发现原来山财大会计学院这么强。

采访者： 您印象比较深刻的老师是哪位呢？

黄作彬校友： 在学校我们接触最多的是辅导员老师，所以对辅导员印象比较深刻。我们辅导员是王佃兵老师，他当时大学刚毕业，和我们的年龄比较接近，再加上当时他很喜欢运动，经常和我们一起运动，我们相处也比较融洽。

采访者： 我们了解到，您现在是山东连界生态科技有限公司的总经理，可以和我们分享一下您事业发展的一个历程吗？

黄作彬校友： 我在大学毕业后实际上也有好几段职业经历。先是在山东省建工集团做了 3 年的财务。后来去了另一个国有企业，也是从事财务方面的工作，在第二家企业大

黄作彬简介： 黄作彬，山东经济学院 2003 级会计学专业本科生，现担任山东连界生态科技有限公司总经理。

概一年多之后，机缘巧合之下我去了北京的一家投资机构，在这家机构从事的是管理工作，工作了6年多，在北京的那段经历对我来说是印象比较深刻的。2016年的时候我去了青岛的一家上市公司，担任投资经理。在2019年的时候我萌生了自己创业的想法，因为我在之前的工作中认识了一些比较有名的投资人，再加上我是学财务出身的，投资和财务联系也挺紧密，所以就创办了现在的这个公司。我们公司实际上是一家私募机构，核心业务是股权投资。我们公司取名用了"生态科技"几个字，是因为在做投资的同时一定要搭建自己的业务生态，比如如何募资、如何投资、如何管理和如何退出四个方面——募资资金、投资项目、管理团队、退出并给投资人回报，这些都要考虑。募资要考虑怎么把社会资本聚集到这里。在创办山东连界生态科技有限公司前期我创办了一个教育公司，主要是做浙江大学和山东大学的培训业务，帮助这两所大学拓展在山东的客户，这也变相为我们建立了募资通道。山东连界生态科技有限公司主要是依托连界（北京）投资有限公司的资源为政府做招商引资，所以我们实际上是搭建了三个公司：教育公司、生态公司和投资公司。前面两个公司是为我们投资做服务的。从目前来看，我们搭建的生态还是比较成熟的，总体的大方向是对的。

采访者：您当初的专业是会计学，这一专业对您的工作生活有哪些影响呢？

黄作彬校友：学会计专业对我的逻辑思维能力有很大提高。但是男生在从事会计工作后很快就会到达天花板，无法继续在财务这条路上走下去，大多数男生会选择转业，我也是其中之一。

采访者：请问您在求职过程中有没有遇到过什么困难？又是如何解决的呢？

黄作彬校友：困难还挺多的。我当时出来的时候缺乏对人生的规划，毕业时非常迷茫。我遇到瓶颈时也没有努力解决，而是随遇而安。所以，我建议你们对未来的职业和发展方向有所规划，这样就业时会容易一些，少走一些弯路。

采访者：我们都将步入社会，我们也知道您现在的事业发展非常成功，您觉得一个优秀的职场人应该具备哪些素养呢？

黄作彬校友：我认为一是专业性，二是优良的品德。企业尤其是大的企业非常看重一个人的品德。一个人的专业能力可以在职场发展中不断培养，但是品德是从小养成的。

采访者：2011年7月4日，山东经济学院和山东财政学院合并筹建山东财经大学；2012年6月9日，山东财经大学正式成立。您如何评价母校合并为山东财经大学后的发展情况？

黄作彬校友：印象中这两个学校的合并应该是在2011年，其实我跟我们山东财经大学第一任校长、现在的山东省财政厅厅长、山东财政学院的师哥在那个时候有过交流。在我看来，我们学校不是一个综合性的大学，我们有我们的优势学科，一定要不断地去强化我们的优势学科。为什么银行、企业愿意招我们学校的学生？就是因为我们的会计、金融这些专业、这些优势学科比较强，那时候我们学校的会计学在山东省内是最厉害的。

合并了以后我们学校不断强化特色专业，应该说优势更加明显了。

采访者：现阶段很多同学尤其是大三的同学都对未来感到焦虑，不知道工作还是读研，您当初有遇到这种情况吗？有什么建议提供给我们吗？

黄作彬校友： 我觉得这个要因人而异。你们现在跟我们那时候情况不太一样，我们那时候上学压力还是挺大的，我们那个时候，好多同学是从农村过来的，其实大家除了学习，平时更多的还是要去勤工俭学、做点兼职工作，这能减轻家里的负担，为自己挣点学费。现在经济条件和以前不太一样了，大部分同学经济条件都不错，家庭能为你们创造一个比较优质的环境去考研，从我的角度来看，能考研就考研，未来还是要往高处走。你进入社会就知道了，以前没有读研的也在考研、考博士，拿一些在职的学历。其实上学的时候，那种更专业、更强化的学习，对一个人未来的成长是最好的。大家可以考虑一下往最顶尖的高校考一考、要多去见识一下，因为你在那边接触的平台和资源是不一样的。只要有能力、有动力，就去做。

采访者：最后，可以请您谈谈对山财大会计学院的展望吗？

黄作彬校友： 我一直认为我们会计学是我们山东省最好的。我觉得从学校的角度来讲，需要不断强化我们特色专业的力量。另外，我建议会计学院多搞一些理论和实际结合的活动，带领学生多走访一些上市公司，让同学们开开眼界，深入企业内部，去看一看相关的业务。

访谈整理：刘仁佳、苑涵颖、肖心语、侯晓彤

访谈时间：2021 年 8 月 8 日

访谈形式：腾讯会议

王标（2003 级本科生）

采访者：您觉得山财大会计学院本科教育有哪些特色？

王标校友： 4 年的本科教育让我感受到山财大会计学院比较突出的特色是注重全方位地培养学生的综合能力。学院强调培养学生诚信的品质和高尚的人格，会计在企业中是一个非常特殊的岗位，可能会遇到诸如做假账、逃税等违反法律和违反职业道德的情况，这便需要我们时刻明辨是非。同时，学院要求我们的专业知识过硬，具备非常强的实操能力。总之，学校努力培养我们成长为一个优秀的毕业生，以保障我们在今后的就业岗位上，能够充分发挥出专业所长，为单位所用。学院对我们专业也都进行了细分，以便于我们系统化专业化地去学习课程，再不断加以实践操作，最终具备实操能力。

采访者：学长，您好！您在填报高考志愿时，为什么选择会计学作为自己的专业，并且选择山财大会计学院？

王标校友： 我选择会计学专业主要出于就业前景和方向的考虑。会计的就业范围很广，毕业后可以找到一份非常体面高薪的工作。在那个年代，我对就业的认知是能找到一份发展前景不错的工作就好，而会计在单位里面起着很重要的作用，我当时以就业和以后的职业发展为导向，选择了会计专业。2003 年我选择专业的时候，山东经济学院的会计专业在全国的排名很不错，知名度也比较高。我是安徽人，而当年正是山财大第一年在安徽招生。

采访者：山财大会计学院有哪几位老师令您印象深刻？

王标校友： 我有 3 位印象比较深刻的老师。第一个是我的辅导员沈老师。因为我的家庭比较贫困，他为我提供了勤工俭学的岗位，在生活上也给予了我很多关照。第二个是我的财务管理老师姜洪丽教授。她授课非常有特色和感染力，让我对财务管理这个专业有了一个全新的认识。第三位就是闫守常教授。严教授的授课比较侧重实操，在中级财务管理这个专业，他的讲解我认为非常接地气，易于理解。

采访者：您印象中学院的"会计大事件"有哪些？

王标校友： 印象比较深刻的是，2007 年时，我们班有两位同学在研究生考试中以全

王标简介：王标，山东经济学院 2003 级会计学专业本科生，好学子品牌创始人、山东好学子文化发展有限公司总经理。

校前两名的成绩考上了校本部，非常优秀。还有一件事是我们的新图书馆的建成，图书馆建得非常漂亮，让我感觉到母校一步一步在前进，日益成长。

采访者：学院有哪些学生工作或文体实践活动令您印象深刻？

王标校友：学院会组织过很多的演讲比赛、书法比赛等，也包括需要拉赞助的社会实践活动，我觉得这些活动能够很好地锻炼大家的表达能力、沟通能力、社交能力等。此外，学校勤工俭学的岗位设置对我更是意义重大。学生可以根据自己的专业去报名，当时我被分到了机房，负责管理机房，也正是利用这个机会，我接触到了电脑。对于一个农村孩子来说，提前多接触电脑，多学习电脑知识着实很新鲜，这段宝贵的经历也为我后来的工作打下了扎实基础，至今我都很感谢学校。

采访者：当初为什么决定在儿童电教方面进行创业，是有什么契机吗？

王标校友：这个和我的各种工作经历有关系吧，因为在我上大学的时候，想毕业就立即参加工作。受制于家庭条件，我一直没有考虑过考研，而是想努力挣出我的学费，帮家里分担家庭负担。因此，当我发现在银行等工作工资相对比较低，达不到我的预期时，我就找了一份销售的工作，去了广东。那是一家销售智能儿童电子产品的公司，叫上海学创数码科技有限公司，我在那边从 2007 年一直做到了 2010 年，做到营销总监后，我发觉在很多方面依然没有获得自己想要的那种结果，便选择了创业。鉴于自己对儿童电教方面比较熟，所以最后还是选择了在这个领域里创业。

采访者：在山财大学习的会计知识和收获对于您创立和管理山东好学子文化发展有限公司有什么帮助吗？

王标校友：在山财大本科期间学到的知识对我有很大帮助，尤其是会计这个实用型专业的知识，对我当年所进行的公司内部核算体系的梳理以及流程的优化等均发挥了重要作用，我得以顺利建立一整套核算体系，比较适用于公司内部的管理。这个专业让我接触了众多优秀的同学，也积累了这个行业及其上下游相关行业的重要人脉。企业需要用到财务知识会计知识的专业问题时，我都能够迎刃而解，轻松应对。

采访者：当下普遍存在就业难、会计专业近年来也不太被人所看好的现象，结合这些您对山财大会计学院的同学们有哪些建议？

王标校友：建议大概有以下几点：第一，在上学的时候一定要把专业知识学好，在有精力的情况下可以多拓展或多学习，拓宽自己的知识面，去多学习一些自己更感兴趣的专业知识，这种专业知识可能为你日后的就业提供一些帮助。第二，一定要拓宽自己的视野，要扩大自己的交际圈。现在都比较流行圈子文化，我们作为会计人，如果我们 4 年后以就业为方向，想找会计相关职位的话，那就要着重去了解这方面的信息，扩大自己的人脉。专业知识是一个"核武器"，这也是一个基本点，以此为基础，如果你拥有更多特长或更宽的知识面，同时自己也善于表达，善于交际，就会如虎添翼。若你自身比较优秀，且善于展示出自己优秀的一面，能够让企业、让单位看到，让同事了解到你的实力，这将对你未来的就业、择业以及职场发展等都会起到极大的帮助。

会计专业近年来不被看好，我觉得从某些方面来说也是一个心理作用吧，因为从就业导向来看，你最终所从事的职业，未必与你原本的专业高度吻合或是密切相关。我们也可以选择自己感兴趣的工作，这得益于山财大会计学院对大家的全方位培养，学院除了教我们会计专业知识，还讲授市场营销等其他学科的知识，这些都可以帮助我们从多角度多岗位就业。此外，大家选择就业方向时，也应当尽可能地多元化，银行、会计师事务所等传统机构不应成为唯一的选择，我们可以多去其他企业。我们也要尝试走出去，尤其是山东本地的学生，要克服"一定要离家近"的就业心理，中国未来 10 年乃至 20 年的整个经济重心还是在南方，多去南方的一线城市闯荡，去未来将在中国上市的公司寻求更多发展的机会。山财大是山东本土的院校，大部分学生是山东本地的学生，山东人是比较恋家的，毕业就一定回到老家发展。因此，我建议大家一定要克服这种困难，敢闯敢拼，而非固守在家门口。

采访者：可以结合您成功创业的经历向毕业后准备创业的同学们提一些建议吗？

王标校友：目前我的创业谈不上成功吧，我觉得只要你在创业的道路上，你只要还没有离开这条路，没有退休，就谈不上成功，还不能谈成功。

第一，创业是非常残酷的。这种残酷性你一定要提前认识到——你创业不一定能成功，而且很多人都成功不了，但是我们既然选择了创业，我们就一定要做好这样的心理准备。从现在的数据来看，平均每成立 2.5 家公司就会有 1 家公司倒闭。我们在创业的时候一定要给自己一种坚定的信念：我一定要成功！那你成功的驱动力和你的使命在哪里？或者你的欲望在哪里？一定要多问问自己，同时应当时刻谨记创业残酷，避免过于乐观、空抱希望，希望越大，失望越大，落差也会越大。创业期间，心态是关键。

第二，目标一定要坚定，我们一定要有一个明确目标。若规划不好，没有完整系统的计划，没有坚定的目标，你很难走向成功。可以说，只要走上了创业这一条路，便没有退路。也许你会背负着很多人的期望，也许你身边的人乃至亲人都不理解，只有你自己内心足够强大，你才能够坚持下去，才能够实现大家认知中所谓的成功。

第三，未雨绸缪。我们会计学院的学生在创业的时候还是有先天优势的，把自己的专业知识搞好，尽可能去做与会计相关的服务性公司，也就是社会上所说的轻资产行业。大家还在上学期间，如果你有创业的这种动机或者创业这种想法，那你就要未雨绸缪。创业不是一个人的事情，创业一定需要找好搭档，需要建好你的团队，这个也非常关键。要找准行业，入对门，找对人。

第四，学会"舍得"。大舍大得，小舍小得，不舍不得。要把自己的格局打开，要不断地抬高、提升自己的格局，因为格局决定你的高度，高度决定你的执行力，执行力决定你的结果。如果我们想创业成功，一定要把自己全方位的能力、格局升华。

归根结底，我觉得一定要有一颗强大的心，这样的话没有任何人可以打败你，能打败你的，只有你自己。

采访者：最后，学长对山财大以及会计学院有哪些展望？

王标校友：对于学校，我希望能够早日成为"双一流"建设高校，成为国内知名的院校。对于会计学院，希望会计学院能够提升排名，继续加强师资力量，提升会计专业在全国财经院校中的排名。

访谈整理：王玥、安彤

访谈时间：2021 年 9 月 5 日

访谈形式：腾讯会议

马涛（2004 级本科生）

采访者：您在填报高考志愿时，为什么选择财务管理作为自己的专业，为什么选择山东财经大学会计学院？

马涛校友：我高考填报志愿的时候之所以选择山东财经大学，主要是因为当时山东财经大学在省内是非常有名气的，知名度非常高，这是一个主要原因。另外一个原因，是经济管理类在当时也是比较热门的学科。最后，虽然山东财经大学当时是一个二本院校，但是它的录取分数线却一直比较高。所以，综合这几个因素我选择了山东财经大学会计学院。

至于说选专业的话，当时还是想选择一个经管类的学科。之所以选择财务管理而不是会计学，是觉得财务管理专业那时候其实相对来说，不是那么热门的一个专业。但是我自身感觉，同为管理类的专业，财务管理要比会计学更加宏观一点，可能涉及的学科知识类别也更加丰富，因而最终就选择了财务管理专业。

采访者：请您谈谈在山东财经大学会计学院学习时的情况，有哪些老师或者课程令您印象深刻？

马涛校友：在会计学院学习时有两个老师给我留下了很深的印象。一个是刚刚退休的教中级财务会计的王敏老师，另外一个是教财务管理的叶飞老师。在读书的时候，我们觉得会计学院的老师要求都比较严格，甚至感到苛刻。但是在步入工作岗位后才发现，在学校里老师要求严格一点，自己学习用功一点，我们才能有一个良好的会计基础，这对于我们在工作岗位上的成长帮助非常大。现在大家非常感谢几位老师的严格要求，并与老师保持很好的关系，我们上个月还专门在济南聚会，庆贺王敏老师荣休。

采访者：山东财经大学会计学院有哪些学生工作或实践活动令您印象深刻？

马涛校友：当时我担任院学生会主席，也在校学生处当助理，其实参与的活动比较多。现在想来，印象深刻的不是某件事，而是过去任职期间美好的经历和志同道合的朋友。在学生会工作，大家都有共同的目标，会合力去办好一件事，过程中大家团结友爱、互相帮助、群策群力，与他们合作的经历是弥足珍贵的。现在我已经毕业十几年了，还是和那些人联系比较紧密一点。

马涛简介：马涛，山东财政学院 2004 级会计学专业本科生，现任中国银行间市场交易商协会综合部主管。

采访者：请您结合刚刚提到的本科学习、生活经历，从学风、班级建设和文体实践活动等方面谈谈对学院的总体印象。

马涛校友： 我觉得从学风上来说，会计学院的学风是非常好的，这个是会计学院区别于其他学院一个非常重要的品质。第一个特点是老师严格认真，会计学院老师的严厉全校闻名，学生们也比较认真刻苦，这在我看来是会计学院最突出的一个特点。第二个特点是会计学院的大气，作为一个大院，会计学院有一脉相承的使命感与荣誉感，有大院风范。第三个特点是会计学院的正气，包括不做假账在内的诸多谆谆教诲都是从我们院里的任课老师、辅导员和师兄师姐们那里"继承"而来的。

采访者：您在会计学院就读期间有哪些收获？在会计学院的学习生活经历对您个人发展有哪些影响？

马涛校友： 说到在会计学院读书的一些收获以及对我的影响的话，主要有几个方面吧。首先，会计学院的学风非常好，老师无论是课前备课、课上讲授、课下答疑都是非常认真负责的，然后同学们也很用功刻苦，所以我在学校读书的期间打下了相对不错的一个专业基础。其次，我觉得会计学或者财务管理等这些会计学院的专业，在山东财经大学是非常不错的王牌专业。所以，会计学院的实力也会让学生有自信去站到更高的平台上。这个自信，真的是在潜移默化中形成的。比如我当时找工作，就是直接跑到北京找工作的。对于我自己来说，山东整体的就业渠道相对来说确实较少。但是如果想要到北京来的话，你要是没有自信，其实是比较难迈出这一步的。我很感激山东财经大学，尤其是会计学院促使我形成了自信的品质。最后，在我们学院辅导员的带领之下，会计学院学生会其实给了大家很多锻炼和成长的机会。其实我在学生会做学生工作的过程中，也是锻炼了自己组织协调、团队合作等等各个方面的能力。正因为有了在山东财经大学会计学院的学生工作经历，我在以后的各种面试以及工作中，都能够从容不迫，自信面对。

采访者：在数字化、智能化的今天，财务、会计行业也正在融入这一趋势，近年来山东财经大学也顺应智能化的时代潮流开设了金融科技专业，会计学院也开设了智能会计专业。学长您对于财务行业的智能化趋势有什么看法呢？对于学弟学妹在以后就业该如何快速适应这一趋势，学长您又有哪些建议呢？

马涛校友： 本科毕业以后我又读了研究生。我读研是在中国财政科学研究院读的，中国财政科学研究院是开展会计电算化教学非常早的一个机构，当然会计专业也一直是它的王牌专业。以我个人的看法，要实现会计的完全智能化还有很长的路要走。第一步就是我们现行的会计准则和标准的统一化、标准化；第二步是我们的报表要实现数据化；第三步才是实现智能化。这应该是大趋势。但是在我看来，会计工作毕竟还包含很多的由会计人员实施的职业判断，所以智能会计完全取代传统会计我觉得不至于，但是传统会计工作中确实有一些基础性的工作可能会被取代。

等我读完研以后，再回过头来看就发现，其实会计不是一门实实在在的硬科学，它与数学和物理不同，它其实是一门社会科学。本科的时候学会计是在学技术。比如一个会计科目该怎么记录，对一个事项该怎么计量，然后把它呈现出来。等到你读研的时候你就要思考为什么会有资产、负债和所有者权益，然后它们的分类标准是什么？其实有些东西它既有可能是负债，也有可能是所有者权益，那我们计量的原理是什么？为什么要把它分类成负债或者把它分类成所有者权益？是基于一种什么样的理念？这些都是需要我们去了解的。你越去探寻会计科目的底层逻辑，你越会发现其中的奥秘所在。

我建议大家把会计专业学好学深学精，不能只会做会计题目，而应把会计理论吃透。国内会计准则有时候比较晦涩，大家可以读读国际准则，能够很好提升自己的会计素养。基础性的会计工作将逐步被替代，但会计的智能化手段毕竟还是一个手段，会计工作存在估计和职业判断等因素，我们只有把理论弄懂学精，成为既懂专业又懂技术的复合型人才，才能在未来竞争中立于不败之地。

采访者： 最后请您谈谈对山东财经大学会计学院的展望。

马涛校友： 我希望老师也好，同学也好，能够坚持严谨、积极向上的学风，做好自己的专业，增强学院文化底蕴，把会计学院这个金字招牌越擦越亮，这才是兴盛之道。

访谈整理：廖清风、崔洋浦

访谈时间：2021 年 8 月 29 日

访谈形式：电话访谈

巴晓亮（2006 级本科生）

采访者：能否请您对您的大学生活做一个大致的介绍，让学弟学妹们有个初步的规划和学习重点呢？

巴晓亮校友：当然可以，当时的大学生活，我自己感觉是过得较为丰富多彩的。在大一期间我通过 3 次竞选加入了院学生会的秘书处，当时我们这个部门的主要工作就是辅助辅导员和团总支书记，负责在学校、老师、学生之间转达各种信息。通过两年多为人处世的历练和经验的积累，在大三的时候我获得了继续留任学生会主席团的机会。大学期间在保证学习顺利进行的前提下，我参加了学校举办的很多大型活动，其中让我印象最为深刻的是组织学生参加校运动会，校级运动会在学校算是一年一度较为盛大的活动，大家都很期待校运动会的到来。除此之外，我还组织参加过"金鸡杯"歌手大赛、诗歌朗诵比赛和一些舞蹈比赛等。在大三的时候还曾经给大一的新生当过代理班主任，那段日子虽然辛苦一点，但也让我学会了很多。但我觉得最重要的还是学习，做这一切事情的前提都是不能放下学习，这是基础，也是我们读大学最初、最本质的意义。

采访者：您在填报高考志愿时，为什么会选择山财大会计学院？为什么会选择财务管理作为自己的专业？

巴晓亮校友：首先是家里人给予的支持，我的父亲曾从事会计相关工作，对财务方面涉猎较广泛且了解比较深刻，能在我今后的学习或是工作上为我提供一些咨询和帮助。在父亲看来，从事会计工作具有一定的发展前途和明确的就业方向，因而父亲在一定程度上鼓励我去报考会计财务相关的专业。其次是报考志愿时我多方面打听了解信息：一是根据高考分数，通过报考志愿书等资料，了解到不同的财经类学校对报考的分数要求和限制；二是通过上网查询，搜索想报考学校开设的课程及其专业特色、相关专业发展情况、学科优势，以及该学校未来的发展方向及政策走势，从而初步确定了报考方向；三是咨询自己身边的学长学姐以及有较多经验的前辈，听取了他们的意见和建议，做了学校和专业的筛选。最后是山东财经大学自身所具有的权威性和影响力。山东财经大学是山东省人民政府与中华人民共和国财政部、中华人民共和国教育部共建高校，山东省省部共建人才培养特色名校立项建设单位。山东财经大学作为一所办学历史悠久的学校，其学科实力、教学成果不仅得到了省内学生的认可，也得到了国家教育部门的认同。山东

巴晓亮简介：巴晓亮，山东财政学院 2006 级财务管理专业本科生，现就职于东营市行政审批服务局。

财经大学在省内排名较为靠前，毕业生就业面广泛，就业职位涉及银行、知名企业公司等，具有较好的发展前途。会计学院又是山东财经大学众多优秀学院中的遥遥领先者，其专业水平及学科发展水平在山东省内乃至全国占据一席之地，学风优良，为大家一致认可。

采访者： 在会计学院的学习生活中有没有让您觉得印象深刻的事情呢？

巴晓亮校友： 在刚上大一的时候，会计学院有 3 位教学很严格的老师，分别是张涛老师、宋涛老师和叶飞老师。大家那时候都在讨论会不会是其中一位老师来给自己上课，后来叶飞老师来担任我们财务管理专业课老师。叶飞老师是一位非常有耐心且细心的老师，对学生的教育非常认真负责，他在教授我们那些难以理解的知识点时是很细致和用心的，对我们不会的地方他会一遍一遍地重复给我们讲。我印象最深的一次，是我有一个题找他问了 3 遍，每次都好似听懂但仔细思考又有不同的疑问，他依旧很耐心地回答我的问题，帮我解答疑惑，让我感受到了老师对学生的温暖和耐心。

采访者： 您觉得山财大会计学院本科教育有哪些特色？

巴晓亮校友： 大一刚入学时，晚上要上自习，早上要跑早操，其他很多大学都没有这些安排。感觉一入大学又回到了高中，整个学习、生活还是比较有节奏、有条理的，除了上课比较自由一点、课业负担没那么重，其他生活习惯跟高中差不多，这对我们是有好处的，让我们在大一这个阶段不会太放纵自己，也有助于我们养成良好的学习和生活习惯，为后面 4 年的大学生活开个好头。

会计学院的录取分数是比较高的，所以生源也是比较好的。学院的教学比较严谨，比如，教"中级财务会计"的王敏老师就是一个特别严谨的人，她对学生的一些不良行为，会特别直接地指出。学院所开设的课程实用性比较强，所学的知识在工作后都可以用到。会计学院的毕业生在社会上比较受欢迎，无论是从工作能力还是从专业水平来说，各个单位对我们的评价都比较好。

采访者： 结合当前的大环境，您对会计学院相关专业同学未来的发展方向有什么建议？（读研、就业方面）

巴晓亮校友： 现在本科生已经很多了，行政事业单位现在开始大规模地招才引智，起点就是研究生，而且基本都是名校研究生。咱们学校留校的最基本条件也是学校的研究生，建议师弟师妹们有条件的应选择考研。

采访者： 您本科毕业以后选择的去向是什么？考研、出国留学，还是直接工作？能否请您解释一下选择的理由。

巴晓亮校友： 我本科毕业后便直接参加工作了。当时我理性分析后认为考研压力较大，而且大三时申请赴美国留学，后因突发禽流感取消了留学计划，便直接参加工作了。

采访者： 您的本科是财务管理专业，工作后考了中级经济师，可否简单谈谈您的工作经历呢？比如您现在的工作中有什么成功的事迹或者成就吗？

巴晓亮校友： 我刚参加工作时就职于泰安市泰山区财政局，后调回东营，当时接收我的单位是东营市机关事务管理局，刚调回时由于局里没有合适的岗位，我选择加入东营市第十六下村帮扶支队，驻村 2 年，下村帮扶。帮扶结束后我回到管理局，适逢全国国有资产清查，开始从事国有资产管理相关工作，我的编制在东营市政府采购中心，后来国有资产清查接近尾声时，东营市开始机构改革，采购中心被划分至审计局。市里后来成立了东营市公共资源交易中心，到目前为止，我在此从事政府采购工作。中级经济师是一种职称，本科毕业 5 年后可考经济专业技术资格考试（中级），考试合格后，聘用权仍在用人单位手中。一旦单位聘用你为中级职称，就可以享受中级待遇，取得中级职称 5 年后可以考高级经济师。

采访者：您认为现在大学生应为未来学业、职业进一步发展培养哪些必不可少的能力呢？

巴晓亮校友：我在大学期间最后悔的就是学习没有拔尖，一些之前认识的学长学姐也对我说要注重学习，毕竟学生的天职就是学习。但是很遗憾的是，当时自己并没有放在心上，觉得没什么关系，而是将重心放在了学生会的相关工作上，因此，我现在比较后悔当时没有认真地对待学习。还有就是一定要掌握一些技能，不是非要比人强很多，但一定要拿得出手，在社会上能靠这个技能生活下去。另外，大家可以在大学生活的业余时间培养自己的一种兴趣爱好，不管是体育运动还是文艺活动等，因为在以后的社会生活中会接手到很多麻烦冗杂的工作，而培养一个兴趣爱好能够让你在结束一天忙碌的工作之后，有方式去陶冶自己的心情，放松一下自己。

采访者：您对学院或是学校学生有哪些期待？

巴晓亮校友：我对山东财经大学会计学院一直充满热情，可以说，本科 4 年的成长和转变已经融入了我的生命历程。在此，希望我们的学校能够越办越好，排名不断向前，尤其是学科类排名。希望你们一定要学好自己的专业知识，将自己的重心放在学习上，有些证书能提前考就提前考，学会将自己的时间安排妥当，不要把时间都浪费在没有意义的事情上，对自己的未来要规划清楚，因为在你参加工作之后会有很多琐事消耗掉你很大一部分的精力，不像上学期间学习效率高、精神可以高度集中。还有就是能读研就读研，甚至读博，现在不管是企业还是行政事业单位都欢迎和招收高素质的人才。以前行政事业单位都是要考试的，现在高素质人才只需要面试通过就可以上班了，而且他们享受着非常好的待遇和政策。

访谈整理：石介然、王浚琦、郭书跃、张湘文

访谈时间：2021 年 7 月 30 日

访谈形式：腾讯会议

丁敬委（2006 级本科生）

采访者：您在山财大学习时有哪些学生工作让您印象深刻？

丁敬委校友： 我对这个问题我还是很有感触的，在山财大学习时的很多事情都历历在目。我是 2006 年入学的，恰好是山财大明水校区的第一届学生，那个时候明水校区还没有彻底建好，教室里都没有桌椅，所以我们入学后就开始搬桌椅打扫卫生。当时我希望在山财大到专业知识的同时，又能增加一些社会经验，所以我申请加入了学生会，每年负责迎接学弟学妹入学，并组织开展了很多学生活动。同时，我还担任了辅导员助理，帮助辅导员做好学生工作，在这个过程中我也学到了很多。

采访者：您在填报志愿时，为什么会选择会计学作为自己的专业，为什么会选择山财大会计学院？

丁敬委校友： 这件事情说起来就比较曲折了。我是 2003 年参加高考的，正好赶上了"非典"，那一年数学高考题比较难，我的数学又比较弱，所以当时就没有考上本科。当时我面临两个选择，一个是复读，一个是先读专科再通过专升本考试读本科。我选择了后者，因为家里在山东青年管理干部学院读书的姐姐通过专升本考入山东财政学院，而我通过比较、咨询，发现山东青年管理干部学院会计学院学生的升本率是很高的，所以我就决定先进入山东青年管理干部学院学习，然后再通过专升本考试考入山东经济学院。有了这个目标之后，我就一直努力学习，最终考入了山东经济学院。虽然过程有些曲折，但最后的结果是好的。

采访者：山财大会计学院有哪几位老师令您印象深刻？

丁敬委校友： 说到这个问题我到现在都觉得我特别幸运，现在社会关系中最珍贵的就是战友情、师生情、同学情。我在山财大就读时，非常荣幸地遇到了几位恩师。一位是当时的院团委书记张红旗书记。因为我在学生会从事相关工作，与张书记接触比较多，我始终牢记他的谆谆教导。张书记不仅教给我们很多专业知识，还指导我们开展学生工作，传授了很多管理上的知识给我们。还有就是我想着重地说一下，我的班主任刘江宁老师，他对我有知遇之恩，我当时参加学生会干部和班长的竞选，刘老师给我提供了一些建议，对我帮助很大，我一直与刘老师保持着联系。虽然我现在已经走出了校园，但我的恩师依然对我提供了很多帮助。印象特别深的老师还有郑大伟老师，郑老师是当时同级其他班的班主任，他主要负责学生会的工作，而我一直都是在郑老师的引领和帮助

丁敬委简介：丁敬委，山东经济学院 2006 级会计专业本科生，现任兴业银行济南分行同业客户部战略中心总监。

下开展学生会的相关工作，在这个过程中我快速成长，学到了很多课本上没有的知识，提前和社会接轨，具体地了解到了工作方式和工作方法。所以，对各位老师我内心非常感谢，也想通过这次采访表达一下对老师的想念之情。

采访者：关于大学生如何合理利用时间，您有什么建议吗？比如在课外活动与学习之间如何做到平衡？

丁敬委校友： 关于大学生如何合理地利用好时间，我想从三个方面谈一下自己的看法。作为一个过来人，我印象最深的就是在校园的时候，可能有很多同学处于两个极端，一种是沉迷于各种知识点细节的学习当中，两耳不闻窗外事，一心只读有关专业知识的各种书籍，忽视与社会和时代的对接。另一种就是把所有的时间用在了社会实践上，做一些兼职或者创业，而忽视甚至是荒废了自己的学业，对在学校里必须掌握的一些知识都没有掌握好。这两种极端都是不可取的，我们一定要摒弃这种思想和认知，合理地分配时间和精力，达到一个平衡。首先，要掌握我们专业领域内基础的一些理论知识，基本的学习时间一定要保证，并且是要把基础知识吃透，一定要完全掌握。其次，在掌握自己专业领域内的基础知识的同时，自己如果有好的想法，一些开放性的思路，可以去研究一些其他方面的课题，利用大学校园里的图书馆、网络等各种渠道去完善和丰富自己的知识框架。在这两点做好的前提下，再参加社会实践。如果把时间分配给学习基础知识、丰富和提高知识以及社会实践，我的建议分配比例是4∶4∶2。理论是基础，学好自己的专业领域内的知识是一个基础条件，在此基础上才能利用课外时间去丰富自己，去武装自己，让自己的知识链更加完整、知识面更加全面，为自己将来的工作做一个铺垫。最后就是把在学校里学到的领域内和领域外知识学以致用，然后通过寒暑假，或者通过大四下半年的一些社会实践平台进行一个"练兵"。简而言之，每个人在他的生命周期当中，一定要做到自律，要管理好自己的时间，在自己的不同人生阶段，知道应该做什么，什么事情最重要，并且把它做好，这样是最理想的一个状态。学生时代，好好学习，多读书，多掌握知识，工作阶段在自己的工作岗位上恪尽职守，做好自己的工作，为社会尽一份自己的力量。

采访者：您可以简单介绍一下银行的工作内容吗？

丁敬委校友： 银行工作内容一般大致可分为三大板块：第一个板块是会计运营；第二个板块是零售业务，专门负责存钱、取钱、转账的工作，以及个人住房按揭贷款等零售业务；第三大板块是企业板块，也就是负责公司业务。除了这三大板块，剩下的就是我现在所负责的这类工作，是银行的金融市场与同业业务，主要是和一些同行，比如说银行、保险、基金、信托、券商等的业务往来，所以我现在这个岗位就是跟同行之间做一些资金拆借、投融资、债券发行、债券投标等同业业务。

采访者：您觉得在学校中学到的知识与工作中所需的技能有什么区别和联系？

丁敬委校友： 区别就是理论知识是模型化的、理想化的，而实际工作是变化的，存在不可预见性，需要的技能是灵活运用各种知识和方法。就联系来说，理论知识是基础，课本上的理论知识是我们认识事物和社会的启蒙，是分析问题、解决问题的根本。另外，在学校与老师、同学、恋人等之间的关系处理及有关的待人接物，是我们步入社会前学会处理人际关系最好的"练兵"机会，也是试错成本很低的实践。

采访者：您对山财大会计学院想要去银行就业的学生们有什么建议？

丁敬委校友：可能很多人对就业方向还是比较迷茫的，我作为一个过来人，可以给那些马上要毕业参加工作的学弟学妹提供一些建议。在我毕业的时候，有好多好多的企业去咱们学校开招聘会，我也参加了各种招聘会。我印象特别深的是山东省聊城市中通客车公司，这是我参加的第一个招聘面试，在现场面试交流时，我就被录用了，当时我非常开心，那个时候和用人单位一旦确定了意向就要网签。一个星期之后，兴业银行又去我们学校招聘，我也去参加了这个招聘会，也是马上被录用了。最后我选择了兴业银行，是因为我咨询了一些在我之前毕业的学长，他们都认为银行的薪酬比企业高得多，所以我当时就与中通客车解了约，去了兴业银行工作。我从 2008 年进入兴业银行，今年已经是第十三年了。我想基于这 13 年的银行工作生涯，给大家提供一些建议。第一点，同学们在学习上一定要稳扎稳打，专业课程一定要学好学精，我们的专业知识是我们步入工作岗位后最好的武器。如果有的同学想到银行等金融机构工作，那就一定要学好会计学、财务管理、投资学等课程，一定要打好知识基础。第二点，可能很多人都会说银行是一个注重营销的单位，需要很好的人脉资源等，但我在工作的这几年里发现其实银行工作并不像大家说的那样，在工作单位，注重的都是个人能力，大家口中的营销工作只是一个工作板块。银行除了营销工作还有很多其他的工作类别，比如我现在负责的同业业务。

采访者：山财大即将迎来自己的 70 岁生日，请您谈谈对山财大的期望。

丁敬委校友：毕业于山财大对于我们已经走出校园的学子来说是非常值得骄傲的。像我在银行工作感受就特别深，现在我们行 80% 的左右的领导都是自己的学长学姐，我们单位员工中毕业于山财大的比例应该也有 80%，这说明我们山财大的特色教育培育出来的人才在社会上闯出了一片天地。所以我非常希望，我们山财大能够保持和发展我们的特色教育，进一步打造我们的教育品牌，也希望我们山财大在国内甚至在国际上能有更大的影响力，能够培养出一批又一批格局更大、视野更开阔的人才，为这个社会输送更多优秀的人才。值母校 70 岁生日之际，衷心祝愿山东财经大学越办越好。衷心感谢母校对我的教育，祝母校生日快乐。最后，通过这个机会，祝愿我们的老师、同学、校友身体健康、工作顺利。

访谈整理：范铮、李艳秋

访谈时间：2021 年 11 月 22 日

访谈形式：电话访谈

李勃（2007 级本科生）

采访者：您好，本次活动是会计学院为庆祝建校 70 周年而筹备的。首先想请问您一下，您在填报高考志愿的时候，为什么会考虑把会计学作为自己的专业呢？

李勃校友：我是在 2007 年参加高考的，会计学专业是当时的流行专业之一，也是我们高三老师所推荐的几个专业之一。除了会计学专业，当时比较热门的专业如工商管理、物流管理，其实我都有考虑。我之后又结合学校实际情况进行了考虑，因为山财大的黄金专业主要是会计学和金融学。最终我是用抓阄的方式做决定的，抓了 3 次抓到的都是会计学，于是选择了会计学，可能和会计学有缘分吧。

采访者：您在进入会计学院之后，有没有哪些学生工作或者实践活动是令您印象深刻的？

李勃校友：我在山财大的时候属于相对比较活跃的学生。当时刚进入山财大的时候在班上倒是没有什么职务，但是非常积极地参加了各种社团以及学院的学生会和学校的学生会，当时我在学校是进了学校学生会的秘书处，在学院是加入了学生会的学习部。之后再过了一年，我就退出了学校那边的校学生会秘书处，在班上担任了班长一职，在院学生会担任学习部部长，大概是这样的一个情况。同时，我也参加了很多社团。另外，随着年级的增长，我慢慢退出了这些社团。到大三我就开始进入了考研状态，就不怎么活跃在这些学生组织之间了。现在想起来还是有挺多经历令我印象深刻的，特别是在学习部的经历。我在学习部待了有 3 年的时间，我的组织能力、沟通能力、协调能力很大一部分其实都是在学习部或者在学生会的各种活动中锻炼起来的。

采访者：您可以举个例子吗？比如说您在学习部的哪些活动对您之后的发展或者是能力的提升有过很明显的帮助？

李勃校友：那就太多了。比如，一些学术类活动——考研分享会。当时我们自己还举办了会计节的系列活动。其他的还有各种各样的公务员考试经验分享活动、教师资格证考试交流会等等。这些活动需要我组织和主持，包括去联系学长学姐，动员观众参加，有时还需要联合外联部组织一些宣传活动。这些现在想起来还都感觉是蛮有意义的。

采访者：学长你刚提到的会计节，现在已经演变成一个比较重要的活动了。它现在

李勃简介：李勃，山东财政学院 2007 级会计学专业本科生，现为安永华明会计师事务所（特殊普通合伙）青岛分所审计经理。

叫会计月，就是一整个月都由会计学院去举办各种各样的活动，会计月能够发展至今，得益于你们当年的奉献。

李勃校友： 我还真不知道。当时学院里面组织的第一届、第二届、第三届会计节活动我都参与过。第一届时我是学习部副部长，活动是我们部长联合学生会各部一起发起的，第一届其实挺简单的。然后第二届的时候就衍生了一系列活动，当时是我作为学习部部长全面宣传了活动。第三届的时候我也参与了。现在如果像你刚才说的已经变成了会计月，我还真是没有预料到。

采访者： 那么您在大三或者大四之后，您当时是怎么考虑到要选择考研这条道路的？

李勃校友： 其实说实在的就是随大流。我们班上 2/3 的人都在考研，作为一个大学连续 4 年 8 个学期，每学期都是班上第一名的我来说，不考研对不起这个成绩。我虽然平时在学生会的活动中比较活跃，但是到了关键时刻，特别是备考的时候，还是能拼上来的。基本上到临考前的 1～2 周，我睡眠时间都是很少的，几乎全天都是泡在图书馆的。当时我在舜耕校区有一群学友，每天早上四五点起来去占座，然后晚上基本上都是很晚才会回去。每次到备考的时候都保持好这个状态，有这样的一个拼劲，再加上平时的一些积累，考试肯定是不会差了，基本上每学期期末考试我的各科成绩很少有低于 90 分的情况。

采访者： 学长您当时有那样优秀的成绩，为什么没有直接保研？

李勃校友： 因为当时还没有并校，我当时在山东财政学院，学校当时没有保研资格，否则我这个成绩是一点问题都没有的。

当然，现在山东财经大学在山东的名气声望，以及在全国的声誉度是越来越高的。我是 2011 年毕业的，到今年正好是 10 周年整了，这 10 年中我其实每年都在关注着母校的发展，真的是越来越好。我毕业的那一年就是我们并校的那一年，我们 6 月份刚走，7 月份学校就换了牌子。所以我是山东财政学院最后一届的毕业生，我对于山东财政学院是有着格外的思念之情的。

采访者： 那您有什么别的备考经验可以分享一下吗？

李勃校友： 关于考研备考经验我觉得我可能没有那么权威，我分享一下自己的一些感想吧。考研其实就是一场硬战，我觉得它和高考是不相上下的。所以你如果决定了考研的话，就真的是要放下手上所有的工作，安安心心地去准备考研。说实话，现在的大环境下竞争是非常激烈的，学术硕士的名额是越来越少的，专业硕士的名额是在增加的。随着学历要求的提升，可能越来越多的人会加入考研大军中，这使考研挑战变得更加困难。如果你在学校说你坚定要考研，你一定要放下手边所有的事情，安安心心地投入考研当中。一是要扎扎实实稳扎稳打地去复习；二是要能找到一些行之有效的途径去更高效地记忆。我记得当时学校经常有一些社会的培训机构来宣传，这些培训机构其实会助你一臂之力的，他们有一些很经典的经验总结可能会帮你一把。当然所有的这些培训辅导效果如何，最后还是要看你自己能不能很好地消化吸收。考研时一定要把高考时的那种心态和毅力拿回来，用到考研上去。虽然我们都希望一次成功，但我觉得你也需要给自己留条后路，用于寻找其他实现自我价值的途径。不过你如果想同时准备公务员考试和考研的话，我觉得你的可能压力会比较大，备考这两者都需要投入比较多的精力。

采访者：您当时在考研的时候有没有给自己留后路，有提前找工作吗？您当时就打算进入安永吗？

李勃校友：当时没有这个想法的，当时其实说实话都不知道"四大"（四大会计师事务所）是什么。你们现在可能都比较时髦、比较国际化了，听说现在山财大已经有ACCA方向班了。我们当时是没有的，还有实验班也是没有的，不知道"四大"是什么东西。当时就是找了一些公司、一些事务所，至少给自己留条后路，两手准备。

不过说实话，如果你们坚定了考研，从我个人角度来说，还是希望你们能把更多的精力放在考研身上，找工作只是为了给自己留后路。你考研就说明你还是有不断上升的心态，有一个希望能得到更好的社会认同以及毕业之后有更好的敲门砖这样一种心态和方向的。既然你有这么更高的追求，就应该把更多的精力放在你更高的追求上，而不是去做一些现实的考量。在现实中，就拿我们安永来说，今年我记得招了20多个同事，基本上80%～90%都是研究生，这说明社会对于学历是有一定要求的。其实不仅是四大会计师事务所，像一些央企，更是有更多的硬性要求。我们山财大是非211大学，所以你们考研需要往更好的方向去努力，最后成与不成可能不是我们自己说了算，但是我们一定要把这个过程走好，之后无论是进一步学习深造，还是去找份工作，考研的经历对你而言肯定都是锦上添花，是一个优势。我刚才真的是说实话，山财大在山东的财经地位没的说，经管专业甚至可能比中国海洋大学的声誉度更高一些，但是在找工作的时候现实是非常残酷的。现在应聘的环境，学历是最重要的门槛，还是一个人简历的丰富度是最重要的门槛？这个我觉得还是要看你自己是怎么想的。我已经工作了有7年多的时间了，现在回头看的话，感觉在"四大"工作也挺符合我当初对会计的初心的。刚上学的时候遇到了我的启蒙老师，他对我的会计学习影响非常大，我觉得他把我带进了会计世界，一步步带着我走得很远。后来教我"中级财务会计"的是丁红艳老师。在学习的过程中，我坚定了学会计的信心。

有时候大学生会去思考某份工作到底是不是自己想要的，是不是适合自己的。我觉得，反正我们还这么年轻，手里也没有任何的资本，应该珍惜所有的机会。或许大学对我们来说是一个没有任何顾虑的拼搏和积累的阶段，在这个阶段我们可能也会遇到问题，但这也会考验和培养我们的职业感和专业度，这是一个潜移默化、日积月累的过程。

采访者：您觉得做审计这个行业最需要具备的素质和能力是什么？

李勃校友：我觉得有一个比较好的知识基础是很重要的，基本上想升到经理的话，首先得有CPA证书来证明你的专业基础能力。再有就是专业资质，相关的资质越多越好，这能证明你是具备专项服务行业的基本条件的。说实话，做到经理以后，你获取专业资质的个人可支配时间是越来越少的，但学习和掌握很多办公专业软件的是一步步晋升所必需的。

最重要的一点，我觉得不管你是做基础工作，还是去做经理以上的这些管理工作，有一个仔细、认真、负责的态度是最可贵的。因为我们这个工作其实就是一个细活，从我们一开始去进场审计，到后面出报告以及各种复核，其实最基本的就是要仔细认真。我觉得我在这方面的素质是我在大学和研究生时期，通过学生会的各种工作经历慢慢形成的。所以如果说你没有一个很好的态度和基本素质的话，可能干这份工作会非常吃力。用我们的话说，可能要经常"redo"，你要重新做，重新做的话时间成本是非常高的，在"四大"基本上很难有很多时间去"redo"。如果重做一次，我觉得就已经很糟糕了。

最后一点可能就是身体素质。我最开始当"小朋友"的时候，我感受还没那么深，就越往上走越觉得这份工作对身体素质的考验是非常大的。我们一般的认识是，在一个公司里工作到管理层、经理、老板这样的层面，可能不会那么辛苦。但是专业服务这个行业恰恰相反，你到了经理层一样要加班，老板也经常大周末的就拉我们经理开会。所以说这份工作的性质决定了你想在这个行业有个好发展的话，就一定要提前养成很强的心理抗压能力以及一个比较好的身体素质。当然你也可以选择把它作为一个职场平台，工作三四年然后再跳出去，那样依然有一些很好的职业机会在等着你。

其实还有一点是我想要跟学弟妹们交流的，就是软实力。软实力在刚进职场的小朋友之中甚至是 senior（高级经理）这个阶段都是不太能显示出来的，但是等到你到达了经理及以上这个级别时就能明显显示出来。比如大家熟悉的协调组织能力，在职场中，面对一个突发问题的时候，该怎么去快速应对，怎么去组织，怎么去协调各方资源，去快速解决这个问题。这个能力是需要逐渐培养出来的。如果之前不注意培养，等到了经理这个层面再去培养，说实话就没有机会了。这些素质其实就是你在学校积累的各种能力的一个综合，组织协调、组织沟通这些能力是要在上学的时候有意识地去培养的。你说协调能力和学习成绩相比哪个谁重要？我没法说。但是如果非要比个高下的话，肯定你要优先把学习做好，如果有余力的话一定要去记得参与一些类似的活动，不管是社团还是学生会的活动，不要觉得这是浪费时间，等到你毕业之后就会知道过往这些好像和学习没太有关系的事情，其实对你的职业发展也是蛮重要的。

大概就这几个方面，一个是知识，一个是认真负责的态度，再一个是抗压能力和身体素质，最后是软实力。

采访者：您在"四大"的工作让您有什么感悟吗？另外可以给学弟学妹提一些建议吗？

李勃校友：在"四大"比较好的是一分收获，就意味着一分付出，基本上没有不劳而获的情况，我觉得这也是"四大"相对于社会上很多的工作来说，比较公平比较公正的一个特点。而且"四大"也不是说每年都会很辛苦，你也可以选择养生，可以养生一年，然后再干一年！反正路还长，日子还久，这也是一种生活的态度。

  对于学弟学妹的建议，我觉得还是我上面说的那几点吧。在学校就要把学习作为重中之重，另外要注重软实力的培养。其他的可能就是在不断地学习中明确自己的方向和目标，一旦确定了就不要放弃，踏踏实实干好每一件事。最后祝愿山财大的学子都能实现自己的追求！

访谈整理：赵灿、马文慧

访谈时间：2021 年 7 月 26 日

访谈形式：腾讯会议

王凯强（2008 级本科生）

采访者：您认为在财经方面，就业者需要具备哪些能力和特质？

王凯强校友： 财经方面的话，这个范围就比较广了。如果说是从事会计或者一些科研类工作的话，那肯定还是专业知识比较重要。像我们这种在银行工作的，肯定要在社会科学和财经专业领域具备一些基础知识。但其实，所有职业对实践的要求都比较高，你要了解市场、贴近市场、进入市场，才能够准确把握市场的需求。这就要求我们更多地涉猎相关知识，不要说我学会计，所以我就只了解会计，还要了解企业正常的运营模式和国内大的财经发展方向等各方面的情况，比如这几年股市的行情。因为只有了解了这些，我们才能把专业知识更好地利用起来，将专业知识更好地运用于工作和实践之中。你不能说我只记账、做一个账务处理，那样你就脱离了市场。此外，现在一些大企业还对财务人员提出了创利要求，就是要求财务人员创造利润。财务人员创造利润无非有两个方式，第一是节省成本，第二就是套利，就是用财务知识来挣钱获利。有的公司财务人员创造的利润甚至要比主营业务利润还多。我们在有了专业知识、把账务处理好的前提下，应该多去了解市场，了解市场的发展方向。总的来说，专业知识是十分重要的，从事每一个行业，都要有过硬的专业知识，要做到这个行业顶尖的水平，不能满足于做基础岗位，一定要有更高的追求才可以。

采访者：根据您自身的学习和实践经历，请您简单地谈一下对会计学院的印象。

王凯强校友： 我觉得会计学院在培养学生方面的延伸性很强，活动组织能力也很强。这也使我们会计学院的学生在山财大有一定的优越感。另外，我们会计学院的教学水平虽然可能暂时比不上"985""211"高校，但是在山东省内还是相当不错的，社会对我们会计学院的认可度也是可以的。会计学院学生活动也比较丰富，举办过很多学生活动。同时，会计学院师生之间的关系也很好，同学们与老师，不论是任课老师还是辅导员老师都能近距离接触，这对教学以及学生的就业都有很大的帮助。我们就业之后，我们校友群也很活跃，我们和学院的关系都没有断，这就是我们对会计学院的感情，我们的一些老师在毕业群里也很活跃，这让我们的归属感和认同感也更强一些。大学期间，我也参加过很多学生活动，和老师们也比较熟。我认为会计学院的学生活动以及学术环境都是很好的，学生活动在会计学院具有举足轻重的地位，而且也都是大家喜闻乐见的。

王凯强简介：王凯强，山东经济学院 2008 级财务管理专业本科生，现任招商银行烟台分行战略客户部总经理。

采访者：请问您在填报高考志愿时，为什么选择财务管理作为您的专业？

王凯强校友：我的哥哥是山财大会计专业毕业的，我当时也想学会计学专业，但是咱们学院会计学专业的录取分数线比较高，所以我就选择了财务管理专业。财务管理和会计还是有区别的，财务管理更倾向于实践这一方面。我上大学的那个时候财经类专业还是比较火的。上学的时候其实我对这个专业还不是特别了解，就是觉得财经相关专业的就业面比较好，所以就选择了财务管理。

采访者：根据您对会计学院的印象和了解，您觉得会计学院有哪些特色呢？

王凯强校友：特色的话，我觉得会计学院的老师和其他学院的老师不一样，因为他们与外面接触得更多，有做董事的、有做独立董事的，能够把很多实践的东西融入课堂教学。他们讲理论知识，但实务经验也很多，这些内容对我们未来的学习和工作都是很有帮助的，尤其是对从事与会计相关岗位的一部分同学来说，这是很重要的。比如，我的会计学老师和财务管理老师讲课都能够把实务应用带进课堂，通过案例和他们的亲身经历给我们讲解在实践中如何应用理论，对学生来说很有吸引力和说服力。

采访者：结合您的学习和工作经历，您认为大学生在本科阶段应该具备哪些能力？

王凯强校友：我觉得一是学习能力。无论是做会计还是做财务，都必须要有充足的专业知识。二是实践应用能力。学生还是要更多地接触社会、接触市场，要了解市场的方向是什么、市场需要什么样的人、需要什么样的知识、潮流导向是什么、整体的发展方向是什么。我们要多去企业走一走、看一看，给自己创造更多的实践机会和实习机会，了解一下一个行业到底是什么样的，目前的发展方向又是什么样子的。因为我之前也回学校招聘过几次，发现有些毕业生缺乏社会实践的经历，有些学生对什么样的工作适合自己、什么样的工作不适合自己缺乏一个认识。我们现在很多学生可能对自己没有规划，大一时没有，大二时没有，大三时也没有，一直处于一个迷茫的状态。所以我们要对未来有明确的了解和规划，我们要真真正正地过完大学的这4年，要对自己有一个明确、清晰的定位。

采访者：请您谈一下对山东财经大学会计学院的展望。

王凯强校友：希望我们山东财经大学会计学院能成为全国出名的学院。另外，希望我们的学生能够努力学习，争取成为各行各业的优秀人才，为行业做出自己的贡献。同时，希望会计学院通过输出优秀的毕业生，宣传我们学校的品牌、学院的品牌，对我们学校未来的发展起到一个积极作用。此外，我相信我们学校的校友力量也会越来越强大，我们学校的老师负责教课，我们的校友负责为学校提供更多的实践和社会资源，也可以担任学生的就业顾问，共同把我们的会计学院建设得越来越好。

访谈整理：王越、栾茗惠

访谈时间：2021 年 7 月 29 日

访谈形式：线下访谈

访谈地点：山东省烟台市珠江路 66 号正海大厦

陈龙飞（2009 级本科生，2018 级 MBA）

采访者：请您结合自身经历，从学风、班级建设、文体实践活动等方面谈谈对会计学院的总体印象。

陈龙飞校友：一说起校园时光，感觉已经过去很久了，从我本科毕业到现在已有 8 年时间，回忆起我上学的那段时间，真的值得留恋，非常充实又充满欢乐。我一入学便被选为班级的临时联络员，后来担任审计二班的班长，随后也参加了学生会，做过学院学生会明水校区秘书处的负责人，后来担任了会计学院第三十三届学生会主席，可以说从大一到大二、大三的成长，再到大四求职，我自身感觉在学生阶段的那种蜕变是显而易见的。

在校期间，我印象最深刻的文体活动当数运动会，每年的春季运动会都是会计学院的一次大练兵，我自入学以后就听各位学长学姐提到"会计学院永争第一"的传统，后来通过亲身经历，也看到了我们确实拥有这样的决心和组织力。我依然很清楚地记得 2011 年学校运动会，大一、大二学生还在明水校区，我作为学院学生会秘书处负责人需要组织和协调学生会各部门，为学院的运动会工作提供保障，包括训练、场地、物资、就餐等。学生会的主要成员都是早晨 6 点钟就起床，提前为自己部门所负责的工作做准备，为运动员训练保驾护航。通过这项活动，一方面，我们可以感受到会计学院对文体活动的重视，因为文体活动本身就是每一名学子大学生活的重要组成部分；另一方面，亲临现场时，我们能够深刻感受到会计学院的每个人，包括老师、运动员、学生会成员以及其他师生观众那种"心往一处使、劲往一处用"的精神，在那一刻你会坚定一个认识——这正是会计学院代代相传的精神文化。

采访者：您在填报高考志愿时，为什么选择山财大会计学院，并选择审计学作为自己的专业？

陈龙飞校友：记得我在填志愿的时候，第一志愿学校是山东财经大学，第一志愿专业是审计学，能够在山东财经大学的会计学院走过审计学的求学之路我感到很幸运。选择报考山东财经大学，主要原因有两个：一是受家庭环境影响，我的父亲、叔伯等都从事金融行业，也有家人从事审计方面的工作，因而我在就业选择上已经有了一定的方向；

陈龙飞简介：陈龙飞，山东经济学院 2009 级审计学专业本科生，山东财经大学 2018 级 MBA，现任中信银行济南分行历城支行公司部经理。

二是山东财经大学作为省内财经类院校的标杆，其学子可以说遍布省内各财经金融领域，理所当然地成为一个向往财经金融专业学生的第一选择。就审计本身而言，从小我对它的理解就是工作繁重、比较枯燥，但是我受家庭影响比较大，我的家人对审计工作那一份坚守、那一份执着深深地烙印在我脑海里，所以我在填报志愿时与父母共同研究了省内在财经领域，尤其是会计领域具有优势的高等院校。毫无疑问，山东财经大学名列前茅，审计学专业是会计学院极具优势的学科，所以我当时义无反顾地选择了山财大会计学院、审计学专业。

采访者：您在山财大会计学院的本科学习过程中，学习情况如何，在学习或生活中有没有令您难忘的事情？

陈龙飞校友：谈到学习，其实有点惭愧，我当时的成绩只能说是中游水平。学院对于入党是有成绩要求的，对于学生会干部、班级干部、普通同学有着不同的成绩标准要求，因为此事我曾一度倍感压力，时至今日记忆犹新。因此，在圆满完成学院学生会工作的同时，我加倍努力学习，尽量让自己的成绩有一定的提升。

说起比较难忘的事，当数我在会计学院收获了爱情。在 2010 年的时候，我的妻子郭璇任我们班团支书，而我是班长，所以两个人拥有很多的沟通交流机会，也正是在诸多的沟通交流中，我们越来越感受到彼此在人生观念、生活理念、未来规划以及脾气性格方面都拥有很高的契合度，后来就很自然而然地走到了一起，毕业以后我们虽然分隔两地，但通过一年多的努力又相聚济南，随后订婚，并在 2016 年结婚，现在我们已经有了两个可爱的宝宝……所以，说起我在大学期间最难忘的事情，就是收获了爱情。

采访者：山财大会计学院有没有老师令您印象深刻？

陈龙飞校友：在大学阶段，我当时熟悉的老师有两类：第一类是主管学生会工作以及班级工作的老师，以及学院团委书记、学院党委书记等。其中令我印象很深刻的有很多，时任学院党委副书记杨扬同志、时任学院团委书记郑大伟同志，还有辅导员王佃冰老师、岳勇老师和李昌宇老师。于我而言，他们是我迈入大学之后的第一批导师，为我树立了优秀的榜样。记得当时会计学院本部是郑大伟老师、明水校区是王佃冰老师主抓学生会工作，在我担任学生会明水校区秘书处负责人以及学生会主席期间，他们所传授的工作思路和工作方法让我受益匪浅，在我走上工作岗位时仍有所裨益。我庆幸自己能够在大学时期拥有这样的导师，拥有这段经历。所以，我从内心深处一直非常感激以上几位老师的指导和帮助。

第二类是教学授课的老师，我印象深刻的有王兵老师和杨明增老师。他们的教学幽默风趣，经常能够在讲授会计、审计学科中一些比较抽象的理论时，运用类比或模拟场景的方法，让学生发现其中的逻辑和精髓，进而加快对概念或原理的理解与掌握。这对于一个刚开始接触专业知识的大学生来说有莫大的帮助，所以我对这两位老师的印象非常深刻，当然会计学院还有很多优秀的老师，遗憾的是我没有能够跟他们学习。

采访者：在您记忆中，学院的"会计大事件"有哪些？

陈龙飞校友： 作为会计学院学生会成员以及班级的班长，我觉得会计学院在学生工作方面有三个"会计大事件"。

第一个"会计大事件"是迎新工作，我所理解的迎新工作并不只是在迎新现场为新生办理入学手续这么简单，而是让一个新生从入学的那一刻成长为融入大学生活的大学生，是一个阶段性的工作，也体现了学院温暖的一面。迎接新生的状态是我们学长、学姐给学弟、学妹们的第一印象，在迎新现场既要确保迎新工作的井然有序，又要让新生们体会到来到会计学院就像来到了自己家。后期，学生会对于新生还有一系列的引导和帮扶活动，比如会计学院的学导制度，学导制度安排上一级的优秀学生干部在新生军训期间带班，选拔每个班的临时负责人，引导学生加入校级、院级的社团组织，引导学生加入校、院学生会等组织，将会计学院的精神传承下去，形成了"传帮带"的优良传统。因此，迎新工作当数我们会计学院的"第一大事件"。

第二个"会计大事件"是运动会。运动会能够体现一个学院的凝聚力和合力，大家都说"友谊第一，比赛第二"，但我心目中的会计学院从来都是不仅做到友谊第一，而且比赛也要永争第一。每每提到运动会，我们都会由衷感到骄傲与自豪，因为我们也知道，但凡运动会开完，学院就会举行运动会表彰大会。

第三个"会计大事件"是学生会换届。学生会换届虽然涉及的人员不多，但代表着对上一届学生会工作的总结，也代表着对于下一届学生会工作的期望。这既是一个精神接力棒的传承，更承载着会计学院生生不息的使命。

采访者：您在院学生会任职期间，学院有哪些学生工作或实践活动令您印象深刻？

陈龙飞校友： 令我印象最深刻的，其实是我在明水校区时的一次不完美的工作，到现在事情的经过还历历在目。当时 2008 级的学长、学姐已经来到了燕山校区，明水校区的学生工作自然而然落到了我们 2009 级的肩上，而学院学生会的工作由我负责组织协调和监督执行。那是在 2010 年 5 月，"五一"小长假之后，得知那一年学院的运动会表彰大会主会场选在了明水校区，我瞬间感觉到自己肩上的重任，为之制订了我当时认为周密的规划，也付出了大量的时间和精力。但最终还是出现了一个纰漏，这个纰漏恰巧是相当致命的。在会前，我们音响设备组成员对音响设备进行了反复调试与排查，在确保无误后落座，而就在大会即将开始时，有一位学长认为音响调试有误，出于好心重新调换了插头，导致在播放短片时有 10 秒钟左右的时间大家看到的是无声片，好在时任学生会宣传部负责人周冰清急中生智，打开了笔记本音响，但效果与我们的期望大相径庭。当时学院的党委书记、党委副书记、辅导员老师以及时任学生会主席、学生会秘书长都在场，我的内心是五味杂陈。由于这次会议是庆功大会，现场也没有人纠结于这一点"事故"，但我格外自责，因为确实是我的整体工作执行不够周密，才导致了这个后果，所以那件事情发生后，我对自己也提出了更高要求。

从那之后，我对自己的工作要求都是细致入微，对每个细节、每个环节都要求自己做到尽善尽美，我知道这只是我认知范围内的尽善尽美，我的经历和经验远远没有达到领导的水平，因此，在比自己水平高的人来看，我的工作仍会存在有待完善的地方。所以，我认为对待任何工作、业务，都要力求自己做到自己所认为的"完美"，然后尽量做到换位思考，跳出自己工作岗位的局限，能够站在别人的角度看问题，才能更全面了解自己做得是不是足够好。这是我在学生会工作期间印象最深刻的一次经历。

采访者： 能否简单谈谈您参与银监局案例研究课题的这段经历。

陈龙飞校友： 当时是 2015 年，我刚刚从事金融工作 2 年的时间，可以说是刚刚接触银行的核心业务，还处于职业生涯的学习阶段。银监局每年都会组织重点案例的研究活动，我当时的领导考虑既然有这么一个机会，就带着我们一起进行了山东省担保体系的研究。参与这个研究，使我在这方面的专业知识有了一定提升，获奖之后我非常开心，因为在这个过程中我获得了积淀，努力也换来了成绩。但现在跳出这个奖项本身来看，当时我对这个课题的贡献还是有限的，所以我更希望在以后能够组织和带领团队去做这样的课题研究，那样的话拿了的奖项我才会更有底气吧。

对于这次经历，我还想给学弟学妹们以及初出茅庐、刚刚走向工作岗位的同学一个提示，参与课题研究对于个人的提升作用还是很大的。尤其是针对专业领域的课题研究，需要我们把课题确定在一个精细的方向上，而做研究的目标就是让我们每个课题研究者成为这一细分领域的专家，当我们以后遇到这一领域的业务问题时，做过相关研究的经历对我们理解问题当然会非常有帮助。所以我认为如果你在学生阶段或在初入职场阶段，能够在功课或工作之余做一些与专业相关的课题研究，对于个人来讲是非常有意义的，我建议有兴趣有时间的学弟学妹可以尝试一下。

采访者： 您认为从事金融方面的工作需要具备哪些素质？

陈龙飞校友： 我认为作为一名金融工作者，最重要的是要有德，不管做什么工作，一定要注重自己在德行修养上的提升。2010 级新生入学的时候，我带领学生会秘书处的学弟学妹们做了一些学生工作，当时我给整个部门以及学生会成员灌输的思想就是"为人正直，为事正心"。尤其是学生会秘书处承担着学院学生工作的"中枢"角色，要做到对学院工作精神、相关要求的上传下达，如果连秘书处这么重要的部门，都不能做到"为人正直，为事正心"的话，一定会为后续工作的开展带来一些方向性的重大问题。

在从事金融工作以后，我更加坚定了这个思路，我在工作中认识了很多朋友，还有一些仅通过电话、微信沟通交流的伙伴。我越发感觉到与别人沟通最重要的是志同道合。做金融工作当然要广交朋友，而朋友是怎么来的呢？应该是"德不孤兮必有邻"的结果，只有德行相投、志趣相投的人才能走到一起，共同做一些有意义的项目。同时，随着交往的朋友越来越多，我也在践行"三人行，必有我师焉"的道理，从优秀的朋友身上汲取营养，向他们学习先进的理念、优秀的经验，我们自身的能力也会自然而然得到提升。

我不敢妄下定论说从事金融工作必须具有哪些素质，但是我觉得在注重德行修养的基础上，金融从业者对于沟通能力、表达能力、专业能力的持续提升以及对于心理学知识的学习，都是有必要的。

采访者：您对山财大会计学院的学弟学妹们的学习、生活和职业发展有哪些建议？

陈龙飞校友：每次听到山财大会计学院我都倍感亲切，每当提到学弟学妹们都想多说几句，现在我想主要就职业规划方面简短地聊聊这个问题。

在初出茅庐、初入职场的阶段，很多人都会犯错误，我想就这个问题来谈一下。对于刚刚参加工作的同学来说，我认为相比着眼未来，更重要的是立足当下，放眼未来没有错，但是更要看清自己脚下的路该怎么走，做一个与长期规划相辅相成的短期规划，并且按照这个短期规划去执行，因为长期规划也是要一步一步去实现的。同时，还要多参考一下你身边优秀从业者的成长路径。切忌走马观花，更不要觉得"这山更比那山高"，有这种心气无可厚非，但是不要有这种傲气。总之，对于职业发展来讲，尤其是我们初入职场时，一定要脚踏实地，把基础和必备的能力打造好，只有这样，才能拥有一个良好的发展前景。

采访者：最后，请您谈谈对山财大会计学院的期望。

陈龙飞校友：我想从三个方面来说。对于我自己来说，作为山东财经大学的毕业生，我一定会肩负起母校对自己的期望，做好自己的本职工作，立足自己的岗位，力所能及地为社会做些贡献。对于学弟学妹们，我期望他们能够把会计学院的精神一代代传承下去，做好自己的人生规划，让自己的人生丰富多彩。对于学院，我希望会计学院能够蒸蒸日上，培养出更多优秀的毕业生，为社会输送更多人才。总之，希望会计学院越来越好，希望山财大越来越好，我也会时常回去看看母校的，感谢母校给予我的一切。

访谈整理：张心如、吴龙腾
访谈时间：2021 年 8 月 3 日
访谈形式：线下访谈
访谈地点：中信银行济南分行

孟牧青（2009 级本科生）

采访者：孟老师，您好！您能否谈谈在山财大会计学院学习时的情况，在山财大会计学院的学习生活经历对您个人发展产生了哪些影响？

孟牧青校友：我当时学习成绩比较优异，每年都能拿到奖学金。我还在学生会的学习部工作过，也从干事成长为部长。另外，大一时我还参加了学院的辩论队，和老师同学们交流给了我很多启发，也给带给我很多有关于学习、工作、生活的思考。这些经历对我影响还是很大的，当时在大学期间感觉不出参加这些活动有什么好处，但随着毕业之后进入社会工作，我慢慢意识到当时的经历为现在的工作打下了良好的基础，积累了宝贵的经验。举一个例子吧，当时学习部主要负责每学期的评奖评优工作、日常经验交流会等等。我现在工作中有一部分是考核和人事管理，与之前在学生会的工作具有一定关联。此外，会计学专业是比较讲究细致的，在学习时期养成的习惯也让我对待工作有严谨的态度，我对数字的敏感程度、工作学习生活的细腻程度均得到提高。

采访者：山财大会计学院的老师们是否令您印象深刻，他们对您产生了哪些影响？

孟牧青校友：我对专业课老师们印象较为深刻，他们都很专业，授课内容引人入胜，教学不拘泥于课本，而是将知识与生动的引例结合。我当时很喜欢上专业课，尤其是会计专业老师的课程，老师课上会给我们讲授书本以外的工作中的实际问题，把实践与书本结合，而不是一味地讲授课本上枯燥的理论，这对于我的发展很有帮助。在后来的工作中，我也时常回忆起当年老师对我们的教导，他们给了我很多工作上的思路，也让我对现在的工作更有把握，让我在心中对工作的开展有了信心。

采访者：请问您在填报高考志愿时，为什么选择会计学作为自己的专业，又为什么选择山财大会计学院呢？

孟牧青校友：其实我刚刚高考结束后并没有特别想学的专业，也没有特别明确的职业规划。会计学专业是在尊重我个人意愿的情况下，家里父母帮我选的。我认为会计有实用性强、就业率高等特点，再加上在小时候家里就培养我的金钱管理能力，我对这种工作也不是特别排斥，于是最后选择了会计学专业。山财大会计学专业知名度、专业水

孟牧青简介：孟牧青，山东经济学院 2009 级会计学专业本科生，现为浦发银行济南分行信用卡部综合团队副经理。

平都较高，而且我们那年山财大新增了实验班，具有较大的吸引力，再结合我的高考分数，我最终选择了山东财经大学会计学院。

采访者： 如今会计学院发展越来越好，您对会计学院有哪些展望？对会计学院的同学有哪些希望和建议？

孟牧青校友： 会计学院近些年来发展很快，我由衷感到开心和自豪。我希望会计学院能够越来越好，学弟学妹们更加优秀，希望学弟学妹们有更光明的未来。我主要对学弟学妹们提出以下几点建议吧：第一，大学是要好好学习的。从小学、初中、高中到大学，学习方式发生了很大的转变。高中的学习更多是老师灌输知识的过程，大家目标也很明确，就是考大学。而初入大学，无论是学习态度还是学习努力程度大家很容易放松。这时，大家就要变被动为主动，也就是从"要我学"到"我要学"。而且，除了书本上专业的知识，还有更多更宽广的领域需要我们去了解，比如说我大学期间就比较喜欢看课外书，通过翻阅书籍我了解了很多不同领域的内容，扩展了知识面，也开阔了眼界。第二，我希望学弟学妹们能做好规划与时间管理。上大学之后可以自主支配的时间多，希望大家想清楚毕业以后自己的规划：出国留学、考研、考公务员还是直接工作。大学 4 年说长不长，说短不短，只有提前规划，认真思考自己的未来，才能为 4 年的大学生活圆满画上句号。第三，培养兴趣爱好。可能大家上大学前都忙于学习，没有时间来做喜欢的事。我觉得，4 年时间足够一个人培养一项兴趣爱好，如果能培养出爱好，也会终身受益的。第四，要多参加社团、学生会活动。学生会是一个服务性的团体，是老师与同学间的桥梁。社团更偏向培养兴趣爱好。在学生会及社团里可以找到志同道合的朋友，其中一些优秀学长学姐的经验是非常值得借鉴的。我当时参加学生会、参加辩论赛遇到了许多非常优秀的学长学姐，他们在我的学习、考研和工作过程中为我提供了很多帮助。第五，大家一定要锻炼好身体，保持乐观豁达的心态。

采访者： 您在本科毕业后，是如何做出读研或是工作的选择的？又是如何选择现在所从事的职业呢？

孟牧青校友： 其实我早在最开始上大学前就确定了要读研究生，一方面是家人的希望，另一方面是个人感觉读研后可选择的城市、工作更多一点。关于我现在的职业，我们当时毕业后去金融行业工作的同学蛮多的，而我比较喜欢灵活一点的工作，所以当时更加偏向金融业。也许是缘分，我走上了现在的工作岗位。

采访者： 您认为学习成绩和实习经历哪个更重要，当代大学生应该如何选择？

孟牧青校友： 两者肯定是缺一不可的，最好能在兼顾学习成绩同时找一份实习工作，这很大程度上这取决于自己的规划。每个人都有自己的长板跟短板，你的水桶能装多少水取决于你的短板。如果你的学习成绩非常优秀，如果你将来想要走考研、考博这类研究的路线，实习经历可能不是那么重要。但是如果你将来更倾向于找到心仪的工作、以就业为导向，但目前又不确定什么样的工作方向更适合你，那建议你在大学期间选择几种不同行业的岗位实习，以便自己提前预判究竟自己适合什么样的岗位。如果不打算继续深造，毕业后想直接就业的话，你就要在大学多积累自己的实习经验了，要多去尝试，增加自己的综合实力。企业更看重的是你的实践能力与思考能力，这个在你将来面试的时候将会是一个很好的加分项。其实据我了解，很多单位都有不少留用机会，实习的时候如果你表现优异，得到上级领导的认可，对你后续找工作有很大的帮助。

采访者：如果您是面试官，您更看重面试人员哪些方面的能力？

孟牧青校友： 我们面试的时候，一般是先看简历，对简历进行一个初筛。简历中的含金量较高的财会证书一直被认为是敲开名企的敲门砖。在面试时，持有这些证书会让 HR 觉得你具备扎实的专业知识。此外，更重要的一点是，相较于高绩点，HR 可能更看重你课余的时间都干了什么。把课余时间用来考证，不仅说明你大学 4 年过得很充实，而且表明你有积极向上的生活态度。财会人要想进入名企，除了专业知识，其他的技能也不可或缺，如外语能力、计算机能力等，因此，像大学英语六级、口译证书、计算机证书等 HR 也是比较看重的。结合我们的岗位要求，我们通常会对学历、政治面貌提出一些要求，这些可以说是一个门槛。面试环节其实更看重大家的素质，比如学习能力、适应能力、抗压能力、交流沟通能力、协作能力，还有就是你能不能让用人单位放心地把工作交给你。

采访者：作为一名已经走向工作岗位的前辈，您觉着在山财大学习时哪些学到的知识技能是有用的，哪些方面的知识技能是较为缺乏的？工作后您是如何学习，提升自我的呢？

孟牧青校友： 因为我的工作内容并不是专业性非常强的，但如果在会计师事务所，一般大学所学的知识是肯定能用得到的。像我们金融领域的话其实与会计专业联系并不是非常密切，但前期学到的知识肯定也对后期工作帮助很大，会计学专业的同学一般对数字敏感程度较高，从事财务相关工作岗位时对资源配置、如何更高效利用企业经费有很专业的见解。对于我自己来说，大学时参加的校外实践较少、实习经历较少，这一点是我感到比较遗憾的。走向工作岗位后首先是要尽快融入单位，对于单位主营业务、经营领域、收入来源、成本支出等内容，都需要跟前辈不断学习。

采访者：在您的职位上，您认为要想取得成功必须具有哪些能力？这种能力应该如何培养呢？

孟牧青校友： 按照我的理解，要想在工作中、事业上有所成就的话，首先要做到的是必须非常自律，对工作做好规划，计划什么时候完成就要什么时候完成，不要拖延；其次是要一直保持较强的学习能力，因为工作中会不断遇到新的专业知识，要不断学习、适应并运用；再次就是在工作中要具备不错的人际交往与团队协作的能力，很多事情并不是一个人独立完成的，在工作中大部分事情的解决都需要一个团队，甚至是跨部门协作，所以，这方面的能力也很重要；最后是要对工作有信心，相信自己在做的事是有价值的，相信它是重要的。我们要把工作视为一种责任，把工作视为一种使命，深信它是有价值的事业，要知道自己也是生产力，正在造福他人。学习，才是永恒的道理。在实践中学习，在培训中学习，选择顾问咨询学习。当然，我们在面对困难的时候一定要有乐观的心态。

访谈整理：苏宝怡、孔佳惠、田琳佳
访谈时间：2021年11月22日
访谈形式：腾讯会议

王伟（2009 级本科生）

采访者：我了解到学长现在是中级会计师，学长在大学期间是否考取了一些证书？请问您怎样看待大学中考取的证书，哪些含金量较高，对于将来发展有利？

王伟校友：我建议同学们利用大学这个学习效率较高且时间较充裕的时期，尽可能多考取一些专业相关证书。比如，对于财会专业的同学来说，有入门级的初级会计证书、计算机二级证书和英语四六级证书。还有一些含金量比较高的证书，比如注册会计师、注册税务师和注册资产评估师证书。这些在未来都是很有用的，可以成为求职的敲门砖。

采访者：我注意到学长毕业之后是很迅速地找到了工作，在就业方面，您觉得大学期间应培养哪些能力？

王伟校友：第一，培养自己的自控能力。大学一般都是严进宽出，在大学期间，校方和老师对学生的管理没有中学和中学老师那么严厉，因此，自己的自控能力特别重要。无论是在宿舍里还是在课堂上，都不要被别人影响。比如，有时候周围同学会在课堂上放松一下，看看手机，我们不应跟他们学，而是应该认真听课，保持自己的节奏。

第二，培养自己的实践能力。如果确定毕业后就参加工作，应尽可能把握机会到社会上进行一些实践活动，这样可以让自己不局限于书本和课堂。当然，要尽可能选择与自己专业的相关的行业或者自己感兴趣的行业进行实习和实践，在了解一个行业之后，如果对这个行业有兴趣，那么以后在就业方面就可以往这个行业多考虑一下。

第三，培养与时俱进的能力。当今社会各个方面更新换代都比较快，因此，适应社会变化的节奏，跟上时代的步伐很重要。

采访者：有些即将毕业的学弟学妹对未来的选择感到无所适从或者迷茫，您有什么建议吗？

王伟校友：首先，适合自己的才是最重要的。对于刚毕业的大学生，或将要毕业走上社会的大学生而言，出国留学、考研或者工作这 3 个选择并没有好坏之分，只有适合不适合。合适的选择对你未来实现生活愿景有一定的帮助，这个选择也可能决定了你以后的职业和生活方式。同时也要考虑现实问题，比如如果你要出国留学，就要考虑自己家庭的经济条件。别人有的我们不一定要有，适合自己的才是最好的。

其次，考虑清楚自己的目标。自己想干的才是最重要的。基于别人的压力或者是与

王伟简介：王伟，山东经济学院 2009 级会计学专业本科生，现就职于山东省路桥集团有限公司。

别人进行比较后做出的选择，也有可能不是自己喜欢的，那么以后工作和生活方面也许会遇到很多困扰。有些人比较适合做学问，那么毕业之后可以考研、读博；有的人比较适合创业或就业，在实务工作中，他更能发挥自己的价值。所以要想清楚自己到底想要什么，再做选择。

最后，清楚自己能为社会带来什么样的价值，根据自身条件来做决定。

采访者： 您认为在山财大学习期间，您最大的收获是什么？

王伟校友： 大学期间，我养成了一个良好的学习习惯以及思考问题的方式。这是大学生活给我带来的最重要的影响，这个影响对我现在的工作、生活也有很大的帮助。

采访者： 我看到学长一直坚持在财务岗位上，并且职位也在不断晋升，您坚持这个岗位背后的原因是什么？

王伟校友： 我选择这个岗位的依据可以概括为兴趣、特长和市场的需要。我比较喜欢我现在所在的建筑公司和建筑行业，也比较喜欢会计学专业，因为有一定会计学专业基础，所以我选择了财务岗位。财务是每个公司都需要的、必不可少的岗位，未来这个岗位在公司里也存在着发展空间。

采访者： 您平时如何平衡工作和生活？

王伟校友： 要做到工作生活两不误，其实挺难的，尤其是结婚生子之后，家庭对我的需要变多了。我有很多时候需要在工作和家庭之间做出选择，真的很困难。

采访者： 对您人生具有转折意义的事情或选择是什么？

王伟校友： 我认为一件事很难改变一个人，我只在电影或者在书本当中看到过这样的事情。现实生活中，任何事情的发展都属于一个从量变到质变的过程。所以，面对人生的道路，用一句话总结就是：但行好事，莫问前程。

采访者： 随着互联网的兴起和人工智能的逐渐应用，很多人对于会计的发展前景持悲观态度，您对此有什么看法？

王伟校友： 我认为持这种悲观态度的人往往是对自己的能力没有信心，智能化的工具取代不了人的作用，智能化水平的提高带来的是工作效率的提高和人的技能的提升。在智能化水平越来越高的大环境下，作为财务工作者更需要加强自身素质，当自身的能力达到了一定高度，做到不可替代的程度，就不必担心被人工智能淘汰。

采访者： 在您看来，想要做到这一点需要具备哪些能力呢？

王伟校友： 首先是专业能力。在大学期间要扎实地学习基础知识，培养自己的学习能力、增强专业知识的储备。

其次就是时间规划能力。工作和生活中会安排时间的人都是各个方面的佼佼者。在学校时很多大学生会在期末周感到焦头烂额，如何合理安排复习时间也体现了一个人时间规划的能力。

再次是就是语言表达能力。我认为这一点特别重要。在商业谈判、汇报工作中把一件事情描述清楚是非常重要的。就像朋友聚会，能说会道的人往往容易成为焦点。所以我希望学弟学妹在大学里也要抓住机会锻炼自己的口才，多争取当众发言的机会，经常发表自己的见解，这些都是有助于锻炼表达能力的。

最后是心态调节的能力。遇到高兴的事情不要欣喜若狂，遇到困难也不要一筹莫展，要做到不以物喜，不以己悲。好好利用大学的时间培养自己对待问题的冷静态度，对人对事保持平和的心态。没有过不去的关，只有不想过关和不会过关的人。

采访者：您的座右铭是什么？

王伟校友：但行好事，莫问前程。

采访者：学长对于母校的学弟学妹有什么寄语和期待吗？

王伟校友：想对学弟学妹们说：20 岁是最好的年龄，不要害怕尝试，大胆地去探索。通过各种各样的尝试，找到自己的兴趣爱好，接触不同的领域，不要沉浸于自己的舒适区内。祝学弟学妹学业有成、前程似锦！

想对 70 岁的山财大说：祝母校越来越好、再创辉煌！

访谈整理：焦洁、邹雪

访谈时间：2021 年 8 月 16 日

访谈形式：线下访谈

访谈地点：济南

马瑞玥（2013 级本科生）

采访者： 请您谈谈在山财大会计学院学习时的情况。

马瑞玥校友： 我在明水和燕山两个校区生活过，毕业 4 年了，回头想想，脑海里都是同学们在图书馆挑灯夜战、自习室埋头苦干的身影，学习氛围非常浓厚。明水校区因为距离市区较远，非常适合读书。学院每天早上组织我们集体跑早操。晚上同学们自发去上晚自习，接近 10 点钟才回寝室，宿舍楼二楼的连廊自习室也是许多学霸熬夜苦读的场所。大二那年搬至燕山校区后，同学们都迅速建立了明确的未来目标，准备找工作的同学积极寻找各类实习机会，学校、学院老师和往届校友前辈也热心帮助，为我们提供了丰富的实习资源，比如会计师事务所、其他优质企业等的实习机会；准备考研或考公务员的同学迅速地制订了学习计划，每日驻扎在图书馆刻苦奋战。无论大家选择了哪个方向，大家都没有停止学习和丰富自己的脚步，大家互相鼓励支持、互相影响，前进的路上也并不孤单。

采访者： 请您结合自身经历，从学风、班级建设和文体实践活动等方面谈谈对于学院的总体印象。

马瑞玥校友： 学院学风优良、班级团结有凝聚力、活动丰富有吸引力。在这里我想主要谈谈学院的活动，因为这是那时刚步入大学的我最期待和憧憬的。我们当时的活动主要有新生杯篮球赛、校园歌手大赛、运动会、"我和我的财大"迎新晚会、"家文化"晚会、大冰《乖，摸摸头》百城百校畅聊会走进山财大、"挑战杯"大赛等，诸多精彩活动令人印象深刻，同学们回忆起来都是会心一笑。学院领导、老师大力支持，积极鼓励且引导同学们举办各种活动，丰富同学们的大学生活，学生会的各位小伙伴们也倾心组织，各个部门互帮互助、共同奋斗，和学生会的小伙伴们一起组织策划活动以及参加各项活动的经历是我大学 4 年最美好的回忆。

采访者： 您在学院就读期间有哪些收获？

马瑞玥校友： 在校期间我的收获很多。首先是在学识上充实了自己，在见识上开阔了视野。大学期间我学到了很多专业知识，提升了自己的专业素养，被优秀的老师们引领进财会的大门，切身感受到专业的魅力。也了解到很多高中不了解的东西，比如考研、

马瑞玥简介： 马瑞玥，山东财经大学 2013 级会计学专业本科生，现任职于中国工商银行山东省东营分行。

考公务员、出国留学等，有了更多的思考和成长，我对社会、对世界有了更深层次的认知。其次是磨砺了性格，学习、日常的学生工作锻炼了自己坚毅的性格以及无私奉献、勇敢尝试的精神，这些对于工作以后的我而言也是无形的宝贵财富。再次是提升了能力，大学既是象牙塔，给予了我们无微不至的关怀和保护，也是一个小型的社会，让我们在安全的范围内为步入社会做各项准备，无论是人际交往、待人接物，都是对我个人能力的提升和锻炼。社会实践活动也让我意识到自己的欠缺和优势，并不断弥补自己的短板。

最后，于我而言，大学最重要的是认识了敬爱的老师、可爱的同学、亲密的战友、一生的朋友。

采访者：山财大会计学院有哪几位老师令您印象深刻？

马瑞玥校友： 我最挂念我的辅导员史岩老师，我作为班级的团支部书记，与老师交流沟通最多，在我迷茫无助的时候老师给予我温柔指导，在取得成绩时老师给予我慷慨鼓励，无论何时回想起来我心中都充满感激，史岩老师是我心中的女神。

最敬佩教授财务管理课的张涛老师，谆谆如父语，殷殷似友亲，他的课我从未缺席，他严谨的学术作风、儒雅的学者风范，是学子们的终身榜样。

最怀念教授基础会计学的王兵老师，还有他每节课必讲的"包子铺"的故事，他座无虚席的课堂，生动有趣的讲述，为我们走进会计学的殿堂打下了坚实的基础。

采访者：您在填报高考志愿时，为什么选择会计学作为自己的专业，为什么选择山财大会计学院？

马瑞玥校友： 选择会计学专业是因为初中时我和同学就非常憧憬注册会计师这个身份，也想从事相关的工作，后来我了解到会计学是山东财经大学分数最高、教学成果最显著的专业，于是就把会计学作为自己的第一志愿。山东财经大学的会计学专业在山东省内知名度极高，有着优秀的师资力量以及众多优秀的校友，就业率也一直保持在较高水平。会计学专业许多同学的分数完全够进入一所不错的"211"院校，但还是选择了山东财经大学会计学院，足以见得会计学院在山东省内的影响力。

采访者：在您印象中，学院的"会计大事件"有哪些？学院有哪些学生工作或实践活动令您印象深刻？

马瑞玥校友： 那必须得是"家文化晚会"了，这是会计学院的标志性大事件。会计学院"家文化晚会"是会计学院学生会纳新以后首个重要的集体活动，由会计学院学生会全体新成员参与，旨在让大家感受到家一样的温暖。在筹备的过程中，我们共同经历、共同成长，不同部门之间的小伙伴瞬间建立了联系，宛若兄弟姐妹，为了最后舞台上的完美呈现，我们一起出谋划策、改剧本、排练、最终登台，我们共同收获了美好的回忆。当然，男生们反串角色戴假发、穿裙子的照片也是我们最宝贵的"财富"。

采访者：您对毕业以后的规划是什么？为什么选择目前的职业，是如何选择就业城市的？

马瑞玥校友： 本科毕业以后我拿到了中国工商银行的 offer，加上我对银行工作比较倾心，便就职了。关于城市，其实我原本想要留在济南工作，但是银行在分配应届生的工作岗位时基本都是按生源地分，于是我就回到了我的家乡东营。我本身性格较为外向，工作一段时间后发现其实自己挺适应银行的工作，加之山东财经大学也是国有银行重点招聘的目标院校，进入工作单位后我发现身边有许多山财大校友，很容易找到归属感。银行是门槛相对不高但是要求高的行业，我们同事们来自计算机、法律、会计、工商管理、金融、经济、理工等各个专业，但进入单位之后大家都得从头学起，只有不断地学习提高自己的专业素养以及专业能力，才可以在行业内有更好的发展。其实我本科所学并未涉及太多金融专业知识，但单位会带领我们一起学习，我也希望自己以后也能继续保持学习的状态，不断地提升自我。

采访者：您对山财大会计学院的同学们有哪些建议？

马瑞玥校友：无论毕业后是否去了你想去的地方，永远不要停下学习的脚步，不管是忙碌的工作，还是琐碎的生活，一定要在其中留一片学习知识、提升自己的天地。一是在校期间可以早些筹划备考 ACCA、CFA、FRM 等证书，这对进入金融行业有帮助，注册会计师、司法、注册税务师、雅思、托福等考试也是多多益善，财务人更要注意眼界的广度和思维的宽度。二是在校期间要主动扩展阅读量，学校的图书馆有非常丰富的书籍资源，大学 4 年是一生中最佳的沉浸式读书的阶段，各位同学一定要多读书、读好书、善思考、勤写作，毕业后进入社会的各行各业，都需要具备较高的写作水平。三是提高沟通交流的能力，工作之后你会发现工作不仅仅是智力与知识的比拼，更是对情商与表达能力的考验，善于总结、勇于表达的人更能够抓住机遇、迎接挑战，在校期间可以适当参加学生会、社团、实习、竞赛等，锻炼自己团结协作和沟通协调的能力，做到既有知识输入，也能敢于输出。

采访者：请您谈谈对山财大会计学院的展望。

马瑞玥校友：母校永远是每一位山财大学子的坚强后盾，无论上学时吐槽过它多少次，毕业后回想起来总是美好且心存感激的。作为一名山财大学子，我心中感到十分自豪，作为会计学院毕业生，见证近几年学院的蓬勃发展也是激动万分，也祝愿母校基业长青，薪火相传。祝会计学院早日成为全国最知名的会计学院！

访谈整理：王子怡

访谈时间：2021 年 10 月 17 日

访谈形式：线下访谈

访谈地点：中国工商银行山东省东营分行营业部

张恒鑫（2016级本科生）

采访者：学院有哪些学生工作或实践活动令您印象深刻呢？

张恒鑫校友：我本科在山东财经大学期间参加的活动还是蛮多的，包括学院里的活动和学校里的活动。如果非要说印象最深刻的一个，那应该是海峡两岸大学会计辩论赛，我当时比赛的地点在东北财经大学，也就是我现在读博士的地方。那场比赛中国台湾大概来了4所高校，内地的话，我记得有中央财大、上海财大、人民大学等。比赛的内容就是大家一起来辩论，辩论的内容是关于会计方面的。我觉得这个是我参加的所有活动里面对我影响最大的，不管是对我的未来发展，还是个人能力的提升。在准备阶段，我能感受到大家的辛苦，那个时候为了准备这个辩论赛经常晚上到了一两点还不睡觉。我和大家分享一下吧，我们那次的辩题是"资产负债表和利润表哪个更重要"。虽然说这是一个象牙塔里面的辩题，普通人一听，可能觉得非常荒谬，肯定是都重要嘛，三表一注（资产负债表、利润表、现金流量表和附注）肯定同等重要。但是真的面对这个辩题的时候，看问题的角度自然就不同了，我们当时也是基于一些学术文章、学术理论以及比较前沿的学术方法来论证。从那一次开始，我真正接触学术研究，我发现我还是挺喜欢的。我现在为什么在东北财经大学深造，为什么会从事学术研究。真的都是受那次比赛的影响。

采访者：当初高考填报志愿的时候，为什么选择会计学作为自己的专业，为什么选择山东财经大学的会计学专业？

张恒鑫校友：我高考的时候山东财经大学在山东省内已经非常有名了，更不用说它的会计学了，会计学更有名，我当时想，奔着这个名气也要考这个学校啊。最关键的是，我的高考的分数达到山东财经大学的要求了。我那年高考的时候，山东财经大学在省内排名上升很快，学校的分数线非常高，业内、我的亲戚朋友对它也非常认可，所以我也就选择了山东财经大学。至于专业，当时我对会计学这个专业真的不是很了解，选择这个专业其实主要是因为家长的建议，毕竟家长对我的性格还是了解的，所以就向我推荐了这个专业。后来，我也是懵懵懂懂进入了山财大的会计学院。我发现，山财大的会计学还真的挺不错，我也很喜欢。之后，我也基本上是把会计学作为我终身的专业学习了。

张恒鑫简介：张恒鑫，山东财经大学2016级会计学专业本科生，现在在东北财经大学会计学专业硕博连读实验班就读。

采访者：有哪些老师让您印象深刻，他们对您产生了哪些影响呢？

张恒鑫校友： 我们学院有很多优秀的老师，对我来说，我接触比较多、现在联系也比较密切的一个是孙文刚院长。他主管我们学院学术方面的工作，孙文刚院长给我的一些人生建议等对我的影响还是很大的。另一个是咱们学院的陈娇娇老师，她也是东北财经大学毕业的，既是我的老师也是我的学姐，她在我考研阶段给了我很多帮助。还有一个是我的辅导员郭秀娟老师，因为我本科阶段经常处理一些班级事务，所以和郭老师联系还是比较多的。郭老师在交流方面非常平易近人，经常从学生角度考虑问题，这也是她对我影响比较深刻的地方。教我们财务会计的柯明老师对我影响也很大，柯老师上课期间态度非常好，对我们也很负责，通过在他的课堂上学习，我建立了对会计学的学习体系以及对它的兴趣，柯老师对我影响还是蛮大的。

采访者：您在山财大就读期间有哪些收获呢？

张恒鑫校友： 我在本科4年，收获蛮多的。我觉得最重要的是培养了一个独立完整的人格。当我考上研究生之后，我发现自己和刚大学开始的时候是两个完全不同的人，性格、思维和逻辑等都发生了很大的变化。具体来讲，我的学习能力得到了很大提升，这和山财大的学习氛围也有很大的关系。口才和组织管理能力也得到锻炼，这和我在本科阶段参加了学院的很多活动有很大的关系。

采访者：进入大学后，很多人想加入辩论队，锻炼自己的表达能力和思辨能力，但是真正加入了又发现很浪费时间，一讨论就是一下午或者一上午，您对此有什么看法吗？

张恒鑫校友： 这个取决于很多因素，比如队友的认真程度、讨论的效率。但是对我而言，我不觉得浪费时间，我在辩论队中学到了很多，听到了很多人不同的想法和观点。加入辩论队使我的思辨能力有了很大提升，在学习和生活中思考问题的方式也受到了正面的影响，大学中的社团里辩论队对我的影响最大。

采访者：您选择读研而不是直接工作，可以谈谈做出这一决定的原因吗？

张恒鑫校友： 我当时考研一方面是因为对会计学术的向往，我喜欢学术研究；另一方面是考虑到就业，基于对自己的评估，再考虑社会形势的发展，我觉得自己应该在学校里面多学习一点，将来就业也会容易些。

采访者：您是如何备考研究生的，在备考的时候您遇到过哪些困难，是如何解决的，可以和我们分享一下吗？

张恒鑫校友： 我当时初试基本上没有遇到什么困难。最大的困难是在复试的时候，复试老师全英文提问，听不懂的时候困难很大，我的解决方法就是调整心态，总结经验，继续努力。

采访者：我们即将步入大三，您对我们大学生考研有没有什么建议？

张恒鑫校友： 我的建议是不要好高骛远，一定要根据自己的能力选择合适的院校，清晰地了解自己的考研的目的，这样才能够成功上岸。

采访者：研究生有学硕（学术型硕士）和专硕（专业硕士）之分，您觉得会计学硕和专硕差别大吗？

张恒鑫校友： 差别较大，专硕的学习内容与实务的联系比较密切，适合以就业为目的而去考研的同学，而学硕更偏向学术研究方面，理论性强，学习的内容可能对想就业的同学帮助较小。

采访者：您觉得考研时在选择院校和选择地区方面有什么应该注意的？

张恒鑫校友： 我认为应该先选择院校，因为院校决定了你能接受到什么教育资源，也就是研究生阶段能学习到什么。很多同学可能觉得大城市有很多资源，这种考虑也是合理的，但是我认为地域的影响是可以克服的，而院校的差别是比较稳定的、难以改变的。

采访者：您觉得研究生生活与本科生生活有哪些不同？

张恒鑫校友： 本科阶段大家基本上还处于共同学习进步的状态上，老师可能偶尔还会督促学生。而研究生阶段更自由，没有人监督你，完全是自己安排自己的时间和论文写作。至于你能否顺利毕业，这是你自己的事情，导师不会过多干涉。

采访者：您有什么特别想从事的职业吗，您近几年的职业规划是什么呢，可以和我们谈一谈吗？

张恒鑫校友： 我是硕博连读生，肯定要读完博士。关于想从事的工作，对我来说，如果文章发表情况好一点的话，我就会走科研道路，比如去高校里面当老师，有可能就会回山财大了；如果文章发表情况不好的话，可能自己努力之后结果仍不好，说明自己不适合科研，我可能会从事实务工作，比如说金融分析师这样有挑战性的工作。大家可能会问学会计学还能做金融分析师吗？这说明现在大家学的内容还太过于狭隘，到了研究生阶段，你就会知道会计学研究的其实是一种大会计。我到现在一个分录没见到，我们研究的东西就是资本市场的现象，金融学研究的和我们研究的是一样的，都是资本市场的现象。区别是，会计学研究资本市场现象大多基于公司财务，金融学研究可能的是一些就是金融理论，但是归根结底都是同一个东西，都是资本市场。

采访者：您对正在备考或即将开始备考研究生的学弟学妹们有什么想说的？有哪些希望和建议？

张恒鑫校友： 建议就是带着脑子学习，我身边有很多人学习时间很多，拼了命地学，但最后的结果不是很理想，其实可能是学习方法有问题。

现在信息这么发达，网上的那些名师讲的课比较有用。有些机构可能会说什么线下教学和线上教学不一样，线下教学中老师会监督你，线上教学没人监督你。你觉得学习需要监督吗？等你到研究生阶段，没有人监督你，你怎么办？我当时考虑到这点之后就通过从网络渠道搜索了一些课程。其实你说这叫自己学吗？这不叫自己学，这就是老师教你，所以我推荐大家看一些名师的教学课程，毕竟名师能称为名师，肯定还是有一定水平的。

采访者： 最后，可以请您谈谈对山财大会计学院的展望吗？

张恒鑫校友： 山财大是我的母校，母校对我的影响非常大，把我培养成了一个独立的个人，我对山财大满怀感激之心，我发自内心感激母校。当时能读会计学院的会计学专业我也蛮幸运的，并且一直被咱们山财大会计学院师生的学习状态和努力拼搏的精神激励着。到现在，有的时候想起本科时候的生活状态我便会更努力，虽然现在已经毕业了，但事实上我仍一直关注着咱们山东财经大学会计学院的发展，也关注着咱们会计学院里发生的每一件事情。我希望会计学院在未来发展中能够更进一步，在新一轮的学科评估当中继续保持我们优秀的成绩，再创辉煌。

访谈整理：刘仁佳、苑涵颖、肖心语、侯晓彤

访谈时间：2021 年 8 月 8 日

访谈形式：腾讯会议

郝信东（1989 级专科生）

采访者：请您谈谈在山财大会计学院学习时的情况。

郝信东校友：我先自我简单介绍一下，我是山东财政学院会计专科班毕业的，我是 1989 年到山东财政学院舜耕校区上学的。1989 年，我们是第一批入驻舜耕校区的学生，我们入学的时候条件还比较艰苦。我不知道你们对舜耕校区有没有了解，当年舜耕校区只有 3 栋教学楼、2 栋宿舍楼和一个食堂。当时，整个校区还是在搞基建，现在往一食堂那条路是一条大沟，每天我们是"跋山涉水"去上课。那时物质条件总体上比较差，大家刚刚上大学充满好奇和欣喜，学习态度还是比较认真的。当时我们 1989 级是山东财政学院的第三届学生，老师都比较年轻，但老师教得很认真，同学们学得也很认真。应该说，大学是人一生最美好的时刻，那 3 年是我人生中最值得留恋和记忆的一段时光。

采访者：山财大会计学院有哪几位老师令您印象深刻？

郝信东校友：印象比较深刻的，第一位肯定是我们的老系主任郭慧云老师。郭主任是我们山东财政学院会计学系的第一任系主任。郭主任是个女同志，今年的教师节我们还见过郭老师，我们同学都说郭老师就像我们另一个妈妈一样。我们上学的时候，郭老师人长得精神、漂亮，对我们要求很严格，学术水平也非常高。郭老师一直是我们非常尊重的老师，今年郭老师已经 79 岁了，明年就 80 岁了，我们对郭老师一直是对待母亲一样，既爱她又很敬畏她，她是我们终身的慈母型的老师。第二位是我们系里的辅导员，当时整个系里只有一个辅导员，叫赵道明，赵老师当时是管我们学生工作的。赵老师对我们要求严格，但又对我们非常爱护。第三位是张涛老师，之前他是山财大会计学院的书记。张老师教我们的时候刚刚从事教育工作不久，但是对我们要求非常严格，现在想起来，老师对我们的严格要求是非常对的，我现在和张老师也经常联系，有时候也会和张老师开玩笑，说上学的时候他老"抓"我们不及格。第四位叫丁晓东，丁老师给我们的印象是虽然看起来他不太注重外在，但是丁老师的课讲得深入浅出、出神入化，给我们留下了很深的印象。第五位是咱们学院的朱德胜老师，朱老师当时负责教我们审计，给我们留下的印象十分深刻。

采访者：您印象中学院的"会计大事件"有哪些？

郝信东简介：郝信东，山东财政学院 1989 级会计学专业专科生，现任长城国瑞证券公司山东分公司总经理。

郝信东校友：从我的角度来说，我不太好评判什么叫"会计大事件"，但是给我印象比较深的是会计学系的体育比较好，会计学系每次体育比赛的成绩在全校 5 个系里都名列前茅。因为我当时毕竟是学生，对一些学院层面上的大事件，不太好评判，我就不过多展开了。

采访者：您在学院就读期间有哪些收获？

郝信东校友：我觉得我在山财大的收获很多，这些收获不仅是就读期间的收获，而且是一种使我终身受益的收获。第一个收获是作为山财大学生的一种身份上的收获，社会对这种身份的认可使我终身获益。你们可能也知道，老师也提过，山财大从成立到现在，毕业生可以说是遍布全国。在山东更是每一个行业、每一个单位，都活跃着我们山财大同学的身影，我常常会因为业务缘故和别的单位进行业务上的交流，也会经常碰到校友，所以我在山财大最大的收获是成为一名山财大的毕业生。第二个收获是在山财大 3 年接受会计理论教育，在专业上，学校教授的会计理论和学习方法，让我终身受益，我现在的很多工作和会计相关，从学校里学的会计学的理论，始终能给我工作上很大的支持。第三个收获是我在山财大的 3 年认识了很多后来成为我终生朋友的老师和同学。我的很多老师，一直指导我，是我终生的老师。我和很多同学从 1989 年到现在相识已 30 多年，始终保持着深厚的友谊。我觉着在山财大学习的这一段时间，能够认识这些可以终生为伴的老师和同学，是我一个很大的收获。

采访者：请您谈谈对山财大会计学院未来的展望。

郝信东校友：我知道我们山财大的会计学院是我们学校最好的学院之一，我以我们会计学院为骄傲，我希望我们会计学院能够在专业方面做得更强，我希望我们的学生毕业之后专业能力更强。我在工作中会接触到很多山财大毕业的同学，有些会计方面很厉害的同学，恰恰不是我们会计学院的，所以我希望我们会计学院的毕业生在会计方面能够做得更好、更专业。在 2014 年圣井校区的迎新典礼上，我作为老生代表给我们的新生做了一个演讲，在这个演讲中有一句话好像流传得比较久，叫"不上清华北大，就上山东财大"，这句话的作者就是我，这是我在 2014 年迎新典礼上对我们的学院和同学提出的。虽然说限于各种条件，我们只是一个专业类院校，但是我希望通过我们各个方面的努力，比如学校的努力、学院的努力、同学们的努力和我们这些毕业校友的努力，把我们山财大的会计学院办得越来越好，越来越专业，成为山财大的一面旗帜，甚至是中国高等教育系统中的一面旗帜。希望我的母校和会计学院办得越来越好。

采访者：您作为券商从业人员，对于同学们的就业方向有什么建议？

郝信东校友：我不知道大家对券商了解多少，其实在券商内部也有一个食物链，在这个食物链的最顶端就是投行业务，一般投行业务的顶端就是保荐代表人。保荐代表人对券商来说都很稀缺，保荐代表人对上市公司 IPO 的项目文件有签字资格。取得保荐代表人资格是需要考试的，一方面要通过考试，另一方面需要经验。我看过保荐代表人资格考试的教材，内容只有两个方面，一是会计，二是法规，足见会计在券商行业崇高的地位。我们有时候开玩笑说，法规是可以背的，但是会计是背不了的。我具有保荐代表人资格的同事说，保荐代表人资格比 CPA 还难考。所以我希望大家作为会计学院的同学，一定要把会计基础知识学扎实，将来无论从事什么行业，你都能够运用专业知识做好你的本职工作。至于建议的话，首先是学好专业知识，假如你未来有意愿从事券商工作，会计知识是非常重要的。其次是在专业学习之余可以去考一些证书，可以先从简单的开始，比如证券从业资格、基金从业资格这类资格类证书。以你们的水平稍微拿出一点课余时间就能考过，假若大家有意愿从事券商工作，那么考几个证书是很有帮助的，在未来你毕业的时候能提供一个很重要的砝码。最后，假如大家想从事券商工作，我建议大家对法律方面投入部分精力，有条件的可以去辅修一个法律专业，没条件的看几本书，也是很不错的。

采访者： 您对于券商这一行业前景的看法如何？

郝信东校友： 大家可能知道今年我国资本市场又多了一个北交所，两三年以前我们多了一个科创板。自改革开放以来，券商这个行业，在中国 20 世纪 90 年代是一个新兴的行业，因为中国的经济始终要往上发展，资本市场对于整个经济建设的各种要素的配置有着不可替代的作用。我认为券商这个行业的前景还是非常好的。券商可以在资本市场上起到一些"点石成金"的微妙作用，所以我对这个行业是非常看好的，它对于经济发展的资源配置起到非常关键的作用。我的建议是大家尽量到一些头部的券商去工作，现在各个行业的头部企业通吃效应越来越明显。当然，头部券商可能有更高的要求，所以还是希望同学们在上学期间好好学习。

访谈整理：袁坤宇

访谈时间：2021 年 10 月 21 日

访谈形式：腾讯会议

第五章　履践致远　再谱华章

不畏苦寒　自得其芳

会计学院 2019 级博士研究生　宋艺

　　初见乍惊欢，久处亦砰然。自 2013 年本科入学山东财经大学以来，我与山财大结缘已达 9 年之久。本科时的我，看春风不喜，看夏蝉不烦，看秋风不悲，看冬雪不叹，那时正值青春年少，拥有一段美好的大学生活。硕士时的我，保留着初生牛犊不怕虎、越是艰难越向前的勇气，秉持着对知识的渴望，度过了充实且有意义的生活；在学校、学院及各位老师的帮助指引下，在学术研究光环的吸引下，我又开启了博士生涯，也迎来了我与山财大的又一个 4 年，因为我始终相信读过的书不会白读，它总会在未来的日子里让我更出色，正所谓知识改变命运。

　　日月不肯迟，四时相随迫。在这个属于奋斗者的新时代，人人都有追梦的权利，人人也都是梦想的铸造者，山财大会计学院便是我追梦的平台。老师们的谆谆教导时常萦绕在耳旁，课堂上与老师的多次眼神交流我铭记心底。眼神的交流能表达我对老师授课的认可，也是对我自身学习的一种鞭策。获取知识仅靠书籍远远不够，为此，学校及学院组织了各类交流活动以拓宽我们的视野，学术讲座、学术训练营、案例大赛及读书沙龙等活动层出不穷。如果将我自己比喻成一粒种子，山财大会计学院就是我生存的土壤，而各位老师尤其是我的导师便是辛勤的园丁，给我施肥浇水，让我生根发芽。我何其幸运在硕士期间便能遇见我的导师，她认真、负责、踏实、坚韧的品质不仅指引我如何走学术之路，还培育了我迎难而上、勇于奋斗的精神。正所谓"不管风吹浪打，胜似闲庭信步"姿态的背后，既是定力和自信力，也是乘风破浪的底气。

　　上下同欲者胜，同舟共济者赢。疫情无情人有情，为保障学校师生安全，学校制定了完善的防疫方案，定期给我们发放暖心防疫包、严格落实区块链打卡和离校请假等制度，不仅让我们看到了防疫的决心，也使我们感受到了学校及学院工作的暖心。所幸的是，凛冬已过，皓月长明，疫情终时，这世间仍是星河滚烫，水木清华，江山如故。

　　世之奇伟、瑰怪、非常之观，常在于险远。唯有以青春作注，不断探索开辟，勇于走在时代前列，才能发现常人所不能及的新事物，才不会因虚度年华而后悔，因碌碌无为而羞愧。岁月因青年慨然以赴而更加美好，世间因少年挺身而出而更加美妙。在建校 70 周年暨山东经济学院和山东财政学院合并建校 10 周年之际，愿山财大学子能够拥有郑板桥笔下"咬定青山"的坚韧，拥有陆游笔下"少壮工夫老始成"的耐心和决心，在惊涛骇浪中挺立潮头，在栉风沐雨中书写华章，共筑山财大的美好明天！

此生无悔入山财

会计学院 2020 级硕士研究生　高薇

时光荏苒，如白驹过隙；漫漫长路，似浩渺无边际。从山东财经学院到山东经济学院，再到山东经济学院与山东财政学院合并成立山东财经大学，坎坷与荣耀已经伴随着山财大走过了 70 个春夏秋冬。韶光流转，盛事如约。2022 年 6 月 9 日，山东财经大学将迎来建校 70 周年暨山东经济学院与山东财政学院合并建校 10 周年。

2019 年的夏天，我第一次迈入了山财大的校园，参加由研究生院主办的优秀大学生夏令营。济南的夏天异常炎热，但山财大老师与同学的热情、舒适的学习环境以及浓厚的学术氛围都吸引着我，我自此确立了到山财大深造的目标。2020 年，我经推免正式成为山财大会计学专业的一名硕士研究生，有幸成为山财大会计学院的一分子，开始了一段新的旅程。

岁月不居，时节如流，回顾这一年半的研究生生活，感慨万千。伴随着汗水与泪水的是满满的收获，我深知收获背后除了自己的努力还有无数他人的奉献，心中的感激无以言表。研究生阶段是自我成长的过程，在这个过程中，会计学院为我们提供了广阔的成长空间。各类学术讲座拓展了我们的思维，开阔了我们的眼界；丰富的实践活动帮助我们将理论与实践相结合，使我们知行合一；多彩的课程为我们提供更多的科研思路、工具和手段。此外，会计学院强大的师资无疑是我们好好科研的重要保障，优秀的任课老师和认真负责的导师们都为我们的学术道路指引了方向。

有人说生命的意义来源于生命中的经历，我们在怀揣梦想又充满迷茫的人生阶段，学术能力得到提升，人格得到锻炼和完善。母校教我们铭记山财大"味道"——克明峻德，格物致知；山财大会计学院为我们刻上"烙印"——内诚于心，外信于人。这里赋予了我们生命新的意义，指引我们走好往后人生的每一步。

作为山财大的一名学子，我曾嗅过校园春日的花香，听过夏日的蝉鸣，拾过秋日的落叶，感受过冬日的暖阳，不论四季流转，山财大都是我深深热爱的模样。洒满夕阳的自习室、射入晨光的跑道、雨后的林间小路、充斥着背书声的楼道……任何曾留下我们身影的角落，都是属于我们回忆里的宝藏。

70 年不长，山东财经大学正值风华正茂时；70 年不短，山财大的发展史见证着中国高等财经教育事业的逐步完善。感恩会计学院，愿您早日成为"省内一流，国内著名，在国际上有一定影响"的儒风会院。感恩山财大，愿您积历史之厚蕴，更展宏图，再谱华章！

我和我的山财大

会计学院 2019 级本科生　逢文博

七十年栉风沐雨，七十年欣欣向荣，我与山财大的故事，缘起镜月湖畔。

70 年前，山东财政经济学院成立，她和初生的新中国，历经风霜，茁壮成长。1978 年以后，改革的春风吹拂着大地，与高耸入云的大厦一同生长的，还有山东经济学院和山东财政学院。10 年前的合并让两所学校在中华的大地上迸发出更炫目的光彩。70 年的峥嵘岁月，是沉淀，是积累，是丰盈，是向上。"如月之恒，如日之升。如南山之寿，不骞不崩。如松柏之茂，无不尔或承。"山东财经大学在历史的康庄大道上，迎风展旗，高歌而行。莘莘山财大学子，肩上总有一片飘落的杏叶，随着岁月的波涛，飘向五湖四海，化作星光，照亮世界。

作为山财大的莘莘学子之一，也作为会计学院学生会主席，我每天都在见证、经历着许多令人难忘和动容的时刻。校园里匆匆赶朝暮的脚步，穿梭于排排书架中的身影，在圆月降临的夜晚驻足的人群，毫不吝啬分享快乐的笑语……我喜欢我的大学，喜欢它足够包容，允许任何微小或宏大的青年人的梦想在这里发芽，茁壮成长。我喜欢我的大学生活，爱它时而绚烂时而平淡。"大学之道，在明明德，在亲民，在止于至善。"习得知识是我们的分内之事，更是将来同学们步入社会的基础和底气。同样重要的，是我们慢慢在大学里理解做人的道理，明白"亲民""至善"的意义。

我成长于山财大，成长于会计学院。我从入校报到的那一刻，便沉浸在青春昂扬的氛围之中。会计学院赋予我"内诚于心，外信于人"的精神动力，也在我初入大学的迷茫期中教会我"改变源于成长与责任"。我喜欢我的学院，喜欢站在鸡山下看金星伴月，喜欢坐听风吹柳叶、湖波轻抚石岸；我喜欢我的学院，喜欢坐在教室听琅琅书声，喜欢在图书馆和同学一起"沉默地战斗"……我爱会计学院，爱山财大。山财大的生活总是美好伴随着磨砺，让我在学习与生活的磨砺中勇于挺身破局的，是对成长的渴望，也是对自己与社会的责任感。在山财大的校园里，有欢笑也有眼泪，有挫折也有成长，是山财大教会我们愈战愈勇，是山财大教会我们无限进步。

"克明峻德，格物致知"8 个字总时不时在我的脑海里浮现，不是一刻之间醍醐灌顶式的顿悟，却总能给迷茫时的我坚定选择的力量。一个孩子表达感谢最好的方式，是将在母校收获的一切践行一生。感谢您，会计学院，我会像您一样，自信而璀璨地闪耀于群星环抱中，于静默之处努力向上，将充分运用所学的宝贵知识充实自己，为社会贡献一份青春力量，不负您的期望。感谢您，山东财经大学，我勇敢的来源，向前的底气。山财大，您是一首诗，人人念您，我也念您。70 年来，我亲爱的山财大从风雨中走来，而我将永远祝福你，向桃李芬芳去。

后记　扬帆奋进新时代

会计学院党委书记　邵文涛

山东财经大学会计学学科源于 1949 年前成立的山东省立商业专门学校会计系，起步于山东省立会计专科学校，发轫于新中国的朝阳中，是山东财政经济学院建校时最早成立的学科，学脉源远流长；成长在共和国的红旗下，历史积淀深厚；腾飞在改革开放的大潮中，不断进步、硕果累累；在一代代会计人的奋斗下，学生人才济济，专家学者云集，校友成就辉煌，正扬帆奋进在新时代的新征程中。

在发展的过程中，会计学院是一个勇争第一、不断奋斗的学院，在学校各项评比、学生各项活动中，会计学院都名列前茅。

会计学院的发展与我国的经济发展同向同行。1978 年党的十一届三中全会决定把党和国家的工作重点转移到社会主义现代化建设上来。在此背景下，山东财经学院复办并更名为山东经济学院，会计学学科迎来大发展时期。1979 年，会计成为全校唯一的本科招生专业。1992 年邓小平南方谈话后，会计学学科进入了发展快车道，1993 年获批成为硕士学位授权点；党的十八大以后，2013 年获批成为博士学位授权点。

在新时代，会计学院面对党委重托、立德树人重任、科学发展职责、学生身心健康成长使命，接续传承山东经济学院和山东财政学院会计学科的老领导、老教师和其他老同志爱院报国的初心、求实担当的使命，深刻感受老一代和新一代会计人立德树人、以德施教、攻坚克难、奋力拼搏的精神，谱写出了会计学院高质量发展的篇章，奠定了会计学院稳固发展的基石。会计学院 4 个专业已全部获批成为国家级一流本科专业建设点。

站在"两个一百年"奋斗目标的历史交汇点上，会计学院牢记为党育人、为国育才的初心使命，发掘红色会计文化，着力践行课程思政、实践思政建设；立足中华民族伟大复兴，面向服务经济主战场，面向数字经济和智能经济前沿，深刻认识新经济形态建设和发展的重要性，探索会计智能化转型发展的"山财大模式"，引领智能会计新的发展。

会计学院是一个大家庭，有 140 多名教职工，4 000 余名本硕博学生。在新时代，会计学院将学习老一辈会计人开拓创业的精神，发扬优良传统，建设团结和谐、奋发进取的会计学院。

我相信，会计学院是一个教师团结、互帮互助、共同进步、共同发展的大家庭。

我相信，会计学院是一个学有收获、锐意进取、行而不辍、全面发展的大课堂。

我相信，会计学院每一名教师以教书为乐趣、以育人为使命，淡泊明志，宁静致远。

我相信，会计学院每一名学生以学习为己任，以成长为成功，克明峻德，格物致知。

我相信，会计学院是一个求真求实、乐于创新、同心协力、奋力拼搏、人人乐付出、人人有收获、人人享公平的大集体。

我相信，会计学院是一个凝心聚力、共同奋斗、共享成果、共同发展、追求卓越、使命必达、永远一往无前、积极向上的共同体。

时序更替，岁月流金；道阻且长，行则将至。

我相信，一切的梦想，都源于不竭的热爱；一切的成功，都源于脚踏实地；一切的追求，都是为了终能有所作为。

不忘初心，扬帆起航，

乘风破浪，同舟共济，

共同奋斗，未来可期，

追求理想，方得始终。

会计学院必将以立德树人为根本，以追求卓越为目标，以深化改革为动力，以学科建设为核心，增强科研创新能力，提高人才培养质量，提升社会服务水平，努力建成"省内一流、国内著名、国际上有一定影响力"的高水平会计学院。